中国房地产风水大全

The Geomantic Omen of Chinese Real Estate

黄一真 主编

山东电子音像出版社

黄一真

当代著名建筑风水专家，现代风水全程理论的创新者与实践者。是国内外二十多个大型机构及上市公司的专业风水顾问，主持了国内外近百个著名房地产项目的风水规划、景观布局及数个城市的规划布局工作，理论著作风行世界各地。近期国内著名项目有中海·香蜜湖1号、百仕达·红树西岸、万科·双城水岸、百仕达花园、金地·香蜜山、金地·格林小城、金地·梅陇镇等。

招商银行"金葵花"大讲坛演讲嘉宾

香港凤凰卫视中文台《锵锵三人行》特邀嘉宾

香港迎请佛指舍利瞻礼大会特邀贵宾

2002年3月应邀赴加拿大交流讲学

2004年7月应邀赴英国交流讲学

主要著作：

《现代住宅风水》

《现代办公风水》

《楼盘风水布局》

《最佳商业风水》

《富贵家居风水布局》

《办公风水要素》

《人居环境设计》

《传统风格设计》

《健康家居》

《舒适空间设计》

《多元素设计》

《阳光空间设计》

《风水养鱼大全》

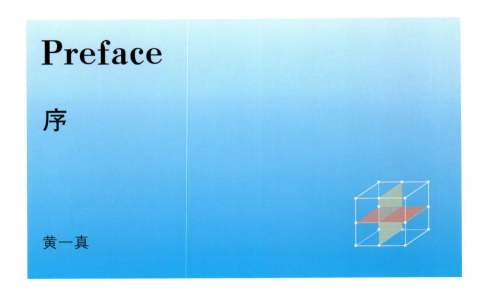

Preface

序

黄一真

风水：升华传世建筑的核心价值

风水又称形法、堪舆，是中国传统地质地理学、哲学、生态学、景观学、建筑学、伦理学、美学集中反映在地理选址布局方面的艺术。风水学研究建筑的方位、格局、形态、材料、色彩等对于不同人的身心健康而产生的效应，其内核就是中国古代建筑理论的精华所在，归根结底也属于人本主义的范畴。

博大精深的中国历史文化，为瑰丽的东方文明史留下了极为宝贵的财富。中国的风水文化，在21世纪的世界文明殿堂里具有极为崇高的地位。风水学在中国源远流长。几千年来，在这个充满智慧文明的国度里，人们结合地理环境、山川河流的变化，提炼五行、星相知识，吸收儒、释、道学说的精华，打造了风水学这门伟大的艺术。

《易经·系辞下传》说："上古穴居而野处，后世圣人易之以宫室，上栋下宇，以待风雨，盖取诸大壮。"这是指房屋的演进。古时，原始人本居于洞穴之中，或在野外露宿，遇到雷雨交加的天气，往往苦不堪言，圣人于是发明房屋以避难，故取象于大壮（大壮卦：上卦震为雷，下卦乾为天，为宇，三四五三爻互兑为泽水，兑反巽为风）。

古代人已经指出风与水是促使房屋构成的直接原因，而现代人常说住宅是"凝固的音乐，无声的语言"，均是因为住宅的格局显示出人类适应环境的智慧。"宅兴人和"一直是人类几千年传统文化的追求。用运动和辩证的观点看待住宅的格局，成功而祥和的住宅应该具有风生水起的特点。风水学有助于人类对自身的居住投以极大的关注，并主动选择及建立良好的生态环境以及主动设计良好的景观格局；风水学解答了中国传世建筑在空间环境的整体处理、在人文景观和自然景观的有机结合以及建筑规划布局等方面的诸多疑难问题。

风水观念要求建筑物之间互相望见，建立视觉联系，形成空间节律，历来是中国建筑的常用手法。中国风水从人类与生俱来的安全感出发，利用自然地貌地物的地标性，发明各种顺应法，直到形成一整套美学观，包括举世无双的宏观设计，都符合逻辑与科学。

现代风水学讲究布局合理灵活，令人置身其中舒适、自然、健康。中国的传世建筑，全部都是严格遵循风水的原理来设计营造的，其优美的空间形式和生态环境，流传千年盛而不衰，吸引了全世界无数关注的目光。

风水学的的核心就是选择一个山环水抱的美好环境。《阳宅十书》指出："凡宅左有流水，谓之青龙；右有长道，谓之白虎；前有污池，谓之朱雀；后有丘陵，谓之玄武，为最贵地。"就现代房地产项目的环境选择而言，理想的住宅环境模式则视野要更加开阔，左右环视，远瞻遥观，还要顾及更丰富的一些景物层面，如祖山、少祖山、主山、护山、案山、朝山、水口山、龙脉、龙穴。

当然，现代化的都市并不是处处都能寻觅到如此完美的自然格局。对于那些先天条件并不十分理想，而又发现该处略有缺陷的房地产项目，如何通过现代风水学对最佳空间和时间的选择，灵活变通，因地制宜，依形就势，扬长避短，统筹考量多方面的问题，这涉及地理、气候、习俗、人文、艺术等诸多因素。同时，以此来弥补自然条件的不足，能极大地改善房地产项目的价值，这在当前商业竞争环境日益激烈的情况下显得尤为重要。

"Geomancy practices reveal sensitivity to recurring patterns of nature, an environmental awareness that has its roots in China's pass." 中文的意思是："风水在中国根深蒂固，它就是再造自然的格局，以减少环境的不利影响。" 中国建筑风水的精义，在于追求真、善、美的统一，循美求真，循美求善，也就是高度的和谐。风水学主张从地貌地物之美丑，来判定该地之吉凶。中国人尊重自然甚至崇拜自然，但并不认为自然就尽善尽美。这表现在风水的实践方面，中国的"天人合一"观念就具有积极意义。自然的缺陷可以人工补足，这就是为什么中国历来的伟大建筑都融入风水理念，出现了许多符合环境科学和环境美学的建筑的原因，也因此中国风水主张尊重自然环境的现状，更具深远意义。

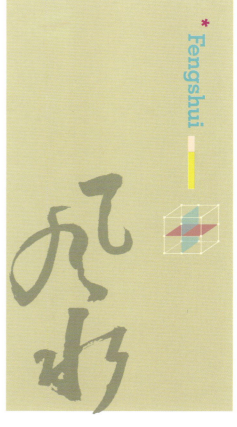

而我们致力倡导的现代全程风水理念，就是将中国传统的风水理论贯彻于现代房地产项目全程开发的每一个环节，为房地产项目的全程开发、建设、营销，提供项目全程状况专业调研及布局建议。从规划气口选定到地气、日影测定；从楼盘风格风水定位到流年排龙；从交通组织、噪音解决方案建议到地块所在区域的风水地位策略；从整体规划布局风水建议到立面构造、单体平面布局策略；从园林环境设计到卖场、样板房室内外的风水策略，从项目风水卖点的提炼到针对销售人员做项目风水卖点培训与解疑等，风水学深入挖掘房地产项目的风水格局特点，整合规划景观、户型布局，既能提高楼盘的吸引力及知名度，增加项目的附加值，提升项目的市场销售力，亦可取得非常良好的社会和经济效益，打造并且升华传世房地产项目的核心价值。

现代全程风水的引进和应用，会使房地产项目环境产生良好的变化，深入到现代住宅生活中去，使人与自然更加和谐相处，并可给项目增进安宁与繁荣，迅速带来强大的效益。本书也是我们十多年以来在中国房地产风水领域的研究实践和经验的总结，希望能对广大读者有所帮助启发。

丁亥年相月谨识于迪拜帆船酒店 Burj Al-Arab Hotel

*Fengshui

风水

目录 Contents

二、建地的基本风水条件

第三章　居住环境篇

一、居住环境的风水

二、理想居住环境的八大特性

四、影响建筑风水的三大因素

五、现代住宅建筑朝向风水

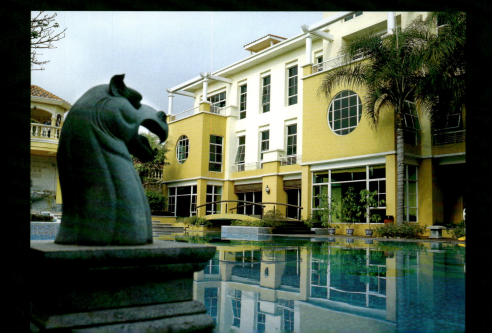

六、户型设计的趋势

七、户型选择的十大风水要领

八、户型结构的风水禁忌

九、户型的"八宅"和"三要"

十、五种户型要避忌

第八章　室内空间风水篇

一、室内空间的类型

二、室内空间的构成要素

三、室内空间的基本要求

四、室内空间环境的营造

六、室内陈设五要素

七、现代楼盘园林景观设计八大忌

第十章　楼盘命名篇

第十一章　别墅与居家外观风水篇

第十二章　楼盘风水养鱼篇

一、楼盘风水鱼池的位置

二、楼盘的风水鱼品种

第十三章　楼盘风水吉祥物篇

一、驱邪化煞吉祥物

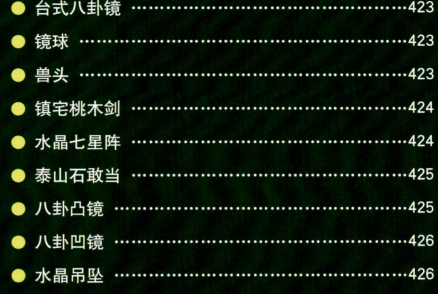

第二部分
经典楼盘案例风水分析

单套8千万，福布斯天价豪宅典范
——香蜜湖1号

一、 地理位置
二、 交通状况
三、 配套设施
四、 园林设计

五、 经典户型
六、 香蜜湖1号高层——华府

年销售额32亿元的传世建筑
——红树西岸

二、交通及周边规划

三、建筑特色

四、配套设施

五、细节设计

六、风水分析

以山为权，王者贵胄
——金地·香蜜山

地脉通达创奇迹
——金地·梅陇镇

海景豪宅专家

——金地·翠堤湾

一、配套设施

二、建筑规划

三、园林设计

四、户型规划

过程精品，开发百科
——百仕达花园

附录

一、房地产实用辞典

小贴士

Fengshui

The Geomantic Omen of
Chinese Real Estate

第一部分
房地产风水知识

第一章
基础知识篇
The Basic Knowledge

一、风水基础知识

根据人们长期以来对自然的细致观察以及对生活的实际体验，在中国古代就已产生了一系列有关住宅、村镇及城市等居住环境的基址选择及规划设计学说，叫做"风水术"或"堪舆学"。其实质是以环境选址作为准绳，对地质、地文、水文、日照、风向、气候、气象、景观等一系列自然环境因素作出或优或劣的评价和选择，以及提出所需要采取的相应规划、设计措施，从而达到趋吉避凶和适于长期居住的目的。

● 风水包含的内容

风水；是历史悠久的一门学问，其基础来自于易经、河洛、天象、阴阳、五行学说。风水是个极复杂的概念，它至少包含以下几方面内容。

(1)先人的居处和生存环境

受"灵魂不灭"观念的影响，古人认为先祖死后仍在另一个世界——阴世继续生活，因而传统的风水观所说的居处和生活环境，也包括过世先祖的葬穴及其周围环境。

(2)环境与各种学说的联系

环境与周遭诸要素如山、水、风、空气、土壤、阳光等，以及传统人文学说——气、阴阳、五行、八卦有各种神秘的联系。这种联系所显示和蕴涵的是居住者目前的生活状况与未来的吉凶祸福。在祖灵崇拜意识驱使下，古人视死如生，甚至把已故先祖的阴世生活环境及其对子孙的祸福看得比自己的生存环境和吉凶更为重要，从而对先灵的居处环境——阴宅，较之对自己的居处环境——阳宅，在选择与处理上也显得更为重视和审慎。风水也由此从死、生的角度划分为两大部分：阴宅风水和阳宅风水。

在许多场合，"风水"的实际含义是指阴宅风水。释名曰："宅，择也，言择吉处而营之也。"不论选择何种环境，古人的目的是为了聚气。郭璞《葬书》云："葬者，乘生气也。"气是万物之源，各种事物皆为气的变化客体。聚气则吉，故能喜旺富贵；失气则凶，故衰败贫死。聚气的关键在乎风和水。《葬书》又云："气乘风则散，界水则止，古人聚之使不散，行之使有止。"清人范宜宾注云："无水则风到而气散，有水则气止而风无，故'风水'二字为地学之最重，而其中又以得水之地为上等，以藏风之地为次等。"此亦为风水得名的由来。

● 风水的起源和发展

研究风水的学问，具体是指人们从生存需求出发，结合传统文化意识，对居住环境进行选择、安排以及处理的原则与方法，是协调人与自然关系的学问。

(1)风水的起源

风水起源于华夏族先民对居处环境的勘察和选择。中国最早的文学总集《诗经》就有先民相地的记载。如《大雅·公刘篇》述公刘率领周朝先民迁居豳地时，其中多次提及公刘登高行远，勘察风水情况。第五章："笃公刘，既溥既长，既景乃岗，相其阴阳，观其流泉，其三军曹，度其隰原，彻田为量，度其夕阳，豳居允荒。"公刘不仅察其山水，亦测其日影，相其阴阳，观其日出日落，以之确定居处之正位。

(2)风水的发展

随着经验的积累，古人逐渐意识到人与自然之间存在着某种必然的联系，认识到水火山泽、日月星辰、风雨雷电、自然方位、四时变化等对人类生活的影响。如《吕氏春秋》云："轻水秃瘿，重水尪躄，甘水好美，辛水疽痤，苦水匡伛。"《孔子家语》云："坚土之人刚，弱土之人柔，墟土之人大，沙土之人细，息土之人美。"在此基础上，于是又有了太清之气、两仪、四象、五行、八卦等学说。汉末，形成了"风水术"或"相地术"的雏形。随着历史的发展、文化的繁荣，古人越来越醉心于探究人与自然之间的各种神秘联系。唐宋之际，形成了两大风水理论流派——江西派和福建派。江西形势派注重龙脉、穴位、砂水、方位之间的呼应及其对气的藏聚；福建理气派则以五行八卦、天星、十二支为四纲，认为气作为化生人体及万物之源，无形迹可寻，须以罗经定其位而察其气，重视方位对气的生克迎聚。明清时代，两派理论渐趋融合，在风水勘察中形、理并重，导致了风水理论的复杂化。时至今日，由于名词、术语的纷繁复杂，理论系统的混淆乖舛，遂使风水术走向神秘莫测而成绝唱天书。应该说，风水观的形成，是华夏文明进步的标志，风水学的逐步建立和完善，是华夏文化高度发展和成熟的结果。风水术的复杂化和神秘性，是人类对自然的奥秘和未知世界的认知处于感性阶段时的必然产物。

● 风水的两大流派

建筑风水源远流长，有不少别称与流派。

风水的别称主要有"堪舆"、"地理"和"形法"等。对于"堪舆"一词，东汉许慎认为"堪，天道；舆，地道"，即堪舆是谓"天地之道"。堪舆的宗旨是"法天地，象四时"，强调宇宙、自然与人类的和谐统一。司马迁在《史记·太史公自序》中说："夫春生夏长，秋收冬藏，此天道之大经也，弗顺则无以为天下纲纪。故四时之大顺，不可失也。"

"地理"一词最早出现在《周易·系辞》一书中。书中说："易与天地准，故能弥纶天地之道，仰以观于天文，俯察于地理，是故知幽明之故。"王充在《论衡·自纪篇》中说："天有日月星辰谓之文，地有山川陵谷谓之理。"天文与地理对应，即所谓天道、地道，两者相关而有别。《礼记·月令》中说："毋变天之道，毋绝地之理，毋乱人之纪"。在天道与地道之间又增加了人道。天道、地道、人道的最高境界就是天时、地利、人和。把"地理"作为"风水"的别称，一直沿用至今。

"仰观天文，俯察地理"是风水活动的两个主要内容。流传于社会的风水学流派主要有峦头派和理气派，它们又分别包含各自的分支。

峦头派：其分支有形势派、形象派、形法派。

理气派：其分支有八宅派、命理派、三合派、翻卦派、飞星派、五行派、玄空大卦派、八卦派、九星飞泊派、奇门派、阳宅三要派、廿四山头派、星宿派、金锁玉关派（走马阴阳）。

唐宋时期经济发达，又加之风水本身数千年来的发展，风水已具有一定的体系和流派。在这一时期，福建和江西两地成为风水中心，并拥有了自己的流派。

到了明清时代，风水达到了鼎盛时期，并渗入到了人们生活的每个角落。皇室成员也对风水备加青睐，譬如《永乐大典》、《四库全书》、《古今图书集成》等大型丛书，都是记录了大量风水知识的典籍。这期间，一些文人对风水进行研究，刘基等人也被尊为风水行业之先贤。

将这些人归纳起来，依然可以分为两大流派：一为形法（又曰峦头），承袭江西派之说；一为理法，承袭福建派之说。

综合起来看，形法主要是考察建筑四周的水土结构以及建筑本身的布局安排，理法主要是从时间和空间两方面来考察人体与地理气候、地极磁场变化的关系。

(1)福建派

福建派，又称"宗庙法"、"屋宇法"。清代赵翼《陔余丛考》曰："一曰屋宇之法，始于闽中，至宋王的大行，其为说主于星卦，阴山阳向，阳山阴向，纯取五行八卦，以定生克之理。"福建派在南宋时期大盛，它讲究的是宅法原理。

(2)江西派

江西派，又称为"峦体派"、"形势派"。《陔余丛考》曰："一曰江西之法，肇于赣州杨筠松（杨救贫）、曾文迪、赖大有、谢子逸辈，其为学主于形式，原其所起，即其所止，以定向位，专指龙、向、穴、砂水之相配"。

可见，风水可以一直上溯到数千年前，有其深厚的社会、经济、文化背景。直到今天，风水还能风行中国并逐渐走出国门，被世界各国人民所接受。

● 风水的科学原理

(1)气场学说

①风水之气的核心

中国是一个深受"气论"文化影响的国家，无论是中医、气功，还是

建筑风水都是如此。"气"是中国风水理论的核心，无论是"形法"还是"理法"，都是围绕寻找聚气、旺气宝地而展开的选址活动。风水论述中反复提及的"生气"、"迎气"、"藏气"、"纳气"、"聚气"等也都是紧紧围绕着"气"这个核心来说的。

那么，"气"是什么？数千年来，人们一直在研究它。儒家讲"浩然正气"，中医辨人体"气血"，气功分"内气"、"外气"，风水讲"生气"、"天气"、"地气"和"阴阳之气"等。

②宇宙中的气场

风水的基础和支柱就是宇宙间分布的气，但谁也没有见过它。两千年来，我国道教常与气打交道，堪舆家则拿着罗盘与气周旋，他们都真切地体会到了气的存在，但却无法用严密的逻辑语言将之表达出来，更不可能用科学试验来证实，只能含糊地用"天煞"、"地煞"之类的语言符号来表述。

时至今日，宇宙辐射的面纱逐渐被揭开了：宇宙辐射是维持宇宙本身存在的一种必不可少的能量。而事实上，这种辐射就是我国道家及堪舆家所说的"气"。

从宇宙创生时起，世界就充满了微波及超微波粒子，这是一种看不见的光，它产生于"天地之始"，有能量，故为"万物之母"。而气就是微波及超微波粒子，气就是看不见的光，光就是看得见的气。光中有气，气中有光，光气一体。

对于来自天上的微波及超微波粒子，风水学称作"天气"。许多植物、动物和自然地形都有优异的接收"天气"的能力。植物的叶片，花卉的花瓣、花蕊，地形的盆地、山环等，都是天然的微波天线。实验证明，电视天线在多叶

的植物体内可收到清晰图像。国外科学实验对鸡、鸽用9.29GHZ微波辐射时证明，鸟的羽毛也有微波介质的作用。事实上，这种非导体的"介质"天线，可延伸到山石、林木、建筑物等载体上。"气不佳处，鸟不作巢"、"山环水抱必有气"，已是风水常识。在建筑设计上，福建的圆形土楼，云南的方形传统民居和四合院也具有良好的接收风水的介质天线作用。

③人体的气

气，既然弥漫在宇宙的一切时空里，那么天、地、人也都应在其感应之内。气在天，则为风水所求的天气；在地，则为风水所寻求的地气；气在人体，则是人的生命赖以存在的人体场。场论认为，物质存在有两种形态：一种是由基本粒子以及可能更小的基本单位构成的实体；一种是这种实体存在之间的场态。场态与实体都是一种存在，是同一事物的两个方面，二者不可分割，并在一定条件下可以互相转化，这与古人所说的"聚则成形，散则化气"的见解相符。另外，电磁振荡场变成电磁波，即是所谓的"场动成波"原理。

人体之气，是在人体场能测试中可见到人的精神状态。人体之气具有可控性，受意念控制。气功、中医等都重视调心，常用一些诱导语言、口诀或一些特定动作来调节人体气的强弱、属性(阴阳)，以实现补泄。

古往今来的大量事实证明了气场的无所不在和有序排列。古人在动物身上发现了一些规律，如将一块草地围起来，就会发现养在里面的羊到了一定时期就会死掉，宰杀后会发现其内脏里有肿瘤；将狗放在这个位置，也会整夜叫个不停，这在古书上都是有记载的。为什么会出现这样的情况呢？人们发现这是气场分布造成的。用近代科学手段测量，即是这些地方的物理特性不一样，这些地方的电位比较高（地球有电位，各点电位不同）。

曾有电台报道，某地方拐弯处常很有规律地出车祸，即使将拐弯处改直依然如此。后来人们发现原来这块地段的下面有很多暗流，而发生车祸的地点正是暗流的交叉点，且里辐射能量很大。众所周知，辐射场对人的大脑神经的影响是非常大的，所以在这里易出车祸。事实上，这完全与风水有关。风水上对于这种地相早有认识，能够推测出该地气场的不同。如果人们能懂得其中的道理，避开此地筑路或居住，将不会有事故发生。

环视国内外对人体科学研究的进程和动态，再根据上述分析，我们可以得出下述研究结论：人体也存在场，即人体场。人生存于一个有气场的宇宙中，会从中吸取能量，且也向宇宙场发射能量。人的意念以及健康状况等能影响人体能场的强弱，同时外部环境能场的强弱也会影响人的健康状况和思维。

人一生的成败取决于自身各个时期对不同发展机会的选择，而不同时期的选择来源于本阶段思维的判断取向。好的风水会使人思维更敏锐，更容易取得成功，这就是风水影响人的运气的原因。

(2)风水形法

中国风水最讲究"天地人合一"。因此，风水在长期实践中，总结出一套有关天、地、人的具体操作方法。如天运（中国风水学将"天运"概括为"三元九运说"），即宇宙气场，是指宇宙星空天体运转的周期变化特性按照天体时空而演变；地运（中国风水学将"地运"概括为"龙穴砂水说"），即地球气场，是指地球受日月之影响，其地质、地貌、物理场随地理位置不同而千差万别，并在地球表面形成各具特色的小气候。

①典型风水的基本模式

典型风水的基本模式是"山环水抱"。古人说"河山拱戴，形势天下"，"拱"原是过去古人行见面礼的手势，称为"打拱"，这种手势是一手握拳，一手相抱。在风水中，"拱"则是用来形容山河的环状，山河拱抱，就能形成较强的环境气场。

古人讲风水的特点是"遇风则散，遇水则界"（界，即止的意思）。想在山和水之间造一个气场，必须利用水来控制风。古人发现有一地理形态具备这两种条件，即"山环水抱"的地理形态。人杰地灵，地灵便具有好风水，必出杰出人物。根据这一原理，古人选择建都的地方都要求具有"山环水抱"的地势，如西安、洛阳、北京、南京等都具有很好的大气场。尤其是古都西安，其西北方向三面有山，靠东南方向则有黄河，正符合"山环水抱"的条件。

②气的两个特点

当然，"山环水抱"也是要讲具体形势的，关键是要抓住"气"。气有两个特点：避开风，抓住水。怎样避开风？比如冬天的北风很强，那么住宅的西方、西北方和北方就应有一个环形物挡住来路，这样西北风就刮不过来，气自然吹不散。

为什么山要环呢？

这与气场微波的特性有直接的关系。波粒除具有"波粒二重性"外，还有其独特的个性，即具有较强的穿透性，能透过云雾，能穿透百米内疏松的干土层，同时对岩石也有一定的穿透力。更为重要的是微波遇风会飘散而使能量减弱。从不同风速下海面对微波的反射曲线可以看出，大风下微波反射率增大，即"遇风则散"，这也是为什么山要环的一个重要原因。因山环的形状类似于锅状的卫星电视接受器，所以可以大大提高其接受宇宙之气的效率，这是先人长期观察自然界得出的结论。

为什么水要抱呢?

这也和微波的特性有直接的关系。因为微波和水有很强的"亲和力"，水能充分吸收微波，即"遇水则止"。根据这一特性，微波可加热含水食品（微波炉原理）。纯净的水体对电磁波辐射的反射率在蓝光波段不足3%，即97%水体以上被吸收。另外，吸收率随电磁波波长增大而增强，至红外波后，微波几乎全部被吸收，只有1%~1.5%的反射率。但是，当水中含有悬浮泥砂时，水体的反射率就会增大，尤其是红光至近红外光波段，会产生强烈反射，也就是说混浊的水体吸收电磁波的能力大大下降。当水体中含有藻类、浮游生物和水草时，因叶绿素的作用，会使水体在红外波段产生高反射，形成较强的吸收谷。当水体中含有石油等污染物时，会使水体在紫外波段产生高反射，也就是使水体丧失吸收短波的能力，这对人体有害。正是由于这些特性，所以古人才会提出"水要抱"，且要求水越干净越好。

(3)风水理法

上面分析了风水形法理论的科学性，接下来我们要分析风水理法的科学性。阴阳五行、周易八卦是风水理法基础理论的重要组成部分。

①风水理法基础理论的组成

风水理论都体现了古人"天人合一"的观点，它们是古人长期观察天体以及大自然变化的智慧结晶。《周易·系辞》上说："仰以观于天文，俯以察于地理，是故知明之故。""古者包牺氏之王天下也，仰则观象于天，俯则观法于地，观鸟兽之文，与地之宜，近取诸身，远取诸物，于是始作八卦，以通神明之德，以类万物之情。"这两段所讲的都是先人制作八卦的依据及来源。

拿风水学的基础理论"三元九运"来说，将"三元"（上元、中元、下元）中每一个元分成三个小运，这样三三归九，就是"三元九运"。其

中，每一个小运程是20年，每一元是60年，"三元九运"就是180年。这是古人对太阳系行星运行的观察结果。

②天人合一的思想运用

在古人认识的五大行星中，木星对人体的影响最大。据现代天文学测知，木星是行星中的"巨人"，它的质量是太阳系中其他大行星质量总和的2.5倍。木星具有特别强大的磁场，它的射电辐射——微波和10米波可到达地球。其中，10米波最强，不仅有延续的爆发性，而且还会发生维持数小时之久的噪音，这种现象会影响到地球上的生命。

事实说明，古人在考虑天体场效应对人的影响时，充分考虑到了木星的作用，这是寓有深意的。"远取诸物，近取诸身"，表明了古人从天体的运行中充分肯定了木星对人的作用。木星的绕日公转周期是11.86年，相对于某一近日点，与地球的准会合周期是12年。在此12年中，太阳、地球、木星三者关系都处于不同的状态，这是导致人体十二经脉形成的外部原因之一。有趣的是，一个会合周期的12年中，真正出现木星大冲却只有11次，

除非在终点（或始点）上计算两次分属前后两个周期，才会凑到12次。人体也是这样，一方面有十二经脉，同时又有五脏六腑（共十一脏）。现代医学发现人体细胞在不同时间内能发出11种不同频率的射线，若再加上一个"零时期"就变为了"12"。这些恐怕不是偶然的巧合，而是天地运行的信息在人体生命活动中的体现。

体积仅次于木星的是土星。土星绕太阳一周是30年。每20年木星和土星相会一次。这两大行星的会合，对地球的影响是巨大和深远的。先贤洞悉这一天机，便以土、木两星20年会合一次为一运，并且以木星公转20年和土星公转30年的最小公倍数60年为一个甲子，也就是一个元。

可以说，风水学研究中沿用了我国古人"天人合一"的思想。风水理论中运用了大量的天文学的成果，这使得事物的发展轨迹更加符合客观实际，同时这也是风水历经千年后仍具有勃勃生机的原因。

● 风水的基本格局

"负阴抱阳，背山面水"——这是风水观念中宅、村、城镇基址选择的基本原则。

所谓"负阴抱阳"，即基址后面有主峰来龙山，左右有次峰或山岗的左辅右弼山（或称为青龙、白虎砂山），山上要保持丰茂植被；前面有月牙形的池塘（宅、村的情况下）或弯曲的水流（村镇、城市）；水的对面还有一个对景山、案山；轴线方向最好是坐北朝南（只要符合这套格局，轴线是其他方向亦无妨）；基址正好处于这个山水环抱的中央，地势平坦（也可具有一定的坡度），这样就形成了一个背山面水的基本格局。具体来说，理想的风水格局应具备以下的形势名称及相应位置。

(1)祖山

祖山是指基址背后山脉的起始山。

(2)少祖山

少祖山是指祖山之前的山。

(3)主山

主山是指少祖山之前、基址之后的主峰，又称"来龙山"。

(4)青龙

青龙是指基址之左的次峰或岗阜，亦称"左辅"、"左肩"或"左臂"。

(5)白虎

白虎是指基址之右的次峰或岗阜，亦称"右弼"、"右肩"或"右臂"。

(6)护山

护山是指青龙及白虎外侧的山。

(7)案山

案山是指基址之前隔水的近山。

(8)朝山

朝山是指基址之前隔水及案山的远山。

(9)水口山

水口山是指水流去处的左右两山，隔水成对峙状，往往处于村镇的入

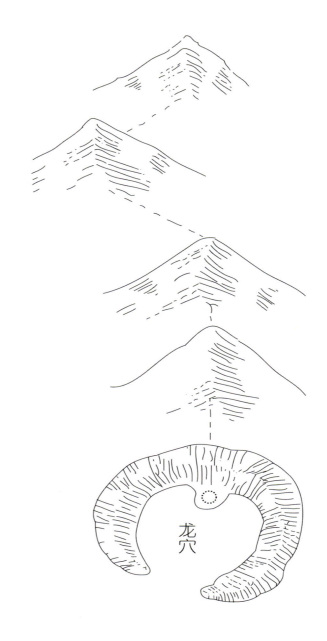

口，一般成对地称为"狮山"、"象山"或"龟山"、"蛇山"。

(10)龙脉

龙脉是指连接祖山、少祖山及主山的山脉。

(11)龙穴

龙穴是基址的最佳选点，在主山之前，山水环抱之中央，被认为是万物精华的"气"的凝结点，故为最适于居住的福地。

不难想象，具备这样条件的自然环境和空间，是有利于形成良好的生态和局部小气候的。我们都知道，背山可以阻挡冬日的寒流；面水可以迎接夏日南来的凉风；朝阳可以争取良好的日照；近水可以取得方便的水运交通及生活、灌溉用水，且适于水中养殖；缓坡可以避免淹涝之灾；植被可以保持水土，调整小气候，果林或经济林还可取得经济效益和部分的燃料能源。

● 风水的四灵

风水的四象又称"四灵"，源于古天文学，是指青龙、白虎、朱雀、玄武。郭璞《葬经》称之为"四势"，曰："地有四势，气从八方。故葬以左为青龙，右为白虎，前为朱雀，后为玄武。"所以，也指阳宅四周的山水、河流。

风水学认为，四灵本应四方之气而生，如果能柔顺俯伏，拱护穴地于中央，则为大吉，主子孙荣贵。缪希雍《葬经翼·四兽砂水篇》曰："夫四兽者，大要于穴有情，于主不欺，斯尽拱卫之道也。"具体言之，风水对四灵的要求如下。

(1)形状清秀圆润

山则草郁林茂，树木葱茸，清雅秀丽；水则清澈澄凝，迂回宛曲，温润明媚，形状丰圆饱满，不能冲急残损或干枯破碎，且相互之间必须配合呼应，旗鼓相当。龙高抱虎，山水相映，不可残缺，否则无以藏风聚气。

(2)情态驯服生动

蜿蜒翔舞，顾主有情，左回右抱，前朝后拥，趋揖朝拱，欲去还留。郭璞《葬经》云："玄武垂头，朱雀翔舞，青龙蜿蜒，白虎驯顺。"意指玄武、朱雀、青龙、白虎皆须垂头、翔舞、蜿蜒、驯颗。若僭逼冲突，抖泻反背，则为四凶象，主人多危难，有凶祸灾殃。

● 风水的形势

形势是指龙脉与结穴之外的势态与形状。郭璞《葬经》云："千尺为势，百尺为形。"注曰："千尺言其远，指一枝山之来势也。百尺言其近，指一穴地之成形。"意思就是说择穴一定要葬时乘以生气，而生气无形，唯有考其形，然后可得。又云："夫气行地中，其行也，因地之势，其聚也，因势之止。善葬者原其起，乘其止。"因此，尽管气有升沉聚散，变化莫测，行之于龙脉，亦行踪飘忽，但其始发之时，必有势可寻，得势则得其来去。又因山之形色，缘气而生，因而形即气的外在形态。缪希雍《难解二十四篇》云："气者，形之微；形者，气之著。气隐而难知，形显

而易见。"因此，察势、辨势是望气寻穴的关键。

杨筠松《疑龙经》云："真踪入穴有形势，形势真时寻穴易，若不识形穴难寻，左右高低如何针。"（"针"即下罗盘以子午定穴之意）说明形与势二者不可或缺。

(1)形的特点

形是指结穴之山的形状，是融势聚气的关键。生气因势而行，又因形而止。《葬经》云："形止气蓄，化生万物，为上地也。"因此，形是对势的总结。若无好形，则势不止，气不聚，葬者无以乘。形有大小、高低、肥瘠、俯仰、正侧之不同，风水家大致将其分为圆、扁、直、曲、方、凹六体。对它的基本要求是：要止，行则势不住，气不聚；要藏，露则气散于飘风；要方正，斜泻破碎则秽气所生；要呈圆环状，堂局周密，如此则气聚而有融。

形之吉凶即穴之吉凶，穴之吉凶即人之吉凶。形好则人吉，凡葬粗恶、臃肿、峻急、突露、瘦削、单孤、散漫、残破之山，皆为凶。

(2)势的特点

势是指龙脉发源后走向穴场时，在起伏连绵中所呈现的各种态势。与形相较而言，形近而势远，形小而势大。故欲认真形，先须观势。《管氏地理指蒙·九龙三应第九八》有"寻龙先分九势"之说：形势蟠迎，朝宗顾祖，如舐尾之龙，回头之虎，为回龙；形势特达，发迹蜿蜒如出林之兽，过海之船，为出洋龙；形势耸秀，峭峻高危，称降龙；形势拱辅，支节楞层为生龙；形势翔集，奋迅悠扬称飞龙；形势蹲踞，安称停蓄称卧龙；形势磅礴，脉理淹延，为隐龙；形势高远，峻险特宽，称腾龙；形势依随，

千尺为势，百尺为形，势来行止，是为全气。这是阳宅形法理论中觅龙的主要方法之一，也是作为对建筑的远近景观考察的尺度标准，同时还是关于自然界的尺度与建筑景观的协调理论。

"稠众环"合称"领群龙"。而不论何种龙，对其势的总体要求，依据缪希雍《葬经翼》的说法是："势欲其来，不欲其去，欲其大，不欲其小；欲其强，不欲其弱；欲其异，不欲其常；欲其专，不欲其分；欲其逆，不欲其顺。"势来则气随之而来，势强大则气亦深厚，势不分则气亦不散。欲其异，欲其奇特翔动，生机勃然。逆顺言其止伏与否，欲其逆者，欲其奔腾而不雌伏如死龙。因此，真正的上地佳穴，其龙脉之势，必如《葬经》所云："若伏若连，其源自天，若水之波，若马之驰，其来若奔，其止若尸，若怀万宝而燕息，若具万善而洁齐(斋)。若橐之鼓，若器之贮，若龙若鸢，或腾或盘，禽伏兽蹲，若万乘之尊也。"有势而后有形，有形而后有穴，寻得真龙真穴，子嗣才能受其荫福。倘于恶龙凶势下辨形立穴，则反遭灾祸。故《葬经》云："势如万马白天而下，其葬王者，势如巨浪，重岭叠嶂，千乘之葬；势如降龙，水绕云从，爵禄三公；势如重屋，茂草乔木，开府建国；势如惊蛇，屈曲徐斜，天国之家；势如矛戈，兵死形囚；势如流水，生人皆鬼。"

在上古，人类少而禽兽众，人类过着群居的生活，共同劳动，共同享用。那时候人们使用的工具主要为石器，后来逐步发展为原始的渔、猎、农、牧，并从使用打击成形的"旧石器"时代发展到使用经过磨制的"新石器"时代，且有少量的骨器及陶器。

(1)巢居的起源

原始人成群地居住在靠近水源的天然洞穴里，或"构木为巢"以应付风寒雨雪和猛兽虫蛇的危害。他们只有天然石块、木棍等工具，尚不具备进行营建的条件。

"巢居"可以避洪水、猛兽，是一种很自然产生的居住方式。这种方式传到后世即发展为"干阑"式建筑。"干阑"在我国曾成为一种极普遍的建筑形式，直到明清以来才逐渐减少。现在我国西南边远地区的少数民族村寨中仍大量使用。

(2)穴居的起源

"巢居"与"穴居"距今已有50万年。"巢居"与"穴居"并非因地域而截然分开的，正如《周易·系辞》中所说的："穴居而野处。"《礼记》上所载："昔者先王未有宫室，冬则居营窟，夏则居橧巢。"大体是寒冷干燥地带适于穴居，温热潮湿地带宜巢居，适中地带则随气候条件而采取穴居或巢居。

在原始时代，无论是巢居还是穴居，都只是一种利用自然条件如天然洞穴、悬崖下、树丛等借以栖身的办法。至于所谓的"下为台基，中为柱身，上为屋顶"的中国传统建筑的正宗形式，可以说，在原始社会的后期已经形成，新石器时代的人对住房已有美和风水的要求了。

二、房地产风水

接下来要讲的是有关现代房地产风水的知识，包括现代房地产风水是如何发展起来的，它的取向是什么，房地产风水规划有什么作用，它包括哪些内容，规划的原则是什么，它对销售又有什么意义，人们如何来判断一个楼盘风水的好坏等，这些问题都是不容忽视的。

● 房地产风水的起源与取向

(1)地产风水起源：人对居住环境的选择

风水学说是中国传统文化的一个重要组成部分，它深深地植根于传统文化的肥田沃土上。风水起源于古老的相地术，是在几千年的择居实践中发展起来的关于环境选择的一门学问。风水是古人在当时的文化背景下，选择宅地、墓地，村落、城市的最佳位置的过程中发展起来的知识。古时，人们饮风沐雨，餐风宿露，在天地间游走，"穴居而野处"，经常要为寻找一个适合的居所而发愁。后来，"黄帝作宫室，以避寒湿"，这才有了最原始的住所，有了一个安身立命的家。据考证，最早的"卜宅之文"在商周

之际就已出现。在我国最早的文献《尚书》和《诗经》的若干篇章里，都有关于古代先民为域邑，宫宅选址和规划经营的史实性记述。后世虽然发展变革渐趋纷繁复杂，但其根本追求一直未变，即都是审慎、周密地考察自然环境，顺应自然，有节制地改造自然，以求创造良好的居住环境，达到天人合一的至善境界。

居住方式是人类适应自然的一种选择。自古以来，人们都把居室看得很重，除了因为居室是人们安身立命之处外，还因为原始农业的发展，要求人类势必只能以一个居处来应付不同季节的自然变化。于是，择居经验便在聚落选址的实践中慢慢摸索出来。浙江余姚的河姆渡遗址，已与后世的择居原理十分一致；而西安半坡遗址的平面布局，也让人清晰地看到古人在选择居住环境上的成功实践。可见，风水并不是封建社会的产物，在奴隶社会甚至原始社会中，风水就已有了思想萌芽。

就民间的情况来看，许多人一提起风水，往往把它与迷信连在一起，这一方面反映了大多人是缺乏思考地人云亦云；另一方面也是由于风水解释体系的深奥，混杂着非科学的成分。古代的风水师为了维护其生存，往

往不得不披上神秘的外衣，这与今日的股票解说一样，它有着自己独特的语言系统，但我们不能因此而苛责古人。风水所倡导的人与自然和谐的思想，对理想环境的追求，始终符合人类生存和发展的主题。不能因为其运作方法有偏差，就忽视其思想主旨的合理性。风水对中国传统的自然观、环境观的发展，对中国传统建筑文化和艺术所做出的巨大贡献，都值得总结和发扬。

(2)地产风水取向：人与天地和谐相生

风水理论取向于人与环境的关系，与我国传统"天人合一"的宇宙观是完全一致的。风水强调人与自然的和谐，主张"人之居处，宜以大地山河为主"，意即人要顺应天道，以自然为本。人只有选择合适的自然环境，才有利于自身的生存和发展。风水不仅把人看作是自然的一部分，更把大地看成一个富有灵性的有机体，各部分之间彼此关联，相互协调，这种大地有机自然观，既是风水思想的核心，也是东方传统文化的精华。

背山面水的建筑选址是地产风水的基本格局。村落或城镇在山与水的环境之下，各自然要素的最佳组合形成了一个良好的生活环境，这便是风水说中认为"有生气"的地方。一般而言，理想的风水宝地最好是马蹄形的，三面有山环抱，风水穴位于主峰的山脚下，山势走向呈某种吉祥动物的态势，穴前有一片邻水的开阔地，河流、溪水似金带环抱，穴地本身干燥清爽，方位自然朝阳——不难想象，具备这样一种条件的自然环境，对人的生存来说自是十分理想的。

中国古人历来认为，天地气交，化生万物，万物都要遵循天地的阴阳变化而生存，以与自然和谐为最高准则。于此最佳风水格局里，我们即可窥见一斑。在辽阔的中华大地上，风水理论的实践到处皆是，如有名的皖南民居、北京四合院，都是因地制宜地实践风水理论的典范。

当今世界，由于人口的剧增和现代文明所带来的人类生存环境的恶化，也向古老的风水学说提出了新的挑战。比如，我们已经没有了那么多可供任意选择的生存空间；环境污染和生态环境质量下降，已使生存环境发生了变异，旧的理论已不适应新的境况；再者，城市化的浪潮使得楼居的人群愈来愈多，人们能有一处住所已属不易，已无条件去讲究风水的优劣。关于这些新问题，都有待人们去整理、发掘。

风水作为祖国传统文化的一部分，它与阴阳、五行、八卦、四时、五方、天干、地支、天文、地理等许多哲学和科学有着密切的联系。不管这些联系有多么复杂，归结到一点，风水本身所探究的，乃是人与自然环境的和谐相生。让天地所孕育的人类，安详地生活在自然的怀抱之中。

● 房地产风水规划的作用

为什么要进行房地产风水规划呢？它有什么样的作用？这里就来简要地介绍一下。

(1)给开发商带来销售速度与利润

有些人可能会说进行房地产风水规划是牵强附会的说法，认为这是跟自己没有关系的事情。其实，房地产项目风水规划跟开发商是有很大关系的，因为好的风水规划能给开发商带来理想的销售速度与利润。

(2)使住户、商户家庭兴旺

好的风水规划能使住户、商户工作顺利、事业兴旺、身体健康。而没有经过风水规划的项目，从户型设计上、景观布局上会给住户造成破财、不顺等不吉利的事情。目前房地产市场80%左右的楼盘是不符合风水原则的，户型也大都或多或少存在问题。

● 房地产风水规划的十大内容

房地产项目规划主要包括如下方面：选址规划、融资规划、项目定位规划、档次品位规划、建筑风水规划、价格规划、营销规划、广告规划、物业管理规划等。在这些规划内容中，建筑风水规划是不可或缺的一部分，而营销规划是核心。从开发商的角度说，开发的主要目的是效益最大化。所以，如何以最快的速度、理想的价格把房子卖出去，就成了一切规划的中心。

下面将房地产风水规划的相关内容作简要说明。

(1)道路、大门出入口的安排与确定

小区道路、大门出入口要布置在旺位，不能在煞位、病气位。保证小区与大门道路在当元的旺位，能使小区整体保持繁荣、旺财，能使人体吸收到健康的空气。如在煞位、病气位，将导致小区住户整体工作不顺、病灾多等问题。

(2)坐向盘线与周围山水、道路的配置

开发区的坐向盘线与周围山水、道路的优化配置，要保持纳气清醇，旺山（人丁）旺向（财）。

(3)区内功能安排

区内商业、住宅、管理等功能分区安排是动静结合的风水法则。

(4)建筑的优化配置

区内高层、中高层、小高层或多层建筑的优化配置，要根据风水上需要的高低进行布局。如果需要高的地方反而做多层建筑，需要低的地方反而布置高层建筑，都会导致人丁的生病或煞气的增加。

(5)房屋的坐向盘线与大门位置的确定

每栋楼宇的坐向盘线与大门位置的确定，要保证每栋房屋纳气清醇，旺山（人丁）旺向（财）。

(6)外立面与颜色搭配的风水设计

楼宇外立面的颜色、形体与五行搭配有放大或缩小以适合风水要求的布局。

(7)售楼处的选址与风水设计

售楼处的选址与风水设计，有利于销售的风水布局。

(8)绿化、泳池、人工湖、假山的风水安排

绿化、泳池、人工湖、假山等景观的布局要符合风水法则。

(9)旺财化煞措施

消减煞气与增加财运的布局。

(10)楼盘重要事项的择日

结合老板的生辰八字对动土、剪彩、打桩、开盘、入住等重要事项进行选日。择日是信息共振，有利于安全、楼盘销售等项目的进行。

以上(7)、(10)是有利于开发商销售的风水布局，其余布局都是有利于商业或者家居住户的风水布局。

● 房地产风水规划的原则

房地产风水规划要坚持以下原则。

(1)与自然环境相结合

房地产风水规划必须紧紧结合自然地理状况、规划部门的要求、建筑设计的习惯、视觉的审美等。如果把风水和自然环境、人文心态以及当代科技弄得格格不入或是不能与时俱进，是不可取的。

(2)要确立太极观

房地产园区风水规划最重要的是确立太极观的问题，因为房地产园区

特别是大型园区就相当于一个小社会、一个小城镇园区，除了楼座之外，还有假山、水景、树木、塔楼、回廊、雕塑以及运动场、购物中心、娱乐中心，甚至还包括学校、幼儿园等。

从建筑风水学的角度来看，既要满足一家一户的风水格局，同时建筑之间又不能产生副作用，这是一件不容易的事情。因此，进行房地产园区的建筑风水规划，必须牢固确立全局和局部相统一、景观和建筑相协调的规划思想。园区是一个大太极，整个园区的风景格局必须吉祥，这就相当于一个城镇一样，如果没有整体的发达就难有个体的富裕。一栋整体不理想的建筑难有上佳的一门一户。每一个单元、每一户为一个小太极，小太极最后落到每一个具体的人家，因此，小太极更要吉祥、和谐。

● 风水对房地产销售的意义

售楼人员肩负着完成地产销售"临门一脚"的重要作用，好的楼盘如果没有一个优秀的售楼团队的话，就不能很好地完成售楼任务。因此，越是大型高档的楼盘，对售楼人员的素质和知识要求越高。

住宅风水是很多购房者在买楼时考虑的一个重要因素。考虑到客户的需求，地产销售人员有必要掌握一些风水知识。售楼人员了解和掌握风水知识至少有以下两方面的意义。

(1)趋吉避凶

销售人员了解了风水，可帮客户趋吉避凶。房地产的前线销售人员如能掌握一些基本的风水知识，在面对一些对风水比较挑剔的客户时就能应付自如了。例如，可以告诉购买者房屋的朝向并不是朝南就好，屋外的景观最好是东南见山、西南见水。销售人员在向客户介绍房屋时可以运用这些知识，这样既可以满足客户对风水的要求，又能体现自己的专业。

(2)消除疑虑

销售人员可以依据相关的风水知识为一些风水不太好的房屋提出化解意见，消除顾客的疑虑。例如，房屋外面如果是一条反弓形的马路，在风水学上这是不好的，这时就可以建议客户在房屋里摆放石狮、镜子等来化解。另外，在家居室内摆设上，也建议运用一些风水知识，给客户以参考。

● 普通住宅风水布置形式

我国许许多多的平民住宅全是以合用为目的，以经济省钱为要务。也正是因为这样，所以产生了既经济合用又出凡脱俗的优美形式的建筑。至于结构方面，全是用最经济、最合用的材料，如墙则有土坯墙、桩土墙、编竹夹泥墙、乱石墙、木板壁，屋架则有木、有竹，屋顶则灰泥、茅草、树皮、石板、瓦顶，屋内地面有土灰、三合土、砖、楼板等，台基则多石砌等。

总的来说，普通住宅风水布置形式可以分两大类。

(1)分散式住宅

这种布置形式在北方常用，因为北方天气寒冷，风雪大，所以多用坚壁厚墉，常用砖、石、土、土墼(即土坯)等砌墙，屋顶用瓦顶或灰泥平顶，远较南方屋顶厚重。这种构造很适宜分散单座筑造，因为厢房不遮挡正房，冬天能多纳阳光，且院子开阔，必要时还可以开进大车。如果房屋是毗连

着筑造，则房屋转角连接处会容易开裂、漏雨等。但在山西、陕西等地，院子一般呈狭长形，厢房常遮掩正房，这是因为冬春季时风大、西晒过烈的缘故。

在华北地区，一般的士商人家多用四合院住宅。大门开在前左隅，正对大门有影壁（有时是利用东厢房的山墙砌造，由门外望进去很是整洁幽雅，无法看到内院），这与一般外国住宅不同。在外院，除大门外，还有倒座房作为外客厅及下房。通过垂花门或屏门，可到内院。内院正房三间，一明两暗，或两间客厅、一间卧室。左右耳房及厢房等全可住人或作其他用途。左右耳房的前面常是一个很安静的小院（更大的住宅则是后罩房），进院内常有回廊接连。此等房屋多用砖墙、木架、木门窗、砖地、瓦顶、硬山、两坡水，整个房舍色调十分恬静。另外，一般住宅上只许用板瓦，不许用筒瓦（板瓦最好是仰合瓦，其次为仰瓦抹灰梗，再次是棋盘心，即屋顶边缘的地方用板瓦，当心墁灰平顶）。在乡间贫苦人家则多用灰泥作平顶，略呈两坡水式，并用土坯墙等。农民房舍布置有一列三间或两间式，也常用一列三间等左右套间，或及左右厢房的三合院土房，并常用矮矮的土墙围绕着，摆在乡村的绿野里很是安静。

在河北、河南、山西、陕西、甘肃及新疆等地，常用土墙或砖墙，多用灰泥平顶房的房屋，也有不用木柱而用荷载墙的。因为用平顶的缘故，房椽时常向外平挑出三数尺，上作灰泥平顶。在光光的墙面上挑出一排排的檐椽，便显得非常俐落、可爱，尤其是当椽子头的影子射在墙上的时候，明暗有致。

在山西雁北一带有很多的乡间完全用土墙、土顶，墙面用灰泥墁得整洁光平，一座一座的房屋毗邻排列着，非常整齐，这种形式是值得注意的。这些房子也都是一列式、一横一顺、三合院、四合院等的布局。山西、陕西一带的四合院与北京的不同之处在于它的厢房部分遮住正房，院窄深，左右两厢房距离甚近，约一至二间面阔。大宅常有用两三院合成的，或更多院拼合成的，外墙有时很高(高出屋顶以上)，远看如同小城或碉堡（这是防御之用）。这种高墙在甘肃也常用，其目的除了防盗匪之外，还要用来防风沙。它的外形简单而坚固。在这种风沙大、雨水少的地区，用土坯墙平顶或一面坡屋顶，是最合理、最适用的。如果采用"人"字瓦顶，当大风一来，飞沙走石就会使房屋受到很大的振动，即便用砖墙，薄了不防冷，厚了又不经济，也少用为是。自然环境对于房屋构造是有很大影响的。一面坡的屋顶常坡向内院，后墙高过前檐，这对防御及采光均有很大好处。

在河北东部及东北地区的乡间也常用平顶，不过是略带前后坡，坡度也不过10度左

右。东北地区的城乡住宅及内蒙古的城市住宅也是采取院落组织。乡间多土墙草顶或瓦顶。城内或乡镇有钱人家则是用砖墙瓦顶。一般的地主人家常用四合院，院内常是正房五间（清代地主、商人、官僚等宅常有用正房五间的，已非明代不许过三间的制度），前带月台，左右厢房、门房等。院内特别宽大，一是为了多纳阳光，二是为了可容大车在院内转动。夏天可在院内置花盆，种柳树、丁香之类。

　　大宅亦常用许多四合院拼成，尤其是乡间，为了防御多尽量地将住宅集中，或外有高墙及炮台，绝不像南方有的地区将住宅三三五五地散布在田野里。

　　在吉林、黑龙江等地的赫哲族居住地区，因为需要较多的阳光，所以一列式向南的正房最多，院墙多用木栅式墙。一般农民多用极为经济的碱土平房。吉林东部的朝鲜族则仍用朝鲜式建筑，墙壁甚薄。

　　在东北乡间常有以干阑式建筑作仓储用的。山东一带因为风雨较少，所以以一列式的土墙草房居多，而东部山石多的地方则常用乱石砌墙，上置草顶或瓦顶。在河南北部、河北、山西、陕西、甘肃、内蒙古、东北等地，不但用厚墙及厚屋顶防卫风寒，还常用火炕取暖。如东北多用南北两面炕或顺山炕取暖，这种炕热度均匀，经久不散，还可利用烧炕的火烧水、做饭等。富裕的人家常在炕上铺毡子，置炕桌、炕琴，坐在炕上甚是温暖、舒适。在山西，人们常在炕两端的墙上画彩画，并且在上面涂油以便擦洗，也很好地装饰了室内。此外，也有用火地、火墙等物取暖的，但不如火炕经济合用。火炕砌法很多，砌得好，可以热得均匀长久而又节省燃料。

（2）毗连式住宅

　　这种住宅形式在南方较常用，因为南方气候暖，夏天炎热，需要有小天井（即院庭）及高大开阔的厅堂来遮蔽太阳。而屋顶薄轻，又便于正房与耳房(即厢房)毗连，雨天人们可以在檐下行走。

　　房屋毗连可以使墙壁更加坚固，外墙地盘方正如印，所以又叫作"一颗印式"。

　　以上两种布置形式很早就产生了，到了清代仍然在使用。

　　我国各地住宅除在布置上不同之外，亦因气候及材料的关系，而有许多不同的做法，如有草房、瓦房、平房、楼房、竹舍、土房、木板房、夹泥壁、砖、土、木、石壁等。屋顶有平顶、坡顶、硬山、悬山等做法。门窗棂绦种类更多。再加上不同材料的不同颜色，如土墙、粉墙、彩饰、油漆，以及不同的人工技巧，于是我国各地房屋形式之多，构造之巧妙优美，真是丰富之极。

　　沿长江一带因为人口多，雨量大，天气热，住宅常用砖墙瓦顶。东西耳房（厢房）较少，即使有也很狭小，并喜用小天井，常用高大间架及敞口厅堂（不用门窗等装修，室内外打成一片）或阁楼之类。凡此等措施均是为防御夏天炎热而作。在江浙一带用楼房的也较他处为多。至于宅前为大门，中为厅堂，前堂后寝等制度则南北略同。在城镇房屋密集的地方，家家毗邻，多用斗子砖墙、木构架、瓦顶，山墙用防火山墙，高出屋面三数尺，有的作"五岳朝天式"或其他式样。

　　在苏州以及湖南南部的乡间，常见有三合头的平房制度，形体与长沙出土的汉代绿釉明器非常相似。由汉至清两千余年，乡村住宅仍未大异，这也可以说明封建社会农村的停滞性了。

　　在东南沿海地区，因社会上治安不好常有彼此械斗，以及不同族人互相仇杀的事情发生，所以常有一些高墙式四合院楼房的住宅。有的墙头四隅挑出炮台，以资防御，这也即是碉堡式住宅之一种(汉明器上即有此类型的方楼)。有的地区或作环形土楼。

　　广东沿海地区属亚热带气候，潮湿多雨，所以一般住宅天井更小，外墙上开窗也极少，一般多用砖瓦平房，主要房间常高大多阴，内置阁楼，极力避免东西晒的厢房，至多是作厨房使用。最经济的小住宅只有一间，前为天井及厨房，中为厅，后为房。较大宅的则是三开间三合院等式，大门多开在东西侧(由厨房出入)，如此布置在整体规划上可以家家房屋前后相连，人们可以由左右小巷出入，非常经济方便。此外，尚有别处少见的开间不过一二间而进深则极深的房屋。在房屋中段用极小的小天井解决通风、采光及交通等问题，极为经济可取。在乡间也有用三合院式平房可住三数户人家的。此式在我国他处也有见到，是很实际的做法。

　　至于在长江中游地区，山陵起伏，夏季闷热，所以天井也很小，有的才深一米左右，常用廊、过厅等物蔽日遮雨，并常喜用敞口厅堂。房内多用阁楼，房多三开间，以三合、四合院较常用。房周围筑封火墙，所以外观较封闭。此种建筑在广西常见，与四川住宅相仿，只不过四川住宅天井远比此带的天井宽大。

　　在西南一带如四川、云南等地的住宅，显然与长江、珠江流域以及东南诸省的有所不同。比如云南四季温暖如春，房屋多用楼房，小天井一颗印式；四川盆地气候亦甚温和，无严寒酷暑，多用大天井及平房，平面亦多四合头一颗印式。

　　四川住宅较云南的显然不同，如楼房很少，多用平房"人"字形坡顶，城内瓦房不用筒瓦，只用板瓦，并常用雄大的挑山（即悬山），以防雨水淋湿墙壁，天井亦较云南及长江中下游为大。因四川多竹，所以最常用编竹夹泥墙（是最经济合用的墙壁），板墙亦常用，不似云南之多用土墙，平面布置仍是一颗印式。

较为富有的住宅有很多是用两三层四合头拼成的，有大门（也叫龙门）或二门、正厅（当中敞三间）、内宅、正房及内外耳房乃至后房等布置。有的天井内布置山石花木等缀景，或在旁院有小花园等。

四川很多房屋因为是平房，天井又大，所以显得很安定稳重。墙壁多白灰夹泥墙或板屋。屋顶多挑出大悬山，显得雄伟而轻快。值得一提的是一颗印房的转角处，屋顶相交的形式多种多样。这种变化能为房屋增添风趣。

上述这些住宅在城市内则是家家毗邻地布置，中有天井（或院落），用地是非常经济的。不过有时稍感拥挤，绿化面积少是其美中不足之处。一般居民限于物质条件，只能如此，这也确是物美价廉的做法。

总之，住宅变化多样是南胜于北，尤以丽江的为最好，而简洁明快则山西等处的土平房也自有所长。

● 上等宅第风水布置形式

我国普通农民以及中产阶级的住宅大都是很朴素、简洁的构造，虽然很少有过分的艺术加工，但艺术质量却是很高的。如园林规划，除大自然外仅是在天井（或院落）里摆一些盆景，或种两株树木作为户外起居室用，至于大官僚、大商贾以及王公等人的府第，不但房舍高大众多，有的还大如城镇，而且常有很好的大花园，建筑用料也很精美。具体的布置形式如下。

(1)城镇式住宅

据《天咫偶闻》所载的北京的官僚、富人们的住宅，规模甚是宏观。据载："住宅，内城房式异于外城，外城近南方，庭宇湫隘。内城则院落宽阔，屋宇高宏，门或三间，或一间，巍峨华焕，二门以内必有厅事，厅后又有三门，始至上房，厅事上房之巨者至如殿宇。大房东西必有套房，名曰耳房，左右有东西厢，必三间，亦有耳房，名曰盈顶，或有从二门以内，即回廊相接，直至上房。其制全仿府邸为之。内城诸宅多明代勋戚之旧，而本朝世家大族，又相仿效，所以屋宇日华。"

所载宅制如三门（或作垂花门）盈顶等制，确是清盛时期参照明代大第宅（大第宅常有中、左右数院，并带有花园）修造的，后来北京的大第宅便少见了。

(2)院落制住宅

此外，南方一带也有宅分中、左右几路的，每路由大门进内，有数进，如大门、二门(或称中门)、正厅或后带地台(演戏用)，或后有垂花门通至内宅的庭院。庭院正面为正房，正房后还有后房。祖堂则是在正房堂屋里，或在后房堂屋，或在宅东另建家庙。每院均有左右厢房，各房常带走廊。庭院之内用砖或石铺地，平洁雅丽。这种院落制度，即是中国建筑最常用的制度，它不仅体现在建筑住宅上，其他如庙宇、宫殿、衙署、城市等也采此种制度。其好处是：a.左右对称，符合礼制；b.在应用上有极大的伸缩性；c.最经济的用地面积及造价(指土平房而言)；d.各小院院内非常幽静，区划分明；e.便于防御等。所以，院落制在中国是长久而普遍地使用着的，它比起今日街坊大楼是有很多优点的。当然，它也有缺点，如闭塞等。

这种左右对称、形式呆板的四合院式的居住建筑，很自然地促成另一种富于变化，曲折的园林的出现。宅第、园林的规矩和自然正是构成居住建筑的两个主要方面。

● 判断楼盘风水优劣的四大要素

(1)周围环境

判断楼房风水的好坏，首先要看这栋楼房周围的环境情况，如前后左右的道路、河流和人工建筑物等。

①河流和道路

如果有河流和道路弯环抱着楼房，为吉；如果有河流或道路的弯弓顶向着楼房，则为不吉，此叫"反弓水"。道路或河流笔直地冲来是为"箭煞"，不吉。

②建筑物或山体

后面有高大平整的建筑物或者方、圆、尖的秀丽山体做后托为吉；后面有低矮的建筑物或零乱、空缺，有尖射之物，或过于逼压等为不吉。前

方闭塞，有屋箭、屋角等形如凶器的建筑物冲射，为不吉；前方开阔、景色秀美，为吉。左边的建筑物高于右边的，一般为吉；右边的建筑物比左边的高且是奇形怪状的，为不吉。另外，还要看看楼宇周围有没有寺庙、军警部门、火葬场、公墓、监狱、神坛等，应该远离这类建筑物。

③地形地势

楼房不宜建在孤山顶上、水体上和悬崖峭壁的下面等。建在山脉的脊线上和水体上都是不好的选择。

总体来说，周围山清水秀，后有高靠，前有秀水，环境整洁优美，没有明显的形煞，采光通风良好，祥和安静，是为好的环境，也就是风水宝地了。

(2)楼盘的立向与周围形峦的配合

关系楼盘风水好坏的第二个问题，是楼房的立向是否合理。

周围有优质的外部环境，是营造阳宅好风水的基础条件。这些条件是否得到合理地利用，需要通过立向来实现。

用直观的方法看房子的立向是否合理，可以通过看后山顶和看前方堂局的方法来鉴别。特别是靠山面水的房子，如果房子的建筑纵向中轴线明显偏离了后山的山顶，前方的堂局明显歪斜而偏向一边，此房的立向肯定不合理。

要确定房子的立向是否合理，要使用罗盘格定来龙入首、格定水口，测准坐向，才能真正确定。这需要系统学习过风水术的基本原理，会使用罗盘才能做到。

(3)楼盘的立面和平面造型

与楼房风水有关的第三个因素就是房屋的立体和平面造型。

①立体宅型

房子的造型千奇百怪，用风水术的理论来概括之，却只有五种，即金形（金圆）、木形（木长）、火形（火尖）、水形（水曲）和土形（土方）。

其中，以方形的土形最为稳重，其次是圆形的金形房子，此二者为吉利的造型。所以，中国古代建筑主要是土形的房子居多，也有圆形与方形结合的成功例子，例如客家围屋，不但有方形的，也有圆形的，还有马蹄形的。根据地形地貌的特点采用不同平面造型，与周围环境融为一体，无论从景观的角度还是风水学的角度，都是无可挑剔的。

火形带煞，水形不稳定，木形也不太恰当，属于不吉的造型。扇形或梯形的房子，前窄后宽为吉，前宽后窄为凶。

房屋是供人休养生息的场所，其造型应该以端庄稳重、美观大方、完整、大小高低适中为吉。歪斜、扭曲、缺角、尖突、奇形怪状、高低宽窄不成比例都属不理想的宅型。

现代城市中，有些人喜欢猎奇，设计的房子立体造型奇形怪状，此种做法实不可取。

②平面造型

矩形的平面结构，外表稳重端庄，内部有利于房子内部各个功能区的合理分割，便于利用，应列为首选。

前略窄后略宽的梯形，较利财丁，故说"屋作斗斛形，横财旺人丁"。如果前宽后窄，则属不利钱财之宅。

扇形，前宽而后窄，不聚气，不利财丁。古人云："屋造扇面形，痕痛必伶仃"。

圆形、马蹄形、椭圆形、八角形等只宜用于大型的建筑群体，而且还须与地形地貌相吻合方为合适。客家地区的圆形、半圆形、马蹄形围屋，外圈建筑呈圆形或半圆形，其中心主厅则是方形，象征"天圆地方"之义。圆形属金，"宅相金字平，富贵人丁亨"。

房屋最好八方完整，总体平面存在缺角是属于有缺陷的结构。一般来说，缺角所在的方位往往对应于家庭中相应的人与事的不完美，缺角的程度越厉害，所表现出的信息也就越明显。

尖突在五行上属火，"屋造火字形，痕火久闭经"。

长宽比超过2：1的狭长形房屋，长宽比小于2：1的扁平状房屋，属木形，风水上属不利。

锯齿形的房屋，又叫"磨牙煞"，属水，亦为不利之格。

(4)楼层的五行属性

古代建筑多为平房，因此在古代堪舆学中没有任何关于楼层属性的论述。随着城市化进程的加快，摩天大楼越来越多。为了节省用地，许多中小城市也开始停止分立式住宅的审批。高层住宅的堪舆是摆在我们面前的新课题。

近些年来，许多堪舆理论研究者用参照古代关于房屋"进数"方面的理论或用先后天数来定位楼层五行属性，取得了一些成果，但理论尚不完整，且与实际情况不尽吻合。

现在比较流行的主要有两种方法：

一种是将八宅飞星法套用于楼层，从大楼的坐山卦起飞星，以大门所

属九星定位第一层九星所属，再按五行相生原则依次确定各层九星所属。伏位（左辅）、生气（贪狼）属木，绝命（破军）、延年（武曲）属金，五鬼（廉贞）属火，六煞（文曲）属水，天医（巨门）、祸害（禄存）属土。以年命纳音与楼层五行论吉凶，相生、比和为吉，相克为凶。

一种是以先天数来定位楼层五行属性。一、六层属水，二、七层属火，三、八层属木，四、九层属金，五、十层属土。以年命纳音与楼层五行属性或者与五子运配合起来论吉凶。

两种理论与方法均有一定的道理，在实际操作中各有应准，准确率还须经过更多风水实际的验证。

首先，应该明确对阳宅风水好坏的评价应在全面调查研究的基础上，根据科学理论进行综合分析后才能得出。楼层的五行属性对阳宅风水的总体影响并非决定性因素，与整座楼房的外部风水格局以及单元内部布局相比，仍是小巫见大巫的次要因素。

其次，八卦和河洛阐述的是平面方位之理，用之于楼层显得十分勉强。平面方位是二维坐标体系，楼层的高低属三维坐标，用二维坐标的理论去分析三维坐标的规律，在理论上也讲不通。如果将河洛、八卦看成是立体的模型，则楼层的五行属性就不是上面所说的那么简单。但是不能用立体的河洛、

八卦在平面上的投影来确定楼房的五行属性，而应该将整栋楼房视同是一个整体的河洛或者八卦，所得出的结论也应该是三维的，而不是二维的。

其三，以宅主年命纳音与楼层五行属性论生克的理论和方法，理论上有失严谨，有以偏概全之嫌。为什么？因为人的五行宜忌应以四柱用神为准，不同时空出生的人类个体，其先天所秉受的五行之气各不相同。命局五行的不平衡是绝对的，平衡是相对的。选择四柱用神就是有目的地去弥补人类个体四柱五行的不足部分，去其有余部分，或用之达到通关的目的，使其命局五行趋向相对平衡。按年命纳音配楼层五行属性，只有在年命纳音符合四柱用神的情况下才能起到调补作用。但是，在多数情况下，年命纳音与四柱用神是不一致的，当年命纳音正好是命局忌神时，用之调补岂不是适得其反？所以，这里认为应以宅主四柱命局和大运综合平衡后所取用神为依据来选择楼层，才较为合理。

其四，将楼房的风水格局与楼层分割开来，显得比较粗糙。事实证明，同样的楼层，如果立向不同，则楼层的吉凶状况也各不相同。并非某某楼层吉、某某楼层凶这样简单。

事实上，从五行的基本性情入手来分析楼层的五行属性，才算合理。楼房不论高低，底层位于整幢楼房的最底部，与土密切接近；住在底层也不须上下楼梯，其性质为静而不动，与土的情性较为吻合，应按土论；二层是建在第一层的上面，按五行相生原则，应以金论。依此类推，三层属水，四层属木，五层属火，方与楼层的实际情况吻合。一般楼房的顶层最热，热者火之性也，且火的基本性质是"炎上"，因此把顶层的属性定位于火是合理的。第二、三层一般较为凉快，何故？金居西其性凉，水居北其性寒也。楼房不论多少层，底层永远属土，顶层永远属火，此乃不易之理。十层者，一、二层属土，三、四层属金，五、六层属水，七、八层属木，九、十层属火。在此基础上，可进一步分清五行的阴阳属性，单数层属阳，双数层属阴。十层以上之高楼也可依此理推之，将楼房平均分成五段，最底下一段为土，其上依次为金、水、木、火。

The Geomantic Omen of
Chinese Real Estate

第二章
建地风水篇

The Geomantic
Omen about Base

一、阳宅的风水条件

有利的宅地应该具备什么样的条件，才适合人类居住并使居住者生活如意、事业兴旺？不利的风水宅地有哪些特征？最佳的风水布局又是什么样的？以下将加以一一阐述。

● 有利的风水宅地

(1)阳宅应依山傍水

从理论上讲，阳宅应当依山傍水。依山，可以取得丰富的生活资源，防止水涝；傍水，有利灌溉、洗涤、食用。吉利宅地也要有"四神砂"（青龙、白虎、玄武、朱雀）和周围水道。

(2)阳宅应朝南向

由于我国地理位置的原因，所以阳宅的南向是最佳朝向。从考古发现的新石器时代半坡遗址来看，几乎所有的房屋都是坐北朝南，即子午向。坐北朝南的阳宅，在炎夏可以避开阳光的辐射，在寒冬可充分采光、取暖、杀菌，增强人的抵抗力，减少疾病的发生。民间俗语云："大门朝南，子孙不寒；大门朝北，子孙受罪。"此说不无道理。如果朝向的是崎岖、丑陋的石山、倾斜的孤山（由于山崩引起）或窥峰（山脉背后半掩半露的山峰），则不是人居住的好地方；若山的轮廓优美清翠，没有崎岖不平、丑恶生厌的形态，则为吉山。朝水也叫"外水"。来水应流向与龙（山脉）会合的方向，使阴阳二气中和。而且，此水要流速平缓，迂回曲折，切忌平直。

(3)阳宅应与周围的环境相和谐

每处阳宅与周围的环境都是点与面的关系。点、面和谐才能使人"得山川之灵气，受日月之光华"。大环境以百尺为势。形住于外，形得就势，势得就形，形不欲行，势为欲止。小环境的水口、明堂处至关重要。水口指某一地区水流进或流出的地方，从水入至水出即是水口的范围。明堂本是古代天子理政、百官朝见的场所，风水术引申为宅前之地。明堂有内外大小之别，不可太宽，宽则旷荡，不藏风；不可太窄，窄则局促不显贵；不剞侧，不卑湿，不生恶石，以诸山聚绕、众水朝拱、生气聚合为佳。

(4)宅基要有生气

风水师称地为"穴"。穴有高有低、有肥有瘦、有窄有宽。穴有贯顶者，有折臂者，有破面者，有坠足者，皆为病穴。《管氏地理指蒙》云："欲其高而不危，欲其低而不没，欲其显而不暴露，欲其静而不幽囚哑喑，欲其奇而不怪，欲其巧而不劣。"穴土不可太湿，不可太浮，不可太顽。宅基要有生气，《博山篇》云："气不和山不植，不可扦，或腰结，或横龙，法宜扦。"气是生机，有生机之地才适合人类生存。

● 不利的风水宅地

有很多天然的或人为的劣地势是不宜居住的，如山坟、墓冢之处，灵气已失，邪气相随。以之为用，自是有百害而无一利。

风水上对地理"十不相"之说是指：一不相鹿顽丑石，二不相急水争流，三不相穷源绝地，四不相单独龙头，五不相神前佛后，六不相宅墓休囚，七不相山岗撩乱，八不相风水悲愁，九不相坐下低软，十不相龙虎尖头。

歌诀云："霹灵所惊，穷荒之凉、破坏旧冢、废弃墟市、半天高陇、滩声悲泣、社庙神坛、四水不归……"这全是恶劣之地，避之则吉。

古人认为有关神庙、佛寺的地方不宜建屋造穴，其原因是这些地方的灵气早为寺庙所吸收，以之为用毫无益处，在某些情形下还会带来凶相。

对于上述的理由，以一个无神论者听来是绝不会相信的，他只会认为"急水争流"、"单独龙头"等"不相"有理。其实，玄之所以为玄，不能看表面，最主要是这些地方既无灵气，又乏吉祥，取之实在毫无益处。

● 匀称的风水形局

早在先秦，阳宅就注重匀称，后来修建的长安城、北京城也因工整给人以庄严的感觉。

风水学主张在阳宅周围植树，以护生机。草木繁盛则生气旺盛，护荫地脉搏，斯为富贵坦局。东植桃杨，南植梅枣，西栽槐榆，北栽杏李，则大吉大利。壬子癸丑方种柘树，寅甲卯乙方种松柏树，丙午子未方宜种杨柳树，申庚酉辛方宜种石榴树。俗语云：树木弯弯，清闲享福；桃株向门，庇荫后昆；高树般齐，早步云梯；竹木回环，家

足衣禄；门前有槐，荣贵丰财。

此外，阳宅风水还有应注意的原则。宋人袁采《袁氏世范·治家》云："屋之周围须有路，可有往来"、"居宅不可无邻家，虑有火烛，无人救应，宅之四周如无溪流，当为池井。"

应怎么样来考察某地的风水状况呢？首先观察水道，然后依次是野势、山形、土色、水利。

(1)水道

如果水口亏散空阔，即使该地拥有高大住宅、兴旺繁荣的家境，也不会延续给下一代。

(2)野势

人得阳气而生，而天空属阳性，故四周高山耸峙，只露出一线天空的地方不适宜人类居住。日、月、星、光永远照耀着大地，风、雨、寒暑等自然界各种天气现象中和，这种地方就适合人类居住。因此，在选择居住的地方时，要尽量避免那些因四周高山阻隔而太阳晚升早落的地方。如果晚上看不到北斗七星之光，则代表这种地方有阴气。一旦阴气占据优势，就大为不利。

(3)山形

好的山形，其祖山要高峻挺拔，主山要秀丽、雅洁、柔和，应尽力避开由于龙形蠢笨疲软而缺乏生气的来龙（山脉）。

(4)土色

水旁和岸边的土质应结构坚实、纹理细腻，才能构成理想的居住环境。如果土质是红色黏土和黑砂，则为"死土"，不适合人类居住。

(5)水利

一般人无法生活在无处取水的地方。水流的进出口应与风水法则保持一致，这样的地方才是吉利之所。

阳宅风水对设计民房、颐养身心有一定作用。《归潜志》卷十四记载金代刘祁自述其园居云："所居盖其故宅之址，四面皆见山。若南山西岩，吾祖旧游。东为柏山，代北名刹。西则玉泉、龙山，山西胜处，故朝岚夕霭，千姿万状，其云烟吞吐，变化窗户间。门外流水数支，每晚夜微风，有专声琅琅，使人神清不寐，刘子每居室，焚香一柱，置笔砚楮墨几上，书数卷，堰息啸歌，起望山光，寻味道腴，为终日乐，虽弊衣恶食不知也。"总之，阳宅风水的形局，是从四神砂的山水形局演化而来的。

二、建地的基本风水条件

《黄帝宅经》曰："地善，苗茂盛；宅吉，人兴隆。"短短十个字就道出了风水学的精髓，也证明了盖房子一定要先找善地，再盖吉宅；要先注重外界格局，再讲内部方位。古言"福地福人居"，也道出了外界地理环境的重要性。

可见要判断住宅的吉凶，建地是第一重要的，它是阳宅风水最基本的条件。如果建地不佳，那么一切就都没有意义了。因为土地有地气，人立足在天地之间，当然要吸收天地正气。

● 建地应前低后高

宅基地应前低后高，不论是山坡地还是平洋地，均以向阳坡为上。在北半球，均以北高南低利于负阴抱阳，御风采光。在选地块时，最高点应选在地块的北端。正穴点于最高点，由北坡向南，一则便于理水，二则可以从优安排次要建筑物。风水认为，北坡向的地块，不宜建住宅。在建筑高度上，北边的建筑宜高，南边的宜低。风水学认为

邪气来自北方。院落式的庭院，南座房的门窗北开，有开门纳邪之嫌，故云南一带多用照壁避之。北座房高可抵御寒风（邪气）。

住宅建筑的风水选址，丹经口诀曰："明堂宽大斯为福，水口收藏积万金。关煞二方无障碍，光明正大旺门庭。"主要是强调选好明堂，所坐之山勿冲主。可见觅龙察砂、观水定向之重要。

● 建地的地势宜高

吉地的地势宜高，不可在低洼地区。用现代观念来看，一则填出的土或是河川新生地地基还不够扎实，贸然盖房子的话，会影响建筑物的安全性；二则当地湿气一定较重，对居住者健康不利；三则地势低易积水，在有台风的时候，容易造成不便和损失。

废河道在未整理之前，一定会有很多垃圾、杂草，土壤内会滋生细菌，若没有好好处理就盖起房子，居住之后于健康不利。

和此相同的道理是建筑物不可盖在废井上，或不知底细的凹坑上

废井用土石填满，在其上盖房子，对健康不利。

原本是水池，用土填满盖房子，不理想。

河流边或出河口不宜盖房子。

方。因为废井土质不紧且有时会有地气或地水漫出，对健康不利。如果真要在此盖房子，一定要用坚实的混凝土填满，将地水阻挡，以减少湿气。若是建地曾空置很久，最好是先做彻底清理，完全清除废物。

河流不宜经过建地内。河流通过的地区，表示地势低洼，下大雨时易遭水灾，实在很危险。从家相学上看，溪流旁边建造住宅是被禁止的。

如果建地没有上述各种情况，只要看建地是否平整宽广、通达顺畅就可以了。

● 建地的土壤要坚实

看建地好坏，首先要看该地有没有发生过火灾。因为自然土壤含有各种元素，无形中会补充人体所需，而火灾后的土壤会变质，没有地气，人居住其中对健康不利，所以不宜做建地用。若是必须在该处建地，应将燃烧过的表土挖除，重新填回鲜土，或是挖深一点，做成有地下室的楼房。

一般建地在盖房子前都是草地，此时就要注意建地的地基处，一定要将原有草木连根除尽，最好用推土机来整地，否则光是清除地面上的草木而把根留在地里，也会影响地基的坚实度，会吸走地气，这对风水不利。这一点在现代有地下室的建筑物内一般不会有问题，因为这样的地基已用挖土机深挖过了。

悬崖边不能盖房子。

● 建地要寻龙捉穴

"寻龙捉穴"就是找准用地地脉，分辨主山和护山的砂山。龙潜入地下的始端往往土肥水厚，背后有来龙护靠坐山，最宜建宅，此称为穴位。龙有潜龙、明龙之分。潜龙难辨。平洋之地，以水辨龙，即以水流夹送走向而求。龙脉正中的龙脊上无穴，不宜建设。破土者谓之破脉，若强行建宅，居住者多有不利。所谓"三年寻龙，十年点穴"之说，主要是说点穴宜慎重。《丹经》口诀云："阳宅须教择地形，背山面水称人心。山有来龙昂秀发，水须围抱作环形。极言寻龙捉穴之难也。"

● 建地忌晦气

怪坡、古墓、古道、古井、古战场、屠宰场、寺庙及曾用作停尸房、火化场、刑场之地均不宜作为宅建地。人体有禁穴、死穴，地球亦然，故风水学认为气场不吉，不宜建宅。

● 建地的其他禁忌

(1)忌反弓路

河湖堤岸、沟河道、道路的反弓地段（即离心力所指的方向为反弓），易遭受水流、车流的冲刷，人畜不安，多有垮堤、车冲入房屋的例子。

(2)忌路冲

在直路的尽头端或弯路中的直线段所指向的地方，不宜宅居。

(3)忌形煞物

烟囱、铁塔、电杆、变压器直冲屋脊、墙角、屋角、塔尖角，墓碑、寒林、病树、断壁陡崖、横卧之桥梁，教堂、寺庙、高大反光的玻璃幕墙以及冷寒发怵之物等，均属形煞，务必避之。

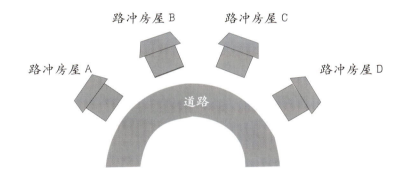

河流、道路等的反弓地段（即离心力所指的方向为反弓），易遭受水流、车流的冲刷。

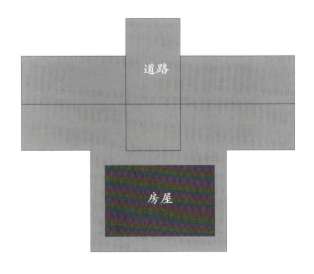

在直路的尽头端或弯路中的直线段所指向的地方，不宜宅居。

三、建地的四大形状

常会看到在两栋大楼间有一栋低矮的老屋被大楼夹住，或是在一大片建地旁留有一栋小房子或一小块畸零地。为什么会这样呢？其原因一般是该地产商为了私利，在合建大楼时以为奇货可居，便抬高地价，不肯卖出，不肯让别人有成片开发的机会而造成的。其实这是因小失大的行为。因为大片完整的建地做了总体规划之后，"地气"才会相连，气旺才会顺利，而且在现在建筑法规中，地基面积不足，是无法建筑和两旁一样高的大楼的，所以空拥有这一小片畸零地，反而会得不到当初一起合建后的效益，在获利上也会大打折扣。

本着完整的原则，在建地的四大形状中，以正方形建地最为理想。

● 方形建地

风水认为"物物皆太极"，宅基地也是一个小太极。因此，用地力求方整，不宜断边缺角。以八卦方位齐全为上，如果用地不规整，规划时应使宅建地趋于方正为上。有人统计证明，以八卦对应的方位缺之，该部位的"场"就会缺之，不利于人居住。因此，住宅楼也是如此，也有小太极。"其大无外，其小无内"的神秘，不应忽视。

不管任何建筑的建地，地形均以方正或是矩形为佳，只有这样的地形才有利于气的正常流动。不规则建地如"T"形、三角形、"十"字形、圆形都不适合盖房子。风水上说，"T"形和"十"字形建地象征坎坷不平，圆形建地象征封闭没发展。三角形建地在风水上最凶，必须加以处理才可，否则大为不利。

总之，理想的建地是正方形的建地。现代都市常有畸零地，不宜购买此种建地所盖的房屋。但若是建地的形状是"前稍窄后略宽"的梯形，则属大吉，因为此地形就像口较小的容器，属内向型，便于纳财，于风水有利；若是反过来的"前宽后窄"的形状，则就像开口较大的水缸，属外向型，于风水不利。不规则形状的建地也不佳，不宜选择。

● 三角形建地

在家相学上，三角形建地上的住宅是不理想的。这不仅于风水不利，而且会浪费许多土地资源。关于这点，大家可以假设在三角形内画一个正方形或长方形，就能够清晰地看到利用三角形建地建楼，实在很不经济，既浪费了许多有利用价值的土地，在隔间设计上也很不方便。按照面积来算，建筑费要比同面积的长方形或正方形高很多，角落也毫无用处，很不划算。在家相学上，这也是避之唯恐不及的建筑原则。

三角形建地的利用也得看两条道路交叉的角度大小来决定。角度愈小，可利用的程度愈少；角度过于狭小，便毫无利用价值可言。在都市规划中，为了交通上的方便，角端是被禁止建筑住宅的。所以，千万不要为了一时的便宜，购买三角形的建地。

本身就是三角形土地，或是前方窄到形成"前尖后宽"的建地，都属不利。如果居住的土地呈三角形的话，那就得想办法把它变成有利的形状。其实只要土地足够宽阔，处置起来一点也不困难。比如，可以把三角形的锐角部分装饰成围墙、树墙，或者种植一些树木隔断一下等。

经过如此改良之后，即可避免三角形土地所带来的灾害。如果有富余的空间，则可以把锐角的一边隔开，永远不去使用它。一旦居住于三角形土地上，锐角部分必须时时保持绿意（种植乔木、灌木、花草等）。请注意，隔开的锐角部分不能当成车库或者仓库使用。

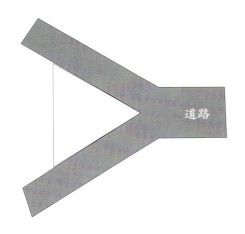

三角形的建地不仅风水不好，而且会浪费很多土地资源。

● 狭长或菱形的建地

狭长的建地不宜建房。均整是建筑学上的基本条件，它不仅是美观问题，而且与安全息息相关。在狭长的建地上建造住宅，除了有碍观瞻外，

于安全亦不利。如发生火灾时，这种住宅会因紧临邻居，火势一发而不可收拾，非常危险。此外，菱形建地也不宜建房。

在都市中，地价昂贵，不容易在住宅外留有太多的空地，大都只能依照政府规定的比例建造住宅；如果是在郊外，地价较便宜，则不妨多留点空地。

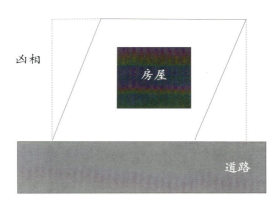

菱形建地的凶相。

● 缺角的建地

一般而言，建地有缺角不佳，对健康不利。

四角缺一角就不太好，如果缺二角或三角，更是不吉，若四角都缺的建地，则大凶。

建地缺角对健康不利。

四、著名建筑的风水解析

世界上许多著名的建筑，无论从构建规模还是艺术审美上来看，都为世人所称叹。然而，有的却因为风水问题，而只能作为观赏的艺术品，并不能为人们所用。以下介绍的是世界五大著名建筑的风水情况。

● 西递——逆水为财

中国古代的先朝共工和颛顼争夺帝位，共工战败，一怒之下，以头触不周山（不周山是撑住天地的柱子）。共工撞倒不周山后，造成天塌地陷。天倾西北，使得天上的星辰都集中在西北方向，地陷东南，使得地上的水都朝东流，因而有"一江春水向东流"之说。

而位于安徽黟县城东的西递村，其主要的两条溪流却均为向西流，"东水西递"是居住风水中著名的聚财局，因此西川被称为"西递"。全因有这个风水局的护持，带来了西递村长达200年的官商两旺的鼎盛时期。

● 流水别墅——风大流急

美国建筑大师莱特所设计的"流水别墅"悬跨瀑布之上，虽然富于诗情画意，却由于在风水上属于地势凶险、风大流急的"五箭之地"格局，而不宜久居。所以，建成不久，房主考夫曼就将此住宅捐赠给国家作为旅游胜地，而自己另行乔迁吉宅。

● 五角大楼——内外阳水不平衡

美国国防部所在地——五角大楼位于波托马克河畔，这座等边五角形建筑物建于第二次世界大战期间，陆、海、空三军总部和参谋长联席会议在此办公。大楼顶部有10条构成两个同心五角形的走廊和10条辐射形通道，正中是一块占地0.02平方千米的五角形花园。但由于波托马克河水过于阔大，导致五角大楼内外阳水不平衡，最易起干戈，易遭受火攻。

● 养心殿——面东养生

养心殿位于中国北京紫禁城西路建筑群南端之首，呈"工"字形结构。该殿分前后两重，中间有穿堂互相贯通，后殿的东室为皇帝的寝宫，东南室为明窗。乾隆皇帝曾经有《明窗诗》云："莚倚明窗下，温墩朱鸟光。玩辞届来复，安静养微阳。"由于在风水学上，东部和东南部五形属木，代表生长与发展，而且这里的窗户很大，所以当旭日东升、阳光直射时，皇帝会在此休息、晒太阳，以静养而延年益寿。

● 凡尔赛宫——三级退势

位于法国巴黎西南18千米的凡尔赛宫是由法国国王路易十四从1661年开始，耗费大量人力物力改造成的一座豪华王宫，它于1689年全部竣工。正宫坐西向东，宫殿气势磅礴，布局严密、协调，两端与南宫和北宫相衔接，形成对称的几何图案，这充分体现了"太阳王"路易十四的强权意志。但由于明堂布局发生重大失误，由西向东三级跌落，所以形成了著名的"三级退势"格局，这昭示着富贵权势不过三代。1789年爆发法国大革命，路易十六在凡尔赛宫被捕，送上断头台，其间刚好经过三代。

Fengshui

The Geomantic Omen of
Chinese Real Estate

Chapter 3

第三章
居住环境篇
The Residential Environment

一、居住环境的风水

人是居住环境的主体，居住环境是人的生活场所。良好的居住环境不仅使人居住其中能有机和谐地生活，而且能陶冶人、塑造人。以人为本，为居住者提供多样化的生活需求环境与空间，创造安全、方便、卫生、舒适和美观的居住环境是住宅建设面临的迫切而重大的课题，对改善和提高我国居民的居住水平和质量有着极其重要的意义。

● 风水环境与人互生

《黄帝宅经》曰："凡人所居，无不在宅，虽只大小不等，阴阳有殊，纵然客居一室之中，亦有善恶。犯者有灾，镇而祸止，犹病药之效也。"故凡人居住、工作之所若吉，则家代隆昌，事业兴旺；若不吉，则门族衰微，苦难濒临。

我们在生活中经常会遇到这样的问题：有的人搬了新居以后腰酸腿疼，不断生病；有的和睦家庭夫妻反目，争吵不断；有的在事业兴旺如日中天时突然一蹶不振，家道没落；有的孩子聪明灵巧却学习成绩不理想；有的恩爱夫妻突然另觅新欢，不念旧情；有的位置绝佳的餐厅频繁异主，却总是经营不善；有的场所不断有盗贼光顾；有的场所不断有离奇事件发生；有的日日盼子而不得；有的得子而保不住……如此这些都和我们生活、工作的环境息息相关。

人生天地之间，一时一刻也不能脱离周围的环境。人和环境之间随时在进行着物质、能量、意识、感情磁场等多方面的交流。在古代，人们发现于生产、生活中所选择的地址，所布局的环境，如果得当，就会给人带来鸿运；如果不当，就会给人带来祸殃。于是，人们总结其中经验，并用当时的文化意识观念来解释它，便逐渐形成了风水学的理论。

● 外围内境的生化手法

所谓风水，从字面上解释，"风"就是流动的空气，"水"就是大地的血脉、万物生长的依靠。人是大地生物中的一分子，只有好的

"风"，好的"水"才能使人生机勃勃、欣欣向荣，才能使人事业兴旺，财源滚滚。

所谓风水布局，就是根据我国古老的传统文化，以自然科学的原理为依据，运用八宅、玄空、峦头、理气等方法，选择一个有利于人类生存的环境，抑或将现有的环境改造成有利于人类身心健康、家庭和睦、子孙发展、事业兴旺的环境。

外环境要依山傍水，要得山川之灵气，受日月之光华；要四通八达，避死门死户；要眼前开阔，引心旷神怡之感，避鼠目寸光，发多愁善感之想；要气势宏大，避狭小险窄。总之，左有流水谓青龙，右有长道谓白虎，前有水池谓朱雀，后有丘陵谓玄武，最为贵地。又东低西高，富贵英豪；后高前低，多足牛马。这实际上完全符合我国地理山川天倾西北、地陷东南之现象。

然而，由于我国人多地少，经济有限，外景之想很难如愿，所以只有在内境上多作文章，方能如愿，从而便加重了室内风水理论的重要性。居家内境要风和日丽，阳光明媚，避疾风强吹，阴湿雾霾；要窗明几净，避藏污纳垢；要门纳吉气，人来顺水，避门纳污气，出入顶风；要床设吉位，符合生肖命理，避凶位置账，八宅混乱；要厨灶适位，坐凶向吉，避免与门户卧室相冲克；要藏风避气，避入气之口

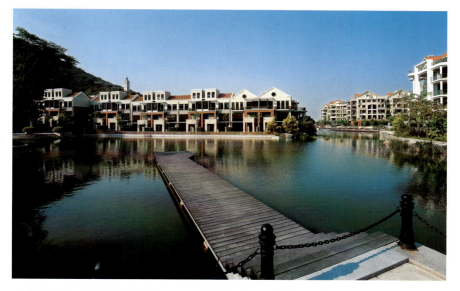

设置污垢；场所要平面方正，立体优雅，避崎形突变，空设险景。

总之，无论外围，还是内境，吉者生扶，凶者化解。以纳吉气、扶正气、化凶煞、镇凶位四大手法为主，以居室主人命理为辅，宅人合一，相生相助，相辅相成。本着利于主人、益于家人的原则，以五行生克为理，以科学生成为行，以符合条件为用，因地制宜，使环境给人一种舒适惬意，优美安静之感，从而达到服务于人、造福于人的目的。

● 小贴士   TIPS

买房要看环境

一般来说，买房看环境，指的是近看小环境，远看大环境。

小环境主要是指楼群小区环境，如是否封闭小区，物业管理怎样，绿化覆盖率是多少，居住者成分如何；大环境是指小区所处的周边环境、地段、交通位置以及人文状况等。

封闭式小区涉及到入住后的安全性和私密性，比不封闭的物业优越。物业管理现在已较为普及。一个公认的观点是：专业的物业管理公司要比衍生出来的物业管理部门的能力强。

绿化覆盖率是用绿化面积除以建筑面积。绿色令都市人有回归自然的感觉。绿化面积的多少是衡量小区档次的一个标志。配套设施包括便民商店、运动场地、健身场所、娱乐场所等，规模大的小区还应考虑建幼儿园、小学、超市、公共汽车站等。

周边环境的观察应注意最好靠近宜人的风景点，或是高等学府等文化气氛浓厚的单位，附近要有集贸市场、商业区。此外，交通问题也极为重要，是否有主要干道通过，公交车站有多远，都需要细致考虑。最后，不妨考察一下有无污染源，比如不能靠近有烟囱的工厂，不能紧邻嘈杂的交通主干道等。

二、理想居住环境的八大特性

前面分析了良好的居住环境对人的重要性及其对人的一系列影响。那么，理想的居住环境有何特性，每个特性主要表现在哪些方面呢？下面将予以一一阐述。

● 环境的均好性

环境均好性是住房商品化的特征，市场需要每套住房都能获得良好的环境效果。

(1)住区环境资源的均好

对于基地上清澈的水景、层叠的树景、秀丽的山景等，在规划设计时都要尽可能让所有住房均匀享受这些优美的自然资源环境。当处于不能均享的限制条件下，则应做出弥补的措施，如创造人工景观环境，使住户在自然资源环境缺失的情况下，于人工景观环境方面得到补偿。

(2)归属领域的均好

强调归属领域的均好，意即指每家都能分配到一个较贴近的领域空间。这个空间虽不属他家所私有，但却能很方便地去享受和使用，而且也被他们所喜爱。因此，在规划设计时就要弱化过去常设规模庞大的中心绿地的做法。这种大规模的绿地虽然气势宏伟、景观诱人，但实用性较差，领域性和归属性也弱，应该强化围合性，环境要素宜丰富。安静、安全的半私有的院落空间，能供老人、孩子休息、游乐，供居民亲切交往，且景观宜人，从而能达到归属领域均好的效果。

(3)居住物理环境的均好

最后还应强调的是居住物理环境的均好，使每个家庭都能获得良好的日照、采光、通风、隔声和朝向。这在规划时，就要保证有效的日照间距，引导夏季主导风向的流通和冬季主导风向的阻挡，隔绝外来噪声的干扰以及创造具有温馨、朴素和亲切的视觉环境。

● 户型的多样性

　　当前的商品住宅应对社会上不同经济收入、不同生活模式、不同职业、不同文化层次以及不同社会地位的家庭提供相应的住宅套型，如设计不同面积、不同设施、不同装修标准的套型以及不同平面布置和空间布局的套型。

(1)多代居住宅形式

　　从尊重人性出发，对某些有老年人和残疾人的家庭还需提供特殊的套型，设计时应考虑无障碍设施，如入口设坡道加扶手，室内地面无高差，门的宽度适当加大等。应注意地面，特别是厨房、卫浴间地面要防滑；吊柜、电气开关及门窗把手适当降低；厨卫的操作台与盥洗室的洗脸台下部应有空位，以便老人坐着轮椅操作；设置呼唤铃以便能紧急报警等。当老年人集居时还应提供服务设施如医务、文化活动、就餐以及急救等。

　　两代居和多代居又是一种住宅，这是由于我国居民老龄化和传统伦理美德以及两代人的思想方法和生活方式不同等诸因素而形成的。设计原则是既分得开，又相近；既是各自生活，又能相互照顾。

(2)独居的住宅形式

　　有一些单身贵族，他们需要独立的住宅套型，面积不需很大，一室一厅或一个大厅可分隔为两个以上空间就能满足，但设施要齐全。此外，因生活习俗和气候条件的差异，虽属同等面积标准的住宅套型，也需要有不同面积的大厅、卧室组合、不同朝向的大厅、卧室的布置等，以供市场多种选择。

● 社区的人情性

　　社会调查发现，住在单元集合住宅内的居民之间感情淡漠，缺乏相互帮助和关心。住宅楼幢内如果设置交往空间，则能增进邻里生活融洽，创造居民相识环境，但是这个交往空间往往被人们所忽视。融洽的社区环境应该具备以下条件。

(1)为居民提供休息的场所

　　在单元入口有适当的面积，形成居民交往、待客、休息以及存放儿童小车或老人轮椅的场所，这在人流集散的中高层住宅入口处尤为重要。将中高层外廊局部扩大，既不影响人流交通，又使儿童能游戏、成人能相互交流、老人能得到休息的场所；在中高层交通枢纽处，适当扩大前室，增加休息空间，也是可取的。

(2)为居民提供交流的平台

　　扩大楼梯平台，可为居民之间增加联络、交往的机会。如底层架空就是为居民提供相互了解和交往可能性的措施，使人与人之间的关系密切，邻里接触增多。在这些空间里应该有意设置桌椅，种植绿化，配置游乐设施，既增强空间的实用价值，使居民感受到这个辅助空间给他们带来的温暖祥和的气氛，又能增进邻里的情谊。

● 风格的地域性

住宅风格是指居住环境的空间组织和住宅建筑的造型、立面、细部处理的总和。它和住宅所存在的自然、人文、生活和文化有着直接联系，如果忽视这些密切相关的因素，创造住宅风格的目的就很难达到。

(1)充分考虑当地的文化传统

建筑风格乃是功能与艺术相结合的创作成果，需要充分考虑当地的文化传统、居民习俗、地理气象等因素。居住空间的风格应采用延续历史文脉的多元化民居建筑形式，以围合的组群构成多种邻里形态的空间，追求建筑环境的相对整体性及其与自然的有机结合。

(2)具有时代精神

建筑风格应寻找当地建筑文化的内涵，吸取合理的建筑装饰节点符号与色彩，创造出具有时代精神、民族传统和地方特色的住宅建筑风格。

● 居住的适用性

(1)动静分区明确

从使用出发，根据居住生活的性质对住宅内部进行分区，即室内合理布局应将起居室、餐厅、厨房集合在一起，形成公共活动区；将卧室与卫浴间集合在一起形成私用活动区。公用区靠近入口，私用区设在住宅内部，公私、动静分区明确，使用顺当。

(2)房间面积适当

房间的面积和尺度要适当。现在有的住宅面积很大，每个房间也非常大，布局空旷，实际上这是样既不精细，又浪费了面积，反而成为大而不当的住宅。如果市场需要有一部分大面积套型，各房间的面积就应适度扩大，并增加不同功能的空间数量，如设置学习室、独立餐厅、多个卫浴间、工人用房、家务间、贮藏间等，有的还可设家庭娱乐室、电脑工作室等，从而使住宅套型与现代生活方式相适应。

(3)房间布局恰当

住宅内部各个房间的布置和相互联系要恰当。起居室是家庭的核心部位，它的位置应起到组织家庭生活的作用。厅内不应有太多的门和洞口，否则就会因没有足够长度的待续墙面而使家具布置变得困难，还会因有人在厅内来回走路而干扰会客、团聚、视听、休闲等公共性活动。由于厅内活动人数相对较多，而且厅又是一个家庭的集聚点，所以厅内需要有良好的光照、通风和视野。厨房应靠近入口，且与餐厅紧邻，这样于使用上会更方便。卫浴间与卧室紧邻，等等。总之，只有合理的房间布局与配置，才能使家居舒适。

● 厨卫的整体性

厨房、卫浴间是住宅的核心，居民在这里的劳动量最大，但工作环境又较差。如果要达到理想的人体功效，提高居住功能质量，就需要将布置在厨房、卫浴间里的设备、设施、管线、家具、装饰等进行综合设计和配套设置，以便获得整体性的效果。

(1)配套

配套是使厨房、卫浴间达到整体性的重要措施。配套是指设备自身和设备之间的纵向系统配套和横向系统配套。纵向系统为单件品种产品自身档次水平的提高和完善，如厨房的灶具台、操作台、水池台、吊框、框具等，卫浴间的洗浴器、坐便器、盥洗器等设备自身系统的完善。横向系统为产品之间的配套性与统一性，它表现于厨具、洁具的档次及其协调统一性；五金件、塑料配套件的档次及其与基本件配套组装后的协调统一性；墙面材料、地面材料的档次及其与厨具、洁具的配套协调效果等。

(2)综合

综合是使厨房、卫浴间达到整体性的另一个重要措施。综合是指设备与管线、管线与管线之间的配合，要采取统一设计、统一协调、统一施工的方法。前者要考虑管线与其为之服务的设备之间应靠近，管线之间要符合安全与安装要求，相互之间要避免交叉与重叠。

(3)隐蔽

隐蔽是使厨房、卫浴间达到整体性的又一个重要措施。为了使厨房、卫浴间环境整齐、美观，管道应集中隐蔽，解决办法为：a.集中管井与管道之间以及各竖管之间设置安装维修空间和检修口；b.设立水平管道区,并将水平管道隐蔽在墙角或设备后；c.水平管应短捷，上水平管尽量敷设在近楼板面处，或采用铝塑复合管理在楼板内；d.各户的排水支管不应出户，可采用楼板下沉将支管埋设在填层内。

住宅其他空间内的设备、设施布置也应注意整体性效果，如房间内空调器的安装不应破坏立面效果，电器插座共用电视天线与电话接口的布置与数量应满足使用要求。由于厨房、卫浴间整体性的要求，厨具、洁具以及与之相关的产品必须模式化设计、系列化生产和配套化供应，以促进住宅产业化的进程。

● 装修的完好性

住宅室内装修经历了一个演变过程。最初提供的是普通装修，住户在分到住房时，不满这种简单的装修，家家重新装修，结果是既费材料，又花劳力。为避免这种浪费现象，有人曾提出"空壳住房二次装修"的做法，但又出现施工噪声不绝、建材垃圾堆积、房屋安全受损等问题。于是，又提出了一次装修完毕或菜单式装修方式。因为住宅装修是涉及住宅质量的一个重要方面，既是商品，那么就应对用户提供成品。装修的完好性主要反映在建筑材料的选择、施工质量的保证等方面。具体如下：

(1)建筑材料要环保

家庭装修应选用经济耐久的材料，以简洁、朴实的做法，达到亲切、温馨的效果。

在选用材料时注意它们应是环保性的，有些建材如化学地毯、壁纸、溶剂性涂料，往往释放出危害人体健康的气体，应该谨慎使用。

(2)室内空气无污染

在装修完工后，在一定时期内应保持室内空气流通，以降低有毒物的浓度。室内养植花卉植物，也可净化空气，减少室内污染。

(3)专业队伍统一装修

装修方式应该积极提倡交钥匙的做法。交房以前，开发部门通过市场调查，做好符合市场需要的精装修提供给购房者，或是做好不同档次和风格的样板套型，以便购房者根据自己的经济能力和审美爱好进行选择，然后由专业队伍统一装修。

● 科技的智能性

科学技术的发展促进了住宅建设水平，提高了住宅功能质量，也满足了居民对居住舒适度的要求。住宅技术的科学性反映在：一是推广应用新技术、新材料、新工艺、新设备，并不断完善配套；二是进行科学研究，使成果转化为生产力；三是小区管理形成智能化系统，以适应现代居住生活的需求。

(1)推广应用四新

四新应用目的是为了提高功能质量。四新的范围比较广，它包括承重结构系统、围护结构系统、分隔结构系统、厨卫设备系统、门窗系统、住宅电梯系统、采暖制冷技术系统、电气系统、通讯系统、防水系统、建材及其制品系统等，这些都应积极采用先进的技术及产品，淘汰落后的技术及产品，提高产品的使用效率。

(2)转化科技成果

科技成果是保证住宅的适用性、安全性、耐久性、环境性和经济性的重要支撑。要将科技成果转化为生产力，提高科技贡献率。

(3)推进智能化技术

智能化成套集成技术主要反映在：a.安全防范子系统，包括出入口管理及周边防越报警系统、闭路电视监控系统、对讲防盗门系统、住户报警系统、保安巡更管理系统等；b.信息管理子系统，包括公共照明、电梯供水等主要设备监控管理系统,车辆出入和停车管理系统,紧急广播、背景音乐和物业计算机管理系统等；c.信息网络子系统，主要为实现上述功能进行科学合理布线，可采用电话、闭路电视或高速宽带数据或宽带光纤接入。

三、居住环境的优劣研判

居住环境是指以居住生活为中心的有形或无形的外部条件，一般涉及气候、声、光、空气及水等自然条件和各种人为条件。后者除了包括道路、公园、交通、商店、医院等公共设施之外，还包括经济条件和社会条件（如人际关系、土地情况）。西方发达国家一般是从生活环境的目标着眼，以安全性、健康性、便利性和舒适性为基本原则，来评判居住环境质量并进行住宅区环境的规划建设工作。这种从生活环境出发来评定居住环境的好坏，其内容主要由以下三个部分组成。

● 基本生理范畴

基本生理方面的内容，包括户外空间、绿化、空气、日照和噪声等要素。户外空间要更多地为老年人和儿童着想，既要保证儿童的安全成长，又要考虑老年人的生活要求。公园、水景、绿化是调节居住环境的重要因素。

● 基本生活范畴

基本生活方面的内容，包括商店、学校、邻里关系和景观等要素。如今，社区建设中体育健身和文化活动设施也成为生活中非常重要的一部分。这些均应从居民基本需求入手，在满足人们多样化价值观与生活方式的居住要求下，来建设和配置各种公共设施，并重视促进人际交往和社区的建设。

● 基本卫生与安全范畴

基本卫生与安全方面的内容，包括给排水、火灾、交通、安全等要素。环境优质的社区，不仅要以整合的方法来提供环境无害化的基础设施和服务，以增进人口的总体健康，还要通过精心设计避免对人的健康造成影响和不良伤害。比如，区域内及周边的工作、商业、餐饮、娱乐、加工修理厂或门店的社会经济活动，都可能造成大大小小的污染。

对位置优劣造成影响的污染，一般是由固定污染源造成的。某些流动污染源，也会对位置优劣产生影响，如在城区内部一般不考虑机动车的污染，但郊区的机动车噪音、尾气排放就不能不考虑。购房者需对那些可能造成污染的污染源进行定性、定量的了解。这种了解包括：

　　a.区域内部及邻近地区有哪些工厂，有哪些对环境可能造成较大污染的工厂。

　　b.大型饭店、集贸市场、娱乐场所、加工修理车间或门店、运输公司、小区锅炉等污水、噪音污染源在区域内是否存在，是否会对居住生活构成影响。

　　c.区域的上风、上水方向是否有大型污染源，是否对本区空气、水体造成污染。

　　d.观察空气清新程度、能见度，感觉空气、水体的味道，注意大型烟囱的排放情况、街道清洁程度及垃圾等废弃物的处理情况。

四、楼宇外环境风水七因素

对于任何人来说，选购住宅楼宇都是一件大事。每个人都希望自己所选楼房风水好，有利于自己长期居住。可是，很多人不知道评判楼宇风水优劣的标准是什么，选楼该把握哪些基本原则。这里要告诉大家的是一些关于楼宇风水的基本常识。大家在选购楼宇之前，应该先在周围巡视一番，留意四周的环境是否有问题。那么，作为一个房地产的投资者，除了投资房地产的第一要素——黄金地段的选择外，在地形，地势方面，在道路河流方面又有哪些必须注意的投资潜在因素呢？下面将一一阐述。

● 地形地势

靠山坡营建的房子多为独栋别墅，讲求景观、视野，故楼宇背后的地势宜较高，而前面的地势宜较低，但地势较低的前面宜缓降坡，最忌层层下陷、急降坡甚或悬崖，让人有一泻千里的负面感受。相反地，独栋别墅在前高后低的地势上建筑最不适宜，若楼宇后方为急降坡或悬崖者更差，这会让人产生恐惧感，安全方面也多顾虑。

前窄后宽或前宽后窄的建筑基地，气势减弱，给人不良印象。

建筑基地较四周地势低者，下雨时容易积聚水气。除较为潮湿外，亦让人有不开朗的感觉。

建筑在山上的别墅，本可远离尘嚣，享受宁静、幽雅的居住环境，但若地势过高，且四周空旷无其他别墅比邻，则这类产品绝非投资保值的优良目标。

● 道路或河流

楼宇前面的道路或河流适逢"U"字形转弯处，则楼宇在"U"字形弧内，状似护城河内侧的城堡者，在心理上会给人稳健及信心；而在"U"字形弧外，状似被排挤在外者，在心理上就会缺乏安稳的感觉。

若住宅地基呈现三角形，而楼宇也配合地基建造成三角形，并处于"Y"字形分叉路口，使汽车在楼宇左右两边进出，此属过于烦扰动态，与楼宇应"四平八稳"的原则相悖，应避免。

楼宇前面逢"T"字形道路或河流，且位居车流或水流纵横交汇点，也属于过于烦扰动态，应避免。

人行道及巷道

楼宇前面的人行道宜宽阔平整，与马路之间保持一段适当的缓冲距离，最忌人行道狭窄，使楼宇紧临马路。若该路段车速经常超过70千米以上者，不但安全堪虑，而且行人匆匆经过，也难聚人气。

楼宇前的人行道由内往外倾斜，若倾斜度超过7°度以上者，则会让经过者感到平衡性不佳，一楼商铺自然难聚人潮。

楼宇前面的巷道胡同，若过于狭窄，会让人产生压迫感，亦不宜。

"死巷"内的楼宇，通风不良，于安全方面堪忧，不宜投资。

风势

风势也是考虑外环境的一个重要方面。风水学最重视藏风聚气，倘若发觉楼宇靠近风口，或附近风太大且十分强劲，则不宜选购。因为风势强劲的地方，不能聚气藏风，不是旺地。风势过大故然不好，但倘若风势过缓，致使空气不大流通，那亦绝非适宜。最理想的是有柔和的风轻轻吹来，给人清风送爽的感觉，这便符合风水之道。

光照

光照是一个必须考虑的条件。现在许多大城市都建有塔楼或依路而建的斜楼，其光照条件很不充分。阳宅风水最讲究阳光、空气，所以选择楼宇居住，不但要空气清爽，而且还要阳光充足。阳光不够充足的楼宇，往往会由于阴气过重而导致家宅不宁。例如：进门有一条长长窄窄的走廊，客厅及餐厅几乎没有窗，那么户外的阳光就很难进来，这样的居所对人的健康是非常不利的。

阴气

在选择楼宇的时候最好是远离警署、军营、医院及寺院、道观，因为这些地方或是杀气太重或是阴气太重。如寺庙是阴气凝聚之处，越是年代久远的庙宇，其"场"的效应越大，一般的人不宜靠得太近。以上只是说了选购楼宇时要实地勘察的外环境，至于楼内的房屋结构、楼层、布局等要素，那就要具体看本人的命理结构和楼宇环境是否相吻合了。

建筑设施

看周围的建筑设施对楼宇的影响，有以下几点要特别注意：一是不宜直对烟筒；二是不宜选在高大楼宇的后面。前面的楼宇过高，除了在风水上有煞难解外，在心理上也会让人产生压抑的感觉；三是在阳宅风水上最容易被忽略，但又影响极大，即两幢高楼大厦之间有一条狭窄空隙，此称为"天斩煞"（因为此形状仿如用刀从空中将楼宇斩成两半，故此称为"天斩煞"）。楼宇面对"天斩煞"，空隙越窄长越凶险，距离越贴近越凶险。但若是在天斩煞背后有另一建筑物填补空隙而不见天者，则无碍。

五、周围环境五行改善法

住宅五行与人的五行一样，均可以由五行的相生相克法则来判断。最好的关系当然是"相生"，或至少能与周遭环境的五行呈现调和状态。"相生"有得到能量的"表相生"与付出能量的"里相生"两种。

以住宅来说，当然是"表相生"较好。当住宅与周围环境属性不和时，亦可透过其他的五行来改善。以下是"五行调和"的详细内容。

● 金

金与木，能量小于金，代表体力衰弱，而且感情和事业等所有方面的运势都将下降。

金与火，能量大于金，虽不致产生不良影响，但可能阻碍周围的繁荣。对策——使用陶器或土制品等土性物品，以改善关系。

金与土，能量有被金吸收的可能，精神上也不安定。

金与金，属性融合，是最佳搭档。

金与水，因承接了金的能量而力量大增。由于凡事积极，运势也将提升。

● 木

木与木，属性融合，是最佳搭档。

木与火，因承接了木的能量而力量大增，容易声名大躁，是颇具地位与名望的格局。

木与土，能量小于木，易失去冷静，精神多不安定。对策——点盏外灯以增加火性，增强威力，降低木的影响。

木与金，能量大于木，虽不致产生不良影响，但可能妨碍周围的繁荣。对策——使用与水相关的联想物以改善关系。

木与水，能量有被吸收的可能，不利。对策——使用与金相关的联想物，以增强水的威力，降低木的影响。

● 水

　　水与木，承水之能量，力量将大增。除干劲十足外，工作、财运的运气均会上升。

　　水与火，能量大于火，虽不致产生不良影响，但与周围之往来易产生问题。对策——使用植物等与木相关的联想物以改善关系。

　　水与土，能量大于水，可能降低周围的能量。对策——使用金、银等属金的物品以改善关系。

　　水与金，能量有被水吸收的可能，不利。对策——使用与土相关的联想物，以增强能量。

　　水与水，属性融合，是最佳搭档。

● 火

　　火与木，能量被火吸收，不利，主梦想较难实现。对策——使用与水相关的联想物以加强木的能量，减少火的影响。

　　火与火，属性融合，是最佳搭档。

　　火与土，因承接了火的能量而力量大增，不仅家庭运势会提升，爱情和财运也不错。

　　火与金，能量小于火，喜好享乐，财运上有明显不良影响。对策——使用土的联想物以加强金的能量，降低火的影响。

　　火与水，能量大于火，对居家不致产生不良影响。对策——使用植物等木的联想物以改善关系。

● 土

　　土与木，能量大于土，虽不致产生不良影响，但与周围之往来易产生问题。

　　土与火，能量有被土吸收的可能，工作上会产生诸多不便。对策——使用植物等与木相关的联想物以加强火的能量，降低木的影响。

　　土与土，属性融合，是最佳搭档。

　　土与金，因承接了土的能量而力量大增，不仅有收获，还可以积累财富。

　　土与火，能量小于土，不利。

● 小贴士　　　　　TIPS

小区环境评估建议

　　小区环境如何评估？这里针对小区环境的居住因素提出六点参考建议。

　　建议一：看小区的楼间距与绿化。首先，要看房屋的采光、通风条件，住宅南北向的房屋间距以楼高的1.5倍以上为佳，户型上向阳的房间越多越好。其次，还要看小区是否有充足的绿地，最好不低于30%。因为小区绿地在遮阳、防风、防尘等方面起着重要作用。

　　建议二：看电气配置。一般小区都按国家配电标准进行了安装，但其中也有安装和使用材料不合格的问题，容易产生安全隐患。

　　建议三：看道路设计。适度人车分流并有多个入口的主干道比较好。小区道路灯光和无障碍设计可以使小区更安全、舒适。

　　建议四：看停车位。停车位是小区设施中最能体现居住区能否适应未来发展的配套条件。在停车位方面，应充分满足小区业主的停车需求，并且配备面对来客的临时停车场所。

　　建议五：看小区是否有户外活动的场所。小区配备的户外活动场所，为居民提供便利的同时，也提供了休闲、娱乐空间，能增加健康生活指数。

　　建议六：看小区物业管理是否安全。小区物业能够长期保持小区环境的卫生与日常的安全是最为重要的。尤其是相对房龄较老的小区，要考虑小区是否安静,夜间是否安全等。

六、常见的十七种环境形煞

古人在风水实践中总结出一些风水的经验断语，比如"鬼抬轿，灾祸到"、"路剪房，见伤亡"等。我们用现代科学来阐释这些看起来很迷信的断语，把其中迷信成分的东西剥掉，不难看出，古人其实是说：住家处在两条街道斜交叉的"剪刀上"，从安静、安全和污染上看，都是不利的，确实应当避忌。

穿心煞

宅前方对着一个直柱状物件如电灯柱、交通指示牌、大树等，称为"穿心煞"。

天斩煞

宅前正对两座大楼之间的一条狭窄空隙，称为"天斩煞"。这是常犯的煞气之一。

飞刃煞

宅前面对一栋建筑物的墙角，称为"飞刃煞"。

尖射煞

宅前面对着大型建筑物的墙角尖，且成45°角直射过来，称为"尖射煞"。

反光煞

宅前面对一所大楼，其外墙全是由镜或玻璃组成，镜子受阳光照射后反射到屋内，称为"反光煞"，是常见的煞气之一。

擎拳煞

宅前或窗前见对面大楼一单位凸出，称为"擎拳煞"。

金字煞

宅前见一些建筑物顶部成三角形，称为"金字煞"。

孤阳煞

住宅太接近庙宇、教堂等孤煞之地，称为"孤阳煞"。

独阴煞

住宅太接近坟场、殡仪馆、医院等阴煞之地，称为"独阴煞"。

探头煞

宅前方正对一座大楼，而该大楼后方有一座更高的大楼，顶部凸出了少许，称为"探头煞"。

断虎煞

宅前右方见一"人"形大楼，称为"断虎煞"。

峤煞

宅前方有一座比自己高大得多的建筑物，且距离较近，称为"峤煞"。但如此建筑物在大楼的后方则反成靠山，作吉论。

枪煞

宅前方对着一条死巷，称为"枪煞"。

声煞

住宅附近经常有各种嘈杂声，严重影响了日常生活，或者刚好有地盘进行打椿，均称为"声煞"。

火煞

住宅附近见电塔、发射塔或一些尖锐的物件，称为"火煞"。

光煞

宅前面对霓虹灯招牌，晚上被照射着，称为"光煞"。

冲天煞

若发觉自己居住环境的附近有大烟囱等形煞，应多加留意。

七、周围常见的七大不利建筑

很多人在选择居住环境时，一般只会注意周边的地形地势，而忽略了周围建筑物的情况，结果导致居住其中问题不断。既已如此，那么应该如何化解呢？哪些建筑物是要避忌的？下面将具体说明。

如果居所正对此类地方，视为不利。在风水学上，公安局属阳，在风水古籍《雪心赋》中云："孤阳不生，独阴不长。"如果住宅正对公安局，即为不利。正对消防队，亦是如此。

● 教堂、寺庙

在风水学上，"神前庙后"都是属于不利之地，因为这些地方会令附近的气场或能量受到干扰而影响人的生存环境，所以，住宅附近如有寺院、教堂等宗教场所都是不好的。

另外，与火葬场、殡仪馆、墓地等地方为邻的地块也不适宜开发楼盘。建议在购房前做好调查，以免为家居生活带来不利的影响。

● 监狱、警署

政府机关包括各级政府机关、法院、检察院等，都是至阳之地，

● 医院

如果居住的地方在医院附近，在风水上是不好的。原因如下：

a.医院病人较多，故病菌必多；

b.住院之人，运气必滞，如此多的滞气积聚在一起，势必对周边的气场有重大影响；

c.医院每天有人动手术，这样会影响周边的磁场；

d.医院常会有病人病故，亦会影响周边气场。

如果您的住宅在医院附近的话，可用以下方法化解：

a.要开当运之屋门或是房门，以吸纳有利之气；

b.注意卫生，使细菌难以入侵。

● 菜市场、垃圾站

大多数菜市场、垃圾站不仅环境卫生差，易生细菌、害虫，而且会散发出难闻的气味，对居住于此的人的身体健康大为不利。另外，菜市场较为嘈杂，会影响到周边居民的休息。因此，与菜市场相邻实为不利。解决的办法是在门口安装一盏红色的长明灯。

● 戏院、电影院

戏院和电影院一般每天只会放映几场而已，放映时，人数众多，气聚一团，结束后，观众离场，一哄而散，属于"聚散无常"。人身体都带有阳气，阳气突然大量聚集又消失，气场会受到严重干扰。

● 车站、机场

车站、机场是制造噪音之地，人流混杂，交通复杂，治安堪忧。而且，此类人流变化极大的地方会产生繁杂的气场，不利于人的身心健康，严重影响工作和学习的心情。

● 发射塔或高压电塔

发射塔、变电器、高压线塔等设备的电力磁场极强，就连手机的微弱电磁波都对大脑有所刺激，更何况高压线等设备？如果住宅附近有变电站或高压电塔，会有如下影响：

a.健康容易出问题，如容易得心脏病、心血管等疾病；

b.对大脑有影响，如易生脑瘤，容易发生精神疾病。

根据专家的研究，接近高压建筑物的儿童，患白血病的几率比正常儿童高1倍（一般儿童患白血病的几率是1/20000），这个问题值得各位家长注意。

The Geomantic Omen of
Chinese Real Estate

Chapter 4

第四章
整体规划篇
The Master Plan

一、房地产风水规划的作用

随着房地产项目的持续开发，国家对房地产行业的调控和推进，以及城市土地价格的不断攀升，使房地产面临的风险越来越大。如何成功地规避风险，保持企业的持续、健康发展已成为房地产商们关注的首要问题。在这种情况下，房地产开发引入风水全程策划将不失为一种一针见血、立竿见影的方法。房地产开发中引入风水全程策划将起到以下三个方面的作用。

● 提高房地产的附加值

现代很多人比较务实，购房时都要看一看风水，如果房地产商事先请人设计好风水，就可以为房地产加分。这点在一些高档项目开发上显得尤其重要。在我国，绝大多数人会倾其所有来购买房子，所以大家一定会货比三家，反复权衡。

● 提高居住的实用性和舒适性

让居住者住得开心、舒适，有利于开发商树立口碑，打造品牌，真正起到花小钱、办大事的作用。

● 加快房地产销售

通过对售楼处风水的布局，可以加快房地产销售，减少风险，或在保持原有销售速度的基础上，提高售价，获取更多利润。

在房地产开发市场日趋成熟的今天，房地产项目规划具有重要的意义。首先，对于项目本身而言，"看风水"成为不可缺少的环节；其次，对于项目开发企业的后续发展，也有着不寻常的战略意义。

房地产规划是连接开发商与建筑规划单位、建筑设计单位、园林设计单位、建筑风水规划单位、施工单位以及销售公司、广告公司、物业管理公司等中介服务部门的桥梁和纽带，是项目战略意图制定和贯彻的灵魂。

随着我国房地产业的发展，房地产规划显得越来越重要。现在的房地产开发，已不再是简单的盖房子，没有绿化，没有水景，没有品位，没有概念的房子是很难满足现代人需求的。

二、房地产风水规划的原则

如何使有限的土地资源得到最佳配置，并使开发商盈利、居住者兴旺，是摆在风水学研究者面前的一项重要课题。以下就楼盘开发在风水上必须遵循的四大原则进行简单的阐述。

● 形体结构上要 "求形"

(1)楼盘位置与地块形状

楼盘位置与地块形状是楼盘开发能否成功的先天性因素。先天不足或贪图廉价的用地，是开发楼盘的大忌。一般来说，选址需考虑交通、周边配套、周边环境、城市规划方案、用地规划、地块形状、用地成本、楼盘定位等几个方面。以上几个方面是该地块建楼盘的客观基础。就风水而言，楼盘用地宜选负阴抱阳、藏风聚气、砂环水抱（高楼为砂、街道为水）、地形方正、四兽相扶、对称平衡、明堂开阔、地势高低适中、钟灵毓秀之地，忌风恶气散、砂飞水走、三角斜边、四兽失衡、神前庙后、水冲路冲、反弓无情、孤阴孤阳之地。须知，伟人巨贾、圣人贤达由吉地而出，盗贼强梁、凶灾横祸与凶地相伴随。

(2)布局、外形与户型

小区布局、建筑外形与户型设计是楼盘开发成功与否的关键。小区布局包括各栋楼房如何建筑，小区大门、后门、侧门位置如何确定，小区道路、泳池、人工湖、假山、建筑小品、绿化地、花圃、车库、售楼处、会所、运动场所等的科学安排。建筑外形包括大小、高矮、形状、颜色的搭配等。

就风水而言，房屋不规则、长宽比例与黄金分割线相差太远、道路长且直者均不聚财；屋顶奇形怪状、墙体颜色与房屋五行相克者有凶灾；某栋楼独高势必导致各栋楼房四兽失衡而有凶灾。户型设计上过去较呆板、采光量小，现在则奇形怪状、采光量过大，这些都是户型设计上的弊端。

根据风水上的要求，户型最宜方正，长宽比例要在黄色分割线左右，采光量要适中，阴阳要平衡，交通动线要合理，动静要分明等。

● 理气旺衰上要"求理"

气是指地球、天体运动相互作用所产生的吉凶气场，它是将"时间"因素加进"空间"（即形体结构）因素后，计算该宅该地的"时"、"空"是否协调的风水学的重要理论。它与峦头（形体）、客星、择日共同构成风水学的四纲，是定地运之长短、辨屋宅之旺衰的基本法则。

理气在楼盘上的运用非常重要。它主要包括以下几方面：一是整个小区的坐向、每栋楼房的坐向、大门的坐向，在坐满朝空的情况下，要立旺山旺向、双星到向的线位，忌上山下水、反伏吟，慎立双星到坐线位；二是高楼、大树、假山应安排在山星的旺生之位，如八运的八、九、一的位置，大门位置、出入口、泳池、人工湖、道路三岔口等安排在向星的旺生之位；三是每个单元的坐、向、门、路、电梯均需符合"收山出煞"的要求。

● 时间选择上要"求时"

时间选择是指择日，包括奠基动土、立柱行墙、安门封顶、竣工入伙、售楼开盘等方面，均需选择与空间（楼盘）、老板人体气场相和谐的"时间"去进行。人们常说的"选择有利时机到有利的地方去干适合自己的事情"，实际上就是择日的通俗化语言，是寻求天、地、人相统一的一种科学方法。

● 楼盘规划上要"求场"

风水理论认为，动植物有"场"，建筑物有"场"，世间万物均存在"场"。人不但有"场"，而且生存的环境——"场"必须利于人体"场"的交融，即有利于人的生存。"气场"的气是遇风而散，遇水而收，遇林而藏，故在详细规划阶段也必须在"收、藏"上求"场"。

(1)龙首建筑的朝向要适宜

例如，云南的热轴应是南偏东15度角左右，建筑朝向建议以坐北偏西15度角、朝南偏东15度角为好。龙首建筑（即主体建筑）的高度要最高。东边称为青龙，属富贵的象征，建筑物为次高；西边称为白虎，代表平坦、顺利，建筑物为次高。小区建筑也应尽力按传统习惯，以此尺度布置，合理求场。

(2)选址要适当

居住区以中心休闲绿地求场。除规范要求之外，对外围来讲，要"一避二借三透"。"避"是指回避外围的形煞物（电杆、塔、寺庙、墓地等）；"借"是指借外围的自然景观，正所谓"窗含西岭千秋雪，门泊东吴万里船"；"透"是指把中心休闲绿地的景观透出去，也就是"一枝红杏出墙来"。

(3)建筑小品设施要美观

如果小区的建筑物属本土现代建筑，其设施应以现代的为主；如果是传统建筑形式，亭、廊、桥、榭不妨都用上，使其美观和谐，天人合一。

(4)绿化要与人相生

对于绿化方面来说，植物不妨用五行之说进行布局，切忌配与人相克的植物。

(5)路径应曲而幽

线状水应环曲飞声，路曲纳气藏吉。曲似太极曲线为宜。

城市总体规划应以阴阳求轴线，以轴线串"场"，以"场"纳气引人，如此方能人气旺，"气场"兴。片区详细规划则以建筑物、构筑物、植物的场及五行属性、本有的化学分析属性，从建筑尺度、方向、水面、路径来求"场"。"场"幽藏吉，人置其间，必能心安体康，祛病延年。

三、房地产风水规划的要素

就现在大多数楼盘开发普遍存在的弊端，我们在这里做一个大致的阐述。要布局好一个楼盘风水，首先应从以下五个要素来综合考虑。

● 选址是基础

"山环水抱必有气"。在选择好的开发环境时有很多方面都要遵循这个理论。但选在山环水抱的地方，并不一定是什么样的建筑都能实现吉祥之目的。"气"者，必须乘"元"；"元"者，"运"也，也就是一个时间的概念。什么时候乘什么样的"气"，坐什么样的"山"，收什么样的"水"，才能利用什么样的"气"，这才是关键。所以，选址是一个基础，是重中之重。如果连地方都选不好，那么又怎么能做得出好的风水格局呢？

● 明堂是重点

明堂本为古时天子理政、百官朝拜之所，举凡朝会、祭祀、庆赏、选士诸大典都在此举行。风水中的"明堂"，是指项目前方群山环绕、众水朝谒，乃生气聚合之场。缪希雍《葬翼》云："明堂者，穴前水聚处也。"明堂可分为小明堂、中明堂、大明堂，又有内明堂、外明堂之别。凡大富贵之地，必内外明堂俱全。明堂以"藏风聚气"为要，必须诸水朝拱，即或无朝聚之势，亦须水口关拦，锁结重重。刘基《堪舆漫兴》云："明堂食邑宜宽广，诸水朝来富可知，更爱湾环并方正，还期交锁及平夷。"明堂之广狭，与龙势相关。龙势远大，堂宜宽广；龙势近前，堂宜小巧，如此方合形势。山谷之内，明堂以宽为好，狭则真气难以生发。然而，在平洋中，又以狭为佳，宽则生气易为飘散。宽以不空旷、无挡为度，如果垣局关拦依稀渺茫，虽有如无；狭以不逼迫、窄陋为限，太狭则如坐井观天，子嗣难为轩昂特达之人。明堂宜平坦方正，忌狭长斜泻之形，又忌石山堆阜，多荆棘种植。杨筠松《撼龙经》云："明堂断定无斜泻，横案重重拜舞低……第一宽平始为贵，侧裂倾堆撞射身，急泻奔腾非吉地。"因此，房地产项目的明堂规划非常重要。

● 立向是关键

前面已经说过"气"要乘"元"。在什么时候立什么样的向才是"旺山"，收什么样的水才是"旺水"，才能达到"旺"的效果呢？立向是不可以随便定的。大凡懂一点风水知识的人都知道，古代堪舆圣贤有一句"颠山倒水也杀人"的经典格言，但什么时候在什么样的环境下立什么样的向才不会"山水颠倒"呢？

随元运而旺衰交替的"山"、"水"，如果不懂其理，错误而定，那么等到流年不利或凶星飞到，则会万般不利。事实上，"旺"者，可以给宅主带来兴旺，如果再配合里面有好格局，那么很快就可以有意想不到的吉祥，即使里面格局不是很好，最起码也能够减轻一点灾祸。所以，立向在建筑动工之初，是头等大事。所谓一线定吉凶，是万万马虎不得的。

● 设施布局不可小觑

现在大型的小区基本上都规划有假山、喷水池、游泳池等娱乐、休闲场所。因为如今人们的生活水平提高了，生态意识也增强了，在紧张的工作之余，需要有一个温馨的生活环境可以彻底地放松一下自己。而假山、喷水池、游泳池等娱乐设施的配套就使人能拥有一种回归大自然的感觉。但从风水学的角度来说，这些配套设施也是不可以随意规划安放的。尽管是"假山"、"小水"，但由于其具有一定的长期性和实质性，所以它们所对整个小区的风水上的影响也不容忽视。利用得好，可以达到锦上添花的作用；利用不好，则会使很多住户受到"煞"的危害。此为开发商不可不谨慎以待的问题。总之，在整个小区的规划之初，一定要对整个小区环境进行综合分析，对娱乐、休闲设施进行合理地布局。

● 室内布局定吉凶

现在的建筑设计一般是由各级建筑设计院来设计完成的。由于他们在设计建筑的时候，要考虑建筑的成本、外形的美观等诸方面的因素，所以导致很多房屋户型不能尽如意，甚至不合理，从而使一些客户在我们指出其住宅设计不合理的时候，总是抱怨为什么在设计之初没有考虑这方面的知识，搞得现在来拆墙改造，既劳民又伤财。而且，改造、调整后的化煞效果是远没有设计之初规划来得好。目前，在很多学习风水理论的人群当中，我们能发现有相当一部分是搞建筑设计的专业人士。这说明风水学正在积极影响着我们建筑设计上的思路。

从中国"天人合一"的精髓理论分析，整个宇宙是一个大太极，地球也是一个太极，一栋房子也是一个太极。是太极就拥有阴阳两个方面，由好坏两个气场合二为一。一栋单独的房子，其里面气场的分布同时存在着吉凶两个方面，它们具体分布在八个不同的方位（这在风水理论里面是用八卦的符号来表示，而且不同的山向，其吉凶气场在八卦的各个方位的表现也不一样）。那么，如何利用吉祥的气场而躲避凶性的气场就成了室内格局设计的关键了。一般大家说的"趋吉避凶"就是这个道理。门开在哪里，厨房设计在哪里，卧室又安排在哪个位置，卫浴间又应该定在哪边，这一切都大有讲究。

如果室内布局配合得当，最起码也是一个平安吉祥之宅；如果配合不当，则是一个不吉之宅了。所以，室内格局的好坏直接影响到每家每户的吉凶祸福。

四、房地产整体风水规划的分类

现代楼盘的规划整体来说，主要体现在空间规划、功能规划、主题规划三方面。下面就这三方面的内容进行简要介绍。

空间规划

从小区规划到建筑规划，再到户型规划，能够最大限度满足消费需求，并做到科学化、人性化。

功能规划

从基本功能到附加功能，再到增值功能，能够在满足大众基本需求的基础上，提供更多的功能化规划设计。

主题规划

从小区定位到概念主题，要有充分的精神文化支撑。具体来说，至少应做到以下几点：

地段——具备相当的便捷度。

规模——具备一定的社区规模。

规划——尤其是户型规划，要做到最大化的通风、采光及干湿分区。

文化——社区要有一定的主题文化，让居民具备一定的精神文化消费。

物业——最大限度为社区居民提供人性化、管家式的社区服务。

园林——绿化是必不可少的部分，较高的绿化率是理想居住环境的前提之一。

五、房地产整体规划的方法

我国城市住宅小区一般为花园式住宅小区，其突出特点是住户密度高。单一花园住宅小区一般有500～3000住户，有些甚至是上万个住户。整体规划的重要性就是解决住宅小区面临的问题。以下介绍的是整体规划的方法。

● 先规划，后建设

(1)集中规划新居住区

根据城市总体规划，人口将随着市区功能的调整，逐步向城市外围扩散。规划布置住宅基地将主要集中于城市边缘城郊结合部之间，并沿城市的四周延伸扩展，为集中有一定规模的居住园区创造了较为有利的条件。

(2)超前做好居住区阶段规划

居住区规划应遵循三个阶段的规划设计程序：第一个阶段制订远期（20年）居住基地发展布局规划；第二阶段制订中期（10年）居住地区结构规划；第三阶段制订近期（5年）居住区详细规划。根据居住区环境质量发展的需求，规划设计由面到点、由远而近、由粗到细地逐步深入。

(3)采用"无甲方"规划设计形式

居住区需要采用"无甲方"规划设计形式，摆脱纯经济利益驱动的机制，由政府住宅建设管理部门在无委托单位（甲方）的情况下，进行总体而详细的规划设计，并提出市政设施、建设工期及投资总额、公交线路、小区设计等方案，提交有关部门审核，规划设计确定后再批项目，这样才有可能提高居住区规划设计水平。

城市规划通过对所使用土地的审核、监督等，保证住宅建设与城市发展的整体利益统一，使住房建设真正成为塑造良好的城市形象的积极推动力。

(4)加快相关专业规划的制订

居住区规划布局的发展方向应根据总体规划来确定，并加快专业规划，以确保在居住区开发实施前具有水、电、煤、污水、道路及公共交通配套条件，并将居住区配套计划纳入国民经济和社会发展计划，引导和保障居住区建设。

先地下，后地上

居住区建设应执行市政基础设施"先地下，后地上"、住宅建设相继进行的综合开发程序。征地后要先开发土地，即先进行供水、排水、电力、电信、煤气等管线与道路建设，再进行地面住房及公共设施的建设。只有遵循统一实施基础设施建设这个科学的开发程序，才能掌握居住区开发建设的主动权，才能建设良好的住宅和居住环境。

先交通建设，后住宅建设

新的居住区离市中心较远，人口规模大。如果住宅建成后再配备交通设施，必然造成需求与供应的脱节，严重影响居民的生产和生活的正常进行，因此必须超前进行交通建设。

三同步的建设原则

提高居住环境质量，还要遵循住宅建设与公建设施同步，住宅建设与环境建设同步，建设与管理同步的"三同步"原则。

(1)住宅与公共设施建设同步

商业、文教等公共设施必须和住宅同步配套建设，以便在住宅交付使用时，这些设施能同步使用，及时为入住的居民提供完善的服务。

(2)住宅建设与环境建设同步

在进行住宅建设的同时，要注意环境的营造。一方面要做好居住环境的硬件建设，要为住宅配备完善的附属设施、优美的绿化系统，要对噪声、污水、垃圾等进行统筹规划和设施建设；另一方面还要落实管理环境的责任人。居住区建设要有能促进居民交流的场所，以密切邻里关系，又有安逸、私密的环境，从而为居住区内的全体居民包括老人、儿童、青年人，提供适合他们各自特点的文化、体育、娱乐、休闲的场所和设施。住宅绿化要有不同层次，要与公共服务设施相互联系，使住宅区内做到绿化、美化。

(3)建设与管理同步

要提高居住环境质量，光建设还不够，还必须在建设的同时搞好管理。一方面在建设过程中要注重规划、设计、建筑材料和施工的管理，保障公建配套比例达到规划标准，建设的住宅符合设计要求，施工质量符合标准；另一方面要搞好建成区的物业管理，确保居民居住安全、方便，居住环境整洁、文明，并使住宅有效使用年限延长，实现保值、增值。

三并重的建设方针

要改变居住环境的现状，必须做到三个并重：数量与质量并重，功能开发与规模开发并重，建设与改革并重。

(1)数量与质量并重

住宅是使用年限很长的社会商品，住宅和住宅区的功能和质量关系到人们的身心健康，影响到社会秩序的稳定。要坚持数量与质量并重，改进规划及设计标准，提高房屋功能使用的灵活性和适应性，创造宜人的空间环境，满足居民的心理及生理需求。21世纪的住宅建设将从文化、技术、经济、环境等诸多方面向全面提高质量的方向发展。

(2)功能开发与规模开发并重

在居住区建设中，不仅应注意居住区内部的功能开发，做到居住区各类设施完备、配套齐全，还要强调居住区的规模开发——即居住区的布局要相对集中，形成一定的规模，有利于市政公用设施的配套，实现规模经济效益。

(3)建设与改革并重

从目前居住环境建设与管理存在的问题中，可以看出旧体制在很大程度上还影响着住宅建设的规模和居住环境质量的提高。要建设更多环境优美的住宅，必须在住宅投资体制、供应体制上不断进行改革，实现住宅的商品化和住宅供应的社会化。建立住宅建设资金的良性循环机制，才能确保住宅建设持续发展，确保住宅环境质量继续提高，以满足人们居住环境条件不断改善的要求。

● 三制体系的完善

为保障"三先三后"、"三同时"、"三并重"的顺利实施，还必须采取完善"三制"，发挥"三个积极性"等措施。

(1)理顺投资和管理体制

主要是明确政府、企业和个人在居住区建设中的投资责任。随着住房的私有化，个人将成为住宅最主要的投资者，以国家和单位为主的住宅投资体制将发生变化；改变居住区市政及公益性配套设施建设费用摊入住宅成本的不合理做法，明确这部分费用由政府承担。

强化住宅发展局对住宅建设的综合管理职能，进一步理顺住宅发展局与各专业部门的关系，使住宅发展局承担起住宅建设全过程管理的责任。

理顺物业管理企业与专业行政管理部门、街道办事处和居委会的关系。做到各司其职、各负其责，实现物业管理与专业管理、社区管理的有机结合。

探索社区建设管理新体制。根据"两级政府、三级管理"的原则，进一步理顺条块管理体制。区政府有关职能部门的派出机构，按照社区行政管理的职能，原则上应与街道办事处对应设置，接受街道和区政府有关职能部门的双重领导。公安派出所负责街道区域的社会治安综合治理；工商所、税务所应指定人员参加街道社区管理机构，共同参与社区管理；区政府建设管理部门应将环卫清扫、绿化养护、房屋维修、物业管理、路政维护等作业行为同行政管理职能分开，行政管理职能由区政府职能部门行使，部分监督检查职能委托街道协助管理；经营性的作业行为由企业承担。街道办事处设立市政管理、社会发展、社会治安综合治理等委员会，具体负责社区管理、精神文明建设、社区服务、社会治安等工作。

(2)采用激励机制及强化监督机制

在居住环境的建设和管理过程中，引进激励机制，如开展设计方案、施工质量、物业管理、社区管理及文明居民等评优活动，鼓励多方参与，发挥大家的积极性，从而提高居住环境与管理水平，保持较高的居住环境质量。

一方面要健全居住环境建设的监理机制，实行全过程的监督管理，优化居住环境硬件建设，如针对住宅质量通病，全面推行住宅监理，以提高住宅质量；另一方面要完善业主委员监督机制，使其充分发挥业主的监督管理职能，真正体现业主自治，促进"服务第一，住户

至上"的物业管理机制的建立，促进实行物业管理的经营性收入补贴、服务性支出的经营机制的实现，保证物业管理水平的提高。

(3)完善法制

为了创造整洁、优美、文明、安全的居住环境，应把提高居住区环境质量纳入法制化的轨道。为防止在居住区开发过程中背离中国国情和忽视三大效益的整体，必须建立一套具有法律效力的控制体系，即对居住用地的性质、建筑密度、容积率进行控制，对建筑体量、高度、形状、基地总面积、绿地率进行控制，对用地指标和环境体系进行控制，对人口密度指标进行控制，以维护国家利益、社会利益和使用者的利益。

六、房地产风水规划好坏的评定标准

房地产风水规划设计的好坏在很大程度上决定着一个项目的成败。但是，怎样来判断风水规划设计的好坏？判断它的出发点又是什么？根据我们的实践经验，在这里对风水规划设计方案的评定标准作一个简要的阐述。

● 要以人为本

风水规划设计必须以人为本，以住户的生活舒适、方便为本，这应该是最高原则。楼盘建成是让人住的，并且要住70年，地产商就必须对住户的70年（几乎是一辈子）负责。许多规划设计在简单、仓促地完成的同时，给住户留下的是长期的隐患。西安某楼盘的最初设计方案中，小区主入口在主干道上，人车混流，而主入口旁边不远就是一个红绿灯十字路口，一旦红灯亮起，排队的车辆即可一直排到小区主入口，而且旁边还有公交车辆的车站，可以想象将来小区业主的车辆出入会遇到多少麻烦。当然，如今这个方案已经做了修改，把车辆

入口改为另一个地方，做到人车分流。这些细节看起来是小事，其实大有隐患，万万不可等闲视之。"规划方案无小事"，一个细节留下麻烦，住户会抱怨一辈子。这种细节就显示出设计师完全没有从用户的方便、舒适角度考虑问题，而只是简单地从平面布局的美学效果出发做设计，犯了大忌。

● 要符合项目定位

风水规划设计必须符合项目定位，不要偏离定位去追求不切实际的东西。项目定位是一个项目的根本，框定了规划设计的方向，背离定位就会做出完全不切实际的方案。广东某楼盘项目，定位是中小户型的白领社区，价位适中，档次中等，但设计院做出了一个出人意料的中庭园林景观设计：在大约1万平方米的中庭里，布置了"地中海"、"爱琴海"、"波罗的海"，连成一个完整的水系，再加上喷泉、叠水、五个水幕墙，完全是顶级豪宅的景观设计。粗略计算一下，每平方米

的造价要几百元，而物业管理的运转费用更高得可怕！这样一个中档小区，向业主收取的物业管理费是很有限的，而单是水景的运转费用，一年就需付出30多万元。谁来承担这笔费用？这就是设计师背离项目定位的典型例子。

● 要考虑物业管理的方便

　　风水规划设计应该充分考虑将来物业管理的方便。现在物业管理已经成为楼盘项目成败的一个重要方面，"买不买房看环境，掏不掏钱看户型，满不满意看管理。"以前设计方案是不考虑物业管理的，而现在策划项目时就必须提前考虑物业管理的各种问题。湖南株洲某花园，最初的规划方案是上海一家著名设计院提供的，以一个湖为中心，湖周围一圈是独栋别墅，别墅外围是多层住宅，再外围是小高层住宅。设计师的想法很简单：让别墅的业主最接近湖景，可以从客厅、卧室的落地玻璃窗内直接欣赏湖光水色。但是，他没有考虑到这个湖不是别墅业主独享的，而是小区全体业主共享的，那些住在多层、小高层的业主要去湖边散步游玩时，都要从别墅的花园、门前甚至窗前走过才能到达湖边，别墅的业主经常受到这种门前屋后人来人往的干扰，个人隐私无法得到有效保护。后来调整了规划方案，把一个湖变为两个湖，内湖是别墅区独享，外湖是小区业主共享。这样，别墅单独成区，物业管理和安全保护工作都以桥为界，就相对容易多了。

● 要考虑项目营销的方便

　　风水规划设计在条件许可的前提下，应该尽量考虑项目营销的方便。营销在规划设计上有两个基本要求，一个是卖点，一个是卖相。卖点要实在，比如深圳宝安某名园项目，最大的卖点是户型设计，所有的户型全都是错层，每户送20平方米左右的一间或两间房，广告口号是"经典户型，买一送一"。而在那些户型比较一般的项目上，则力求环境景观园林设计有些出彩的新意。石家庄某花园项目，最初的设计方案并未考虑到开盘销售的卖相，在小区布局和分期建设方面都只考虑居住和施工的方便。后来有关人员提出"先做卖相"的观点，坚持要求项目开盘时必须完成一个漂亮的小区大门、一条主轴景观商业大道、一处中心园林、一个布置精美的会所（兼做售楼中心）、一组精心装修温馨舒适的样板房，项目才具备了良好的卖相。现在许多项目在楼房建好之前，先做好环境景观园林，目的都是为了营销的需要。开发商只有完成销售才能实现利润，因此不得不要求风水规划设计工作也为营销服务。

● 要考虑建筑景观学的基本禁忌

风水规划设计除了遵循专业规范以及技术要点之外，还应尽量考虑中国传统建筑景观学说的基本禁忌。一般来讲，容积率、建筑密度、绿化率等技术要点都是规定死的，只能在这些前提下做规划设计。但对于传统建筑景观学说，很多设计师都不大了解，所以经常在这方面出问题。另外，在楼盘小区规划和户型设计方面，路冲、角冲、门冲等基本禁忌，只要稍加注意，就可以完全避免，关键在于设计师必须懂得这些基本禁忌。

业内人士常说："一个项目成败的70％在于前期规划。"这个前期规划中，所有关于项目定位、目标消费群定位、价格定位、营销概念定位等重要的理念，其实全都在规划设计方案里体现出来了。开发商的投资，规划公司的心血也都凝聚在规划设计方案中。所以，在规划设计方面精益求精，是保证项目成功的必备前提。许多项目在规划设计上费了两三年的功夫，最后一举成功，绝对不是偶然的。

七、居住区规划设计的新概念

以前，我国住宅规划设计大多千篇一律，近年出现的住宅社区则房屋编排灵活生动，绿化空间变化多端，这大大提高了社区人民的生活品质。

优质住宅小区设计的成功例子逐渐多了起来。人对建筑物和环境的体验，必须超乎设计图纸上的视觉和平面几何图形。因为用户对建筑物的感知体会取决于对整个布局的感官经验，对周围环境的触觉、听觉和嗅觉感受。感官经验是建筑应能提供的重要素质和精粹。有意识地深化感官经验，将会提升人在日常生活中心理和生理层面的感知能力。因此，设计需要有节奏地组合多种元素，诱发和丰富人的官能，触发新的体会和启示。此概念对规划与设计生活住房尤为重要。

● 迂回设计带来惊喜

优质住宅小区的规划与一般的城市规划是截然不同的。从密度方面讲，内地由于人口密集，社区发展并非等于西方国家的规划密度标准，但仍然可以在多方面做到几乎相等的规划价值。这些规划价值包括清新的空气、高素质的室外空间和环境及居民对本身居住生活小区的认同感、自豪感。对此，社区规划设计应尽量采用次城区或郊区的规划手法，区内主干道采取迂回而不是打格子形式，为路面景观提供变化及惊喜。区内小路则以幽径为主，以减低汽车流量、噪音及保持空气清新。建筑设计方面，着重空间层次，令生活小区具备其特有的个性，使居民对其生活的小区感到骄傲和认同。

● 封闭式管理保障安全

封闭式小区当然重点考虑的是安全因素。加以封闭的原因是为了尽量避免小区内提供的绿化及园林环境、休憩及居民会所等设施被外来居民占用或破坏。

不同阶层融合混居

在西方社会，利用土地规划法规去隔离不同社会阶层为常见的政策，故此西方规划法规连每个居住小区的住宅模式也作了限定，主要目的还是将人口按社会财富阶层来作出分隔。但西方认为此种规划概念会为社会带来分化，造成不同阶层之间的怨恨或不和，甚至引致社会动荡不安。目前，我国的社区社群规划形式是，小区内的住宅有各种户型、最大的住宅单位面积可以是最小单位的10倍，这与中国古乡镇的发展形式相似。居民阶层分布方面，有出入名贵汽车的富豪名士，也有依靠公用交通工具早出晚归的小康之家，这种规划模式使不同阶层的家庭在生活中多了许多交流机会，不至于造成社会动荡不安。

规划承接传统风水文化

中国的建筑设计文化与艺术明显受儒家思想的影响，历来的建筑物都是工整严肃，讲究对称、有条理，且建筑设计及规划布局，都有明文规则，有凡事可预见之安全感，但缺少未可预见之惊喜。中国的园林设计有完全不同的概念，其概念源于道家思想。所以，中国园林为不工整的、不对称的、随意的及完全不可预见的。中国式的庭园纵使被围墙及建筑物围起，也不会被其工整所限制。庭园内空间迂回、变化无穷，为穿越园林空间者

提供无数意想不到的惊喜。中国传统建筑、住宅建筑都是围合状，屋内所有房间都以内置空间为景观和采光中心点，此中心空间成为当时大家庭各成员的生活及交流接触的空间。但在社会现代化过程中，大家庭形式的社会结构已慢慢被人口较少的小康之家取代，以前传统规划的内向空间已在现代生活小区规划中消失，取而代之是以园林绿化为主题的大片室外空间，这表现了建筑师更外向、开放的住宅模式概念。此模式不单改变了居民的生活习惯，使居民有更多机会相互接触、认识，令整个生活社区显得友善、有生命力，建筑物层次和外立面的处理也变得更轻松，而且有多种变化，成为现代生活居住场所的特色。

善于利用水景

由于气候原因和一般置业者都相信"水为财"的意念，所以以水为主题的园林景观特别受欢迎。此外，从发展商投资回报角度考虑，一般面对水景的住宅单位可以提高售价，为发展商带来20%～30%的利润，因此现在的同类商品房发展都会以此为主题来吸引置业人士，促进销售。

每个人在其中生活，对所处环境求取存在意义的本能，促使人们趋向喜欢自然，乐意成为自然环境的一分子。为提高居住生活的品质，规划设计师可以超乎物质和纯功能要求，做到能够与周围环境融合，创造出一个具体而又个性独特的空间。

八、集合住宅的八大风水特征

根据人们长期以来对自然的细致观察以及对生活的实际体验，在中国古代就已产生了一系列有关住宅、村镇及城市等居住环境的基址选择及规划设计的学说，这种学说叫做"风水术"或"堪舆学"，其实质是以环境选址作为准绳，对地质、地文、水文、日照、风向、气候、气象、景观等一系列自然环境因素做出或优或劣的评价和选择，以及提出所需要采取的相应的规划、设计的措施，从而达到趋吉避凶的目的，创造适于长期居住的良好环境。

● 采用院落制度

集合住宅全喜用院落制度，这主要是为了防御盗匪，如大宅用许多四合院拼成；小家采用三合或一横一顺或一列式，它们无论住宅大小，都有院墙围护着。

庭院是很好的户外起居室，院内光洁，常用盆景、树木点缀着，所以又是婚丧嫁娶节日等招待的好地方，农家则更利用庭院打晒谷物等。大户人家每组不同功用的房子常有各自的单独庭院，庭内或置几块山石或置一些竹木，很是幽静。

这种庭院制度，在外国较少用，是中国各种类型建筑普遍使用的形式。不过，第宅庭院不像宫殿、寺庙等的院子那样大。在南方，为了避免太阳照射，一般只用很小的天井，很是幽雅、可爱。大户人家的房屋彼此之间常有游廊连接着，还有花草树木、藤萝、芭蕉、梧桐或丛竹等点缀掩映着，所以深深的庭院、重重的游廊以及小丛植物等，常是诗人歌咏填词的对象。

● 前堂后寝，内外公私分明

前堂后寝、内外公私分明。主房居中、南向，次房前后左右陪衬着，非常注意长幼尊卑的主从次序，这是封建社会第宅的特点。当然，也有些特别有钱的人家的大门等时常故意做得不够神气，但是走进去却是富丽非凡，这也是封建社会的第宅的怪现象。这些富人们怕别人知道他富有，即使是一般的第宅在大门内外也都有照墙，怕人一眼看到底。这种第宅的另一个好处是区划分明，出入口非常醒目。

房体量高大、工精、料好，以显示重要，常喜向正南以便多纳阳光。不过在西南一带，则不常向正南。

各种建筑有等级制度

各种建筑全有不同的等级制度，宫殿、第宅互不相同。凡是间架大小、高低多寡，庭院大小多寡，门几间几道，台基柱、栏杆，屋顶瓦件，门窗、天花等，全有不相同的制度。

所以，皇宫、王府、民宅一见即知，毫不杂乱，这是整体规划的优点，也是稳定封建社会秩序的必要措施。

有宗祠设备

常有支祠或祖堂的设备，同族人等另建宗祠，可见在封建社会里是非常重视宗法制度的。

房屋材料寿命长

农村较贫寒人家多土阶、土墙、夹泥墙、草顶或灰七平顶，木或竹构架，院内铺土或石灰三合土；富贵人家则多石阶、砖墙、木架瓦顶、雕镂门窗，院内铺石或铺砖，屋内地面则多铺砖或石灰三合土，铺地板的较少。在农村使用此种材料及结构可使房屋寿命达到60~120年，富家使用好工料可支持三、五百年不坏，如果小心保存，时时爱护，还可以延长房屋的使用年限。

平面布置具有伸缩性

三合院或四合院平面布置在使用上具有伸缩性（灵活性）及永久性。可以祖父住，也可以子孙住，可以一家住也可以数家合用，乃至可以将住宅改作其他用途。这种永久性及伸缩性能，正是我国住宅建筑的优点，是值得我们学习与借鉴的，不然这种制度在我国就不会如此悠久而普遍地存在着。

平面布置及结构有比例

平面布置及结构常有一定的比例及做法，这使一切构件都非常标准化，施工极为便当，这也是我国建筑优点之一。

房屋类型多

房屋类型甚多，如穴居、碉房、干阑、蒙古包、宫室式、舟居式、帐篷、草庐等，表示不同民族的不同风俗习惯。宫室式又有分散式、毗连式、平顶、坡顶、平房、楼房、构架、荷载墙等做法。坡顶有草、树皮或瓦，有悬山、硬山、封火山墙等形式；墙壁有木、土、石、砖、竹、石灰、灰沙、泥等材料，砖墙有空斗子墙、面砖、实砖、磨砖对缝、雕砖等制作方法，瓦则有筒瓦、板瓦、各色琉璃瓦等种种做法，显现出种种外观。总之，我国居住建筑民族形式颇多，造价低廉，用地节省而安静适用，富有永久性及伸缩性。在构造上，如果能将土产材料及做法予以科学地改进，保证房屋适当的寿命，这将对我们的住房经济有很大的好处。

The Geomantic Omen of
Chinese Real Estate

第五章
建筑风水篇

The Geomantic Omen
about Architecture

一、古代建筑风水学概述

　　早在远古时代，人们就对自身居住环境的选择和屋宅的建筑非常讲究，这从众多的考古资料即可证明。那么，古代人们是如何为自己择吉地、造吉宅的呢？

● 古代建筑风水学的基本思想

(1)注重"环境选择"

　　众多考古资料证明，重视人的居住环境，是中国本土文化中的一项重要内容。早在六七千年前，中华先民们就对自身居住环境的选择与就认识达到了相当高的水平。仰韶文化时期部落的选址已有了很明显的"环境选择"的倾向，其主要表现在以下方面：a.靠近水源，不仅便于生活取水，而且有利于农业生产的发展；b.位于河流交汇处，交通便利；c.处于河流阶地上，不仅有肥沃的耕作土壤，而且能避免受洪水侵袭；d.如在山坡时，一般处向阳坡，如半坡遗址依山傍水、两水交汇环抱，为典型的上吉风水

格局。颇具启发意义的是，这些村落多被现代村落或城镇所叠压，如河南洪水沿岸某一段范围内，在15个现代村落中就发现了11处新石器时代的村落遗址；甘肃渭河沿岸70千米的范围内，发现了69处遗址。

　　可见，远古时代的人们对部落选址因素的考虑很是讲究，这个古老的传统根深蒂固地遗留在后人的脑海中，并具体显现在许多现代城市、村镇的选址与建设中。从上古文化遗址情况中还可判断，人们聚居的地区已出现了较为明确的功能分区。如半坡遗址中，墓地被安排在居民区之外，居民区与墓葬区的有意识分离，成为后来区分阴宅、阳宅的前兆。新石器时代原始居住形式的不断改进，反映了人们随环境而变化的适应能力。对原始部落的位置选择，也体现了远古先民对居住环境的质量有了较高的认识水平。总之，人们在观察环境的同时，开始能动地选择环境。

(2)倾向"择水而居"

　　从殷商之际的宫室遗址中，可以清楚地看到人们对河流与居住环境关系的认识已达到相当高的水平。在今河南安阳西北两千米的小屯村，是殷

商王朝的首都。这里洹水自西北折而向南，又转而向东流去。这条河流南岸河湾处的小屯村一带，曾是商朝宫室的所在地；宫室的西、南、东南以及洹河以东的大片地段，则是平民及中小贵族的居住地、作坊和墓地等；北岸的侯家村、武官村一带则为商王和贵族的陵墓区。需要强调的是，无论是宫室区、民居区，还是生产区、陵墓区，它们都是位于河水曲折怀抱之处，这充分证明了后世风水学中追求"曲则贵吉"的理念如此源远流长。正如《博山篇·论水》中所说："洋潮汪汪，水格之富。弯环曲折，水格之贵。"蒋平阶《水龙经》亦曰："自然水法君须记，无非屈曲有情意，来不欲冲去不直，横须绕抱及弯环。""水见三弯，福寿安闲，屈曲来朝，荣华富饶。"总之，对水流的要求是要"弯环绕抱"，讲究"曲则有情"，因为"河水之弯曲乃龙气之聚会也。"

(3)信奉"水抱为吉"

风水学中以河曲之内为吉地，河曲外侧为凶地。《堪舆泄秘》曰："水抱边可寻地，水反边不可下。"《水龙经》亦认为，凡"反飞水"、"反跳水"、"重反水"、"反弓水"一类的地形均为凶地，不利于生养居住。所谓"欲水之有情，喜其回环朝穴。水乃龙之接脉，忌乎冲射反弓"，显然，这是古代先民在对河流地区的自然环境与城乡建筑之关系进行长期观察与实践得出的结论。这一结论与现代河流地貌关于河曲的变化规律是相吻合的。换而言之，古代建筑风水学中所总结的"水抱有情为吉"的观点，就是建立在此种科学认识的基础之上。

(4)崇尚"面南背北"

　　风水学强调城市与建筑的"面南朝阳",这既有深厚的文化背景,又有着非常合理的科学依据。从文化的角度来看,这与《周易》之学有着密切的关联。《周易·说卦》曰:"圣人南面而听天下。"后世人谓帝王统治国家的方略为"南面之术",即源于此。此外,中国的天文星图是以面南而立,仰天象来绘制的;地图是以面南而立,用俯视地理的方法绘制的。所以,中国古代的方位观念也很独特:前南后北,左东右西。这与今天人们普遍使用的源自西方的方位观念(上南下北)恰好相反。这种"面南朝阳"思想的产生,又是由它特定的环境特点决定的。因中国位于北半球,阳光大多数时间是从南面照射过来,人们的生活、生产都是以直接获得阳光为前提的,这就决定了人们采光的朝向必然是南向的;再者,面南而居的选择亦与季节风向有关。中国境内大部分地区冬季盛行的是寒冷的偏北风,而夏季盛行的是暖湿的偏南风,这就决定了中国风水的环境模式的基本格局应当是坐北朝南,其西、北、东三面多有环山,以抵挡寒冷的冬季风;南面略显开阔,以迎纳暖湿的夏季风。

(5)追求"四象必备"

　　讲求"面南而居"时,风水学中往往用青龙、白虎、朱雀、玄武来表示方位。如《葬书》说:"以左为青龙,右为白虎,前为朱雀,后为玄武。"《阳宅十书》曰:"凡宅左有流水,谓之青龙;右有长道,谓之白虎;前有汗池,谓之朱雀;后有丘陵,谓之玄武,为最贵地。"于是,青龙、白虎、朱雀、玄武成为风水中推崇的四个方位神的名称。而风水中何时开始使用这四种动物作为方位神的,一时无从稽考。不过,在河南淄阳西水坡发现的距今6000年前的仰韶文化的墓葬中,有一幅图案清晰的用蚌壳砌塑而成的"青龙"、"白虎"图形,分别位居埋葬者两侧。如果墓葬中的"青龙"、"白虎"图形也有着指方位的作用,那么后世风水著作中关于"青龙蜿蜒,白虎蹲踞"的思想就可追溯到6000年前的仰韶文化时期。其实在上古时代,人们已有了较明确的方位神的观念。正如《礼记·曲礼上》所说:"行,前朱雀而后玄武,左青龙而右白虎。"此四方位神的名称又代表了四个天神的名字,构成南、北、东、西四个天象,故《淮南子·天文训》曰:"天神之贵者,莫贵于青龙。"青龙、白虎、朱雀、玄武作为四方之神,后为道教所尊奉,以致在中国文化中影响广泛。

　　青龙、白虎等四神作为方位神灵,各司其职护卫城市、乡镇、民宅,凡符合以下要求者即可称之为"四神地"或"四灵地"。其条件是"玄武垂头,朱雀翔舞,青龙蜿蜒,白虎驯俯。"即玄武方向的山峰垂头下顾,朱雀方向的山脉要来朝歌舞,左之青龙的山势要起伏连绵,右之白虎的山形要卧俯柔顺,这样的环境就是风水宝地。

　　风水宝地的构成,不仅要求"四象必备",而且讲究来龙、案砂、明堂、水口、立向等。《阳宅十书》说:"人之居处,宜以大地山河为主,其来脉气势最大,关系人祸福,最为切要。""阳宅来龙原无异,居处须用宽平势。明堂须当容万马……或从山居或平原。前后有水环抱贵,左右有路亦如然。""更须水口收拾紧,不宜太迫成小器。星辰近案明堂宽,案近明堂非窄势。此言住基大局面,别有奇特分等第。"这是一种从大环境而言的风水宝地模式:即要求北面有绵延不绝的群山峻岭,南方有远近呼应的低山小丘,左右两侧则护山环抱,重重护卫,中向部分堂局分明,地势宽敞,且有屈曲流水环抱,这样就是一个理想的风水宝地。正如佛隐《风水讲义》中所说:"靠山起伏,高低错落,曲曲如活,中心出脉,穴位突起,龙砂虎砂,重重环抱,外山外水,层层护卫的发福发贵之地。"

(6)终极"和谐统一"

　　从现代城市建设的角度来看,也需要考虑整个地域的自然地理条件与生态系统。每一个地域都有它特定的岩性、构造、气候、土质、植被及水文状况。只有当该区域各种综合自然地理要素相互协调,彼此补益时,才会使整个环境内的"气"顺畅、活泼,充满生机,从而造就理想的风水宝地——一个良好的生活环境。对于中国常见的背山面水的城市、村落而言,本身就是一个具有生态学意义的典型环境。其科学价值是:背后的靠山,有利于抵挡冬季北来的寒风;面朝流水,既能接纳夏日南来的凉风,又能享有灌溉、舟楫、养殖之利;朝阳之势,便于得到良好的日照;缓坡阶地,则可避免淹涝之灾;周围植被郁郁,既可涵养水源,保持水土,又能调节小气候,获得一些薪柴。这些不同特征的环境因素综合在一起,便造就了一个有机的生态环境。这个富有生态意象、充满生机活力的城市或村镇,也就是古代建筑风学中始终追求的风水宝地。

● 古代建筑风水学的现实意义

属于中国传统文化领域的古代建筑风水学，由于时代与历史的局限，必然有着许多虚幻不实的成分。取其精华，去其糟粕，并用当代的语言与科学的理念去阐释传统的思想，以便更好地服务于社会，这是从事中国传统文化与现代建筑学的专家共同面临的一个重要任务。

(1)跳出传统风水学的语言桎梏

要跳出传统风水学中"玄之又玄"语言桎梏，用浅显易懂的现代表达手段，让更多的人了解风水学的精义及现代价值。

(2)善于运用最新的科技成果

要适应当代科学技术的发展，善于将最新的科技成果当作"点金石"，去点化传统风水学，使其脱胎换骨，在新的历史条件下将传统风水学的精华发扬光大。

(3)将传统精华融入当代建筑学中

要适应当代城市建设、房地产开发及建筑业的高速发展，研究面临的各种新问题，敢于创新，以尽快地促进风水学的现代化，即将传统风水学中精华有机地融入当代建筑学之中。

当代社会的发展，是以城市建设为中心的，但众多的城市却没有山峦，或缺少河流，这似乎与传统风水中强调的"依山傍水"思想距离甚远。其实，只要略加变通，依然可以找到符合传统风水宝地的范例。

在考察城市中的风水状况时，可以将一座座的楼房看作是重重叠叠的山峰峦头，左右护砂；可以将纵横交错、四通八达的道路，看作是一条条的溪水河流。因为对于城市、民居建筑而言，自然环境即山岳、河流等要素的影响，远不及毗邻宅周的其他屋宇、墙垣及道路等影响更为直接和密切，所以在城市井邑之宅的辨形法中，龙、砂、水、穴遂被赋予了新的特殊喻义而加以应用。正如《阳宅集成》所说："万瓦鳞鳞市井中，高屋连脊是真龙。虽曰汉龙天上至，还需滴水界真宗。"《阳宅会心集》亦说："一层街衢为一层水，一层墙屋为一层砂，门前街道即是明堂，对面屋宇即为案山。"

在遵循传统风水学基本理念的基础上，充分利用与发挥各个地区各种先天条件的优越性，细心发现个别地区的先天缺陷，并通过各种努力去改善其整体环境，去完善这个小区的建筑，同样可以收到良好的效果。

二、现代生态建筑风水学概述

生态建筑学是在现代科学的意义上关注人与建筑自然的关系，同中国风水学的"天人合一"宇宙观，有着根本的一致性。

● 什么是生态建筑学

所谓生态建筑学（Ecologies）或称建筑生态学（Arcology），是建立在研究自然界生物与其环境共生关系的生态学（Ecology）理论基础上的建筑规划设计理论与方法。换过来说，就是探索地球上生命活动功能均衡发展的生态学延伸于建筑学领域的一个分支，反映出现代建筑思潮的价值取向。

生态建筑学一方面把人类聚居场所视为整个大自然生态系统平衡共生的规律，一方面把自然生态视为一个具体建筑结构和对人类产生影响力的有机系统，因而要求人类在建筑规划选址时，应考虑其自然生态环境的结构功能和对人类的各种影响，从而合理地利用、调整、改造和顺应其建筑生态环境。

根据现代科技的成就，生态建筑学在依据自然生态系统创造人工生态系统过程中，应实现能量流和物质流的平衡，即生态平衡原则（能量流，即能量流动，包括太阳辐射的平衡、温度的平衡及风能、水能的集聚与转化等；物质流，即物质循环，包括一切自然资源，如土地资源、水资源、森林资源等）。

● 人、建筑与自然环境的关系

风水学理论认为，自然有其普遍规律即"天道"。它的存在与运作，乃"作为天之祖，为孕育之尊，顺之则亨，逆之则否"（《黄帝宅经》），而"山川自然之情，造化之妙，非人力所能为"（《葬经翼》），简言之，即"天不可得而为之"。"盖古有寻龙之技术，而无造龙之匠工。功高大禹，导洪水必因山川。"（《管氏地理指蒙》）

人是自然的有机组成部分，人伦道德或行为准则即"人道"，亦应与"天道"一致，既不能违背天道行事，更不能仗恃人力同自然对抗，然而却可以且必须认识、把握和顺应天道，并以之为楷模而加以运作，以达到"天人合一"的至善境界，满足人生需要。

人类生存基本行为之一的居住环境的经营，被称为"宅"，是人与自然的中介。《释命》曰："宅者，人之本。人以宅为家，居若安，则家代昌吉。""人因宅而立，宅因人得存，人宅相扶，道天地，故不可独信命也。"

风水学也按照中国古代阴阳五行、八卦、九宫一类的宇宙图式来规划经营宅居环境，表征天人合一或天人感应的信仰，这形成了中国古代建筑的显著性格和基本精神。皇宫、庙宇等重大建筑当然不在话下，无论城市里集中的或是散布于田园中的房舍，都常常显现出一种对宇宙图案的感觉，以及作为方位、节气、风向和星宿的象征主义。

综上所述，当代生态建筑学是从整体有机联系上以生态规律来揭示并协调人、建筑与自然环境和社会环境的相互联系的。其实施手段更以当代科学技术的物质条件为重，来实现人在自然生态系统下构建人工生态系统，以其中具体的、物质的交流，争取达到最优关系。

中国古代风水学，尽管受到当时落后的科学和物质技术手段的限制，但仍然追求顺应自然，并有节制地改造和利用自然，追求人与自然协调与合作的意境，早于西方现代文明几千年就登上天人合一的审美理想的高峰。可以说中国风水学是中国古代的生态建筑理论。

三、现代房地产建筑风水规划

　　重视人的居住环境，不仅在远古时代人们就有了很高的认识，而且是非常讲究。那么，我们在进行现代房地产建筑风水规划时，就要取其精华，并融入现代的科学理念和技术去阐释和发扬传统思想。

● 房地产建筑风水规划的意义

(1)遵循自然规律

　　伴随着科学技术日新月异的发展，人类得到了前所未有的物质文明的享受，但是自然资源的日渐枯竭与生态环境的急剧恶化，极大地威胁人类的生存及发展。

　　在人类发展史上，一般来说，往往表现为双重关系，除了人与人的社会关系外，还有人与人的自然关系。然而，在工业社会中，人们远远没有认识到人与自然应该和谐地发展。在享受高度物质文明的理念驱动之下，人们借助科学的力量，一味向自然宣战，不惜以破坏生态环境为代价。人类史上三大光辉灿烂的文明——巴比伦文明、哈巴拉文明和玛雅文明都是毁灭于生态灾难。待饱尝到生态环境急剧恶化的苦果之后，人们才觉得有必要改弦更张，自我反省，发出"回归自然"的呼声。因此，人类社会发展不应该以经济增长为单一目标，而应该建立一个健全的生态环境。在这样一种不断反省、重新认识人与自然关系的思潮中，渊源悠久的中国风水理论引起了极大关注。通过对最佳空间和时间的选择，使人与大地和谐相处，并可获取最大效益，取得安宁与繁荣。

(2)改良生态环境

　　对古代建筑选址影响极大的《阳宅十书》对此进行了高度的概括，并提出了理想的住宅环境模式。简而言之，住宅必须背靠山陵，左右各有山岗环抱，或者左是河流，右是道路，而前面必须是月牙形的池塘或弯曲的河流。就村镇、城市的环境选择而言，则是视野要开阔，左右平视，远瞻遥观，还要顾及一些景物层面，如祖山、少祖山、主山、护山、案山、朝山、水口山、龙脉、龙穴等。

然而，辽阔大地上并不是处处都能寻觅到得天独厚的自然格局。对于那些先天条件并不十分理想的自然环境，风水术往往会采用因势利导的方法，或修筑堤坝，使河水改道；或凿川开沟，引水进村，从而极大地改善了当地的生态环境。

(3)指导景观格局

风水学的内容虽然十分庞大复杂，但如前所述，它的核心就是选择一个山环水抱的自然环境。在村落选址时，风水学有助于人们参照山水原有的具体条件，设计良好的景观格局。此外，任何原始状态的自然环境再好也会有不足之处。因此，当决定某地为村落选址，而又发现该处山水略有缺陷时，风水学往往主张造景、添景，来弥补自然条件的不足，以使村落内外景观达到一种完美的境地。

风水学有助于人类对自身的居住投以极大的关注，并主动选择及建立良好的生态环境以及主动设计良好的景观格局。

风水学的内核原本就是中国古代建筑理论的精华所在。风水学解

答了中国古代建筑在空间环境的整体处理，在人文景观和自然景观的有机结合以及大规模建筑群布局等方面的千古之谜。由此表明，风水学实际上是集地质地理学、生态学、景观学、建筑学、伦理学、美学等于一体的综合性、系统性很强的古代建筑规划理论。它与营造学、造园学构成了中国古代建筑理论的三大支柱。

● 房地产建筑风水规划的原则

进行房地产建筑风水规划，应当确立如下规划原则：

(1)对经营者有利

进行房地产建筑风水规划的第一个原则是要确保园区的开发对经营者有利。

(2)造福未来业主

立足规划对园区的销售价位和速度产生直接促进作用，同时造福未来业主的规划原则。

(3)确立建筑风水规划

确立建筑风水规划是房地产开发综合规划当中的重要规划原则。

随着中国房地产业的发展和成熟，百姓和开发商对风水的需求也日益深入，因此在房地产开发中完全忽略风水因素的现象越来越少。但另一方面又过分夸大风水，在规划设计时百分百地依赖传统风水，而忽略了现代建筑学的基本要求，忽略了自然地理状况、规划部门的要求、建筑设计的习惯、视觉的美观等。当然把风水与自然环境、人文心态及当代科技搞得格格不入的做法是不可取的。

房地产建筑风水规划是全程规划，不是某一个环节或某两个环节的规划。只注重选址，而忽略后续规划，只是建筑风水学在房地产开发中的初级应用。

(4)与建筑规划部门紧密配合

确立尊重国家建筑规范，与建筑规划、设计部门紧密配合的规划原则。

建筑风水规划要严格在上述规范下展开。同时，要与规划设计部门紧密配合，过不了规划设计关的风水规划不是好规划。

(5)传统和现代有机结合

建筑风水规划要与时俱进。不能与时俱进，腐朽、迷信的现象是建筑

风水规划所排斥的。

(6)园区建筑风水达到均好性

部分吉祥，不是建筑风水规划的目的。"均好性"是房地产规划设计的一大原则，也是当代建筑风水规划的一大原则。

(7)地域、水文等差异融会其中

比如，为北方的房地产园区进行风水规划，在水系的使用上就要考虑到冬季的问题；为枯水地区进行风水规划，在水系的使用上也要有不同的考虑，水系的面积不可太大。

● 房地产建筑风水规划的依据

进行房地产建筑风水规划，不能千篇一律，应该紧密结合开发商的自然状况、地块的特点、楼盘的档次、园区的品位等。具体当以如下要素为依据：

(1)开发商的自然状况

开发商的生命结构场，是进行房地产建筑风水规划的重要一环。

开发商的楼盘运作经验，是建筑风水规划级别的依据之一。

(2)地块素材

地块确定后，开发商需配合提供如下资料：

a.地块平面图。

b.地块周边建筑的情况，包括周边的道路情况（道路方位、级别），周边建筑的高矮情况，周边建筑的用途，政府机关、医院、殡仪馆、监狱、寺庙、电视台、电台、烟囱、变电所、变压器等尤其要注意。

c.地块周边的特殊环境。是否有高压线路或铁路从地块及近旁通过，周边是否有河流、公园、大块绿地、树林、桥梁、砖场、垃圾场、公墓等。这些特殊的情况对于待建园区的风水都会产生明显的影响，需要很好地规划，吉则趋之，凶则避之。

d.周边近几年的规划蓝图。

(3)开发设想

包括园区档次定位、总建筑面积以及楼座布局的初步思路、园区中是否带有商业区。

● 房地产建筑风水规划的内容

房地产建筑风水规划包括建筑选址的风水规划、地块使用前的风水规划、园区的风水规划、具体楼座的风水规划、商业建筑的风水规划、户型设计的风水规划、园区奠基与施工过程的风水规划、园区名称的风水规划以及营销风水规划，等等。

(1)房地产建筑选址的风水规划

房地产建筑选址的风水规划是房地产建筑风水规划的第一步，简单来说，要从以下六个方面进行选择：a.由地块形状选择；b.由地势高矮选择；c.由周边环境选择；d.由地气好坏选择；e.由地块过去的用途选择；f.由地域的人文、经济、文化、政治的结构和状态选择。

(2)地块使用前的风水规划

针对有风水欠缺的地块，在使用前首先要进行如下两个方面的处理：不规则形状的处理和不吉土质的处理。

(3)具体楼座的风水规划

此方面包括楼座地势的风水规划、楼座形状的风水规划、楼座颜色的风水规划、楼座外立面材质的风水规划、楼座朝向的风水规划、楼座内部结构的风水规划等。

(4)户型设计的风水规划

户型设计的风水规划有如下要点：a.户型要具备建筑风水的广泛适应性；b.单元房重要的部分应回避外部的煞气；c.单元房的几何中心不可设计于本户的外边；d.户型内部结构设计不要出现风水问题。

(5)园区的风水规划

伴随着中国步入小康社会的步伐，人们对住房的需求已不再只满足于作为安身之所，而是融入了更高的精神需求。故此，开发商越来越重视园区景观的建设，有的不惜投入巨资来营造园区的景观环境、风水环境。入住的业主满意了，开发商也就得到了相应的回报。园区风水规划大体包括以下五个方面内容：a.园区主门及副门的确定；b.园区大门的风水设计；c.园区地势的风水规划；d.园区楼座布局的风水规划；e.园区景观的风水规划（景观包括假山、水景、植物、雕塑、塔楼、长廊、碑林、甬路等）。

(6)园区名称的风水规划

①园区命名的三种方式

目前房地产园区命名主要有如下三种方式。

意象命名法：这种命名方式主要是从名称的意义和象征的角度入手，适当结合其他方面。在当今房地产园区命名中多半采取这种方法。应该说，这也是中国的传统命名法。

五格数理命名法：这种方法是近十几年来风行的一种起名方法。此方法主要是以名称的笔画数为依据。不同的笔画数有不同的诱导作用，如用所起之名的总笔画数和简称笔画数对照相应的笔画数的寓意，就可知该名的好坏吉凶了。当然，这种方法只是提供参考而已，不可过于拘泥。

五行命名法：五行命名法就是结合开发商的个性特征、五行喜忌，在名称上直接体现五行状况。如北京的"水木天成"、重庆的"水木青华"，五行"水""木"特点清晰；沈阳的"鑫丰花园"，五行"金"气浓重。

②名称规划的八大要素

一个好的名字应该具备多种要素。结合名称的艺术性、吉祥性、诱导性、宣传性，现总结归纳名称规划的八大要素，简述如下：

名称要有韵味。作为房地产园区的名称首先要有韵味。有韵味的名称才会让人心动，才会让人印象深刻。

名称要讲究阴阳、清浊、刚柔、燥湿、气势。房地产园区的名称和个人的名字是一样的，如中海地产开发的"阳光棕榈园"，刚柔适中；沈阳的"欢乐人家"，清浊适度。

名称的大小要与园区的大小相配套。当代房地产园区的名称可谓名目繁多，常见的有花园、家园、绿园、庄园、人家、园、城、村等。如果一个不足5万平方米的园区叫"城"、"村"，显然是不相称的；一个普通的市区园区叫"庄园"也是不合适的。

名称要体现园区的主调，体现园区的品位。一个园区一般都有自己的主调，园区的名称当然要围绕这个主调展开。比如，沈阳的"黎明西部风情"，西方特色浓郁；鞍山的"欧华庄园"，欧式味道十足；北京的"炫特区"，年轻个性展现得淋漓尽致，等等。名称与园区的主调都很协调，完全可以达到"听其名而知其园"的理性效果。

名称的五行属性与开发商的五行喜好相一致。园区名称的五行属性与开发商的五行喜好相一致，对开发企业的后续发展，打造企业品牌等都会起到积极的促进作用，如沈阳的"新家源"。

名称与园区所在区域的市政、经济、习俗、人文、文化等相协调。有

些园区的名称可从园区所在区域的市政、经济、习俗、人文、文化等角度重点着眼，再结合其他因素定夺，如沈阳的"河畔花园"、"中街北苑"、"山地艺墅"，等等，脉络清晰。

名称要有时代感。在个人名称和企业名称中都有一个时代感的问题。现在的园区绝不会再出现如"三好花园"、"跃进家园"等味道的名字。

名称不可言过其实，离题太远。言过其实、离题太远是房地产园区命名之大忌。有的园区离河足有3千米远，就叫什么"水岸人家"；有的园区根本谈不上什么智能，却叫什么"××智能公寓"，如此等等。这样的名称对房地产园区的销售以及企业的后续发展只能起到相反的作用。

(7)营销风水规划

①售楼处的风水规划

售楼处是销售阶段房地产开发机构或专业营销机构的核心，是房地产开发企业的窗口，是房地产企业内涵的外在昭示，更是房地产开发的产品——所售园区品位的直观体现。正是由此，开发商越来越不惜巨资在售楼处上大做文章。

售楼处的风水状况，是其十分重要的一个方面，这会直接影响楼盘的销售情况。从某种角度来说，其风水的重要性不次于园区。因此，规划出售楼处旺财旺运的风水形势，是营销规划的重要部分。

②样板间的建筑风水规划

样板间是展示户型内部结构魅力、激起客户购买欲望的重要场所，因此这里的布局规划一定要符合建筑风水的要求。

另外，园区开盘仪式的风水规划以及其他一些行之有效的营销手段，都是营销风水规划的重要内容。

把建筑风水学原理应用于房地产规划，目前只处于初、中级阶段。房地产建筑风水规划是一项方兴未艾的事业，还需要业内人士的不断研究，不懈努力。剔除传统风水中的糟粕，发挥建筑风水在当代的合理作用，造福百姓，是我们这一代人的使命。

● 房地产建筑风水规划的程序

如上所述，房地产建筑风水规划是一个过程，一般应遵循以下程序。

(1)现场考察并收取资料

建筑风水规划的第一项工作是实地考察，收集第一手资料。现场考察要重点掌握以下内容：

a.地块的形状。地块是正方形、长方形、梯形、三角形，还是不规则形。

b.地块的地势。地块是平地、坡地还是山地，哪面高，哪面低。

c.地块过去的用途。地块是否"干净"，是普通用途，还是风水上的特殊用途。

d.地块周边的道路。地块东南西北周边道路的等级状况，道路是平直还是弯曲不平。

e.地块周边的建筑。地块周边建筑的情况需掌握，如有无风水上的特殊建筑。

f.地块四周道路对面的状况。有无大门、变压器、烟囱、锐利的建筑墙角等。

g.地块周边的特殊环境。如有否河流、山脉、沟壑、林地、铁路、墓场、砖场，等等。

(2)提交有关收取资料

除了现场考察之外，还需向开发商和有关部门收集的资料包括开发商的出生时间等个人资料；地块的标准平面图；地块区域的水文情况；近几年地块周边的规划情况；政府部门对该地规划设计的特殊要求；开发商对地块的建设设想，包括建筑的类型、高度、品位以及有否商业建筑等。

(3)提交规划报告

需要强调的是，这项工作应该在建筑规划设计着手之前，而不是规划设计方案拿出来之后。《建筑风水规划报告书》应该作为整个楼盘建筑规划设计的依据之一。

(4)参与规划设计单位的招标论证

(5)与规划设计单位对接

(6)参与楼盘的奠基仪式

(7)施工现场指导

(8)参与营销规划文案的撰写

(9)售楼处与样板间的建筑风水摆布

⑽参与楼盘的开盘仪式

四、影响建筑风水的三大因素

气候、土壤、水文是影响建筑风水的三大要素，现逐一阐述。

● 气候条件

一般来说，气候包括温度、湿度、太阳辐射、风、气压和降水量等因素。这些气候因素与人体健康的关系极为密切，气候的变化会直接影响到人们的感觉、心理和生理活动。

气候条件是较为复杂而多变的。在我国，除了季风气候显著外，由于地形复杂，区域性气候多种多样，而气候对居住环境的影响又是长期存在的，所以无论从总体概念上来说，还是从局部地区来看，在气候环境方面均应特别重视。在研究用地时，即要留心区域性范围的大气候，又要注意待选用地范围的小气候和微气候。

(1)太阳辐射

太阳辐射是自然气候形成的主要因素，也是建筑外部热条件的主要因素。在冬季，寒冷地区的太阳辐射是天然热源，因此建筑基地应选在能够充分吸收阳光且与阳光仰角较小的地方；而在夏季，炎热地区过多的太阳辐射往往会形成酷暑，因此建筑基地应选在与阳光仰角较大，能相对减少太阳辐射的地方。

干热气候区可选在向北的斜坡上，这样光线充足而太阳辐射却较小。在干冷或湿冷气候区，则选在向南的斜坡上为佳。就水平面的太阳辐射情况来看，北方高纬度地区太阳辐射强度较弱，气候寒冷，应选择阳光多的地方和朝向；南方低纬度地区太阳辐射较强，气候炎热，应尽量选择太阳直射时间短的地方和朝向。而太阳辐射的强度在各朝向的垂直面上是不同的，一般来说，各垂直面的太阳辐射强度以东、西向为最大，南向次之，北向最小，避免东晒、西晒已为人们所注重。

太阳辐射是建筑外部热条件的主要直接因素。建筑物周围或室内有阳光照射，就会受到太阳辐射能的作用，尤其是太阳射线中的红外线，含有大量的辐射热能，在冬季能借此提高室内的温度。太阳射线不仅有杀菌的能力，而且还具有物理、化学、生物方面的作用，它能促进生物的生长。

因此，住宅应该考虑室内有充沛的直射阳光，争取扩大室内日照时间和日照面积，以改善室内卫生条件，益于身体健康。

虽然阳光对生产和生活是不可缺少的，可是直射阳光对生活也能引起一些不良影响。如夏季直射阳光能使室内温度过高，人们易于疲劳，尤其是直射阳光中的紫外线，能破坏视觉功能。

(2)气温

气候中第二重要因素便是气温。人体暴露于高水平的热辐射或热对流中，其健康受到损害有两种方式：一种是高温灼伤皮肤；另一种是使体内温度升高（人体体温在普遍的静止条件下，保持在36.1～37.2摄氏度）。在高温、高湿环境中，人常会感到闷热难忍，疲倦无力；在严重高温、高湿且气流小、辐射强度大的气候环境中，可导致体温失调。当温度升高到42摄氏度或更高些时，就会发生中暑，严重者甚至会死亡；当温度比较适中时，大气中相对温度变化对人体的影响会比较小。

在高温或低温环境中，人体对气温的感觉与湿度保持在30%～70%之间为宜。当然，不同季节、不同地区都寻得这种环境几乎是不可能的，只是在选择建筑基址时，尽量考虑到温度的舒适性，避开高温、高寒的地方。另外，还可通过建筑的规划和设计等措施来争取舒适、自然的温度环境。

(3)气压

在选择建筑基地时，气压也是一个不可忽视的因素。大气对地球表面与人体有一种压力，约为每平方厘米1千克，人体承受的压力相当于15.5～20吨。这个压力因与体内压力平衡，所以平时感觉不到。一个大气压相当于高760毫米水银柱的压力。

一般来说，人体对气压的变化能适应，但如果在短时间内，气压变化很大，人体便不能适应了。随着海拔高度的增加，气压就会有规律地下降，即海拔越高，大气越稀薄，气压也就降低。所以，建筑不宜选在海拔高的高山上，也不宜选在寒冷、气压低的地区，因为这种环境很不利于大气的流动，容易促成大气污染，危害人体健康。

(4)风

风是构成气候环境的重要因素，是气流流动形成的。在风水学中，因为"气乘风则散"，所以风之害被认为是择宅大忌。选宅必求"藏风得水"，避免强风的危害。对风的处理不当，的确不利于人体健康。传统医学就很重视风对人体危害的研究，风被列为六淫（六气）——"风、寒、暑、湿、燥、火"之首，"六气"太过、不及或不应时则形成致病邪气。

人们对风的态度具有两重性。在干热气候区，凉爽的带有一定湿度的风是大受欢迎的，太热、太冷、太强或灰尘太多的风是不受欢迎的。通常人们也乐意接受夏季的风习习吹来，加强热传导和对流，使人体散热增快。潮湿的地区则希望风能带走讨厌的湿气。所以，在选择建筑基地时，既要避免过冷、过热、过强的风，又要有一定风速的风吹过。

一般来说，基址不宜选在山顶、山脊，因为这些地方风速往往很大；更要避开隘口地形，因为这种地形条件下的气流易向隘口集中，使之形成急流，成为风口；同时，也不宜选在静风和微风频率较大的山谷深盆地、河谷低洼等地方，因为这些地形风速过小，易造成不流动的沉闷的覆盖气层，空气污染严重，容易招致疾病。

总之，应选择在受冬季主导风的影响较小、夏季主导风常常吹来以及近距离内常年主导风向上无大气污染源的地方。

(5)降水量

降水量也是影响气候的因素之一。在平原上，降水量的分布是均匀渐变的，但在山区，由于山脉的起伏，使降水量分布发生了复杂的变化。这种变化最显著的规律有两个：一是随着海拔的升高，气温降低而降水增加，因而使气候湿润程度随高度增大而迅速增加，使山区自然景观和土壤等随高度而迅速变化；二是山南坡的降水量大于山北坡的降水量，因此山南坡的空气、土壤、植被均较好，是山区选址的好地点。

在古代，限于当时的科学认识水平，古人把建筑环境气候的太阳辐射、气温、湿度、气流、日照等诸要素用古代哲学的阴阳学说以直观的感受和体验来阐释（阴阳学说是古代中国人的一种宇宙观和方法论，用以认识自然和阐释自然现象）。古人认为阴阳的关系是对立而统一的辩证关系。阳代表积极、进取、刚强等特性的事物和现象。一般来说，凡是活动的、外在的、上升的、温热的、亢进的等属于阳的范畴；凡是沉静的、内在的、下降的、寒冷的、晦暗的、衰减的等属于阴的范畴（如下表）。

事物或现象的阴阳属性

阳	天 光 热 干 南 上 左 圆 男 太阳 奇 主动
阴	地 暗 冷 湿 北 下 右 方 女 月亮 偶 被动

如今人类的认识和科学技术水平极大地提高了，人们既可以详尽地分析建筑基址的诸要素，又可进行宏观的综合研究；既可以定性去描述环境的状况，也可以定量来确定环境的质量。更好地利用环境和适应改造环境已成为现实可行的事。

由于我国各地气候冷暖、干湿、雨旱、大风、暴雨、积雨、沙暴等都有很大差异，因此房屋建筑就要适应当地气候并尽可能地改善不利气候条件，创造舒适的室内工作和生活环境。例如，炎热地区需要考虑通风、遮阳、隔热、降温，寒冷地区需要考虑采暖、防寒、保温，沿海地区要考虑防台风、潮湿、积水；西北地区要考虑防风沙，高原地区则要考虑尽量避免强烈的日照和改善干燥的气候（小范围内）等，这些都是宏观选址要考虑的。总之，具体情况要具体分析、具体处理。

● 土壤选择

(1)辨土法

这里所说的土壤，是指风水学"龙穴"所处明堂的基地土壤，亦即建筑的基地。在古代，择地定穴位后，为慎重起见，要开挖探井验土，这个探井就称为"金井"。验土以"土细而不松，油润而不燥，鲜明而不暗"为佳，深浅度数，随地酌定。见浮土已尽，土色已变，或五色咸备，或红黄滋润，便认为是得到地气，这是风水中的"辨土法"。《相宅经纂》卷三"阳基辨土法"曰："于基址中掘地，周围阔一尺二寸，深亦如之，将原土筛细，复还坑内以平满为度，不可安实，过一夜，次早起看，若气旺，则土拱起；气衰，则凹而凶。"考虑到土壤结构对建筑的承载力，古人还总结出了"称土法"。《相宅经纂》卷三"称土法"曰："取土一块，四面方一寸称之，重九两以上为吉地，五、七两为中吉，三、四两凶地。或用斗量土，土击碎量平斗口，称之，每斗以十斤为上等，八九斤中等，七八斤下等。"有的人也讲到称土法为"入土实一斗，称之，六七斤为凶，八九斤吉，十斤以上大吉。"以此来推断土壤的密实性和地基承载力。

(2)土壤的组成及物理性质

我国幅员辽阔，地形多样，气候多变，土壤多种。按土壤的机械组成，土壤大致可分为砂土类、壤土类、黏土类三种，它们的含水量和耐压性均有差异。要了解土壤的性质，还要对土壤的形成和结构作简要介绍。我们常见的土壤是坚固的岩石在持续不断的风化作用下形成的大小悬殊的颗粒，经过不同的搬运方式，在各种自然环境中生成的沉积物。它是由颗粒（固相）、水（液相）和气（气相）所组成的三相体系，不同土壤的三相组成不一，因而在土的轻重、松密、干湿、软硬等一系列物理性质和状态上有不同的反映，这些物理性质又在一定程度上决定了它的力学性质和工程特性。

土的三相组成比例关系，决定了土粒比重、含水量、孔隙率等的大小，这些指标是地基特性的重要参数。一般来说，土壤比重（单位体积的重量）越大，孔隙率就越小越密实，承载能力就越大，适宜做建筑地基。土粒的比重决定于土的矿物成分，它的数值一般为2.6~2.8，砂土和黏土比重在其范围之内；有机质土为2.4~2.5，这类土含有大量的动植物腐殖质，颜色暗黑，土质松软；而泥炭土的比重就更低了，仅为1.5~1.8。后两类均不能作为建筑的地基。对同一种土壤来说，含水率越高，承载力就越小。

风水中说的斗士——35千克的凶土大概就是机质土了，而45千克的吉土相当于砂土或黏土，50千克以上的大吉土相当于密实的碎石土。看来古人的土壤称重法虽不那么科学，但在当时来说却是行之有效的，而吉凶观念的本质内涵也就是指承载力大小和透气渗水性好坏，并无迷信可言。

按现代地基力学要求，各类地基的容许承载力（单位面积上的承载力，一般为吨/平方米），可按下表查出来：

地基土容许承载力（单位：吨／平方米）

土的名称	碎石土	砂土	黏土	淤泥质土	红黏土	素填土
承载力	30~80	15~35	12~40	5~10	12~30	6~15

综合承载力根据渗水性、含水量等因素分析，砂质土壤的土质致密坚固，承载力大，含水率低，较黏土干燥，渗水性和透气性好，利于土壤的净化，防污性较好，并易于开挖施工，因而建筑土质以砂质土为宜；壤质土（有机质土）结构疏松，承载力小，房屋易发生沉降塌陷；而黏质土结构过于致密，渗水性能差，房屋易发生潮湿，不利于人体健康。

除土壤的物理性质外，地下水位层应低于屋基0.5米，以避免造成潮湿和塌陷。同时，还要查看土壤的污染情况及蚁害、鼠害等情况，以及地下有无古墓、古井、坑洞、穴道、砂井等地下坑穴。要探明这些情况，除了访问调查外，进行实地勘探是一种必要手段。常用的勘探方法有坑探、钻探和触探，而在古代人们常用的就只有坑探。

总之，对工程地质的勘察要观看土壤的颜色、气味、结构、地下水高低、物理化学性质以及蚁鼠害之情况。

● 水文考虑

水是自然界一种非常重要的物质，其对调节气候、净化环境具有重要作用，人类更是须臾离不开它。但选址不当或使用不善，它也会化作无情的洪水吞噬房屋，或者引起污染，破坏生态系统。所以，建筑的选址中如何处理水的问题也就是至关重要的问题之一了。

(1)水势

风水学中，择水具有极其重要的意义。

风水理论认为"吉地不可无水"，所以"寻龙择地须仔细，先须观水势"，"未看山，先看水，有山无水休寻地"，水受到了风水家的特别重视。

他们认为水是山的血脉，凡寻龙至山环水聚、两水交汇之处，水交则龙止。由于水流的弯曲缓急千变万化，风水家也将水比作龙，称为"水龙"。堪舆书《水龙经》说是专门讲水系形势与择地之关系的，其汇总了上百种关于阴宅和阳宅的吉凶水局以供人参考。

在无山脉可依的平原地区，风水家择地便是以水代山，"行到平原莫问纵（山脉），只看水绕是真龙"，《水龙经》便专门讨论了水龙寻脉的要旨和法则。然水有大小，有远近，有浅深，不可贸然见水便为吉。当审其形势，察其性情，辨其吉凶，以作取舍之标准。风水家取舍水的标准，主要是以水的源流和形态为依据，正所谓"水飞走则生气散，水深处民多富，浅处民多贫，聚处民多稠，散处民多离。"

水要屈曲，横向水流要有环抱之势，流去之水要盘桓欲留，汇聚之水

清净悠扬者为吉；而水有直冲斜撇、峻急激湍、反跳倾泻之势者为不吉。

风水理论中对水的认识除了考虑了灌溉、渔盐、饮用、去恶、舟楫等利处外，还很注重对水患的认识，"天下莫柔弱于水，而攻坚强者莫之能胜"（《老子》），古人早就认识到了水的刚柔两面性。水淹、冲刷、侵蚀等水害使人们总结出了许多合理选址和建筑防御水患等措施。

较典型的例子是在河流的屈曲处选址，即河流弯曲成"弓"形的内侧之处。其基地为水流三面环绕，这种形势称为"金城环抱"。风水学中又称其为"冠带水"、"眠弓水"，是风水水形中的大吉形势，所以从皇家如故宫中的金水河、颐和园万寿山前的冠带泊岸，到民宅前的半月形风水池均由此衍出。这种水局之所以被认为是吉利的，除了近水之利外，主要在于其基地的安全、不断扩展和环顾有情。

(2)水源

古代风水学中关于水的认识，大多是符合科学道理的，故可多为今日选址所借用。如宜选在河流凸岸且要高于常年洪水水位之上的台地上，避免在水流湍急、河床不稳定、死水沼之处建房，等等。就水源来说，不外

有三种：一为井水。井址的选择应考虑到水量、水质、防止污染等因素，并尽可能设在地下水污染源的上游，以方便取水。要求井位地势干燥，不易积水，周围20～30米内无厕所、粪坑、畜圈、垃圾堆场和工业废水等污染源。二为泉水。常见于山坡和山脚下，水质良好和水量充沛的泉水不仅是适宜的水源，而且还有净化空气和美化环境的作用，所以住宅周围有山泉者，当为吉利之住宅。三为地面水，如江河湖泊和蓄存雨水等。此类水污染情况较井水和泉水严重，所以水的饮用取水点应尽量选在聚落点河流的上游，排污点设在下游。如有条件饮用的水最好在岸边设砂滤井，以净化水质，提高水的清洁卫生程度。

(3)水质

就水质方面来说，以观察、品尝等简单易行的方法来判断时，水应清澈、透明、无色、无臭、无异味、味甘等。有条件的应当做化学、生物试验，检查水的软硬度、矿物含量和细菌含量等。

五、现代住宅建筑朝向风水

建筑朝向即指楼盘主要采光面所面对的方向。由于采光面与实墙面相比存在透光、透视的特性和隔声、隔热的优势，所以建筑朝向对居住质量的影响很大。建筑朝向的选择一般以满足采光、日照、通风、规避噪声、防西晒、避免视线干扰为原则，以保证室内的居住质量和室外的环境质量。

● 建筑朝向与空间形态

通过对各种类型楼盘的考察，不难看出，无论何时都有变化与相对稳定这两个方面。变化对居住形态的影响以及居住形态本身缓慢发展的某种常性，成为影响居住形态的两个重要因素。

社会结构变化对居住形态的影响，主要体现在家庭、居住制度和社会控制等方面。从旧时唐长安的里坊制，到汽车时代的"邻里单位"和"居住小区"，无不反映着社会控制和居住组织制度对居住形态类型的影响。人的需求有社会性和私密性两个方面，体现在实质环境上则是私密、半私密、公共、半公共性空间层次的序列。如果对人类历史上形形色色的居住形态进一步考察，不难发现，围合、半围合式空间形式是一种相对稳定而又较为普通的居住形态，无论是古代罗马的内庭院式住宅，还是中国明清的四合院，或是阿拉伯伊斯兰国家的合院式住宅等，概莫能外。到了近代，经济技术和社会结构都发生了巨大的变化，反映在居住形态上，则突出地表现为城市中的高密度聚居，低层演变为多层和高层，独家小院变为多户住宅楼，并形成组团或街坊。尽管其布局千变万化，围合和半围合的空间形态依然相对稳定地大量存在着。

● 建筑朝向与距离

到目前为止，多数人买的还是居民小区中的楼房。既然是居民小区，自然就会有各种公共设施，再加上周围众多的邻居，问题就随之而来了。为了避免一些不必要的麻烦，请在购房前关注以下十大"距离"问题。

问题一，距附近公路、铁路、机场的远近，以开窗时听到的噪音不明显为宜。

问题二，距小区内公共活动场所的远近。尤其是游乐园、健身场地等，如果同它们成为邻居，就将同吵闹声为伴。

问题三，距小区停车场的远近(尤其低层住户)。多数司机在发动车后都要热几分钟车，如果是冬天，再加上车况差点儿，恐怕每天都得被迫早起了。

问题四，距路灯远近。一般情况还是近一点好，主要是出于夜间的安全考虑，但也不能太近。如果太近，一方面，有人不习惯夜里屋内仍被照得很亮；另一方面，夏天夜间的蚊虫也会增多。

问题五，距保安岗亭的远近。近一点安全，远一点清静，这主要取决于个人。

问题六，距树木的远近。近的好处是，可以使空气变得清新、凉爽，缺点是易有蚊虫。

问题七，距邻楼的远近。如果双方都能从自家的窗户轻易看到对方的生活情况，那将是一件非常尴尬的事情。

问题八，距小区超市、饭馆的远近。超市相对来说会好些，饭馆不仅有噪音困扰，而且炒菜的油烟也会影响周围环境。

问题九，高层住宅的两楼间距(主要是中低层住户)。在楼群林立的小区内"风效作用"有时十分明显，加之本来冬天风沙就大，这样，有的住户就要吃些苦头了。

问题十，距垃圾箱远近。这是不言而喻的。

朝向和距离只是购房中众多需考虑的因素中的两个，涉及的内容虽然不如像价格、房屋质量等因素重要，但是却是天天要碰到的，稍有不好，难受的时间也就长了。所以，在购房前还是考虑一下为好。

● 建筑朝向与日照

在古代，人们非常重视住宅的朝向和日照，常常追求向阳府第。如今，在住宅的规划上，朝向也在不断地变化，导致人们在追求最大可能的安静、最好的景观与最佳日照之时，产生了不可协调的矛盾，所以在每个单元中应仔细斟酌。

我们在介绍楼盘建筑朝向与日照两者关系之前，有必要介绍日照对居住的影响。

首先，有益于人体健康。日照可促进生物的新陈代谢，阳光中的紫外线能够预防和治疗一些疾病，并有一定的杀菌作用。西方的建筑师更多强调日照对住户心理健康的影响。

其次，太阳辐射能提高室内温度，有良好的取暖和干燥作用。正因为日照有以上好处，所以，我们国家规定新建住宅每套房子在大寒日（1月20日）至少要能得到2小时的日照，同时要求冬至日（12月22日）至少能得到1小时的日照。

再者，在住宅朝向方面，应力求达到冬季能有适量的阳光射入室内，炎热夏季尽量避免阳光直射室内、居室外墙面和顶棚。在我国，南向对日照来说是较好的朝向。冬季的太阳在入射角度低的时候也能在南面房间有较深的入照深度，从而使南向房间能最大限度地利用太阳能。在夏季，由于高入射角，只有少量的太阳能源进入东向与西向房间。

在我国，冬季的日照都是大家向往的，所以人们大多喜欢南向的起居室和卧室，由于日照对心理健康有益处，使得大家喜欢把南向的卧室作为儿童房。然而，日照也不是只有好处。比如，在炎热地区，夏季的日照往往容易造成室内过热，这时在挑选户型时，就要尽量避免阳光通过窗户直接射入室内；还需避免住顶层的房子，因为顶层房子的屋顶接受夏季太阳

光直射过久，会导致室内气温过高。

再分析一下单个房间与朝向的关系。起居室朝南的好处在于阳光和充足的采光有利于聚集人气，使人乐于走出卧室，到起居室与家人交往。朝南的卧室各方面条件最好；朝北的卧室因为没有日照，就需要采取措施以达到居住条件；朝东的卧室由于上午有日照，不适合上夜班的人居住；朝西的卧室需注意夏季防热。

● 建筑朝向与通风

自然通风是指在不借助设备的情况下室内的空气能够流动，与室外的空气形成交换。自然通风对居住环境至关重要。其益处主要表现在以下几方面：

a.可以通过门窗的起闭调节室内空气温度和湿度；

b.可以调节室内空气质量，这包括废气的排出和新鲜空气的引入；

c.有利于节能。对于那些无法自然通风的房子，只有通过机械通风或空调系统来满足居住需求，而机械通风或空调系统必然要消耗能源，所以能够自然通风的房子节约了能源，减少了住户的日常开销。

只有存在空气压力差的地方才能形成空气流动，所以只有存在风压或热压的地方才能形成自然通风。在住宅小区中，主要是通过风压形成自然通风的，而风压和住宅的朝向息息相关。由于我国大部分地区全年的主导风向是南北向，所以这个朝向的房子自然通风效果最好。

在所有楼层平面中，一梯两户的南北朝向户型自然通风效果最好，而一单元多户的点式平面（或塔楼）总有几户无法实现自然通风，内廊式住宅（或叫筒子楼）则几乎户户都无法实现户内自然通风。不能自然通风必然会导致居住质量的下降及者能源消耗的上升。

自然通风不仅要满足居住环境的要求，而且还要让人感觉舒适，因为

人是其中活动的主体。这与房间的通风开口（窗和门）位置和面积等密切相关。

(1)房间的通风开口位置

首先，需要注意形成通风的气流出入口是否存在风压。向同一方向开口的两个窗户之间并不能形成通风，因为它们之间没有空气压力差。对我国大部分地区来说，一般南北向风压较大；对同一栋住宅来说，高楼层风比低楼层风压大。

其次，开口位置将决定室内流场分布。如果开口位置设在中央，那么气流直通对流场分布均匀非常有利；当开口偏在一侧时，就容易使气流偏移，导致部分区域有涡流现象，甚至无风。房间的开口位置一定要使气流经过人在室内经常活动的区域。这可在室内做漏空隔断或使用中轴旋转窗改变气流方向，调整气流分布。

(2)房间的通风开口面积

开口面积的大小既对室内流场分布的大小有影响，同时也对室内空气流速有影响。开口面积大时，流场分布大，气流速度较小；开口面积小时，流场分布就会缩小，气流速度就会增加。如今的住宅一般都追求大面积的采光窗户，但是也有很多开发商为了节约成本，将能开启的窗户面积做得很小，这样就不利于通风的舒适度，只有分布均匀的空气流场才是相对舒适的。

(3)门窗装置和通风构造

门窗装置对室内通风影响很大。窗扇的开启角度可起到导风或挡风的作用。增大开启角度，可改善通风的效果。使用通风构造，如挡风板、落地窗、漏空窗或折门都有利于自然通风。

(4)利用绿化改变气流状况

室外成片的绿化能对气流起阻挡和导流作用。合理的绿化布置可改变建筑周围的流场分布，引导气流进入室内。

● 建筑朝向与噪声

在现代城市中，噪声越来越成为良好居住环境的大敌。

首先来了解一下噪声的危害。噪声可对听觉器官造成损害：噪声大于90分贝时能造成临时性听觉偏移，大于140~150分贝时能造成耳急性外伤。最新的研究表明，噪声对神经系统也有损害：噪声大于45分贝时能影响人的睡眠，噪声大于55分贝时使人烦躁，噪声大于75分贝时使人焦虑，噪声还会降低人们的劳动效率。

有关规范规定，卧室和起居室白天室内噪声允许值必须小于或等于50分贝，夜晚室内噪声允许值不高于45分贝，但是多数城市的户外平均噪声级大约是55~60分贝。虽然室外环境通过开启的窗户传到室内，室内噪声级会比室外噪声级低10分贝左右，但是依然意味着多数住宅在通风状态下无法满足人们的睡眠条件，甚至有不少楼盘在关闭门窗的情况下也达不到国家标准。所以，挑选规避噪声源的住宅朝向至关重要。

城市噪声来源主要分为交通噪声、工业噪声、建筑施工噪声和社会生活噪声。其中，交通噪声包括道路交通噪声、铁路噪声、飞机噪声、船舶噪声等。

在当代城市规划和城市管理下，工业噪声、建筑施工噪声和社会生活噪都能够通过各种途径解决，但是交通噪声很难从根本上解决，而且有愈演愈烈的趋势。因此，规避交通噪声成为人们选房时的重要考虑因素。

道路交通噪声和车辆本身有关，与车速有关。车速增加一倍，噪声级将增加9分贝。街道越宽、红绿灯越少，车速就越快，噪声污染越严重。

在中间没有遮挡的情况下，住宅与街道的距离每增加1倍，噪声仅减小4分贝。这样的话，在考虑周全的城市规划中，快速路的两边必须有密植乔木的隔离带用来隔减噪声。在夏日的晚上，缺少隔离带的快速路边的住宅往往因为噪声无

法开窗通风，这样就降低了小区的居住品质。

所以，选房的时候要尽量避免住宅朝向缺少遮挡的快速路和城市主干道。国外一些小区在设计上往往将厨房、卫浴间等辅助用房布置在噪声源的一侧，将起居室、卧室布置在安静的一侧，但是这样的设计在国内还不多见。如果所购买的房子不幸已经处于噪声污染中了，就只有考虑加强窗子的隔声效果了。

● 建筑朝向与景观

景观环境的好坏已成为观念日渐改变的人们对居住区质量评价的一个重要标准，也成为房产开发商关注的焦点。对一些中高密度居住环境的调查显示：居民基本上根据从窗外所看到的内容，来判断周围环境的优劣。纵观当今国内房地产市场，以景观设计而博得满堂喝彩的小区比比皆是。

优美的景观环境能极大地激发大家的购买热情，增加小区的附加价值。在有些地区，人们对景观的喜好甚至超过了对采光的追求，特别是起居室、主卧室的朝向景观，这样的户型具有较好的升值潜力。

所谓朝向景观是指房间具有面向景观的可视面，能通过观景阳台、落地窗、凸窗或普通窗看到景观。观景阳台使人能在阳台上活动的同时观景；在起居室或卧室里设置落地窗，使人能在沙发上和床上看到大落差的

风景，同样让人心旷神怡；凸窗则扩大了居住者的视野。随着人们对居住质量要求的提高，观景住宅将逐渐成为高档小区的首选。尤其在上海，人们对这种需求更明显。

小套、中套的住宅由于房间数较少，仅要求有一间朝南即可，大套房因房间数量较多，如仍取一间，则显得标准太低。

● 建筑朝向与气候

小区的小气候要能保证居住者的机体大致平衡，不能使体温调节机能长期处于紧张状态。保持温热平衡或体温调节机能状态正常，是指在住宅内人们正常衣着、安静或中度劳动的情况下，机体的产热量、体温、皮肤温度、皮肤发汗量、散热量、温热感觉以及其他的有关生理指标（呼吸、脉搏等）的变化范围不超过正常的限度。因此，小区小气候的各个因素都必须保持在一定的范围内，在时间和空间上要保持相对的稳定性。一般情况下，人在居室内的时间较辅助用房内的时间长，故应以保证居室的微气候适宜为主，适当考虑辅室。通常认为，住宅中舒适的保证率达到65%～70%者为适宜的临界标准，保证率达到80%～90%者为最适合的标准。

通过实验和理论推算，夏季室内的适宜温度为21～32℃，最适合范围为24～26℃。冬季室温为19～24℃最为舒适。如果采用的室内温度为18～20℃、湿度为60%，也是舒适的。这样的温度是使人冬季在室内换衣服时，不至于感到太冷。目前，世界气候整个变得温暖起来，人们的住宅温度也相应提高，如在起居室和卧室要求22～23℃，餐厅要求20～22℃，厨房因有热源，温度要保持在20℃左右，等等。

夏季室内微气候受太阳辐射、围护结构隔热性能和室内通风情况等的影响较大，因而应选择适宜的房屋内部设计和房间的合理朝向，以创造"穿堂风"，加强绿化、遮阳、围护结构的隔热作用，必要和有条件时可设置机械通风如空调等，来保证夏季居室具有适宜的温度。冬季室内微气候主要受室外气温、围护结构的传热性能、门窗漏风量和采暖条件的影响。为保证冬季室内的温度，一般采用较厚且保温较好的围护结构、密闭的门窗以及采暖设备和空调等。

保证室内温度适宜，最基本和最经济的方案是采用合适的建筑围护结构（建筑物的围护结构是指外墙壁、屋顶、地板和门窗）。为使居室利于防寒、防暑，围护结构的建筑材料应尽可能选择导热系数小的建筑材料（导热系数小于0.25的建筑材料为保温材料）。建筑材料导热系数越小，导热性就越差，热阻就越大，越有利于建筑物的保温和隔热，但这些材料往往是些松软的物质，不能起到结构支撑的作用，所以往往把它们附在建筑围护结构层中，形成一种保温隔热结构的构造方式，以起到承重和保温隔热的双重作用。一般说来，这种保温隔热结构的导热系数小于1.5时，便

认为是满足要求的。

在夏季炎热的地区，通常采用空斗墙和屋顶架空空气层的方法来达到隔热的目的。封闭在围护结构内的空气层是一个较好的隔热层，它可以产生一定的隔热作用。除了室温以外，人体对建筑材料的触感度也是不容忽视的。在冷天，我们的皮肤若接触到浴室里冰冷的瓷砖，身体就会不适，产生一种畏缩的感觉。人们对冷热的感觉，在很大程度上是被皮肤的温度所左右的。在住宅中，皮肤直接接触的地方很多，这些地方使用什么材料才不至于在冷的时候使人感到不适是要认真对待的。有人实际测量了脚掌和地面装修材料温度的关系，当地面温度为20摄氏度时，如果是木地板，则脚掌温度下降1摄氏度（由于材料不同，温度下降的程度也不同）。从实验结果和日常生活经验得知，当地面为木地板，表面具有17～18摄氏度的温度时，才能使人感到舒适。换句话说，脚掌的突然下降温度如能在1摄氏度以内，对人来说才是适宜的。因此，在住宅中人的皮肤经常触及的地方应选择触感好的材料。也正因如此，在种种建筑材料充斥市场的今天，人们仍喜欢用木材来做家具、地板、墙裙、楼梯、门窗等。

风水学中对水是非常重视的。前有蜿蜒的河流或清澈的池塘，均被认为是有利之宅。近水的住宅除了有灌溉、饮用、排污之利外，还可使住宅微气候的湿度保持稳定。一般来说，空气湿度高可增加机体流散热量，并引起体温下降，而神经系统和其他系统的机能活动也会随之降低等。如长期生活在寒冷的环境中，人则容易患感冒、冻疮、风湿病等疾病。相反，过于干燥的空气也不利于人体健康，从医学角度来看，干燥和喉咙的炎症存在着一定的因果关系。居室内的相对湿度一般要求为30%～65%。

六、现代住宅建筑造型风水

现代住宅建筑的造型可谓五花八门。针对不同的造型，人们将其赋予了一定的象征意义，以示好坏。在人们的传统观念里，有的建筑造型是吉利的，有的建筑造型是不良的。那么，具体如何来区别呢？

● 建筑造型的象征意义

建筑造型是由建筑设计师根据规划、地形、用途等因素设计的。这里要讲的是关于建筑造型的象形以及它们之间的比拟关系和赋予的象征意义。

目前，某些小区的建筑造型的俯视图有的呈蝶状，有的呈蛙状，蝶状的建筑前则应配置花园、绿化区；蛙状的建筑前则应配置泳池、池塘等，取"蝶恋花，蛙戏水"之意，皆为吉兆。如此一来，建筑造型的象形意义便有所发挥。事实上，也符合美学观点。

最明显的常用象形是把勘察的建筑物左边的建筑物称为"青龙"，以高大为宜；右边的建筑物称为"白虎"，以厚实为宜，也就是常说的

"左青龙，右白虎，前朱雀，后玄武，中勾陈"。这些象形概念，其实是源于古代天文学对宇宙、星辰的一些归纳性称谓。

不过，风水学中有些象形的褒贬原则很牵强，须予以辨别、批判。例如，楼宇前有桥梁横亘而过（现在城市高架桥会有这类情况），当桥梁对楼宇一侧呈外弧状时，风水学称为"镰刀割腰"，认为风水不好；当呈内弧状时，则叫"玉带环腰"，认为风水吉利。事实上，无论是外弧、内弧，只要桥梁与楼宇邻近，桥梁传来车辆的噪音、扬起的灰尘对楼宇的影响就存在。所以，现在高架桥应逐步建立隔音、绿化系统。

风水学所创立的建筑造型象形概念，展现中国古人丰富的形象思维及联想力，也展现了其朴实的环境哲学理念。

● 不良建筑造型的特征

(1)前高后低者

此种造型不仅缺乏美感，而且对宅运不利。落差越大者，其负面

影响越深。

(2)窄长且外形单薄者

此种造型中两边无窗者运气更差，因"气"由屋前直通屋后，对聚气不利。

(3)太宽且纵深短浅者

此种造型难以聚气，即正面能量不易累积，谓之"气散"，"气散"则不利。若大门与宅向平行，其负面影响更深。

(4)三角形造型者

此种建筑的外形似斧头，代表刚烈，不宜作为住宅，最尖端处只适合当作储藏室，用作睡房或办公室皆不宜。

(5)反"U"字形者

此种造型代表声望低落，属孤军奋战之格局，无论作为办公或住宅皆不宜。

缺角比例过大者，以缺角比例超过总面积的1/9为准，比例越大，其负面影响越大。

(6)外形过于怪异者

此种造型代表流于偏激，失去了中庸之道。怪相的屋宅，不易聚气，负面影响大。

(7)楼宇高且四面受风者

太突出则锋芒过露，代表孤立无援，容易曲高和寡、有名无利；临海者更不利。

(8)造型太矮小者

此种造型代表备受压抑。四面有高楼者相形见绌，其负面影响更大。

(9)尖形屋顶且往左右两边倾斜者

此种造型，名为"寒肩屋"，气不聚。越尖者，其负面影响越大。

(10)楼宇外墙攀满树根者

此种造型，其浓密程度与负面影响力成正比。

(11)楼宇外墙剥落、崩裂者

此乃退败之象，其损毁程度与负面影响成正比。若损毁的部位属该宅有利之方的话，则破坏力更强。

● 楼型、楼宇风水宜忌

(1)一楼独高不宜选

在一排或一片楼中，如一楼独高，其他都低，则高楼不宜选。中国有句古语叫做"皎皎者易污，峣峣者易折"，意思是说过于白容易脏，过于高则容易折。独高之楼会有一种不安全、无依无靠之感。

(2)左右有楼选中间，前后有楼选前排

左右有楼代表左右有护持，后面有楼代表后山有靠。如果一排只有两栋楼，选左还是选右呢？女士选的话就选左楼，男士选的话就选右楼。何谓左右？就是身靠大楼门，分出左右手即可。那么，又怎么区分女士选和男士选？这就要看占主导地位的购买者的性别了。如女士选了左边的楼，而她的右边还有一栋楼，按传统"男左女右"的说法，这就加强了女性的力量；男性选择右楼也是同样的道理。

(3)楼中穿洞，上方不宜

有些建筑在设计中于楼体中间开一个高高的门洞，即所谓气的穿透。这种形式未尝不可，只是在门洞上方的那层楼不宜选择，其他则无妨。凡是自己脚下是悬空的（称作骑楼），或有风、汽车、人群穿过其中的，都不宜选择。

(4)室内不宜太低

一般人买房子只会注意楼层、朝向、面积、结构和价格等，很少有人会注意房子内部空间的高度，以及楼房之间的距离是否符合标准。等到买了房子入住以后，才会感觉到房子太矮了、光线不足等。楼房间的距离太小，居民之间的生活就会相互影响。

按建设部制定的标准，房子室内空间的高度应不低于2.4米，各楼房之间的距离应不小于楼房高度乘以0.7的系数。如果小于这个距离，就会影响室内的采光、通风，造成居民之间的生活互相干扰等。但是，目前有些房产商为了牟取暴利，利用人们在买房子时只注意到面积、价格等而忽视室内空间高度和楼房间的距离的弱点，在设计、建造房子时，使房子的室内高度小于规定的标准，这样房产商就可以在减小每层楼的高度之后，省下很多成本，获得更多非法利润。如本来只够6层楼的高度，却被建成了7层，这样就可以多赚一层楼的钱了。因此，消费者在选购楼房时，不要只看面积和价格，还要看室内的高度是否符合国家标准，不要被其低价格所迷惑。

(5)进深要适宜

一座理想的建筑，其很重要的一点是室内要有自然风通过，流动的自然风不但能提高建筑的卫生健康指标，而且还具有节约能源的作用。

从建筑设计科学的角度看，住宅楼的进深以10~13米为宜，太浅或太深都不利于室内空气的流动。而目前我国许多城市的住宅楼进深却高达20余米，无法获得良好的通风条件。有的小区设计过于强调景观效果，采用封闭式的落地玻璃窗，仅留一两扇可以打开的小窗户，虽采光面积非常大，但人住进去后明显感到空气不流通。另外，目前大量采用的推拉式铝合金门窗，使得通风口只及窗户的一半，同样也达不到空气流通的要求。

(6)层高要足够

从卫生角度考虑，建筑物的层高必须达到3米以上，但房地产开发商在高容积率的情况下为了追求利润而把层高建得越来越低（现在大部分楼房的层高只有2.8米，甚至有些只有2.4米），人住在这样的房子里，不仅感觉上很压抑，身体健康也会受到影响。因为热气是往上跑的，如果层高过低，空气就难以上下流通，污浊的空气自然难以散发出去。为了满足人们的生活条件，应该对房屋的层高作出科学的规定。

七、现代建筑五行分类

中国五行学说认为：世间万物均具有五行属性。天地人相应，建筑物也不例外。建筑五行分类与宇宙场有关。

● 木形宅

形状修长、高大，屋高宇峻。木形宅主的特性是突破、创新、冒险、果断、顽固、劳碌、自大、有才干、文笔好、反应快。主体建筑物的颜色应为绿色，不宜全用白色，因为白色属金，金克木。窗户、大门的形状宜用长方形或圆形，因为圆形属水，水生木。大门形状不宜用扁平形，因木克土。选择居住环境，非常重要的一点是要仔细研究房型图，观察整个楼盘小区的建地或建筑造型。

木形宅主宜从事教育、创意、文艺、服饰、研发等行业工作。

● 金形宅

形状方正，有高有低，类似金字塔。如中国传统大宅院，主房高大，两侧有比主房低矮的耳房，这种房子组合为金形。金为收敛、聚集、凝结、义气、收成、肃清、刚正、清白、负责、嫉恶的象征。金形宅外观颜色宜用白色、黄色（黄色系列属土，土能生金），但不可用火色，因为火克金。金形宅的大门不可太细长或者成尖形，因为此属金克木，不吉。

金形宅主宜从事金融、司法、财经、广电等行业。

● 水形宅

形状呈圆形或波浪形。水形宅主的特性是富亲和力、乐观、坐享其成、构思、挑剔、服务、收藏、滋润、漂泊等。五行颜色为黑色，但主体建筑物不宜全用本色黑色，因为黑色属水，水多木漂，不宜；此外，黑色属阴，用太多则显阴森，失去亲和力。大门形状不宜扁平，此属土克水。水形宅还可以用木形造型，因为水木相滋。

水形宅主宜从事服务、百货、保险以及金融等行业。

● 土形宅

形状方厚、稳重。土形宅主的特性是包容、执著、谋略、保密、木讷、感性、整合、忍让、蓄藏、刚直。五行颜色为黄色。土形宅的外墙颜色忌用绿色、蓝色，因木克土，土克水。大门的形状忌用长方形，因为木克土；可用方形，因土金相生。玻璃颜色也忌用绿色，因木土相克。

行业可从事政治、公职、幕僚、农林牧业等行业。

● 火形宅

形状呈尖形或参差不齐，棱角大多都属之。火形宅主的特性是冲动、得意忘形、不知节制、爱表现、效忠、慈善、爱管闲事、赌性、虎头蛇尾等。五行颜色属红，火形宅的外墙不宜用黑色、白色，因为黑色属水，水克火，不利；白色属火，火克金亦不利。大门及窗户形状忌用圆形、弓形，因为水克火。

行业宜从事期货、股票、军警、娱乐等行业。

八、成熟的建筑风水设计十六基本理论

　　好的建筑风水设计，不仅符合环境要求，而且符合社会的需要与人们的艺术审美观。以下将介绍成熟的建筑风水设计十六大基本理论。

● 经济条件是建筑的基础

　　没有优厚的先天条件就选择不了优秀的方案及基地。

● 设计技巧符合社会需要

　　设计技巧能完全符合当时社会的需要(形式与内容的一致)。历代有名的都市、宫室、园林等在这一点上均把握得非常到位。

● 经济用料，节约面积

　　建筑设计要能做到经济用料、"就地取材"及节约用地面积（如四合院）。

● 与环境配合

　　善于与环境配合，因地制宜，达到天人合一。

● 注意建筑等级制度

　　注意整体的建筑等级制度(如《舆服志》所载)，建筑物相互之间要有分寸。

● 平面划分合理

平面布置时，内外公私区划分明。"门、主、灶""宾、主、从"等位置都很注意，交通有条不紊。

● 运用大小院庭制度

大量运用大小院庭制度（外面不易看到内面），区划分明，各院安静而适于工作及休息。

● 善于利用每块空间及院庭

在建筑设计时，要缜密布局，处处逢源。

● 户内户外相融

设计时，用敞口厅堂、小天井及走廊等将户内、户外连成一片。

● 住宅与园林相融

住宅与园林成为统一的整体，左右对称，自然变化。

● 建筑物主次明确

主要建筑物以高大、宏敞、精致、居中、向南等表示，次要建筑物则反之(南方主要建筑不尽向南)，主次非常明确。

● 园林布置有格调

园林布置非常注意高低、大小、明暗、疏密、曲折、起伏、韵律等，尤注意"借景"，与周围环境风景融合在一起，而且更善于利用山石、建筑物等来增大园林容积。此外，还善于利用山石、水池、建筑物、走廊、花墙、栏杆、桥、树等区隔不同功用的部分，使之不相互混乱又能互相连贯。有些大园囿即是艺术化的生产园(艺术与生产之间毫无矛盾)。

● 整体布置明确

一切布置在使用上都非常注意明确性、灵活性、伸缩性等。

● 结构用料不乱用

结构用料与外观一致，从不故意做作、乱用装饰，轻重分明，互相承托陪衬，使建筑（尤其是农民住宅）外观"美丽天成"，不假人工。

● 结构注意标准化

结构注意标准化，以便大量施工(如宋《营造法式》、《清工部工程做法》中所规定的即如此，尤其是大式大木，只要一念"斗棋"、"间架"，则全部工程做法大致即定)。

● 建筑形体美丽多姿

居住建筑的结构形体，美丽多姿而有独特的民族风味。

第六章
配套设施篇
The Supporting
Facilities

一、生活配套设施

规划生活配套设施，首要的就是使居民生活便利。例如，建一条商业街，既满足投资者的需求，又满足消费者的需求。这两个需求能够满足的话，这条商业街就是一个非常健全的商业街了。无论将来从投资回报来讲，还是使用的方便性来讲，都是非常好的。可以说这条商业街既满足了整个小区的使用功能，又带动了整个地区的商业价值。在小区的教育配套设施方面，要解决两个问题：一个是小孩入托的问题，一个是孩子上学的问题。解决这两个问题的办法是可以建设幼儿园、小学、中学等。

以下是关于生活配套设施的内容、规划、建设等详细介绍。

● 生活配套设施的内容

根据目前执行的公共服务设施配套建设标准，居住区的生活基础配套设施应包括8类40项内容，具体为：

(1)教育设施

托儿所、幼儿园、小学、中学。

(2)医疗卫生设施

卫生站、居住区门诊、医院。

(3)文化体育设施

综合文化活动中心、门球场、体育场。

(4)商业服务设施

综合食品商场、综合百货商场、综合服务楼、集贸市场、书店、中药店、综合便民店、综合粮油店、其他第三产业设施。

(5)金融邮电设施

储蓄所、银行分理处、邮局、电话局。

(6)社区服务设施

社区服务中心、综合服务部、存车处、居民汽车场、敬老院（托老所）、残疾人托养所。

(7)行政管理设施

街道办事处、派出所与巡察、居委会、房管机构、市政管理机构、绿化、环卫管理站。

(8)市政公用设施

密闭式清洁站、公厕、公交首末站、市政站点、公共停车场、加油站。

● 生活配套设施的规划

(1)按人口规模配备

生活配套设施是按人口规模配备的。生活服务设施配套建设的方式一般是每一千人配备某项配套设施多少平方米，所以生活服务设施配套建设标准常被业内称为千人指标。只有上万人的大规模居住区（一般1万户，3～5万人，如方庄、望京等）才可能配套齐全。具体到一个成规模的房地产开发项目，购房者应关注小区包括周边地区是否配备了教育、医疗、文体、商业、金融邮电、社区服务等最基础的类目，使用是否方便，距离、

规模如何，等等。

(2)因地制宜设标准

对一个项目的生活服务设施配套情况也应把握一个因地制宜的标准。周边有现成的商场，就不必再在小区里重复建设。重复建设一来浪费买房人的金钱，因为配套建设的成本多半会摊入建筑成本；二来设施重复，将来维护、运行都是个问题。

(3)考察内容要全面

考察生活服务配套设施，不能光看全不全、够不够用的问题，还应考

虑什么时候能用的问题。生活服务配套设施的使用时间，很多人一般只盯着硬件的到位时间，其实，房子好盖，有钱、有地就行，可软件和人是最头疼的问题。有些小区配套的学校里草都长一人多高了，可老师还没到位，学校照样没法使用。

考察生活服务配套设施，还要询问配套的使用成本问题。这里所说的成本指的是买房人自己的生活成本。如小区里有学校，但却是贵族学校，一年几万元开销，买房人是否负担得起。

当然，配套设施投入使用的情况，不完全取决于开发商。很多问题，他们也只能是积极地落实，其中很多因素也不是开发商花钱就能左右的。不过，对于购房者，多问两句，心里有个数总是好的。

● 完善生活配套设施的建设

大力开展生活配套设施及功能的建设，解决居民生活和居住问题，努力营造出温馨家园。

(1)建设综合服务功能

在居民居住集中区增加文化、娱乐等配套服务项目，从建设综合服务小区着手，逐步完善居住区的综合服务功能。

(2)做好小区规划

住宅小区一定要先做好规划，如下水道的流水方向和供电设备设施的规划等。

二、市政公用配套设施

市政公共服务配套设施的建设应与住宅同步规划、同步建设和同时投入使用。综合超市、社区菜市场和再生资源回收点是居住区商业服务类的必设项目；居住区级商业服务、金融邮电和文化体育等配套公建应集中布置，设在交通便利的中心地段，以形成居住区级公共活动中心；学校操场应对社区开放，物业管理用房和社区服务设施应集中建设，综合利用土地资源。

此外，要体现出以人为本的思路。比如，幼儿园应按其服务范围均衡分布，设在方便家长接送的地段，应有独立院落和出入口；小学的设置应避免小学生穿越城市干道；学校运动场与邻近住宅要保持一定的间隔；社区菜市场应设在室内，设在运输车辆易于进出的相对独立的地段，并与住宅保持一定的间隔。

以下是关于市政配套设施的内容、规划、建设等的详细介绍。

● 市政公用配套设施的内容

市政公用设施是指在全市范围内住宅配套的设施，主要包括城市公用事业和城市公用设施两方面。城市公用事业指城市自来水、煤气、供热、公共交通；城市公用设施指市政工程设施、园林绿化设施、公共卫生设施等。

按其公用设施用地来划分，又分为供应设施用地（供水、供电、供燃气和供热等设施用地，但供电用地中不包括应归入工业用地的电厂用地，关于高压线走廊下规定的控制范围内的用地，则应按其地面实际用途归类）、交通设施用地（公共交通和货运交通等设施用地）、邮电设施用地（邮政、电信和电话等设施用地）、环境卫生设施用地（雨水、污水处理和粪便垃圾处理用地）、施工与维修设施用地、殡葬设施用地及其他市政公用设施如消防、防洪等设施用地。

● 提升市政配套品位的方式

城市品位的提升，不仅需要合理规划市政公共配套设施，同时也离不开市民精神文明素质的不断提高。

(1)新区要预留公园绿化用地

城市公共设施的规划和布局问题。城区内公共配套设施的滞后与城区经济、人口快速发展的矛盾日渐突出。

一个城市特别是新区，如果规划不合理，对城市功能和品位的影响非常大。

对于新区的公共设施，最重要的是要"预留公园绿地"。

保留原有植被的情况下建网球场、游泳池等设施。

(2)居民要增强"规则"意识

没有规则，对一个城市来说，就是没有法律意识。

如武汉要崛起，出租车行业能做什么？的哥的姐们作为武汉人，骨子里有不甘人后的傲气，绝不会错失崛起的发展良机。除了做好基本的不宰客、不绕道等行业规范，刷新车容车貌，严守交通规则，还应抛弃私心，把目光放在"武汉发展了，我们才有饭吃"的长远利益上来，创造经济利益的同时，更多地创造社会价值。

(3)政府的服务态度日益增强

道路变宽了，地面变干净了，绿化也搞好了，尤其关系到政府的思想转变，服务意识的增强。

投资一条商业街，需要政府积极配合，不但对新的商业模式给予肯定，还应联合工商、税务、消防、公安等部门帮忙解决问题。这也可以体现政府在观念上的转变，从管理者变成了服务者。思想的转变决定了服务的转变，服务的改进也让外地投资者对投资环境有了新的认识。

● 住宅区内公共配套设施的产权归属

过去，住宅区内公共配套设施一般都归房管机构所有，并且由房管机构管理。自从房地产市场形成以来，住宅区的产权结构发生了较大变化，住宅区内公建设施的产权究竟属于谁，概念不是很清楚。但这是居民们必须搞清楚的。

开发商建房后，为了使住宅区产权所有人的生活舒适、便利，按照有关规定，必须按面积的一定比例建造公共配套设施，例如学校、幼儿园、商业网点等。入住居民购买的每一平方米的建筑面积，其价格构成中不仅

包含了住宅本身的面积，而且也包括相应的土地使用面积和公建配套设施的面积。应该说，住宅区所有产权人共同拥有住宅区的全部土地使用权和公建设施。

开发商向居民出售了房产，转让了土地使用权，也同时出售了公建配套设施。所以，住宅区所有产权人也是公建配套设施的产权所有人，尽管他们的房屋产权证上并未注明。

根据建设部《新建住宅小区管理办法》规定，公建配套设施的产权应该由广大产权所有人的代表机构——业主管理委员会来具体处置。当业主委员会与被雇佣的物业公司签订了委托管理协议后，也就随之将公建配套设施委托给了物业公司来管理，物业公司除了直接从业主处收取管理费用外，还可以从经营管理公建配套设施、提供综合服务方面获取其他收益。公建配套设施的产权依法归广大产权人所有，物业公司应将使用公建综合设施开展经营性服务收入的大部分，用来弥补物业管理费用不足的部分。因此，购买商品房的业主应该清楚，住宅区内公建配套设施的产权，既不属于开发商，也不属于物业公司，更不属于其他机关和个人，只能属于住宅区内所有业主自己，并且应由业主委员会代表广大业主对其行使处置权。物业公司只是业主委员会雇佣来为所有业主服务的一个单位而已。

● 小区公用配套设施费

公共维修基金是由业主在入住时交纳的费用，主要用于小区共用和公用设施设备的大中项支出，是必须交纳的费用，但不能包括在商品房售价中，如开发商承诺包含，则该费用应由开发商代业主交纳。

● 城市街道的配套风水

我国一向喜用棋盘式街道，尤其是里坊制民居盛行时，街道以棋盘式为最佳。不可想像如果一个街道广场通连六、七条放射道路，那将会如何的混乱。棋盘式街道不仅对管理及分区很便当，观感上也很整齐、雄伟而严肃。此外，在一些县城内常有"丁"字路（"丁"字交叉比"十"字交叉要简化得多）。在我国，大小城市都很喜欢用"丁"字路，这是加强主要干道的明确性，以及避免交通凌乱的最好的办法之一。在南方，地势不平，常依山筑城，因此街道多顺地势"迂曲回环，若望不尽"。

在居住建筑方面，北方城内多东西向的小巷。如是正房则可以向南多纳阳光。在周、秦、汉时期常有间里制度，这是古代居住奴隶用的街坊，即将几百家聚居一处，四周有高墙，中开门叫里门，有里胥看门，奴隶们到田野工作都有一定的时间出入，由里胥监视着。这种制度到汉代时，都市中仍然盛行，虽然里内住的多为平民。隋唐长安洛阳里坊更形增大，每大坊可容万人居住。坊内有住宅、寺观等建筑。这种制度非常便于防守管理，街上也非常严肃，到处有高墙及行道树，毫不嘈杂。但是到北宋，都城汴都商业繁荣，街上满是瓦子、店、铺，繁华热闹之至，与以前都市面貌迥然不同，而是与明清都市无异了。

市场是都市不可缺少的东西。先秦"日中为市"详情如何不易知，西汉长安、东汉及北魏洛阳以及隋唐长安、洛阳则有永久性的市，如东、西市等。四面有墙有门、周围有高楼，市内商货分区排列，中有广场，比今天北京的东安市场及西单商场远为整齐宏大。北宋以后大市较少，而多为瓦子草市，是随商业繁盛的程度而定，不能随意限制。

三、社区配套设施

社区布局及配套设施将对人们的生活产生很大影响，建议考察一个项目时，从以下几方面着手。

● 居住密度及私密性

住宅之间的距离除考虑日照、通风等因素外，还必须考虑视线的干扰。一般情况下，人与人之间的距离在24米内能辨别对方，在12米内能看清对方容貌。为避免视线干扰，多层住宅居室与居室之间的距离以不小于24米为宜，高层住宅的侧向间距宜大于20米。此外，若设计考虑不周，塔式住宅侧面窗与正面窗往往形成"通视"现象，选择住宅时应予以注意。

● 公共建筑

居住区内配套公建是否方便合理，是衡量居住区质量的重要标准之一。稍大的居住小区内应设有小学，以排除城市交通对小学生上学的威胁，且住宅离小学校的距离应在300米左右(近则扰民，远则不便)。菜店、食品店、小型超市等居民每天都要光顾的基层商店配套，服务半径最好不要超过150米。

● 小区绿化

居住环境有一个重要的硬性指标——绿地率，指的是居住区用地范围内各类绿地的总和占居住区总用地的百分比。值得注意的是："绿地率"与"绿化覆盖率"是两个不同的概念，绿地不包括阳台和屋顶绿化，有些开发商会故意混淆这两个概念。由于居住区绿地在遮阳、防风防尘、杀菌消毒等方面起着重要作用，所以有关法规规定：新建居住区绿地率不应低于30%。北京城近郊居住区绿地率应在35%以上。在市区附近，如果住区绿地率能达到40%甚至50%，就比较难得了。

● 小区布局

在居住区规划中，应使住宅布局合理，为保证每户都能获得规定的日照时间和日照质量，要求条形住宅长轴外墙之间保持一定距离，即为日照间距。北京地区的日照间距条形住宅采用1.6H至1.7H(H为前排住宅檐口和后排住宅底层窗台的高差)。塔式住宅采用大于或等于1H的日照间距标准。如果住宅的日照间距不够，北面住宅的底层就不能获得有效日照。

● 小区内交通

居住区内的交通分为人车分流和人车混行两类。目前作为楼盘卖点的"人车分流"是指汽车在小区外直接进入小区地下车库，车行与步行互不干扰。因小区内没有汽车穿行、停放以及其发出的噪音的干扰，小区内的步行道兼有休闲功能，可大大提高小区环境质量，但这种方式造价较高。

人车混行的小区要考察区内主路是否设计得"通而不畅"，以防过境车流对小区的干扰。是否留够了汽车的泊位，停车位的位置是否合理，一般的原则是露天停放的汽车尽量不进住宅组团。停车场若不得不靠近住宅；应尽量靠近山墙而不是住宅正面。另外，汽车泊位还分为租赁和购买两种情况，购房者有必要搞清楚。

四、商服物业的五大风水制胜之道

在现代的商服物业项目中，其主体建筑与周边环境的呼应，意即风水学上所说的搭配很有讲究，对于商场的经营有重要作用。为什么有一些商场极具人气，而一些地方如何运作都不可能生意兴隆，连连换手，亦无能为力？这就在于其先天与后天风水格局不利。

由于商服物业的利润较其他项目高，所以风险也高，目前商服物业竞争极为激烈，而且大有胜者为王、败者为寇之势。北京的西单、王府井，上海的南京路、淮海路，广州的上下九、北京路，深圳的老东门、华强北，均是传统商家的用兵之地，为了搞活生意，在商战中快人一步，营销策略层出不穷，产品花样也各有千秋，但万变不离其宗，获胜的根本就是"人气"。如何争取最大程度地吸引人气，如何争取最大程度的经营利润，如果能运用好风水学上的一些基本原理，精心布置以达成旺财的格局，对商服物业的经营将会大有裨益。笔者认为，较为成功的商服风水主要有以下五大类型。

● 吸财聚利型

该形格是利用其所在的地点的特殊性，引四周之势，并且壮旺自身的力量，从而达至吸财的效果。曾于1998年度获中国建筑工程最高奖——鲁班奖的深圳发展银行大厦就是代表。该大厦方位为坐东向西，子午分金为寅酉和丁卯，五行属金，金色幕墙和层叠退台运财有道，而且乘金塘街之力，位、势、名、色互动，此种类型设计极为强劲，而且门口所设两个石狮，确保财气只进不出，运用这种构造和格局，可以达到最大限度引财入室的效果。

● 纳气引水型

此种型格是利用其本身所在的地形进行巧妙安排，根据道路指引系统，路网、柱网的设计，明堂的利用等形成令人追随的风水格局，将人气自然导入，亦可达到纳气聚财的效果，目前昆明的"金碧辉煌"项目就是其代表。

该项目位于昆明城市规划中轴线、目前唯一的步行街商圈——三市商业文化步行街内。南与昆明的城市风水中心金马碧鸡广场相对，东侧为法式骑楼风情步行街。为了有效地分布消费人流，共设计了三套垂直交通体系，有轿箱电梯系统和手扶电梯系统，以及层叠式退台广场的步行系统，使商场上下、内外人流的沟通自然顺畅，而其商业街的铺位规划则使得商场内部的人流自然而然地平均分布，避免了综合商场存在商业盲区和死角的常规毛病。金碧辉煌西南角主入口设计了昆明唯一的层叠式退台广场。它面向金碧广场，成环抱状，由首层到四层层层后退，以人气为财，步步引入，形成风水学上的"吉龙吸水"格局，吸纳三市街及金碧广场人流。而步行交通系统，使人流从室外便可直接进入商场各层。

商场拥有昆明市独一无二的四套立体交通体系，聚财气的层叠式退台广场组成了室外独立的步行交通体系；室内的直行两用轿箱式电梯、自动扶梯和观光电梯组成了三套室内交通体系。其次，商场采用了大跨度的柱网结构设计，充分体现了室内空间宽敞和通透。此外，首创的层叠式通台广场设计不仅构成了步行交通体系，同时也为商场提供了多个促销活动展示区和观景平台。另外在设计上更运用了古典建筑符号的现代风格的外立面设计与金碧广场遥相呼应，一古一今使金碧辉煌格外瞩目。

三市街的人流量加金马碧鸡广场的人流量目前已经超过10万人次/日，并且正在迅猛增长。同仁风情步行街恢复法式骑楼原貌后，无疑将更加加强了该区域的人流密集度。金碧辉煌恰好是被上述人流量团团围住，为使商场持续兴旺，发展商还特将第四层规划为充满时尚、浪漫和动感的现代娱乐城。整个商场不仅人流量大而且逗留时间长，所以金碧辉煌商场未来的前景被人看好。

● 四水投堂型

又称"四水汇明堂"，这在中国的传统建筑均可以见到其运用，取"门迎春夏秋冬水，户纳东西南北财"之意。在阳宅风水而言，路是水，水主财。大型百货公司、商场、大酒楼、饭店等在设计阶段，如果能够考虑到风水美学的一些因素，比如在建设时向后退，凹入而建，不要太靠近马路或是人行道。这样大门前便可形成一个宽敞的明堂，利用人类的"羊群效应"，更易聚集人潮，带来财运。因为如果建筑物大门太贴近马路或人行道，财神就过门而不入，在风水学上称为"财神过路"；而大门凸出的设计或门前堆放商品、杂物、车辆等，便是"拒财"的格局。虽然要牺牲一点建地面积，当做空地广场使用，但"欲要得之，必先予之"，即所谓有"舍"便有"得"。深圳的商家大都研究过深圳的地王大厦及信兴广场的位置与人气的关系，再比如大家都很熟悉的深圳华强北商业街，在赛格广场一带，总是人声鼎沸，摩肩擦踵，生意极为兴隆，就算当时赛格广场在兴建时，亦即"动地脉"时，都不会对其产生影响。与其周边的华强南等商业区形成巨大的反差。此种凹入的明堂设计，暗藏玄机。导致其租金连连上升，而且形成马太效应，令许多人都感到很讶异。

● 气口大壮型

位于安徽铜陵的项目金秋广场也很值得一提。铜陵金秋广场位于铜陵市中心新光路与淮河路、铜官路、金山路交界处，是商住结合的大型广场，亦是人流的旺地。开发商是铜陵最大的房地产开发总公司，开发量占全市总开发量的80%。在金秋广场的正对面是铜陵的标志性雕塑群——丰收门。此雕塑曾获得全国一等奖，造型独特，厚重朴实，但形似三支利戟，较为尖锐。笔者当时到现场勘察金秋广场的规划气口方位时，明显感觉其规划方案没有处理好气口与丰收门的关系：丰收门的尖戟，直砍规划气口正中，购物者进出门时必定有压抑的感觉。另外，亦未考虑到新光路与淮河路、铜官路、金山路的视线指引。现在有不少设计公司做方案时对项目周边情况了解不够，未仔细考虑各种因素，纸上谈兵，看起来挺漂亮，到成型后问题就不断暴露出来，最终损人害己。而气口在商场的规划中极为重要，气口的设置必须要重视进出者的观感，还要大气，利于吸纳人流，易于识别。由于考虑到这个重要原因，笔者主张要修改规划方案，把气口方向改

成南偏西15度，在后天八卦中是大壮卦，有循序渐进的意义。经过论证，发展商接纳了我们的意见，并且统一考虑了人流的指引及观感，让购物者出来既可欣赏到丰收门的整体艺术立面又避免与其冲突，而且能够照顾到新光路与淮河路、铜官路、金山路人流的视野放射，达到吸引眼球的效果。

● 全财就手型

深圳超级大盘新亚洲花园也是我们服务的项目之一，其发展商以资金雄厚、大手笔著称。新亚洲花园位于龙岗中心城吉祥中路与龙翔大道交汇处，是中心城唯一存在稳定靠山的楼盘。整个地块呈弓状，对外界能产生强势感。其规划手法是很有借鉴意义的。在龙岗附近经商的人对风水文化极为重视，而二次置业者亦占新亚洲花园客户的较大比重，也普遍颇为讲究风水。在新亚洲花园未推出前，因吉祥中路北高南低，财水呈由北向南流的趋势，客户总担心留不住财，其两侧开发的不少楼盘亦不明就里，销售老跟不上去。而新亚洲花园则在前期开发时就有了强烈的风水整合意识，

高瞻远瞩，特别是其气口的外立面型制为太师椅格局，尊贵威严，最引人注目的是南北扶手把头竟然是发展银行及农业银行，气势恢宏，财水在吉祥中路由北向南流时，经过新亚洲花园就为其所伸出的两大扶手银行尽数纳入，这就是太师椅格局中最著名的"全财就手"式，举国罕见，既有助于强力提升居者的财智，而且与发展商所提倡的儒家正统五常观念"仁、义、礼、智、信"相得益彰，吸引了大批业主。新亚洲花园开盘短短两个多月，劲销一千两百套，与其精心打造的强力风水格局是有莫大关系的。

　　除了以上五大类型外，当然，成功的商服物业风水布局还有其他，限于篇幅，在此就不再赘述。

　　现代风水学承传了中华民族五千年的文明，如果运用得当，取其精华，去其糟粕，扬长避短，在空间环境的整体处理上，在形势与布局的结合上，独具匠心，细意经营，好风水就会为商服物业的成功带来强大的力量。

小贴士　　　　　　　　TIPS

配套设施的验收方法

　　看地板有无明显的缝隙和不平整，地板与踢脚板接合部是否密合。涂料(墙面)应表面平整，阴阳角平直，黏结牢固，不可有裂纹、刷纹。用手按门窗套不应有空洞和软弹的感觉，直角接合部严密，表面光洁。用一个金属小锤轻轻敲打墙地砖的四角与中间，不应有空洞的声音。在水槽放满水并一次放空，检查各接合部，不应有渗漏现象。下水管道不可使用塑料软管。卫浴进出水流畅，坐便器放水应有"咕咚"声音，坐便器与地面应有膨胀螺栓固定并用硅酮胶密封(不得用水泥密封)。

小区生活配套设施怎样才能考察清楚

　　要注意两种情况：到城郊看房时，一定要问清小区生活设施是否与市政设施配套，以保障水、电、气、电视、电话、宽带网六项基本设施的使用。公交车、医院、购物等是否能满足需要。城区看高层电梯楼房时，一定要清楚供电是否为一级负荷单位，双电源保障供电。供水是否有地下蓄水池，是否有备用高频高压水泵。还有小区容积率与周边容积率要协调。

第七章
户型结构篇

The Framework of
Dwelling House

一、好户型的设计标准

选择一种户型，就等于选择了一种生活方式。每个人不同的生活经历、生活状态、生活习惯会带来对户型的不同理解，而户型则不管人们如何理解，只是以它难以更改的刚性在改变和重塑人们的生活方式。因此，所谓好户型，就是能充分尊重人们居家生活天伦本质、亲情本质的户型，是能带给人们身心舒适的户型，是能满足现在与未来生活需要的户型，是与室外自然、人文环境协调且将好环境引入室内的户型，是能最充分考虑建筑材料与环保的户型。

好户型除了每一个房间都要求间隔方正，少"金角银边"外，还必须做到以下几点：

● 动静分区

客厅、餐厅、厨房、娱乐室等公共活动区应该有生气、有活力，而作为休息、睡觉之用的卧室则需要最大程度的静谧，因此应将它们严格分开，以确保休息的人能安心休息，活动的人可以放心活动。

● 公私分区

家庭生活的私密性必须得到充分的尊重与保护，不能让访客在进门后将屋主家庭生活的方方面面一览无余。所以，在设计时不仅要求将卧室（主卧室、父母房和儿童房）与客厅、餐厅、娱乐室等进行区位划分，而且应注意各房间门的方向。

● 主次分区

买房通常是人们事业奋斗有成、生活质量迈上台阶的体现。为了彰显屋主的成功，也为了家庭成员之间的起居互不干扰，要求主卧室不仅朝向好（向南或向景观）、大气、宽敞，而且应单独设立卫浴间。如设有工人（保姆）房，则其位置应与主要家庭成员的房间保持一定的距离。

● 干湿分区

即厨房、卫浴间等用水多且容易脏的房间应与卧室这样的私密房间分开。好的户型设计中，厨房应远离卧室，以杜绝油烟污染；而卫浴间则可靠近卧室以方便生活中使用。

● 采光、通风好

一套好的户型必须做好"通"、"透"工作。如果客厅、餐厅相连，那么最好能有开放式阳台或大玻璃窗遥相呼应，这样既能保证客厅的采光充足，春、夏天的"穿堂风"更是一种极为舒服的享受。

厨房自然不能缺少良好的采光和通风条件，因为阴湿的厨房环境是会影响下厨人的工作热情和家人的食欲。

卫浴间不应每天脏兮兮、臭哄哄，它不应成为天然的藏污纳垢、繁殖细菌的场所，而应该有良好的通风、采光条件，应该窗明几静，无异味，不长霉。

卧室自然更不能成为黑屋暗房了。一套好的户型应安排尽可能多的房间朝向南面，以确保灿烂的阳光能照耀房间。如有不便之处，则首先满足的应是客厅与主卧室。

当小区周边有着极为突出的景观时，户型设计可能会打破传统朝向布局而以景观为中心，这时首要考虑的应是安排客厅与主卧室的朝向景观。

好的户型中供水、排污、电、煤气、供热、光纤等管网布线应尽量集中，既方便屋主装修，又方便维修检查，还节省材料。

● 风水评估好

　　以下本着科学解释传统居住文化的宗旨，针对现代住宅小区的各种户型，从环境科学角度制定出风水户型评估标准，以供大家参考。

标准户型的风水要注意以下现象：

◎户型方方正正，不缺角；

◎户型结构不是三角形；

◎房间无长走廊对着单元正门、户门；

◎室内格局为前庭后卧，庭大卧小；

◎没有开门见厨房、餐厅，或户门正对厨房门；

◎没有开门见厨房或卫浴间；

◎厨房、卫浴间没有设在室内中心十字线上；

◎室内门、窗的大小和个数比例合理（一间房不可有三个以上的门或窗）；

◎室内没有两门或三门相对的情况；

◎主卧室内卫浴间的门没有对着床；

◎室内无横梁压顶现象；

◎多层楼楼梯没有设在室内中心；

◎主卧室没有超过两面的落地玻璃门；

◎厨房没有设在室内的西北方和西方；

◎儿童房没有设在西北乾位（乾为父，儿占父位，人伦颠倒，小儿易病，有小孩的要注意儿童房的设置）。

二、户型的功能要求

现在新型住宅小区的户型、配套等各项指标年年都在发生变化，在选择时应注意如下几个方面：

● 功能要齐全

现代设计的户型已不可能少于八大功能，即起居、就餐、厨卫、就寝、储藏、工作、学习以及阳台观景。一套户型如果缺少某些功能，对开发商来说，房子不容易卖出去；对购房者来说，则住起来不方便。所以，现代设计的户型功能必须齐备，才能满足人们的生活需求。

● 厅的布局丰富

现代的户型设计中，已把大厅分成会客和就餐两类功能。为了增添趣味，有的人将客厅和餐厅错落分开，如把客厅抬高20～30厘米，造成"落差"，使厅的布局更丰富、活泼，同时也区分了两种厅的功能；有的人则将客厅安排在朝南的方向并带落地门阳台，将餐厅安排在朝北的方向并带工作台。

● 阳台设计多功能

南侧的阳台多用于活动或摆放花草。近几年北侧阳台的设置也开始流行起来，而且越来越强调北阳台的多功能，比如使之成为厨房里的辅助空间，或在这里放置洗衣机等。

● 储藏室设计要实用

尽管储藏室早就被普遍采用，但以往大都是简易的半封闭布局。如今很多人把储藏室做成一个全封闭的独立进入式空间，甚至考虑其内部的详细设计，这不仅增添了不少使用空间，而且使之看起来更美观。

三、户型的设计要求

　　可以说，户型定位是否准确、户型设计是否科学合理是事关项目成败极为关键的因素。那么，什么样的户型类别配置才能紧扣项目总体定位？什么样的户型功能布局才能最大程度地满足消费者现在与将来的生活需求呢？在此，仅对涉及户型的一些问题作探讨，希望我们的研究心得能给大家一定的帮助。

● 先做户型规划

　　从表面上来看，户型即建筑的室内空间间隔，其设计需要考虑整体建筑结构、建筑承重及水、电、气、热、光纤等管网线路布置，因而是一个建筑技术问题，完全是建筑设计师的事。

　　其实不然。户型设计是实现消费者居家生活的基本要素，是满足"舒适性"的首要前提。只有满足了消费者需求的技术才有意义，只有满足了消费者需求的户型才能确保楼盘销售畅旺，因此户型设计首先是市场问题，其次才是技术问题。

　　世界上没有最好的户型，只有最适合某一特定项目所指称的某一类消费者需求的户型。要让户型能恰到好处地满足目标消费者的需求与潜在需求，不仅需要研究这一部分消费者的生活背景、消费心理、消费特征，而且需要充分考量项目所处的地理特征、景观环境、人文环境、项目的规划布局、小区内环境营造等一系列因素，以让户型定位切合项目整体定位。这一切显然不是设计所能解决的问题，而应该是项目策划人要做的工作。设计师应该在项目策划人对户型类别配置、每户内功能配置的详细任务书的指导下开展工作才能设计出真正的好户型。

(1)户型类别的配置

　　想吸引所有消费者的项目最终可能一个消费者都吸引不了，因此户型策划的首要工作即是根据项目所处的区位及周边总体环境，结合目标消费者定位，确定项目是以立体户型为主还是以平面户型为主，是以大户型为主还是以小户型为主，一房、二房、三房、四房、五房、

复（跃层）式等分别应占多少比例。

(2)户型面积的设定

从目前的市场实况来看，由于生活习惯、居住观念的不同，南北东西方的消费者对户型面积的要求存在巨大差异。南方地区通常将70平方米划分成三房，而北方地区二房的面积大多超过100平方米，这就说明，同一城市中不同类别的消费者对面积的要求大相径庭。有的人认为三房应在100平方米左右，有的人希望三房能做到130平方米以上甚至170平方米，有的人喜欢70平方米的二房，有的人中意二房超过90平方米……那么，同一住宅小区每种户型类别的面积到底以多少为宜，显然需要精心策划。

(3)户型类别的分布

我们在很多项目中见过一些单纯从设计角度来看堪称优秀的户型，到最后却不幸沦为"库存"。其原因在于发展商将它们放在了错误的位置。如将面积大、总价高的户型放在临近路边噪声相当大或景观较差的地方，或有西晒，或是底层……位置最好的地方设置总价最高的户型，位置最差的地方设置总价最低的户型，是决定各类户型在项目中位置分布的基本原则，背离这一点，收获的就可能是积压或低价、低利润。

(4)户型功能配置

居室设几个卫浴间，几个阳台？厨房是开放式还是传统的封闭式？要不要设置工人（保姆）房、杂物间？要不要设飘（凸）窗？这些问题均应站在市场角度来规划，从项目整体定位的高度来审视，而不应由设计师依据技术角度，单纯从建筑结构出发。

● 掌握户型需求

户型需求是运动的，它随着市场的变化而变化。

(1)户型需求多样化

目前市场上的户型需求多样化，并无绝对的主尊户型。户型需求的多样化源自市场消费层次的多样化，比如作为移民城市的深圳，人口来自全国各地，多种地域文化在这里形成撞击，不同文化层次的消费者构成了不同的需求层次，消费心理难以一一把握，所以销售目标往往集中于如何将不同的需求导向某个需求目标。

(2)户型需求个性化

购买群年轻化。购房者年龄大都在25~45岁之间，年轻化使户型需求呈现复杂的个性化。潜在的购房者绝大部分为"非常人口"——有限的收入使其难以实现近期购房的年轻者，其置业计划必然是远期的，并且购房趋向很难把握，也许会选择过渡性的小面积户型，也许会一步到位，选择较大面积的户型。还有一种就是有固定住房，但追求自在新潮的生活，经济实力强的上班族，其购买心理也是不确定性，因为其购房目的主要是调节生活或者挣脱父母的束缚。此外，户型的需求也随时间、区域而变化。

● 户型要实用

实用是住宅建设的基本要求。户型设计的第一位选择因素就是要使用方便，离开这点就谈不上户型设计的前瞻性。

(1)面积适当的厅

理想的户型是要有一个面积适当的厅，以满足会客、团聚、视听、休闲等公共性活动功能，同时还要保证有良好的光照、通风和视野。

(2)厨房靠近门口

厨房最好靠近门口，以便处理垃圾，避免污染。厨房和餐厅最好相邻，以便用餐和撤除餐具。

(3)卫浴间与卧室

卫浴间与卧室要相邻，太远则会给老人、儿童在夜间使用时造成不便。

(4)功能区划分合理

集中归纳起来，动静分区、干湿分区、公私（公用区和私密区）分区应是使用功能合理的基本原则。

● 内部间隔问题要考虑

以往的户型间隔布局杂乱，功能分区不明，主要表现在：餐厅和客厅不分，开门即厅，厅当走道；卫浴间对着房门等。所以，如今的户型设计在间隔上应注意：

(1)开门见厅

开门见厅或玄关，餐厅与厨房相邻，此为标准户型。

(2)房置一侧

卧室置于一侧，卫浴间等置于一侧，使中间形成一条走廊，而走廊尽端是主卧室。

(3)各房景观佳

能够满足各房景观要求的户型一般都是"工"字形、"T"字形或者蝶式设计的户型，这样的户型结构可使景观互不遮挡。

● 注意平面形式的变化

户型平面形式上的变化主要表现在两个方面：

(1)每一层的户数在减少

每一层的户数在减少，尤其是小高层和高层住宅，以前多为平均一梯8户甚至10户，现在减少到平均一梯4～6户，甚至一梯一户。密集的户型一般不受欢迎。

(2)平面形式增多

以前那种"井"字形、"米"字形已经很少使用，简单的"十"字形也在发生变化，"品"字形、蝶式以及单排式、错层式涌现出来。现在户型较多采用的是"品"字形结构和蝶式设计，这两种户型形式的最大优点在于采光通风良好，户与户之间无遮挡，住户观景效果佳。

● 使用功能分区不能混淆

住宅的使用功能虽然简单，但却是不能随意混淆的。简而言之，一般有如下三个分区：

(1)公共活动分区

供起居、交谊用，如客厅、餐厅、家庭厅、门厅等。

(2)私密休息厅

供处理私人事务、睡眠休息用，如卧室、书房、工人（保姆）房等。

(3)辅助区

供以上两个部分的辅助支持用，如厨房、卫浴间、储藏间、阳台等。这些分区各有明确的专门使用功能，有动静的区别，有大小环境的要求。绝大多数的平面设计都考虑到了这三个功能区的关系，使之搭配合理，互不干扰。

● 户型构成和大小要合适

户型到底多大才合适？户型大小与产品形态有着很大的关联。

(1)住宅户型面积的分配

一般住宅户型面积的分配如下：

厅（起居室）	20～45平方米	主卧室	15～25平方米
次卧室	15平方米	家庭团聚室	8～12平方米
保姆房	4～6平方米	卫浴间	4～10平方米
厨房	8～12平方米	洗衣间	4平方米（附污水盆）
储藏室	6平方米	走入式储藏室	6平方米
生活阳台	4～6平方米	观景阳台	4～12平方米

上述户型面积分配中，工人（保姆）房、家庭团聚室、走入式储藏室可根据商品房的目标客户而选择配置。除此之外，常见户型设计的细节处理需改进的地方有以下几方面：

(2)起居室窗户

目前的户型设计中，窗台高80～90厘米，外有封闭式阳台，两层窗户遮光，阳台栏杆一般高为1.2米，人站在阳台上不舒服。建议阳台的实栏板部分不要太高，以免影响使用效果。

(3)窗台

现在已比高80～90厘米的窗台更宽、更矮，下面可以走暖气，视野好，但需要有铁栏杆的保护。

(4)楼梯

以前2.7米层高的住宅楼，一般为1层16步，每步高17厘米，现在改为1层18步，每步高15厘米，这样既增加了面积，又使舒适度上升。如果厅比较小，楼梯可以独立做；如果厅大，楼梯可以用来美化客厅，成为一景。

(5)复式层顶

此种户型屋顶的高度一般最低是1.5米，平均高度2.1米。设计上，有的采用威卢克斯窗，直接开在坡屋顶上，采光好，但视野不好，不能看到天空。提倡窗向下落到普通高台的位置。

四、户型面积设定的三大特性

在所有涉及户型的问题中，最令发展商头疼、让人最难下定决心的当属以下两点：各户型类别在项目中的配置比例、每一种户型的面积大小。因为前者将决定项目主要卖给谁，而后者则将决定项目是否真正能满足这些人。

不同的消费对象有着截然不同的需求，那么我们又如何知道所确定的户型面积是正合目标消费者心意的呢？我们认为，必须从以下三个方面综合权衡：

● 对应性

一般来说，一房一厅的小户型是作为过渡用的，其购买者主要是年龄在30岁以下、未婚或新婚的年轻人，购买动因主要是工作时间不长，积蓄不多而又渴望拥有一片自己的小天地。从功能上来说，虽然也需要厅、房、厨、卫、阳台等所有功能，但对每一部分面积的要求却应该都是小字号的，而且需要布局紧凑，因此总面积也不应超过50平方米，否则就失去了过渡房的本意。二房二厅、三房二厅户型所面对的则是最复杂的消费群。有的三口之家因小孩尚小，二房即已足够，但他们生活可能较为宽裕，因而偏好面积宽松、布局更合理的大面积二房；而有的工薪家庭人口较多但资金不多，当然更希望购买房间较多而面积偏小的三房；还有部分成功人士或高级白领，虽然购买力强劲但崇尚实用主义，认为布局合理、面积略偏大的三房就已足够。因此，二房是做70平方米还是100平方米，三房是做100平方米还是130平方米，就需要精确区分目标消费者并与其购买力、生活状态、居住习惯高度对应；四房以上或150平方米以上的房子，其面积敏感度相对较差，但也只有深入分析目标消费者才能做得恰到好处，才能使销售一路畅旺。

● 舒适性

房子是为人服务的，房子是为家庭天伦生活服务的，而户型分割的目的就是为人们提供一个温馨、亲切、舒适的家居空间。舒适性是从人体工程学和家居生活基本规律出发来考虑的，并且它决定了户型的开间、进深及面积。

"房子越大，舒适度越高"被不少人认为是理所当然，而事实并非如此。以普通家庭的客厅为例，这里陈设的是沙发、电视、音响、金鱼缸、花木等，是迎客、家人闲聚的空间，是谈话、看电视的主要地方，太小让人有压抑感，过于空阔则又让人有四边不着、彼此有隔阂的感觉。同样的道理，主卧室、次卧室、卫浴间、厨房等都有这样从人居活动出发的辩证关系。

除人的视角、人的活动外，舒适性还应考虑利用率问题。如果一套房子中有部分面积既不能用于摆设家具电器，又无助于人的活动，亦不能增添艺术情趣，则只能增加购买费用，增加主妇打扫卫生的时间与难度，舒适性自然就大打折扣。

● 地域性

地域性是指由于各地区人们生活习惯不同，所以对户型面积有着不同的要求，其实也是舒适性的延伸。这也是户型设计中必须高度重视的问题。比如，大连人大多认为二房二厅的面积应该有个90平方米甚至100平方米，而在深圳，恐怕就很少有人能理解90平方米以上的房子为什么不做成三房，为什么要如此浪费。多数深圳人眼里的三房应该在105～115平方米之间，而大连人则显然认为这样的房子太小太逼仄。

五、户型功能区的设计

随着现代人生活的日益丰富，在户型规划时，都会划分出客厅、主卧室、厨房、卫浴间、阳台区等基本的功能区。它们是一套房子的重要组成部分，也是日常生活的重要场所，因此设计尤为重要。

● 客厅设计

毫无疑问，在一套房子里面，客厅的重要性居于首位。因为它是进入一个家庭给人的第一视野，是一家大小尽享天伦之乐时最主要的活动空间，是迎宾会客的最重要场所。因此，我们说客厅是户型之首，在设计中应该得到最高规格的重视。

在客厅的设计要素中，包括面积、进深、阳台、门的数量与朝向，还有与餐厅、玄关的连接等。

(1)客厅的面积与进深

视总面积的大小，客厅的开间应在3.8~5米之间，过大或过窄都与人们的家居生活规律有冲突。通常情况下，进深与开间之比不宜超过1.5，否则会显得过于狭长且影响使用。

(2)客厅中的阳台

阳台几乎是一套房子里唯一可以与外界自然环境交流、对话的空间，是最通畅的地方，这里认为必须与客厅一脉相连。同时，阳台还是将自然风、自然光引入室内的最佳途径，当然应让全家人都得到这种享受，从这个角度来分析，也应与客厅相连。此外，阳台必须与客厅相连的另一个重要原因是，阳台是平常晾晒衣服的地方，最好与公共空间相通而不要穿过卧室以形成干扰，影响居家私密性。

(3)客厅的门

在客厅周围开几道门，每道门各自朝向何方，当属客厅设计中最难决定且最费心血之处。因为门越多则空间利用率越低，而门朝向哪里又决定了使用的方便与否。公共卫浴间的门应朝向客厅吗？厨房呢？哪个卧室的门朝向客厅？能做到所有卧室的门都不直接开向客厅吗？客厅与卧室之间的走道如何安排？不设过道又如何？……这些问题当然不可能有统一的答案，不可能有经典的、最好的方案，而只能通过对目标客户深入、细致的调查访问来了解客户的真实需求，并结合项目的实际情况统筹安排。

(4)客厅与餐厅的连接

客厅与餐厅的连接也是个问题。在南方，可以看到多数户型中这两个空间都是直接连通的，而在北方，基本都是有隔断甚至错开的。连通会使整个厅显得开阔、通透一些；错开或隔断则功能分区更清楚细致一些，小餐厅的气氛要雅致一些，但通风性较差，面积利用率较低。

(5)客厅与玄关的连接

玄关在客厅里的出现时间较晚，是伴随着"三大（厅、厨、卫）一小（卧）"、功能分区等居住观念而进入普通人家的，并迅速得到部

分家庭的认同。但其真实价值、存在的必要性仍为许多消费者怀疑，因而设置与否也需谨慎调查。

关于客厅，在这里想提醒发展商要注意的是，随着对消费者的进一步细分及细分后消费者的个性化需求，是否应重新界定客厅功能，进而从根本上改变我们的设计思路？

对于时尚、前卫、崇尚个性、反对拘束、喜欢离群SOHO的年轻一代新人类们，也许并不希望客厅仍然只是个标准模子里刻出来的方盒子，有起伏变化、有错落、有曲线或许正是他们的追求。为客厅赋予更多的工作功能甚至直接将客厅当作电脑间、网上冲浪室也是部分IT人士的生存需要。现在仍处于设计阶段的房子，在决定一房一厅、两房一（二）厅的布局时，恐怕就有必要考虑新人类们的需要了。

客厅能开PARTY吗？客厅能不考虑摆放电视机吗？客厅能是小酒吧吗？客厅能是茶艺馆吗？ 凡此种种，或许现在还没有足够多的人提出需要，但我们不能不思考，不能不调查，不能不有所准备。

● 主卧室设计

众所周知，在单位福利房一统天下的年代，即使在三居室以上的户型中，各卧室尽管有大小之分，但主次关系也是十分不明显的。因此"主卧室"的出现，堪称是户型设计思想中革命性的突破之一。

主卧室的出现，使老、中、小三代及客人在空间上有更强的独立性，减少了家居活动时成员之间的相互交叉干扰，增添了生活情趣，因而从生理上满足了现代人的家居生活。

主卧室的出现，还极大地满足了购房者的心理需求：拥有自己的房产在很多人眼里还是事业成功的标志之一，而独立、舒适、宽逸、豪华、典雅、有个性品位的主卧室正是业主尊贵身份的重要体现。那么，主卧室设计的要点有哪些？具体表现在如下几方面：

(1)主卧室的位置

独立性、私密性是主卧室的主要要求。现在的建筑设计师都知道将主卧设置在最隐密的地方——尽量远离入户门、远离客厅，如是立体户型则设置在上层或上半部分。但与此同时，我们又能在不少平面户型的项目中看到主卧室虽居于私密位置，可门却直接对着客厅，整个就是自相矛盾。更有甚者，有一个项目的主卧室居然直接面对餐厅，与厨房相邻，这就让人匪夷所思了！除私密性外，朝向、观景也是在确定主卧室位置时必须考虑的重要因素，主卧室必须朝南或面对最佳景观朝向。

(2)主卧室的面积

主卧室的面积当然应比其他房间大些，但舒适是有"度"的，因此主卧室的面积并非越大越好。面积过大一是造成浪费（购买款、管理费），二是空旷的空间不利于营造亲密、浪漫、温馨的二人世界。以我们的调查，目前深圳等地消费者普遍希望的主卧室面积在18平方米左右，则北方消费者的需求相对大些，平均值在25～30平方米。

(3)主卧室的卫浴间

我们在大连仍能看到有些项目的三房仍只有一个卫浴间，这显然是没有较好地理解消费者的需求。主卧室一定要有独立卫浴间！不仅如此，主卧室中卫浴间的面积也应比公共卫浴间的大，功能也应更完备——在洗脸、浴盆、坐便器外，还应根据项目总体定位设置按摩浴缸、桑拿、梳妆间等。

(4)主卧室的窗户

窗户的功能有三：采光、通风、眺望。无论电源光是何等的绚丽多彩、浪漫、有情调，也无法和太阳光所带给我们的温暖、亲切的心理满足感相

比拟；无论电扇风、空调风是多么清爽宜人，它也不能代替轻灵、和谐的自然风；无论电视节目有何等精彩，它也比不了绿树红花、青山碧水或城市繁华绚烂的夜景所带给人的舒缓、放松。因此，低台、大窗、凸窗（或飘窗）甚至落地窗就成了近年来主卧室窗户的主流。在深圳，转角窗（将垂直的面对景观的两堵墙都设计为透明玻璃窗）、弧形落地窗也已被大量运用。

(5)主卧室的辅助功能

在目前的住宅市场中，不少设计师在处理大面积户型时，常简单地将每一个房间按比例放大就算了事，其实这是一种非常严重的浪费，我们认为可行的方法应该是将功能进一步细分，如在主卧中就可考虑设置独立的衣帽间、梳妆间，还可以考虑设置背景音乐系统等。

● 厨房设计

关于厨房的想法可集中归结为三个方面：厨房在户型中的位置；如何提高厨房的舒适度；厨房设计的创新性想法。

(1)厨房的位置

南方气候炎热，所以南方的房子特别强调通风顺畅，希望厅里有"穿堂风"；北方冬天漫长，所以北方的房子特别讲究南北朝向。这就决定了南北方的消费者在厨房的位置上有着明显不同的需求：南方的厨房多位于客厅或餐厅的一侧，而北方的厨房多位于厅的北端。但不管南方北方，我们认为只要是平面户型，在规划设计厨房时就必须从如下两个基本原则中选取其中之一。

①厨房是家居生活中最主要的污染源，噪声、油烟油污、残渣剩饭、残枝败叶、清洗污水等集中于此，因此应远离卧室、客厅，尽量避免拎着菜穿过客厅，也就是说厨房应尽可能靠近进户门。

②厨房与卫浴间是住宅中的水管集中地，因此从施工成本、能源利用、热水器安装等问题考虑，厨房应与一个卫浴间邻近而处。其他如厨房门直对客厅、卫浴间门开向厨房、穿过厨房进入卫浴间的设计都不太符合人居习惯。

(2)厨房的舒适度

事实上，自"大厨房"的观念与抽排油烟机一起进入普通中国人家庭

后，就已经使厨房从大汗淋漓、油烟滚滚的战场开始向演奏锅碗瓢盆交响曲的乐台转变，这大大提高了家庭主妇主男们工作的舒适度。以我们的观察，无论南北方，目前多数厨房的面积在6～7平方米。但我们认为，在"冰箱入厨"已是大势所趋，微波炉、洗碗机、电烤箱等厨房家电的日益普及，烹调中煎、炸、煮、蒸、煲分工日益明细的今天，厨房的面积还将进一步扩大。随着人们生活节奏的加快，我们还应该在深入研究人们烹饪习惯的基础上将厨房设计得更科学、更合理、更符合人们在厨房作业的流程。在洗、切、炒的流程中，"L"形厨房更能减少步伐移动，节省时间，提高效率，降低劳动强度；整体厨房由于能使物品各归其位，不仅能提高空间利用效率，减少死角，而且更方便清洁，改善卫生状况。我们还认为，现在已经到了将厨房功能细分为清洗加工区和烹饪区的时候。如此一来，既可最大程度地降低油烟污染，又可使拣菜、洗菜、切菜在更为宽松惬意的空间进行，不仅大大提高了舒适度，对鼓励"另一半"帮忙、打下手也大有好处，可为平淡的居家生活增添许多情趣。

(3)厨房的创新性

在此提出两点创新性想法：一是在200平方米以上的户型中设立单独的早餐室；二是设置开放性厨房，即与餐厅之间完全通畅连接的厨房。早餐室在欧美国家十分普遍，随着生活形态的改变和人们餐饮习惯的转变，在部分大户型中不妨一试。就从抽排油烟机的技术角度来看，将厨房完全敞开其实一点问题都没有，而开放式厨房的好处不言自明——不仅极大地拓宽了工作面积，而且能一边择菜、洗菜、切菜一边听音乐、看电视，任务较重时更可发动全家人一起动手帮忙，真正让炒菜成为一种生活的轻松甚至一种享受。

● 卫浴间设计

长久以来，卫浴间在户型设计中不受重视。20世纪80年代，随着经济的发展使改善居住条件日益受到关注以来，人们经历了追求每户有独立卫浴间、有坐式抽水马桶，增加实用面积，追求2～3以上卫浴间等几个阶段。但受传统文化根深蒂固的影响，目前的卫浴间设计中仍存在诸多亟待解决的问题，如光线不足、面积过小等。理想的卫浴间设计应做到以下几方面：

(1)自然光线充足

卫浴间是家居生活中的集中用水地，因而最容易潮湿阴凉，这样也就容易滋生细菌病毒，所以其采光、通风特别重要。尽管可以人工排风、可以用电发光，但无论从能源利用角度还是人们对自然风、太阳光天然的亲近感来考虑，卫浴间都应该做到宽敞明亮、通风顺畅，如能引入西晒就更理想了。另外，无论是何种建筑形态和何种户型布局，上推式窗户是最适合卫浴间的。

目前仍有人将卫浴间搞得暗无天日，白天也需开灯才行，这样很容易就让细菌大量繁殖，给人体带来危害。

(2)空间面积要适中

一些发展商只是将卫浴间作为辅助功能，所以面积压缩得很小，在一些小户型中其面积仍在4平方米以下，这样做会给生活带来极大的不便。

(3)设备配置要充足

目前很多发展商在卫浴间的设备配置上水平极低，用于配置洗衣机、热水器、电吹风、电话的管道、线路和插座不足，甚至根本就没有。

(4)施工质量要保证

如果卫浴间的施工质量过差，管线配置杂乱无章，不仅影响美观，还会导致生活使用上的诸多不便，如下水道容易堵塞。

(5)注意卫浴间门的开向

如今，穿过厨房进入卫浴间，或卫浴间门直接开向厨房的设计仍有所

见，而公共卫浴间的门直接开向客厅的更比比皆是。这些在具体设计里要加以避免。

(6)保证基本功能配套

很多人在卫浴间设计时，只重装修标准不重基本功能配套。装修标准在时下的卫浴间设计中已是讨论的重点之一，但发展商、设计人员、营销人员似乎都有意无意地忽略了卫浴间功能设施的研究。

(7)大小卫浴间同等设计

重大户型卫浴间设计，不重小户型卫浴间设计，这实在有舍本逐末的嫌疑。购买大户型者多为实力派人士，一般都将重新设计装修，不用操心太多；而小户型买家多为工薪阶层，资金、时间相对较紧，因而更渴望发展商能提供一次到位的设计和装修。

(8)煤气和燃气应置于卫浴间外面

为安全起见，管道煤气和燃气热水器应尽可能设计在卫浴间之外。

● 阳台设计

在一套住宅里，阳台应该是最具浪漫情调的地方，因为这里有广角度的视野可观青山绿水、生机满园，可赏繁华都市、满天星斗；这里有不歇的风儿带来春夏的凉爽；有

充足的阳光驱除冬日的严寒……这是别的空间所无法比拟的舒畅。但在以前室内面积紧巴巴、室外是水泥沙土地面的居住条件下，阳台也就被不少人家封闭起来，并被改造成一间小卧室或杂物堆放地，失去了与自然交流的天然功用。

近年来，随着居住条件的大大改善，人们对住宅产品功能、品位需求越来越高，不仅阳台的基本面貌、基本功能得到恢复，而且得到很大的发展，在设计上也不断地出奇制胜。

(1)双阳台

目前在设计双阳台时，有两种不同的思路：一种是强调通风，将两个阳台分置于厅（客厅+餐厅）的两端；另一种是注重实用，将北向阳台与厨房相连，便于置放待加工的蔬菜及其他小杂物。

(2)内阳台

即将阳台整体纳入室内，使其成为厅的自然延伸，因而也可看作是封闭式阳台的一种升级。内阳台的好处是可以免除风沙灰尘的侵扰。另外，如能以大幅的落地玻璃代替墙体，不仅可引入充足的阳光，而且视线也极为开阔，往客厅一站，外面的世界近在眼前，似乎与房间连成了一体，让人有一种空旷而博大的感觉。内阳台特别适合用于北方地区。

(3)观景阳台

海景、山景、湖景、江景、河景、城市夜景及天际线背景、街景、公共公园、小区中心庭园……优美的景观环境能极大地激发买家的购买热情，增加楼盘的附加价值，因而面对某一特殊景观的"观景阳台"也就应运而生。观景阳台不仅强调人看景，而且应做到阳台与景观的交流、对话，因

而阳台融入景观，既需要上佳的角度，还需要较大的面积。

(4)景观阳台

阳台是影响住宅建筑外立面观感极为重要的因素，因而如何让阳台自身也成为一种景观，是建筑设计必要的追求。在近十余年来全国各地开发的商品房中，基本都摒弃了用红砖砌就或水泥铸成的粗糙、笨重、简陋的阳台，这代表着古今中外各种不同建筑风格的建筑符号都被或贴切或生硬地运用到阳台上来了。阳台造型也一改过去千篇一律的长方形而出现了大量的半圆形、弧形、扇面形、"L"形，材质也多种多样，如有镂花铁艺、不锈钢、石柱、钢化玻璃等，色彩更是五彩缤纷，确实使阳台成为了"都市里一道亮丽的风景"。

(5)特殊功能阳台

近年来在一些发达城市的住宅中，设计师从安全、建筑外立面的干净整洁、室内空间的利用率及视觉清爽等角度出发，在背阳面特别设置一个3～4平方米的小阳台，主要用于安置空调主机、燃气热水器等，深受住户欢迎。

六、户型设计的趋势

市场是灵动的、不断变化的，因此户型设计需要不断调整创新；市场变化是渐进的，有规律可循的，因此所有调整创新都必须紧扣市场发展趋势。

● 日益多样性

除了面积大小的多层次外，为不同家庭结构、不同消费阶段而设计的户型应有区别：服务于"核心家庭"的户型应该精致小巧，服务于"两代居"家庭的户型应该优雅浪漫，为三代同堂家庭提供的住宅则应该温馨亲切。

以"错层"为代表的立体住宅是近期全国性的热点，但错层的牢固性、抗震能力如何，尚有疑问。

在结构上，大开间、轻型框架结构、支撑体住宅等适应性开放式住宅是大势所趋。

● 更人性化

1996年以后的住宅户型设计与之前的相比，一个显著的区别在于，现在的户型设计更为人性化，居家细节设计更设身置地为住户考虑。比如：

传统的厨房结构多采用"I"形，现在则有"L"形、"U"形等开放式、半开放式的厨房设计（在小户型住宅及酒店式公寓运用得比较多）。在空间细节方面，会考虑到操作台、洗盥台的高度，厨具、电器、壁柜的设置及摆放位和管线的安装、通风排气条件。

卧室门的朝向注意避免与其他房间门相对的现象。

低窗台设计，可坐可卧，既增加了使用空间，又开阔了视野。

有些中小户型采用自由间隔设计，充分体现个性品位的同时，还有以下两点好处：一是少梁柱减少了对空间的占用及制约；二是室内空间多运用薄墙、虚墙（非砖石水泥结构），住户可重新进行间隔。

● 面积趋向使用化

　　传统的"一梯多户"受到挑战，尤其是高层住宅的一梯八户"井"字形格局，由于使用效率低，功能质量差，愈来愈受到市场冷落。户数的减少，多边形的平面布局使得户型设计更趋合理。三角形、钻石形、六边形、斜"十"字形等布局形式不断涌现，每一户的居住质量都得到相应的改善。

　　大厅大户的结构显得落后，中户型设计基本上以大厅小房为主，而大户型通过增加房间数目、强化空间功能的手段也达到类似的效果。

　　户内实用率比以前高，公共走道、室内走道、楼宇边角等公共面积减少，户型设计较以前更讲究如何充分利用每一寸空间。

● 功能配置更趋完善

　　主卧室带卫浴间已成为中大户型的必要设计。

　　工作阳台的设置，同以前功能重合的阳台设计（把家务操作、观景等功能集中于一个空间实现）相比，变得合理、方便。

　　书房、儿童房、健身房、衣帽间等配套空间的设置，使室内活动更为舒适。

　　玄关的设计，既增加户内空间层次，亦与生活水平提高的社会现实相吻合，使入室更衣、换鞋等新风尚变为可能，促进居家健康化、安逸化。

● 功能分区更为明显

　　1996年以前的住宅，没有什么功能分区概念，在居家使用上极不科学，大厅功能比较杂乱，基本上不区分休息娱乐区（客厅）与进餐厅（餐厅），一些卧室门直接开向大厅，设计十分不合理。

　　1996年以后的住宅，开始注重空间的层次与分区的问题，主要有三大分区理念：动态空间与静态空间的划分、工作空间与生活空间的划分、公共空间与私密空间的划分，这些划分思想在户型设计当中得到有效贯彻。

　　平面户型设计打破平面厅室划分的旧传统，利用凸出的边角、台阶、隐形走道等设计进行空间划分，使空间层次感更强，空间变化更丰富。

● 住宅的适应性和选择性扩大

　　最新模式是"两次设计"，即第一次由建筑师设计带外墙、分户墙、固定厨房、卫浴间和阳台的框架住宅，第二次是由住户根据各自不同的生活习惯和各时期不同的生活需要参与设计，主要内容为室内装修与选用不同类型尺寸的定型产品，如轻质隔墙、推拉门、窗、组合家具及折叠门等灵活进行空间分隔。

● 厨房、卫浴间功能质量得到改善

厨房、卫浴间面积小、设计粗糙、设备简陋是目前住宅的普遍性问题。从发展趋势来看，在小面积的住宅中，提倡餐厨式（DK型）厨房，并以此作为住宅空间组织的中心重叠使用，可充分利用空间，改善厨房环境，增加家庭团聚的气氛。而在大面积住宅中，开放性厨房前景看好。

户型设计中极重要的一条原则是清污分离，主要指用水和非用水空间的分离，提倡用水空间的相对集中。目前，卫浴间、厨房已从只有上下水道发展到了给水、排水、热水、煤气、通风管道和暖气管道六种设备管线。随着节水需要，还可能增设中水管道。这些管道除了应尽量集中外，还要注意明管道改暗管道时，表具不入户，力争让住户自己不费力而安全地接

上水、排水等，并顺应家庭使用卫生洁具功能（如按摩浴缸、家庭桑拿浴器、净身盆）、厨房设备（如洗碗机、消毒柜、微波炉）的要求，以提高人们的居住水平。

● 最大限度地利用空间

目前，一些地区为了实现功能分区，有单纯将住宅面积放大的问题。这并不可取，原因有二：一是增加面积必然增加购房者的负担，二是浪费土地资源。理想的做法应是通过精心设计争取更多有用空间，如立体化设计，或在墙体上为家具预留嵌入式空间等，从而在不增加每户建筑面积或容积量的前提下，通过精心构思，巧妙利用空间。

● 通过多种途径节能、节水

　　从节能途径来看，设计不但要考虑屋面、墙体，还要考虑门窗等以往常忽视的薄弱环节，改善居住环境条件，解决隔热、保温和自然通风的问题。具体技术上，可以采用节水型设备和利用太阳能技术，如节水型便器中水的利用，配置适用于住宅的节电照明灯具等。

　　在户型处理过程中，缜密地考虑节能是目前容易被忽略的，但它必将是今后的大趋势。

● 套型模式多样化

　　从家庭人口构成分析，7种套型即可适应1～6人家庭的各种构成情况。但套型设计还要满足家庭行为和生活模式的不同需要，反映不同地区的气候、环境、社会经济水平、建设标准、风俗习惯以及历史文化的差异。因此，套型模式就会千变万化，多样化也成为套型设计永无休止的追求目标。

七、户型选择的十大风水要领

《黄帝宅经》云："宅以形势为身体，以泉水为血脉，以土地为皮肉，以草木为毛发，以舍屋为衣服，以门户为冠带。若是如斯，是事俨雅，乃为上吉。"这是古人把住宅人性化，说明格局搭配得当，对住宅与人都是很重要的。为何有些房子一走进去就会感觉到神清气爽，如沐春风；而有的房子则感觉压抑沉闷，坐立不宁？这就在于格局优劣的分别。四方宽敞、正大光明、布置协调的格局是住家上乘之选。以下对几种户型的住宅加以简单说明：

● 房子宜方正

做人要方正，长相也要方正。屋相如人相，屋也一样，一定要方方正正，切忌三尖八角。如果你住的房子是方方正正的，就会觉得心情舒畅；反之，如果你居住的房子是奇形怪状的，就有一些不舒适的感觉。当然这是心理感觉。但事实上方正的房子给人的感觉是稳定安全，而不方正的房子则给人一种局促感。

再者，方正的房子，实用性强，摆设家具也非常方便，并且容易满足通风、采光等要求。人居住在这样的房子里，自会感到神清气爽、心情愉快。

"人因宅而立，宅因人而存，人宅相通。"家相如人相，所以房子一定要方方正正，切忌尖尖角角。方正的房子，象征为人处事公公正正。不方正的房子不仅给人一种局促不安的感觉，并且实用性也不强。现在市场上有很多开发商为了创造更大的利润，往往会开发出各种不同形状的房子，有的美其名曰"钻石型"，其实这些都是给购房者以迷惑。

现代许多高层住宅的客厅呈菱形，有尖角出现，这不仅令客厅失去和谐统一感，而且住户装修时也需要特别花工夫。若有此种情况出现，宜以木柜或矮柜补添在空角之处；倘若不想摆放木柜，则可把一盆高大而浓密的常绿植物摆放在尖角位，以遮住尖角。

所以，在买房时一定要注意它的格局，尽可能挑选方正的房子。四方宽敞、开阔明朗、布置协调的格局是住家上乘之选。

● 形象与格调要好

给人看面相讲究形象，如说一个人有型有款。一套房子也有它的形象，如它的形象、外形以及格调是否有型等。这些先天的因素影响着这套住宅的通风、采光、纳气、排污等，进而也对住宅主人的生活、事业以及健康等产生影响。

因此，买一套房子，在考察了外围环境之后，接下来要看的就是它的形格，其次才是户型的结构等因素。一套让人身心都感觉良好的住宅，其形格一定要搭配得当，意即是说形格好的住宅就是要清爽宜人、开敞明朗。

● 布局要合理

随着居住水平的提高，人们对住房的要求也从生存型向舒适型、享受型过渡，更注重房子的功能及品质。有人提出"设计住宅，首先要设计生活"，这话不无道理。而选择住宅，实际上也等于选择一种生活方式。

房间的功能空间配置，要看是否体现了"以人为本"的精神，即以居住生活规律为原则，满足居住者的生活需求，实现居住者舒适、安全、卫生和健康的生活目标。好住宅首先好在功能品质。好房子的标准，应强调符合人的居住行为。

● 房子忌前后贯通

什么是前后贯通呢?大门直通阳台、窗户，大门直对厕所门、厨房门或大门直通后门，前后窗户相对，阳台与窗户对冲，这些都不好，让人感觉房屋就像一个公共走道。出现这种情况，可以通过摆设矮柜来改善。

● 水火忌十字

　　这里的"水"是指卫浴间，"火"指厨房。古书有云："水火不留十字线。"意思是说在房屋的正前、正后、正左、正右的位置及住宅的中心点不宜有厨房和卫浴间。这是基于以下考虑：卫浴间是污秽之地，要居不利之方；而厨房是煮食之地，要居有利之方。在现代建筑中，厨房、卫浴间都是固定的，所以，购买时一定要观察清楚，不要选择厨、卫在十字线上的户型。

● 大门不宜正对卧室

　　这种情况会使居家私密性差，对风水不利。
　　解决的办法是，用屏风阻隔，或设玄关隔开，或房门紧闭等。

● 窗外风景要优美

　　风景不佳，让人心情压抑，久住必然对健康有损。对于住在风景不佳的地方，可以考虑平时拉上窗帘，或窗台上种些植物以吸引注意力。

● 大门不宜正对电梯或楼梯

　　大门正对电梯或楼梯，生活私密性较差，容易受到外界的干扰。此种情况应考虑在门内用屏风阻隔。

● 卫浴间和厨房不宜对门

　　购买住宅时一定要注意，不要买卫浴间门正对着厨房门的住宅，因为这样的结构会使卫浴间里的异味和厨房的油烟味混合在一起，影响空气质量进而影响生活质量。

八、户型结构的风水禁忌

一套好风水的房子必定有好的户型结构。如何判断户型结构的好坏，避开不利户型带来的不良影响，需要对户型结构的风水禁忌有所认识。下面从风水角度出发，为大家介绍户型结构的十种风水禁忌。

● 忌入门先见厨厕

所有的屋子，入门必先见客厅。现代的建筑设计，有时为了考虑空间配置，一进门往往先见到厨房、餐厅或浴厕，这是阳宅的大忌，也不合常理，居住期间，家运必衰，这种屋子最好敬而远之。

● 忌走廊切屋

屋中的走廊只宜局部，不可贯穿全屋而将屋子分为两半，否则也是不吉利的。

● 忌"回"字形走廊

屋中的走廊不可刚好形成"回"字形，不然对宅运大大不利。

● 忌住宅南北凹入

住宅的建地或屋型，南北两方皆有缺角或凹入，根据传统说法，久住其间，会官司不断，灾病连连。

● 忌住宅东西凹入

住宅的建地或屋型，东西两方皆有缺角或凹入，根据传统说法，虽无大祸，但一生庸碌平凡，有志难伸，难有大成就。

● 忌天花板过低

　　天花板宜高不宜低。过低，除了易造成压迫感外，在人多的办公室、餐厅如天花板过低，就会由于通风不良，氧气量不足而造成精神不佳，以致于工作效率低下，影响健康及情绪。

● 忌客厅左右都有通往卧室的门

　　客厅左右都有通往卧室的门，这样的客厅毫无独立性可言，而且家人出入卧室都须经过客厅，如果有客人在谈话，实在是不方便。

● 忌厨房布局无流程考虑

　　如果厨房布局无流程考虑，将水龙头与切菜案台设在不同的方向，那么当洗完的菜拿到案板上时就会很不方便，而且不小心把水滴到地上，也不卫生。

● 忌卧室无私密性

　　如果客人去客厅，首先要经过卧室的门才能到达，这样就使卧室无私密性可言。另外，如果卧室距离邻居的窗户太近，那岂不是在别人的监视或监听下生活？

● 忌卫浴间居中

　　卫浴间居中，不利于浊气散发。如果卫浴间不仅居于住宅中部，而且与厨房相连，不能对外开窗，就会严重影响人的健康。

九、户型的"八宅"和"三要"

何谓"八宅"？住宅中的"三要"是什么？了解"八宅"和"三要"，有利于我们更深刻地认识住宅风水，规避风水中的禁忌问题。

四宅同，东西卦爻不可逢，误将他卦装一屋，人口伤之祸必重。坎、离、震、巽是一家，西四宅中莫犯他，若逢一气修成家，子孙兴旺定荣华。"

● 八宅

八宅即乾、坤、艮、兑、坎、离、震、巽八种不同方位卦象之宅。其中，乾、坤、艮、兑为西四命，坎、离、震、巽为东四命。西四命人只适合居乾、坤、艮、兑西四宅，东四命人只适合居坎、离、震、巽东四宅，一有混淆，凶祸立见。《阳宅十书·论福元第二》云："盖厥初太极生两仪，两仪生四象，四象生八卦。故生人分东位西位乃两仪之说，分东四位西四位乃四象之说；分乾、坎、艮、震、巽、离、坤、兑乃八卦之说，是皆天地大道造化自然之理。若福元(即生年八卦属性)一错，则东四修西，西四修东，吉星反变为凶星，虽外形内形俱吉，皆无用矣，关系最大。"依此，凡不同命宫之人所居不同之宅，其坐向、门向、道路、水井、厨灶、碾磨、畜栏、去水俱须有方位之讲究。若相互混用，皆为不吉。赵九峰《阳宅三要》云："乾、坤、艮、兑

● 三要

"三要"即指阳宅之大门、主房、厨灶三大部分。风水谓此三者为居家之要，故称"三要"。赵九峰《阳宅三要》云："夫曰三要者何?门、主、灶是也，门乃由之地，主乃居之所，灶乃食之方。"大门指临街出路之门；主房不论前后偏正，以最高大者为主；厨灶方位，以厨灶房门方位而定，并非指灶门方位。三者之方位属卦，要相生而不相克。大门与主房相生则吉，相克则凶；厨灶亦须与门、主相生，但厨灶方位不决定全宅吉凶，而以门、主方位为重。三者以门生主、主生灶、灶生门为序。测定方位之法，单层(单进)宅下罗盘于天井，看门、主、灶之二十四山向方位；多层(多进)宅于大门内二门外院正中，下罗盘看厨门方位定灶，然后将三者合并来看其相生相克以定吉凶。另外，三者之方位、属卦还须与居者命宫属卦相结合。

十、五种户型要避忌

　　随着现代城市住宅的发展，容积率与实用率之间的矛盾相伴相随，在城市土地日趋紧张的情况下，开发商为追求利润最大化，规划设计出了各种格局的房子，在购买时一定要谨慎考虑。

　　除了要注意"格局要方正、协调"的大原则外，还要谨记以下几种类型的居室是要避忌的，我们在这里从传统居住哲学以及现代环境学的角度进行简单的解释。

锯齿式的户型

　　户型的边呈锯齿形，有进有出，很规则或不很规则。这种户型在实际中很多，如果有条件选择其他户型，这一种可以放在次选。

菜刀式的户型

　　户型看上去就像一把菜刀。如果设计师是出于无奈便可以理解，如果是为了翻新花样，此事可休。

尖形的户型

　　户型的某一角像被齐齐地切去一样，呈现出一个尖形来，不适合首选。

手枪式的户型

　　户型怎么看怎么像一把手枪，不吉。

多边形的户型

　　呈多边形，在装修设计时都难以改造，不宜。

The Geomantic Omen of
Chinese Real Estate

Chapter 8

第八章
室内空间风水篇

The Geomantic Omen
about Indoor Space

一、室内空间的类型

室内空间的类型可以根据不同空间构成所具有的性质和特点来加以区分，以利于在设计组织空间时选择和使用。

● 开放与封闭空间

开放空间和封闭空间是相对而言的，开放的程度取决于有无侧界面、侧界面的围合程度、开洞的大小以及启用的控制能力等。开放空间和封闭空间也有程度上的区别（如介于两者之间的半开放和半封闭空间），它取决于房间的使用性质和周围环境的关系，以及视觉上和心理上的需要。

(1)开放空间

开放空间是外向型的，限定性和私密性较小，强调与空间环境的交流、渗透，讲究对景、借景、与大自然或周围空间的融合。它可提供更多的室内外景观和扩大视野。在使用时，开放空间灵活性较大，

便于经常改变室内布置；在心理效果上，开放空间常表现为开朗、活跃；在对景观关系和空间性格上，开放空间是收纳性和开放性的。

(2)封闭空间

封闭空间是用限定性较高的围护实体包围起来的，在视觉、听觉等方面具有很强的隔离性。心理效果上表现为领域感、安全感、私密性。

● 动态与静态空间

(1)动态空间

动态空间又称为流动空间，具有空间的开放性和视觉的导向性，界面组织具有连续性和节奏性，空间构成形式富有变化和多样性，使视线从一点转向另一点，引导人们从"动"的角度观察周围事物，将人们带到一个有空间和时间相结合的"第四空间"。开放空间连续贯通之处，正是引导视觉流通之时，空间的运动感即在于塑造空间形象的

运动性，更在于组织空间的节律性。

动态空间的特点：

◎利用机械、电器、自动化的设施、人的活动等形成动势。

◎组织引人流动的空间序列，方向性较明确。

◎空间组织灵活，人的活动线路为多向。

◎利用对比强烈的团和动感线性。

◎光怪陆离的光影、生动的背景音乐。

◎引入自然景物。

◎利用楼梯、壁画、家具等使人的活动时停、时动、时静。

◎利用匾额、楹联等启发人们对动态的联想。

(2)静态空间

一般来说，静态空间的形式相对稳定，常采用对称式和垂直水平界面处理。空间比较封闭，构成比较单一，视觉多被引到在一个方位或一个点上，空间较为清晰、明确。

静态空间的特点：

◎空间的限定度较强，趋于封闭型。

◎多为尽端房间，序列至此结束，私密性较强。

◎多为对称空间（四面对称或左右对称），除了向心、离心以外，较少其他倾向，以达到一种静态的平衡。

◎空间及陈设的比例、尺度协调。

◎色彩淡雅和谐，光线柔和，装饰简洁。

◎转换平和，避免强制性引导视线。

● 虚拟与虚幻空间

(1)虚拟空间

虚拟空间是指在以界定的空间内通过界面的局部变化而再次限定的空间。由于缺乏较强的限定度，且是依靠"视觉实形"来划分空间，所以也称为"心理空间"。如局部升高或降低地坪和天棚，或以不同材质、色彩的平面变化来限定空间。

(2)虚幻空间

虚幻空间是指利用不同角度的镜面玻璃的折射及室内镜面反映的虚像，把人们的视线转向由镜面所形成的虚幻空间。虚幻空间可产生空间扩大的视觉效果，有时通过几个镜面的折射，可把原来平面的物件造成立体空间的幻觉。紧靠镜面的物体，还可把不完整的物件造成完整物件的假象。在室内特别狭窄的空间，常利用镜面来扩大空间视觉感，并利用镜面的幻觉装饰来丰富室内景观。这种空间所采用的现代工艺可造成奇异光彩和特殊机理，并创造出新奇、超现实的空间效果。

● 凹入与凸出空间

(1)凹入空间

　　凹入空间是指在室内某一墙面或局部角落凹入的空间，是在室内局部退进的一种室内空间形式，在住宅建筑中运用比较普遍。由于凹入空间通常只有一面开放，因此受到干扰较少，自成安静的一角。这种空间形式可根据凹进的深浅和面积的大小不同，作为多种用途的布置，如在住宅中利用凹入空间布置床位，创造出最理想的私密空间；在饭店等公共空间中，利用凹室可避免人流穿越的干扰，获得良好的休息空间；在餐厅、咖啡室等处可利用凹室布置雅座；在长内廊式的建筑，如办公楼、宿舍等可适当间隔布置凹室，作为休息等候场所，这样可以避免空间的单调感。

(2)凸出空间

　　凹凸是一个相对的概念，如凸出空间对内部空间而言是凹室，对外部空间而言即是凸室。大部分的凸出空间希望将建筑更好地伸向自然、水面，以达到三面临空，饱览风光，使室内外空间融为一体；或通过锯齿状的凸出空间，改变建筑朝向等。凸出式空间在西洋古典建筑中运用得较为普遍，如建筑中的挑阳台、阳光室等都属于这一类。

● 地台与下沉空间

(1)地台

　　室内地面局部抬高，抬高地面的边缘划分出的空间称为"地台空间"。由于地面升高形成一个台座，在和周围空间相比时十分醒目突出，因此其性格是外向的，具有收纳性和展示性。处于地台上的人也具有一种居高临下的优越感，视线开阔，趣味盎然。现代住宅的卧室或起居室可利用地面局部升高的地台布置床位，以产生简洁而富有变化的室内空间形态。在设计过程中，可降低台下空间用于储存或通风换气等，以改善室内环境。一般情况下地台抬高高度为 40～50厘米。

(2)下沉空间

　　下沉空间又称地坑，是将室内地面局部下沉，以在统一的室内空间产生出一个界限明确、富于变化的独立空间。由于下沉地面的标高比周围要低，因此具有一种隐蔽感、保护感和宁静感，使其成为具有一定私密性的小天地。同时随着视线的降低，空间视觉感增大，会产生不同凡响的变化，适用于多种性质的空间。根据具体条件和要求，可设计不同的下降高度，也可设计围栏保护，一般情况下，下降高度不宜过大，避免产生进入底层空间或地下室的感觉。

● 共享空间

共享空间是为了适应各种频繁、开放的公共社交活动和丰富多样的旅游生活的需要而设置的。共享空间由波特曼首创，在各国享有盛誉。它以罕见的规模和内容、丰富多彩的环境以及别出心裁的手法，将多层内院打扮得光怪陆离、五彩缤纷。从空间处理上，共享空间是一个具有运用多种空间处理手法的综合体系，大中有小，小中有大，外中有内，内中有外，相互穿插并融会各种空间形态，变则动、不变则静。单一的空间类型往往是静止的感觉，多样变化的空间形态就会形成动感。

● 母子空间

人们在大空间一起工作、交流或进行其他活动，有时会感到彼此干扰，缺乏私密性，空旷而不够亲切。而在封闭式空间里虽避免上述缺点，但又会产生工作中的不便和空间沉闷、闭塞的感觉。母子空间是对空间的二次限定，是在原空间中用实体性或象征性的手法再限定出小空间，将封闭与开放相结合。其在许多空间中被广泛采用。

二、室内空间的构成要素

室内空间是建筑空间环境的主体，建筑以室内空间来表现它的使用性质。在大自然中，空间是无限的，但是空间可以通过运用物质手段来限定，以满足人们的各种需求。进入建筑物中，您就会感受到空间的存在，这种感受来自于周围室内空间的基面、顶面与垂直面所构成的三度空间，它们是构成室内空间的基本要素，确定了室内空间的大小和不同的空间形态，从而形成了室内空间环境。

● 基面

基面通常是指室内空间的底界面或底面，建筑上称为"楼地面"或"地面"。

基面一般分为水平基面、抬高基面、降低基面三类。

(1)水平基面

水平基面的特点是在平面上无明显高差，空间连续性好，但可识别性和领域感较差。这种基面改进的方法是可通过变化地面材料的色彩和质感明确功能区域。

(2)抬高基面

这是一种对大空间进行限定的有效而常用的形式，抬高基面是指在较大空间中，将水平基面局部抬高，限定出局部小空间。

这种基面的特点是水平基面局部抬高，被抬高空间的边缘可限定出局部小空间，从视觉上加强了该范围与周围地面空间的分离性，丰富了大空间的空间感。抬高基面与周围环境之间的视觉联系程度，是依靠高程尺度的变化而维持的。

抬高基面较低时，可抬高空间和原空间，具有较强的整体感。

抬高高度稍低于视高时，可维持视线的连续性，但空间的连续性中断。

抬高高度超过视高时，视觉和空间的连续性中断，整体空间被划分为两个不同空间。

(3)降低基面

　　与抬高基面相反，降低空间是将基面的一部分下沉，明确出空间范围。这个范围的界限可以用下沉的垂直表面来限定。通过降低基面的手法，能丰富大空间的体形变化，同时可以借助一些质感、色彩、形体要素的对比处理来表现自己更具有个性和目的的个体空间。就空间视线的连续性和空间的整体感而言，随着下降高度的增加，直至超过人的视高时，空间视线的连续性和整体感将完全被破坏，使小空间从大空间中独立出来。

　　这种基面的特点是内向性、保护性，多用于休息及会客场所。

● 顶面

　　在实际空间中，顶面的设计形式往往是最主要的设计要素，它可以是建筑结构体系的一种自然反映，也可以与结构分离开来，变成空间中一个视觉上的积极因素。其设计手法如同基面，可利用局部的降低或抬高来划分空间、丰富空间感，也可借助色彩、图案、质感改进空间的音响效果，来给空间一种方向特性。

● 垂直面

垂直面一般是指室内空间的墙面及竖向隔断。界面特点：空间造型最活跃、视觉感受最强。

在室内空间限定中，垂直面设计首先要考虑视高的问题，因为空间围合的程度在很大意义上取决于墙面的高度；高度小于60厘米时，空间无围合感；高度达到150厘米时，开始有围合感，但仍保持连续性；高度达到200厘米以上时，具有强烈的围合感，且划分出空间。

其次，由于垂直面在一个空间中数量较多，因此其布局形式非常重要。常见的布局形式有三种。

(1)"L"形垂直面

围合感较弱，多作为休息空间的一角。典型的空间是一组转角沙发，加上茶几和地毯围合成静态的休息或交流空间。

(2)"U"形垂直面

具有方位感，即朝向敞开一面，增加了空间的渗透感，在室内空间是一种最常见的形式。

(3)平行垂直面

具有较强的导向性、方向感，属于外向型空间，如走廊、过道等。

三、室内空间的基本要求

卫生好、通风佳、采光足是住宅室内空间设计的基本要求。住宅满足了这些基本要求，不仅于健康有利，而且在风水上来说也是大吉之宅。

● 卫生要符合标准

住宅的卫生标准是室内空间的基本要素之一，是否具备良好的采光、通风，对人体健康和环境卫生起着重要的作用，因此它是住宅设计是否合理、是否成功的一个重要标志。

● 采光要充足

室内空间的另一个基本要素是，每套住宅卧室和使用面积在10平方米以上的起居室（厅）均应直接采光，且至少应有一间卧室或起居室（厅）具有良好的朝向，能直接获得日照（一般为南向，南偏东或南偏西不可大于45度）。

● 通风要良好

住宅应有良好的自然通风，即应有在相对外墙上开窗所形成的"穿堂风"或相邻外墙上开窗所形成的转角通风，且对单朝向的套型必须有通风措施。

● 厨卫要采光通风

按照我国的烹饪习惯，煎炒烹炸时产生的油烟对人体十分有害，因此厨房应有直接对外的采光、通风窗（包括开向天井的窗）。

另外，卫浴间也应设有直接采光、通风窗。考虑到建筑平面设计的灵活性和可能性，对无通风窗的卫浴间，规定应设置屋顶管道，并合理安排进风和排风管道。

四、室内空间环境的营造

室内空间环境效果并不是完全取决于室内界面，其他配套设施如隔断、楼梯、吧台等，对室内空间环境气氛的烘托也会产生很大影响。为此，只有将室内空间界面和配套设施的材料选择、细部处理等方面同室内已有的空间形式有机地结合起来，才能形成一个整体、综合的空间环境效果。

● 室内空间各界面的功能要求

(1)基面的功能要求

基面要求耐磨、防滑、易清洁、防静电等。

(2)顶面的功能要求

顶面要求质轻、光反射率高，具有较高的隔声、吸声、保温、隔热等功能。

(3)垂直面的功能要求

垂直面要求能挡视线，具有较高的隔声、吸声、保温、隔热等功能。

● 室内环境装饰材料的选用要求

室内空间环境装饰材料的选用，直接影响着整体空间设计的实用性、经济性、美观性以及环境氛围，是设计者设计空间效果的重要环节。所以，设计者必须熟悉各种装饰材料的质地、性能特点，掌握材料的价格和施工工艺，尽快学会运用先进的装饰材料和施工技术，为实现更好的设计创意打下坚实的基础。

室内空间环境装饰材料的选用，需要考虑以下几方面：

(1)适应室内使用空间的功能性质

不同的建筑部位，相应地对装饰材料的物理、化学性能、观赏效果等要求也各有不同。例如，对建筑外装饰材料，要求有较好的耐风化、防腐蚀的性能。由于大理石中主要成分为碳酸钙，它常与城市大气中的酸性物化合而受侵蚀，所以装饰一般不宜使用大理石。对于不同功能性质的室内空间，需选用不同的装饰材料，由不同类别的界面材料来烘托室内环境氛围。例如娱乐休闲空间的热闹欢快气氛，办公

空间的宁静、严肃气氛，与所选材料的机理、光泽、色彩等有着密切关系。

料需要由无污染，质地和性能更好的、更为新颖美观的装饰材料来取代。

(2)适合装饰设计的相应部位

例如踢脚部位，由于需要考虑地面清洁工具、家具、器物底脚碰撞时的牢固程度和清洁的方便，因此通常选用有一定强度、硬质、易于清洁的装饰材料。

(3)符合更新、时尚的发展需要

由于现代室内设计具有动态发展的特点，设计装修后的室内环境，通常并非是一劳永逸的，而是需要更新，讲究时尚。原有的装饰材

(4)精心设计、巧用、精用、新用材料

材料的选用还应注意"精心设计、巧于用材、优材精用、一般材质新用"。装饰标准有高有低，即使是标准高的室内，也不应用高贵材料进行堆砌。对一些体育建筑、展览建筑、交通建筑的室内各界面，可以用"减法"来处理，如有些人们不易直接接触的墙面，可用不加装饰且具有模板纹理的混凝土面或清水砖面等来建筑，有些顶面可直接由显示结构的构件构成。

● 室内环境装饰设计原则

(1)整体装饰要统一

装饰、装修要与室内空间各界面及装饰设施的特定要求相协调，以达到高度的、有机的统一。

(2)氛围要服从特定的空间要求

在室内空间环境的整体氛围上，要服从不同功能的室内空间的特定要求。

(3)装饰设施忌过分突出

室内空间界面和某些装饰设施在处理上切忌过分突出。因为它们作为室内环境的背景，对室内空间、家具和陈设起到烘托、陪衬的作用；但是对于需要营造特殊气氛的空间，如舞厅、咖啡厅等，有时也需对其作重点装饰处理，以强化效果。

(4)充分利用材料质感

质地美，能加强艺术表现力，给人不同的感受。质粗使人感到稳重、浑厚，它也可以吸收光线，使人感到光线柔和；质细使人感到轻巧、精致；表面光滑可以反射光线，使人感到光亮。一般说来，大空间、大面积，质宜粗；小空间、小面积的重点部位质宜细。

(5)充分利用色彩效果

虽然形状是物质的基础，色彩是从属于形式和材料的，各人对形状和色彩的反应并不完全一样，但是，色彩对视觉却有强烈的感染力，有着较强的表现力。色彩效果包括生理、心理和物理三方面的效应，所以说，色彩是一种效果显著、工艺简单和成本经济的装饰手段。确定室内环境的基调，创造室内的典雅气氛，主要靠色彩的表现力。一般来说，室内色彩应以低纯度为主，局部地方可作高纯度处理，家具及陈设品可作对比色处理，才能达到低纯度中有鲜艳、典雅中有丰富、协调中有对比的效果。

(6)照明要起烘托作用

照明及自然光影在创造室内气氛中起烘托作用。安静及私密性的空间，光线要较暗淡些，甚至若隐若现；热闹及公共性空间，光线则要明亮和灯火辉煌。利用天窗的顶光可增加自然光线，利用窗花、花格顶棚等可增加光影的变化等。

(7)充分利用其他艺术手段

充分利用其他造型艺术手段，如图案、壁画、几何形体、线条等的艺术表现力。

(8)建筑物理方面根据需要选择

在建筑物理方面，如保温、隔热、隔音、防火、防水等主要是按照需要及条件来进行考虑和选择。

此外，构造施工上要注意简洁、经济、合理。

● 室内环境装饰设计的要点

(1)形状

形体是由面构成，面是由线构成。

室内空间界面和配套设施中的线，主要是指分隔线和由于表面凹凸变化而产生的线。这些线可以体现装饰的静态或动态，可以调整空间感，也可以反映装饰的精美程度。例如，密集的线有极强的方向性；柱身的槽线可以把人们的视线引向上方，增加柱子的挺拔感；沿走廊方向表现出来的直线，可以使走廊显得更深远；弧线有向心力或离心力，剧场顶棚弯向舞台的弧形分隔线，有助于把人的视线引向舞台。

室内空间界面和配套设施的面是由各界面和配套设施造型的轮廓线和分隔线构成的，不同形状的面会给人以不同的联想和感受。例如棱角尖锐的面，给人强烈、刺激的感觉；圆滑的面，给人柔和、活泼的感觉；梯形的面给人坚固和质朴的感觉；正圆形的面中心明确，具有向心力和离心力等。正圆形和正方形属于中性形状，因此，设计者在创造具有个性的空间环境时，常常采用非中性的自由形状。

形体可以从两个方面来理解：一方面是由各界面和配套设施围合而成的空间形体；另一方面是各界面和配套设施自身表现出来的凹凸和起伏。不同空间形体和不同界面及配套设施的形体变化对空间环境会产生重大影

响，前者如人民大会堂的墙壁与顶棚没有明显的界限，自然衔接，浑然一体；后者则主要指大的凹凸和起伏，如藻井或吊顶下垂的筒灯等。

(2)图案

①图案的作用

图案可以利用人们的视觉来改善界面或配套设施的比例。一个正方形的墙面，用一组平行线装饰后，看起来可以像矩形；把相对的两个墙面全部这样处理后，平面为正方形的房间，看上去就会显得更深远。

图案可以赋予空间静感或动感。纵横交错的直线组成的网格图案，会使空间具有稳定感；斜线、折线、波浪线和其他方向性较强的图案，则会使空间富有运动感。

图案还能使空间环境具有某种气氛和情趣。例如装饰墙采用带有透视性线条的图案，与顶棚和地面连接，给人浑然一体的感觉。

②图案的选择

在选择图案时，应充分考虑空间的大小、形状、用途和性格。动感强

的图案，最好用在入口、走道、楼梯和其他气氛轻松的公共空间，而不宜用于卧室、客厅或者其他气氛闲适的房间；过分抽象和变形较大的动植物图案，只能用于成人使用的空间，不宜用于儿童房间；儿童用房的图案，应该富有更多的趣味性，色彩可鲜艳明快些；成人用房的图案，则应慎用纯度过高的色彩，以使空间环境更加稳定而统一。

同一空间在选择图案时，宜少不宜多，通常不超过两个图案。如果选用三个或三个以上的图案，则应强调突出其中一个主要图案，减弱其余图案，否则，会造成视觉上的混乱。

(3)质感

在选择材料的质感时，应把握好以下几点：

要使材料性格与空间性格相吻合。室内空间的性格决定了空间气氛，空间气氛的构成则与材料性格紧密相关。因此，在选用材料时，应注意使其性格与空间气氛相配合。例如娱乐休闲空间易采用明亮、华丽、光滑的玻璃和金属等材料，会给人豪华、优雅、舒适的感觉。

要充分展示材料自身的内在美。天然材料巧夺天工，自身具备许多人

无法模仿的美的要素，如图案、色彩、纹理等，因而在选用这些材料时，应注意识别和运用，应充分体现其个性美，如石材中的花岗岩、大理石；木材中的水曲柳、柚木、红木等，都具有天然的纹理和色彩。在材料的选用上，并不意味着高档、高价便能出现好的效果，只要能使材料各尽其用，即使花较少的费用，也可以获得较好的效果。

要注意材料质感与距离、面积的关系。同种材料，当距离近或面积大小不同时，它给人们的感觉往往是不同的。表面光洁度好的材质越近感受越强，越远感受越弱。例如光亮的金属材料，用于面积较小的地方，尤其在作为镶边材料时，显得光彩夺目，但当大面积应用时，就容易给人凹凸不平的感觉；毛石墙面近观很粗糙，远看则显得较平滑。因此，在设计中，应充分把握这些特点，并在大小尺度不同的空间中巧妙地运用。

注意与使用要求相统一。对不同要求的使用空间，必须采用与之相适应的材料。例如，对同一空间的墙面、地面和顶棚，应根据耐磨性、耐污性、光照柔和程度以及防静电等方面的不同要求而选用合适的材料。

注意材料的经济性。选用材料必须考虑其经济性，且应以低价高效为目标。即使要装饰高档的空间，也要搭配好不同档次的材料，若全部采用高档材料，反而给人浮华、艳俗之感。

五、室内空间环境对人的影响

人们对空间环境气氛的感受，通常是综合的、整体的。既有空间的形状，也有作为实体的界面。室内空间会因为墙体的不同围合形式而产生不同的空间形态，而空间形态的不同对人又会产生不同的心理影响。空间形态是空间环境的基础，它决定空间的整体效果，对空间环境的气氛、格调起着关键性的作用。室内空间的不同处理手法和不同的目的要求，最终凝结在各种形式的空间形态之中。

● 空间装饰材料对人的影响

室内空间界面给人的感受源于空间界面自身的造型和界面所运用的材质两方面。在界面设计时要根据室内空间的性质和环境气氛的要求，结合现有材料、设备及施工工艺等对空间界面进行处理，既可赋予空间特性，还有助于加强它的完整统一性。

室内装饰材料的选用是界面设计中涉及设计成果的实质性的重要环节，它最为直接地影响到室内设计整体的实用性、经济性、环境气氛和美

观效果。在材质的选用上应充分利用不同材质的不同空间感受，为实现设计构思创造坚实的基础。

(1)图案的影响

运用大图案可使界面提前，空间缩小；小图案可使界面后退，空间视觉感扩大。

(2)材质纹理或线条走向的影响

一般其布局方向要有利于扩大空间视觉感。层高低的空间墙面应尽量利用纵向线条，使空间感挺拔；开间狭窄的空间应利用一些平行于开间方向的线条来打破狭窄的感觉。

(3)材料的色彩、质地的影响

冷色调虽能扩大空间视觉感，但也会给人寒冷的感觉，应谨慎使用。质地光滑或坚硬的材料，应使之形成反射，以扩大空间视觉感。

● 空间形态对人的影响

不同的空间给人的感受不同。室内空间的形态就是室内空间各界面所限定的范围，而空间感受则是所限定空间给人的心理、生理上的反响。

(1)矩形室内空间的影响

矩形室内空间是一种最常见的空间形式，很容易与建筑结构形式协调。其平面具有较强的单一方向性，立面无方向感，属于相对静态和良好的滞留空间，一般用于卧室、办公室、会议室等室内空间。

(2)折线型室内空间的影响

平面为三角形、六边形及多边形的空间。三角形空间具有向外扩张之势；平面上的六边形空间具有一定的向心感等。

(3)圆形空间的影响

圆形空间常见的两种形态：一种是矩形平面拱形顶，水平方向性较强，剖面的拱形顶具有向心流动性；另一种是平面为圆形，顶面也为圆弧形，有稳定向心性，给人收缩、安全、集中的感觉。

(4)自由型空间的影响

平面、立面、剖面形式多变而不稳定，自由而复杂，有一定的特殊性和艺术感染力，多用于特殊娱乐空间或艺术性较强的空间。

六、室内陈设五要素

室内陈设艺术是赋予室内空间生机与精神价值的重要元素，它与室内设计是一种相辅相成的关系，对室内设计的成功与否有着重要的意义。认识到室内陈设艺术设计的作用并在空间设计中发挥它的作用，必将创造出丰富多彩的人性空间。

量要求的提高，家具在具有实用功能的前提下，其艺术性越来越被人们所重视。因此，家具形式的重要性并不亚于其使用功能。家具造型多样化，如仿效动物、植物、几何形体造型，可起到装点室内空间、满足视觉愉悦的重要作用。

● 家具

陈设家具是室内陈设艺术中的主要构成部分，具有使用和观赏价值。

(1)以实用为主的家具

以实用为主的家具包括坐卧性家具、睡眠家具、贮存性家具、用餐家具、工作家具、间隔家具等类型。

(2)以观赏为主的家具

以观赏为主的家具包括陈设架、屏风等。随着人们对居住空间质

● 织物

室内织物主要包括地毯、窗帘、门帘、靠垫、壁挂、织物屏风、织物灯罩等。

织物的利用具有很大的灵活性和可控性，主要起分隔作用。可用屏风、帐帘划分室内空间是常用的手法。如地毯能提高室内环境的规格；织物屏风既可以分隔空间又能引导方向，本身又是独立的艺术品。

(1)窗帘

　　窗帘是室内垂直悬挂面积最大的织物，可以调节室内光线，有隔声、调温和遮阳等作用。窗帘既能满足私密性的要求，又可以美化室内，缓和室内空间的生硬感，起到柔化空间的作用。它的色彩、图案、机理可以起到很好的室内装饰效果。

(2)艺术壁挂

　　艺术壁挂又称为"软雕塑"，是以装饰性为主的织物，它的形式、色彩和悬挂方式能使室内空间产生精华点，形成室内的视觉中心。

(3)坐垫

坐垫的造型丰富，是室内居室必不可少的装饰品。它不仅是家具的主要装饰配件及点缀，而且还能调节人体的坐卧姿势，使人与家具之间的接触更加舒适。

● 灯具

灯具在室内环境中起着提供和调节室内光照的作用。由于陈设物的种类繁多，材质丰富，构图多样，配合灯光的处理，可以呈现出华贵、朴素、典雅、温馨等艺术氛围。灯具不仅是实用物，为室内添光加彩；同时又是装饰品，甚至成为室内空间中的视觉中心。灯具的选择，不仅要考虑照明效果，还要看灯具的造型、式样、色彩是否与室内协调。

● 饰品

　　室内陈设饰品也称为摆设品，主要作用是打破室内单调、呆板的感觉，给室内增添动感和节奏感，加强室内空间的视觉效果。饰品之间的大小比例、高低、疏密、色彩对比都会使居室中的整体装饰产生节奏和韵律变化。在室内环境中，陈设饰品往往起着画龙点睛的重要作用。饰品的最大功效是提高生活环境品质和艺术品位，不仅具有观赏作用，还可以陶冶情操。

　　室内陈设饰品可分为实用性陈设饰品和装饰性陈设饰品。实用性陈设饰品指本身除供观赏外，还具有实际功能的物品，如日用器皿、灯具、书籍、靠垫、花瓶、烛台等。

　　装饰性陈设饰品指以装饰观赏为主的物品。装饰性陈设物本身没有实用价值，纯属欣赏，具有浓厚的艺术价值，如纪念品、雕塑、字画等。从饰品材料上看，木制装饰品使用的是天然材料，人们乐意接近，心理上也有一种亲切感；玻璃饰品绚丽华贵，一般有玻璃灯具、玻璃彩画、玻璃器皿等等；陶瓷类饰品由于质材机理光洁，造型别致，所以在室内空间中是非常活泼的元素；金属装饰适应性强，既具有仿古效果亦能体现当代高科技，变化极大。

● 绿化

　　当今的社会，人们越来越重视"以人为本"的设计，注重与自然相结合，而绿化装饰则是最能营造自然感觉的室内陈设。

　　在室内环境中引进绿色植物，能给人们带来更多的自然界的生机。植物以多姿的形态和色彩，起到很好的装饰效果，能为室内环境增添不少情趣。

The Geomantic Omen of
Chinese Real Estate

Chapter 9

第九章
园林景观风水篇

The Geomantic Omen
about Garden Landscape

一、古代园林与风水的关系

中国有着丰富的历史文化，无论是在经济领域、政治领域还是建筑文化领域，都曾一度领先。而古代园林，正是中华文明的绚丽瑰宝之一。当这一文明融合了我国另一门特有学科——风水学时，二者的相互成就定会使彼此锦上添花。

● 园林的起源

我国古代园林以"创作山水、自然为生活境域"而著称于世，而我国古代风水亦以审辩山水、自然为生活境域的"山水术"而流传至今。作为我国古代山水文化体系的两个重要组成部分，古代园林与风水之间必然存在着某种内在联系。

殷纣王时，沙丘的苑台扩充起来，内有禽兽飞鸟。大宴时有酒成池，有肉成林。他的园林兼有植物、动物及建筑物，已具备了后世大园林的规模。最早的记载灵台等文献的是《诗经·灵台》："经始灵台，经之营之，庶民攻之，不日成之。经始勿亟，庶民子来。王在灵囿，

唐鹿攸伏，麀鹿濯濯，白鸟翯翯。"高大的人工土台，利用台旁取土的坑做水池养鱼，台沼以外有陆地作为鹿囿及养植物，这种作风确是深刻地影响了后来的造园。而周人已有"明堂辟雍"的建筑及完整的礼仪制度。

在战国时代，各国都励精图治，竞相变法，承认私有土地自由买卖，实行中央集权制。黄河及长江流域的文化有了蓬勃发展，一时"诸子群起，百家争鸣"，方士大兴。建筑及工艺也较春秋时代有了更大的发展，而居住建筑更是如此。

宫阙园林很是壮丽，所谓"三里之城，七里之郭"是常谈。这显然是战争太多及城乡对立的缘故。在城内外或国内其他重要地点常有台的建筑，即是诸侯国王们用以防御及游乐的建筑。在那里，重要建筑及次要建筑分得很清楚，也有相当于后世的宫、室、堂、庑、廊、阁、馆、榭等建筑。贵族、士大夫们则是家人众多，宅有门、塾、中庭、堂、寝、墙、墉，父兄子弟及妇孺等皆异宫异室。乃至宫室上"丹楹刻桷""山节藻棁""设色施章""美轮美奂"气象自是高贵轩昂，

极尽木构及彩绘之能事，与平民住宅大不相同。

战国贵族大臣们常至养士数千、家僮若干，他们的宅第规模更是庞大；而国王的高台榭、美宫室、宫阙巍峨更是小民所不敢望。另外，在战国初期还有很多生产性的园囿，以后则发展成纯观赏的园林。

都市规划整齐有序，区划分明，园林山水之美，可以反映出当时社会经济的繁荣、生活的富裕、艺术思想之高妙。建筑有严格的等级制度、整体观念、是经济极盛的表现。

● 园林"相地"法

成书于明末的造园名著《园冶》一书把"相地"置于卷首。"相地"原为风水术的别称，原意为观察山水形势、选择最佳地点。由古代园林借用"相地""卜筑"等风水用词这一客观事实，足可说明我国古代园林与风水之深厚渊源。我国古代园林不仅借用了风水的"相地"别称，而且也借用或借鉴了风水的相地经验。并且，二者相地的主要目标也基本一样，均是寻求"风景吉秀之地"，"慕山水之胜而卜居焉"，如山林地、傍宅地、村庄地、郊野地、城市地、江湖地等各有弃短取长、装点尽致的地方。现将计氏相地的看法择录数语，以便借鉴。

(1)相地

高方欲就亭台，低凹可开池沼。架桥通隔水，别馆堪图，聚石垒围墙，居山可儗。

(2)山林地

园地惟山林最胜，有高有凹，有曲有深，有峻而悬，有平而坦，自成天然之趣，不烦人事之工。竹里通幽，松寮隐僻，送涛声而郁郁，起鹤舞而翩翩。

(3)城市地

院广堪梧，堤湾宜柳，架屋随基。安亭得景，虚阁荫桐，清池涵月。洗出千家烟雨，移来四壁图书。芍药宜栏，蔷薇未架，不妨凭石，最厌编屏。片山多致，寸石生情，窗虚蕉影玲珑，岩曲松根盘礴。

(4)村庄地

选村庄之胜，团团篱落，处处桑麻；凿水为濠，桃堤种柳；门楼知稼，廊庑连云。约十亩之基，须开池者三。余七分之地，为垒土者四，高卑无论，栽竹相宜。桃李成蹊，曲径绕篱。

(5)郊野地

郊野择地，依乎平岗曲坞，垒陇乔林。开荒欲引长流，摘景全留杂树，飞桥可渡。屋绕梅，余种竹。两三间曲尽春藏，一二处堪为暑避，隔林鸠唤雨，断岸马嘶风。

(6)傍宅地

宅傍与后，有隙地可葺园。开池浚壑，理石挑山。竹修林茂，柳暗明。家庭诗酒须开锦幛之藏，客某征诗，量罚金谷之数，多方题咏，别有洞天，常余半榻琴书，不尽数竿烟雨。

(7)江湖地

江河湖畔，深柳疏芦之际，略成小筑，足征大观也，悠悠烟水，澹澹云山，泛泛鱼舟，闲闲鸥鸟，漏层阴而藏阁，迎先月以登台。

以上所述，正是千百年来封建社会士大夫等所最喜爱的意境，常见于诗词歌赋。

曲折变幻地造出自然、雅致的情景，是风水学所追求的。"凡家宅住房，五问三间，循次第而造，惟园林书室，一室半室，按时景为精……虽厅堂俱一般，近台榭有别致，前添敞卷，后进余轩，长廊一带回旋，在竖柱之初，妙于变幻，小屋数椽委曲，究安门之当，理及精微，奇亭巧榭，构分红紫之丛，层阁重楼，回出云霄之上，隐现无穷之态，招摇不尽之春……"根据记载，造园在建筑方面的许多题材都是中国封建社会里所常用的，如门、楼、堂、厅、斋、馆、房、室、台、阁、亭、榭、轩、廊、草庐、丈室、照壁、佛堂、茶寮、琴室、浴室、桥梁等；水则广池、小池、瀑布、泉、井、小溪、湖泊；山石则土山、点石、石山、洞壑、峭壁峰峦、声涧。而《园冶》一书对于辍山讲解得更是详明。所谓如何使基础稳固，如何使石山渐多皱擦，"透漏生奇，玲珑安巧，峭壁直立，悬崖后坚，严

峦洞穴，洞壑坡矶，多方景胜，咫尺山林"。石有宾主，忌相排偶，尤重选择佳石，为园林生色。至于园山、厅山、楼山、阁山、书房山、池山、内室山、峭壁山、岩池、金鱼缸以及峰峦洞涧等，在《园冶》一书里全有较详细的论述，可为参考。

至于观赏植物，《长物志》颇有论列，所谓"繁花杂木宜以亩计，若仍庭除槛畔，必以虬枝古干异种奇名，枝叶扶䟓，位置疏密，或水边石际，或横偃斜披，或一望成林，或孤枝独秀，草花不可繁杂，随处植之，取其四时不断，皆入图画"。所举牡丹、芍药、玉兰、海棠、山茶、桃、李、杏、梅、瑞香、蔷薇、木香、玫瑰、紫荆、棣棠等数不胜数。

● 园林的风水特性

我国园林有天然的风景，如人工的帝王大园囿、园林、离宫、别墅、庭园及园林式住宅等。人工园林再早有皇帝游猎用的大园，周围几百里，内置离宫别馆，当然，这些还无甚设计可言。周代的台池之乐，以及后世皇宫府第的后园等园林则多是精心之作。这些园除了战国的台池是有些几何对称的形式之外，秦汉及以后的造园可以说全是极力模仿自然而变化曲折的园林，如大官僚地主的庄园别墅，亦极力利用自然地势风景，造成园林楼台，作为起居安乐之地。

近年发现的隋代绛守园遗址，大宅第内所置园林则多人工凿砌，咫尺山林巧牟造化。而中国院庭之内，更常常弄得光洁可爱，并置盆景奇树，兼户外起居室及花园之用，尤多可称道。不过在分析造园艺术上，我们不能引用太多的文字记载，而需要根据现有实物，主要是明清的具体实物来分析。至于汉、唐、宋等朝代之名园，虽然记载相当详细，但是只能当参考材料来处理。一般封建社会园林的功用，主要是主人起居、宴乐、游玩及招待宾客的地方，它的形式是曲折变化而注重自然的。自然园林发展的主要原因是：

①城市宫殿左右对称，注重防守及礼仪制度过于严肃，所以不得不用自然园林来调剂；

②剥削阶级掠夺富贵之后，便羡慕老庄的清净避世，自命清高，而极力接近自然；

③有的是羡慕神仙长生不老，所以置海水设神山三岛，建宫阙来遨游娱乐(这在早年当然只有皇帝才能这样做)；

④也有许多人因自然园林利于生产，如养鱼、栽荷、果树、竹笋、蔬菜、药圃等，因而建造；

⑤多变化，无外国几何式园林呆板之弊。自然园林在中国一直是备受推崇的，并且成了优美的民族形式，影响所及东至日本，西至欧美，可见我国园林文化的世界领先地位。

● 园林设计的风水原则

(1)奇妙玄机与科学研究巧合

中国古典园林是中国风水学说的集大成者，其中很多原理都与现代科技有"巧合"之处。

提到风水，首先就要说到"风"。建筑对风向的处理不当，不仅不利于人体健康，也不利于安全与美观。中国园林设计一直遵循着"坐北朝南"的地理原则，可以避免对人不利的"阴风"（北风），这也顺应了中国的季风型气候的要求。

中国大部分陆地位于北回归线以北，一年四季的阳光都由南方射入。而太阳射线中的红外线含有大量的辐射热能，在冬季能提高室内的温度，还能促进生物的生长。另外，适量的紫外线有杀菌作用，对人体维生素D合成也大有益处，可以增强人体免疫功能，益于身体健康。

古代风水学中关于水的认识大多符合科学道理，如建筑应选择河流凸岸的台地上，且要高于常年洪水水位之上，避免在水流湍急、河床不稳定、死水沼泽之处建房等。除此之外，对水源、水质也要注意。

风水学中符合科学的内容很多。例如，住宅建筑"前屋低、后屋高"，不仅符合人们对于光照的需要，而且正配合"坐北朝南"进行采光。

风水学对于园林中的树种选择也甚为讲究，如《相宅经纂》主张宅周植树，"东种桃柳（益马）、西种栀榆、南种梅枣（益牛）、北种柰杏"，还有"青松郁郁竹漪漪，色光容容好住基"之说，提倡种松竹。上述貌似荒诞的说法却颇符合科学，因为它是根据不同树种的生长习性来规定栽种方向的，既有利于环境的改善，又能满足了改善宅旁小气候的要求。

噪音是妨碍人体健康的大敌。风水以为"不宜居大城门口、狱门及百川口去处"，因为那里人员杂沓，使人烦躁，甚至会引起失眠等症状。所以，中国园林建造讲究选清幽之所，造清幽之景。

(2)追求人与自然平衡发展

我们应该承认，几千年来原本朴素的风水学，被掺杂进了许多非科学的、落后的思想和行为。但时至今日，中国的风水学说经过国内外专家们采用现代科学理论和技术手段进行研究，去除其迷信糟粕，并在实践中加以运用后，又开始被国内外生态学研究者肯定。

风水学说通过对最佳空间和时间的选择，使人与大地和谐相处，并可获得最大效益，取得安宁与繁荣的艺术。美国著名的城市规划专家凯文·

颐和园排云殿、苏州留园等。至于真山真水的自然风景在中国甚多，不必详述。而以动物取胜者则有鹿囿、虎囿、豹房、百鸟房、百兽房等，多是帝王观赏之用，因饲养不易，且消费甚大，所以普通人不易备置。一般园林养金鱼、奇禽的也颇不少见。

布置较佳的园林，是让人一见即有一种幽雅的感觉，气势清新灵动，出凡脱俗，其气魄壮阔、浑厚、含蓄，绝非繁琐细碎、伧俗杂乱之态可以比拟。而诗人、画家常有对待事物共同欣赏的最高境界，如"千峦耸翠，万壑流清"，"纳千顷汪洋，收四时之烂漫"，"悠悠烟水，澹澹云山"，"夜雨芭蕉，晓风杨柳"，"竹修林茂，柳暗花明"，"室宇凌空，房廊蜿蜒"，"楼阁碍云雾而出没，亭台突池沼而参差"，等等。类似这种欣赏景物的词句在历代的诗词歌赋中是很多的，可以看出诗人兴趣之所在。

中国绘画的六法，第一即是气韵生动。中国造园除了追求诗情画意之外，也非常注意高低起伏、抑扬顿挫，有韵律、有节奏，生动灵活。在这里总结出以下几项要点。

(1)整体观念

如宅第为呆板的左右对称形式，而园林则与之相反——为自然变化的形式，但其环境又能配合如一，如颐和园与西山、玉泉山及塔；三海与故宫及景山；热河行宫与北东诸山及寺庙；杭州西湖与诸山等，皆是不分彼此，互相托衬，互为宾主的。在明代《园冶》内有"借景"一词，即是设法使外界佳景为我所有(即不挡视线，可以随意欣赏)，亦即与外界好环境互相配合之意。另外，园林是有许多不同功用的，尤其传统园

林奇在其编写的《城市意象》一书中也指出，中国风水学"是一门专家们正在谋求发展的前途无量的学问"。

从根本上说，中国园林的设计深深浸透了人与自然和谐发展的精神。它们讲求因地制宜的原则，充分利用有利的自然条件和生态因素，适当保留有景观特色的自然地形地貌，并结合当地的风土人情，使中国东西南北中的园林景观各具特色，美不胜收。

● 园林的风水布置方法

园林的风水布置方法主要是追求自然之趣，使城市内有山林，最深阶段则是加入业主或工匠的艺术思想情感。所谓诗情画意，即使游者置身于所谓理想的、纯洁的、美妙的环境里。当然，有些大官僚、地主、富商的理想不过是奢侈淫逸，腐化享受，那自当别论。

在这种园林里，主要题材有山石、水、树木、花卉、建筑物、动物等，它们因为地形的大小、地势的高低、各种题材的不同分量(如或是水多或是建筑物多)以及特殊的重点而有所不同。有的以山石取胜，如汴京艮岳、北京静心斋；有的以林木取胜，如万柳堂、万松岭、梅林、竹林等；有的以花卉取胜，如芍药园、牡丹园；有的以水面取胜，如北京颐和园的昆明湖、南京玄武湖、莫愁湖、杭州西湖等；有的以建筑取胜，如圆明园九州清宴、

林是宫殿的一部分，内部常有居住之所、宴饮部分，或游戏、钓鱼、划船、打球、射箭、放烟火、远眺、散步、登高、祭祀、供奉、读书、耕田等部分，这一切如何布置方好，固然是件很不容易的事情，但一般看来都是疏密轻重极为分明的。建筑物与山水不甚混杂，闹静部分截然分开，与周围环境大致都能配合。不过无论如何，假设这些部分毫无隔叠，一望全部入目，亦有可能杂乱，所以许多传统园林都是用山石、树木、溪水、栏杆、走廊、漏洞墙、花墙、棚架等作间隔，将不同功用的部分隔置清楚，彼此不相杂乱，不分散游人的注意力而又将被隔置的部分掩映生姿作为配景，使人感到满目清爽。其中最常用的是山石隔叠。山石"叠"得愈多，便愈感觉景致幽深，野趣无尽，如北京北海静心斋即如是。

(2)统一

中国园林内容很是丰富，多变化，搞不好便会杂乱无章。但是确有许多园林能够将千变万化的内容处理得非常简洁利落，毫不重复，毫不杂乱，

如颐和园，它虽然规模宏大，但简洁、清晰，这显然是有中轴线的关系；而圆明园虽无中轴线(仅九洲清宴前大殿有中轴线)，但有九洲清宴的一群建筑作主体，与福海大水面互为宾主，其余的景物则环绕这九洲清宴及福海来布置，所以圆明园虽大，却毫不杂乱，而是极其统一的。

(3)协调

园林要有自己的气度，不能像摆杂货摊，也不能与外界事物相差太远。圆明园的处理即是成功的例子。该园长春园内虽有西洋式楼房，但这些楼房是在长春园的极北端，并有土山与它隔开，互不相见。这种和谐的运用，在园林设计里是很成功的。

(4)对比

"对比"在传统园林设计中也是很被重视的，如高低、大小、远近、明暗、疏密、幽邃、开旷以及各部的抑扬顿挫，尤其是疏密(即开阔与密

集)都很讲究，因为它是平面布置最重要的事项。对比的实物如山之于水，树木花草之于建筑及平地，静之于动等。中国园林对比的佳例数不胜数。

全能表达真正尺寸。其他如大水面的长堤及堤上小桥(如西湖苏堤，颐和园长堤)，皆能表示水面距离的远近大小，且能使水面更生动有趣。

(5)比例

对比部分如高低、大小、疏密等的比例是很重要的。此愈低则彼愈高，此愈大则彼愈小，此愈精则彼愈粗，此愈明则彼愈暗，此愈疏则彼愈密。对比不怕强烈，最怕的是一半对一半，争执不下，比例适当才能令人在认识上更加明确。甲围园林在这点上是很成功的。

(6)尺度

不要把大东西看成是小的，小东西则不反对被看成大的(当然也有限度)；远的不能看成近的，近的则不反对看成深远的（但是也不能过分用透视效果来骗人）。像许多园林里假山如真山，小园如大园，技巧上是可称道的。中国园林有许多技巧可以表示正确尺度，如利用台阶、栏杆走廊等，在大空场上置盆景、山石、狮兽等，可使广场灵动；大园林里的亭台楼阁

(7)色彩

南方园林多是一种清幽、淡雅的色调，尤其是绿树、青山、白粉墙、灰瓦、黑褐柱等，予人感觉清冷，却能消暑。北方园林，尤其是帝王园林多红墙黄瓦或灰墙红柱，衬以绿树，予人温暖感觉，甚宜于天寒。可见，气候对于建筑是有影响的。

以上所述是中国造园布置上常用的技巧及理论，对于将来园林的发展大有帮助。

(8)建筑

中国园林是以建筑物为主体的，我们很少看到一座无建筑物的名园。不过，建筑物的多寡要由园林的性质而定。如植物花卉等园的建筑物较少，天然风景园林的建筑物亦少；私家园林作为起居等功用，建筑物就很多了。

(9)山石水池

山石水池可以说同属一物，因为浚池取土，正好做山。山水互相潆回叠落，少费人工即成野趣。不过，在历史上多"台池"之乐，凿池取土为台。如台形方正，则池形亦不宜过分曲折。所以，早期的园林与后世不同。春秋时孔子有"譬如为山，功亏一篑"的比喻，可以看出春秋战国时候即已经开始取土为山了；汉初游猎用的上林甘泉等大苑囿尚无假山的记载，此后梁孝王及大富人袁广汉等园中俱有很好的石山及较好的水景，不过东汉大将军梁冀的园中似乎还是用土山，可见汉代用石为山还未甚发达。以后则渐多土石并用聚石为山。

①山石的功用

事实上，园林内山石的功用很多，下面将简单介绍主要的几种功用。

第一，叠。即用许多层次使园景幽深。

第二，间隔。即使不同区域以山石为界。可予以划分，但又不隔绝，能使不同区域互相联系。

第三，屏障。即一进门有一堵大山或山石挡住去路，不使内部景色一览无余，此例甚多。

第四，可登高四望(作为园内主体)，将园内外景致从各种角度欣赏。

第五，使有限的土地面积向上发展并得到很大的容积。山洞婉转，山路盘旋，可多纳游人，多些风景。

第六，叠山石是一种很高的艺术手法，不但逼真，且能表现出诗情画意，山林野致使人思想向上。

第七，建筑物是纯人工的，树木、水池是天然的，山石则是它们的中介物，有"散点"关联之妙，可加重某些景色，遮蔽某些景色，立于水岸颇有"石令人古，水令人远"之启示。

第八，能增加整个园林的生动、灵活、含蓄、变幻、深远、幽邃、高下、机动等的性能，如静心斋、狮子林等俱如此。

②山石的种类

山石种类甚多，总的说来可分两大类：一是太湖石，有孔无纹，峥嵘有势；二是青石，有纹无孔，平滑板硬。

③叠石的基本手法

山石布置除隔、叠之外，还有抄手、峰、峦、岩、洞、涧、盘道、抱角、独乐、泊岸、蹲配、散点(连点及断点)、环、挑、飘、跨、悬等形式。

"隔""叠"全看地盘地势如何，然后再进行分区隔叠。叠山尽头处常略加兜转收住，叫做"抄手"。全部山石有一最高主峰及许多峦头，常有悬岩峭壁等做法。涧谷亦不厌峭拔幽邃，有瀑布流水更佳。山上盘道左右高下盘旋，时而露天，时而入洞，人的视线常随盘道方向而变换，所以盘道是叠山石的重要部分。盘道如何分岔，如何旋转，也是山石家显身手的

地方。

为了节省石料及增加园内题材和容积，山洞是最不可少的东西，它与造屋造楼一样费事，只是门窗、墙壁用天然的太湖石等叠砌而已。较屋宇麻烦的即是洞内常是高下左右盘旋着，忽宽忽窄，曲折多姿。更有趣的即是洞内有水或为小池潺暖流出，夏天最清冷可喜。

山石细部做法有以下几种：

环——即是许多石块构成中空的环状。

挑——青石常用，即一石横着挑出，挑石前端置一块石名"飘"。此种环、挑、飘、青石叠山最常用，一排连续的叠过去，宛如流云。

跨——两组石山间常用横石跨过去连系着，此叫"跨"。

悬——在崖壁上常横着悬出一石，长可数尺，势极飞动叫"悬"。

斗——两山石对立争斗之姿态。

抱角——在建筑物的山墙转角等处，时常堆几块山石攒起或散置，可以使建筑物不致太生硬、太突然；而抱角山石又可与其他山石有照应；

泊岸——水池、湖岸在园林内常用山石砌起，有高低、曲折、凸凹之势，如天然山野间水岸的姿态；

独乐——在庭际、水边或入门处常置一石，崛然高起，透漏生姿，因为只有一块石的缘故，所以叫作"独乐"。也有成堆的独乐石，即是在基脚部分先置几块石叫"菱角石"，然后在菱角石上再立数石矗起。更有用"石笋"(亦称石剑)三五削立，也算"独乐"之一种。

散点——这是园林里很难的一种做法，如同画山水画的点，在园内适当的地方如抱角等处或山坡、旷地用石散点几点，满园即生动灵活。散点有"连点"及"断点"两类：连点即是起伏不断的接连着点过去；断点则是稀疏零散若断若续地点过去，无论散点、断点俱要互相呼应有势。

蹲配——在园林内，建筑物的台阶常用天然石块砌起，在台阶左右各置一石，一高一低，叫作"蹲配"。

以上所述俱是山石家常用的叠石基本手法，由此可推广使用，变化无穷。至于施工时，地脚最要注意打实，使能平均下沉；叠时必胸有成竹，万勿临时搬上搬下；石缝用油灰捣抿；在北方，冬季要将池水抽干。如要山石长青苔可用小米粥常洒在山石上；山洞叠石在灰内加雄黄，可以避蛇；加炉甘石(焰硝)雨过后易生云雾。

④水池的功用

除山石外，水池在园林里也是不可或缺的部分，功用很多，如有倒影，可增加园景及空阔的感觉；可养鱼禽、莲荷；可划船垂钓；可水戏，使园景生动；可作间隔用等。所以说，园林内断不可无水。

汉代长安的水池设计，环池(或湖)中有宫殿；大池中有岛屿、台殿，其中昆明湖、金明池、玄武湖等可以练水军(其实是皇帝观水戏)；池内常设长堤，增加趣味。至于私家园林，也时有水池、山石以及建筑物等配合成一整体，使之愈加可爱；池岸或用山石泊岸，或用石栏，或植桃柳，或在池边置水榭等；水池常作各种形状或故作曲折，在必要处通以小桥或九曲桥等(桥有木、石、平、璇等式)。

汉时有蟾蜍吐水，北魏有九龙吐水，元万岁山，明兔儿山等均有龙首吐水，略为仰首喷出，不过不能谓为今日之喷泉。到了清乾隆时期，因西洋传教士造圆明园的西洋楼，用"泰西水法"，于是始有喷泉。

⑽铺地

中国园林内常有许多院庭，院庭的地面式样是很多的。如宫苑的院庭，常用方砖、长砖或立砖铺地，并砌成各种花纹。较次要的院庭常有用石板铺地，也有许多花样，或整齐有序，或随意拼砌，或做各种冰裂纹乱铺；它常有条砖或瓦片立摆，做出方、圆、花瓣、龟锦等花样，然后在空档内填以小石子，节省材料，游人如行锦上。此样式变化甚多，可随意摆砌，以每院用一种式样最为大方朴素。在江南如苏州等处私家园林里常有精美的路面。

道路在任何建筑里都是最重要的部分。因为只有明确的路面才能引导游人走向最美丽的去处，不愿意给人看的地方便不修路面，或将路扭过一些而面向佳处。游人多的地方路面常是较宽较好。平坦宽阔的大道，显得气势雄伟；道路顺山势回环，婉转高下，坡度甚缓，就会显得柔和美妙，但是，并不是每个园子都做得很好。道路类型较多、效果较好的有颐和园、静心斋，它们的路面宽六尺，中部用方砖平铺，两侧用细石、瓦片拼成各

种纹样作为花边。较好的路面则以故宫御花园为最佳，虽然也是用砖、石子及瓦片拼砌而成，但是花样却更为精致、可观。此外，路面用砖、用石均有，或用乱青板，或用砖石作踏步。

⑾树木

中国园林对于树木很重视，常喜用老木数株植于园庭之内，或成大片的树林植于山坡、水边。如松、柏、竹、梅、柳、桂等，常有成林种植的。北方山岭、涧谷间多松林，枝干盘曲，极为有力，而"风送涛声"尤为雄壮；也有在院庭中植松一二株用太湖石作陪衬的。柏树林更为可贵，如北京太庙、社稷坛、天坛的柏林全是数百年前的古物，气势森然，令人起敬，雨后苍翠欲滴，令人神爽。陵墓或道路亦常植松或松柏杂植。

楠木在西南一带很多，枝干高耸。楠木林尤觉森肃、高直，不仅景色美丽，也是建筑上最佳的用材，可惜明清以来楠木已被斩伐殆尽了。

竹是我国特产，在南方最多，不但可以观赏，又可作竹器、竹家具及竹屋、竹壁、竹桥、轿等。竹有节，心空，强硬不屈。文人雅士多喜在竹

林中坐石临流，对月鸣琴或长啸等。北方人更是喜竹，大多是因为不常见的缘故。

枫树入秋，满山红叶，对于秋景之点缀，尤不可少。南京栖霞山红叶最为有名。

柳，可以说是中国园林里最具民族形式的树木，在中国南北各地都较常用，尤其是垂柳在水边堤岸，柳丝袅袅，春风荡漾，令人心醉。如"柳浪闻莺""六桥烟柳""晓风杨柳"等可看出人们对柳树的依恋心情。隋炀帝开运河两岸全植柳树，赐姓杨，而隋堤杨柳也是中国堤岸植柳规模最大的例子；陶渊明的门前有五棵柳树，自号"五柳先生"。此外，院庭常植的还有马樱树、三春柳等，亦颇为可观。

梅林在北方是很可贵的，但在长江流域则甚多。在万树凋谢的时节，"白雪红梅"最为醒目，有绿梅更是可爱。

桂树在中国最早即用作园林中的佳木，南方最多，常植庭际。八月中秋，桂子飘香满庭，颇具观赏性。

芭蕉虽为草本，但"映窗分绿"，也是常喜种植的。

此外，如梧桐、槐树也常有种者。榆树易植，但不可爱，非"九衢之玩"。开花结实的树木如桃、李、杏、梨、苹果、柑、橙、桔、柚、石榴、海棠，既可观赏又可食用，古人多有吟咏桃园的；又如枇杷、荔枝、桂圆、柿、枣等也可种植。

至于花卉，其中最有名的为唐宋以来之牡丹、芍药，春时最为可爱，一片花海甚为壮观。宋时以扬州的芍药、洛阳的牡丹最为著名。夏季荷花无论南北均喜种植，叶绿而大，莲实及藕可食。而秋桂、冬梅、兰蕙及菊花，更为园林必备之物。其他如玉兰、茶花、玫瑰、紫荆、丁香等名贵品种，更是万紫千红、美不胜收了。

园林之内常有棚架，如蔷薇架、葡萄架、藤萝架、凌霄架等，既可为屏障，又可观赏，有的兼可食用。

以上是常见用于中国园林的树木、花卉。树木、花卉是所有民族共同喜爱的东西，同时亦有共同的心理暗示，如松柏后凋，盘屈有力；竹中空有节；莲出淤泥而不染；梅花耐寒；菊花傲霜；合欢蠲忿；萱草忘忧；牡丹富贵；红豆相思等。树木、花卉各有姿态，各有神韵，古代诗人等常以之喻正人君子，以之喻富贵欢欣，这在今天也是研究中国的观赏植物时不可忽视的地方。

中国对于花卉，或置于盆中做盆景，或用矮栏围成花池，很少见用花卉拼成图案的。草地虽然为人们所爱好，但是大片草地也极少见用，这是与外国不同的地方。

盆景在中国园林里最为注重，因为它有灵活性，可以随意移动更改，如上述唐、宋、元时期即有此例。此外，盆景在空地上可以作为点景之用，并可以表示出更精确的比例来。盆可陶、可瓷、可石、雕镂异制，本身即

是很好的艺术品，它不单是种植花木，也常用来置山石，如石笋、石假山、怪石等。常见一大石于大门内独立，下用雕石须弥座承托，此亦可算是盆景之一种，不过因为太重不能随便移动。最小之盆景即常置案头，盆浅而宽，内植矮树或石，虽是小品，但是确能令人心思高远，它与室内悬挂的大轴山水画有相同的功用。在室内常有古瓶插花的，虽是小枝，但摆放位置也颇有学问。

综上可知，由上述可见树木、花卉在中国园林里占有很大的比重，同时又具有特殊的民族风格及共同的心理暗示。"十里松涛"、"万竿翠竹"、"红梅遍岭"、"垂杨拂岸"，牡丹、芍药动辄数亩，兰蕙、秋菊聚数百盆，气势之豪迈足以令人愉快。

中国园内的盆景是他国很少用的。它的好处是有较大的灵活性，可以随时更换，随时组合布置出新花样。

二、传统风水理论与景观设计

按照风水理论，"天人合一"是风水学的终极目标，追求的是人与自然的和谐关系，反映到景观上，就是追求优美的、赏心悦目的自然和人为环境。风水上认为，居住环境不仅要有良好的自然生态，也要有良好的自然景观和人文景观。

● 理想选址的景观因素

按照风水理论，理想的选址常包含以下几点景观要素：

(1)形成多层次的山体

以主山、少祖山、祖山为基址背景和衬托，使山外有山，重峦叠嶂，形成多层次的立体轮廓线，增加风景的深度感和距离感。

(2)形成开阔的视野

以河流、水池为基址前景，形成开阔平远的视野。隔水回望，有生动的波光水影形成的绚丽画面。

(3)形成远景构图中心

以案山、朝山为基址的对景、借景，形成基址前方远景的构图中心，使视线有所归宿。两重山峦亦起到丰富风景层次感和深度感的作用。

(4)形成空间对比

以水口山为障景、为屏挡，使基址内外有所隔离，形成空间对比，使入基址后有豁然开朗、别有洞天的景观效果。

(5)具有识别性和观赏性

作为风水地形之补充的人工风水建筑物如宝塔、楼阁、牌坊、桥梁等，常以环境的标志物、控制点、视线焦点、构图中心、观赏对象或观赏点的姿态出现，均具有易识别性和观赏性。

(6)形成良好的小气候

多植林木，多植花果树，以保护风水林，使之形成郁郁葱葱的绿化地带和植被，不仅可以保持水土，调节温湿度，形成良好的小气候，而且可以形成鸟语花香、优美动人、风景如画的自然景观。

(7)形成完整和谐的画面

当山形水势有缺陷时，为了"化凶为吉"，可以通过修景、造景、添景等办法达到风景画面的完整和谐。有时用调整建筑出入口的朝向、街道平面的轴线方向等办法避开不愉快的景观或前景，以期获得视觉及心理上的平衡，当然这是消极的方法；而改变溪水河流的局部走向，改造地形，山上建风水塔，水上建风水桥，水中建风水墩等一类的措施，则为积极的办法，名为镇妖压邪，实际上都与修补风景缺陷及造景有关。

● 风水景观的特点

通过分析，我们可以看到，依照风水理论所构成的景观常具有以下特点：

(1)围合封闭的景观

群山环绕，自有洞天形成远离人寰的世外桃源。这与中国道家的回归自然、佛家的出世哲学有着密切的联系。

(2)中轴对称的景观

以主山—基址—案山—朝山为纵轴；以左肩右肩的青龙、白虎山为两翼；以河流为横轴，形成左右对称的风景格局或非绝对对称的均衡格局。这与中国儒家的中庸之道及礼教观念有一定的联系。

(3)富于层次感的景观

主山后的少祖山及祖山、鞍山外的朝山、左肩右肩的青龙白虎山之外的护山，均构成重峦叠嶂的风景层次，富有空间深度感。这种风水格局的追求，在景观上正符合中国传统绘画理论在山水画构图技法上所提倡的"平远、深远、高远"等风景意境和鸟瞰透视的画面效果。

(4)富于曲线美、动态美的景观

笔架式起伏的山、金带式弯曲的水，均富有柔媚的曲折蜿蜒动态之美，打破了对称构图的严肃性，使风景画面更加流畅、生动、活泼。

综上所述，透过玄学迷信的帷幕，我们可以看到，实质上作为一种环境设计的风水理论，在创造美好的居住环境方面，不仅十分注意与居住生活有密切关系的生态环境质量问题，而且重视与视觉艺术有密切关系的景观质量问题。在这种环境设计中，景观设计功能与审美是不可分离的统一体。我们还可以看到，风水理论受到我国传统的儒、道、释诸家哲学以及我国传统的美学思想的深刻影响，是融合了中国文化的产物。我们今天应以科学的态度，研究风水理论及其实践，去粗取精，去伪存真，审慎周密地考察自然环境，顺应自然，有节制地利用和改造自然，一定可以创造臻于天时、地利、人和诸吉皆备的良好的居住环境，以达到天人合一的至善境界。

★注：祖山：基址背后山脉的起始山。少祖山：祖山之前的山。主山：少祖山之前、基址之后的主峰，又称来龙山。青龙：基址之左的次峰或高岗。白虎：基址之右的次峰或高岗。护山：青龙或白虎外侧的山。案山：基址之前隔水的近山。朝山：基址之前隔水及案山的远山。水口山：水流去处左右两山，隔水成对峙状，往往处于基址的入口。

● 园林风水硬质景观九要素

中国园林以建筑为主体。这些建筑论述如下：

(1)台

台的应用最早。所谓台池之乐即是有高台及水池的园林建筑，台上有房宇宫室，可以远望。

(2)亭

亭用在园林内较晚。汉代的十里长亭或亭障，全是官设的驿舍之类，园林内用亭较少；宋用亭较多，至明清亭最多用，如方、圆、八角、六角、十字、梅花、扇面、双圆、双方等式甚多，大部分置于适宜休息眺望的地方。

(3)廊

第宅园林内用廊最早也最多。汉代长廊最为常用，可至数里，或作阁道。清代长廊仍然常用在南北园林内，曲折高下为园林建筑不可少之物。廊有周回廊、里外廊、刑字廊等，可随意变化，"随形而弯，依势而曲，或蟠山腰，或穷水际，通花渡壑，蜿蜒无尽"。

(4)楼阁

时常用于园中边缘地带，可以纵览全园。

(5)轩

无定式，有宽大前廊，有轩轩欲举之意。

(6)榭

在早为阅武校射之地，后为园中开敞的建筑，在水边为水榭，在花畔为小榭。

(7)厅堂

较大而宽敞的客厅，常置于主要的位置。

斋、室、房、馆——在早尚有区别，清时便不易分清了。

(8)桥

园林内常用石桥、木桥，多做平桥。石券桥在较大园林内须行船处使用。石平桥又名九曲桥，常做曲折状，亦有用呈凸形的小桥，如何应用须因势而定。

(9)建筑物

我国园林建筑物的大小、高低、形色位置俱与环境息息相关，要当成一个整体来处理。关于建筑内部装饰方面，从建筑物的使用及观赏价值来讲也很重要。这在贫苦人家是"家徒四壁"，在上等富贵人家的室内装饰则是非常豪侈。如前述，在汉代的大家是"木衣绨绣"帷帐甚盛，并且多"席地而坐"。隋唐以来渐废此风，室内多置家具床榻。以后大家室内多喜用小木作做间隔物，如落地罩、几腿罩、碧纱橱、栏杆罩、格扇等。现在清宫殿园林内仍大量使用此等装修，常将室内隔成数区而又彼此相连。

一种绮丽灵动的气氛令人徘徊不忍去，也是我国建筑精华之所在。特别值得指出的是，在清盛时期各处室内外装修多喜用大玻璃窗门或彩色玻璃，这给建筑外观增添了许多新鲜格调。在园林建筑上，室内外装修更起主导作用。尤其是南方园林多敞口厅，内外连成一片，如果门窗、户壁、匾联、家具等稍失庸俗，整个园林的艺术效果即将贬低。留园、拙政园以及颐和园等装修是国内现存的精品，值得学习。

综观历代居住建筑情况，关于向自然作斗争方面，很明显地看出，古时人们就善于"因地制宜""就地取材""因材致用"等，如黄土地区的穴居、西藏山地等处石砌的碉房，蒙古草原游牧生活所用的蒙古包毡帐，以及其他的竹楼、木构等全可说明问题。而明清以来园林苑囿、离宫别馆对于地势的利用及彼此的借景更为注意，技巧也更为成熟。

因气候不同，所以我国各地的居住建筑常有不同的处理手法，如蒙古包、碉房、木构等。对于防寒，房屋多用厚墙(砖、石或土)、厚屋顶(平顶、瓦顶或草顶)等建筑，并多向南及大院庭以便冬季多纳阳光。室内较常用的防寒方法即是用火炕，既热度均匀，又省燃料。此外，富有人家也常用火地、火墙。特别是帝王宫庭多喜用火地取暖，当然地洞内烧火较费燃料。对于防风沙，如西北等地则多用高厚围墙，内为四合院，围墙高出屋脊，远望只见围墙不见房屋。多用平顶房以减少受风吹毁。我国南方的方、圆等土楼对于防风也不无作用。西藏、青海、甘肃等地的碉房，除了防卫外，也是为了避严寒及大风而建的。对于防热，我国南方住宅最为注意。如前述长江流域至珠江流域多用小天井，以便减少日晒。一般愈往南天井愈小(如江南福建等处有的天井才一平方米许)，外墙窗愈少；愈向北则天井愈大。南方住宅在防热方面，除设置小天井外，多敞口厅堂，室内外打成一片，手法甚是高超。山西、陕西等地区的住房为了减少东西厢房(即耳房)的西晒，竟将东西厢房距离缩减，有的才2米左右，使天井成巷道状。凡此种种均是价廉工省的防热方法。在较热地带的住房屋顶上部有的用阁楼兼做储藏，这也是隔热办法之一(也兼隔冷)。还有干阑建筑，其楼下是空的，既便于通风，人住楼上又凉爽，这也是热带常用的建筑方式。此外，富裕人家防热用的高楼、大屋、小天井、敞口厅、漏明墙窗(通风)、大树、小池、假山、飞瀑、棚架等则是降温之外，还兼作园林观赏之用，不过费用太大，不能普及。

以上所述全是历代劳动人民不断创造及文化累积的结果。这种物美、价廉、工省的土法在经济上是可以节约的。就今后来说，这些民间建筑有许多手法及形式是大众所喜见乐闻的，它是人们思想及智慧的表现，是人们根据不同需要及经济能力巧妙地向自然作斗争，以适应不同地势及材料等而产生的朴实可爱的建筑形式。这种形式真是意态万千，美不胜收。至于大地主、贵族、帝王们的居住建筑则常因炫耀自己财势及注意排场、封建礼仪制度，其艺术质量比起民间百姓们的建筑颇有许多庸俗不堪之处。

此外，为了适应大规模的建筑施工，不能不注意建筑的标准化。宋《营造法式》是第一部面世的标准化的书籍。到了清代，因经济能力及人口数量远远超过以前各代，施工规模及建筑制度的要求与前边不甚相同，所以又有《清工部工程做法则例》一书的颁行，使建筑速度加快，并且容易管理。这都是很先进的办法值得体会。当然，这种书多是用在官式建筑上，对民间建筑作用不大。

我国封建社会文化是发展新文化的基础，它无论如何进展终难与近代比拟。但是过去成功、失败的经验教训则是最宝贵的。

总之，我国的建筑遗产丰富之至。今后，在建筑设计中，如果能不断地深入总结前人成功与失败的经验教训及其发展规律，并将其运用到实践上来，那么我们的建筑技术将更会得到进一步的提高。

三、住宅区景观设计的构成元素

景观的使用几乎渗透到了住宅区环境的各个角落。在景观设计中，如何对这些设计元素进行综合取舍、合理配置乃是景观设计的要点。

● 绿化

住宅区绿化设计最早发展于西方发达国家，上世纪四五十年代，工业的迅猛发展破坏了生态环境，带来一系列严重后果，迫使相关国家开始重视环境设计。20世纪70年代，日本率先制定了改善居住环境的方针政策，提出了居住环境设计的基本要求：舒适、优美、安全、卫生、方便。20世纪80年代，英国在新城市和住宅区建设中提出"生活要接近自然环境"的设计原则，得到社会广泛认可。绿化是环境景观的基本构成元素，过往，住宅区的绿化往往是沿河、沿路"一枝桃花一枝柳"，满足于"披上绿化不见黄土"的低层次阶段，没有多大特色和艺术性。现代住宅区的园艺绿化呈现几种趋势：

(1)观赏性与层次性结合

种植绿化将乔、灌、花、草结合，马尼拉、火凤凰等草类地被植物塑造了绿茵盎然的植物背景，再点缀具有观赏性的高大乔木如香樟、玉兰、棕榈、银杏等，以及丛栽的球状灌木和颜色鲜艳的花卉，高低错落，远近分明，疏密有致，绿化景观层次丰富。

(2)实用性与艺术性结合

追求构图、颜色、对比、质感，形成绿点、绿带、绿廊、绿坡、绿面、绿窗等绿色景观，同时讲究和硬质景观的结合使用，也注意绿化的维护和保养。所有这些都极大地丰富了住宅区绿化的内涵。

(3)平面与立体结合

住宅区绿化已从水平方向转向水平和垂直相结合，根据绿化位置不同，垂直绿化可分为围墙绿化、阳台绿化、屋顶绿化、悬挂绿化、攀爬绿化等。

● 道路

　　道路是住宅区的构成框架，一方面它起到了疏导住宅区交通、组织住宅区空间的功能，另一方面，好的道路设计本身也构成住宅区的一道亮丽风景线。按使用功能划分，住宅区道路一般分为车行道和宅间人行道；按铺装材质划分，住宅区道路又可分为混凝土路、沥青路以及各种仿石材铺

装路等。住宅区道路尤其是宅间路，其往往和路牙、路边的块石、休闲坐椅、植物配置、灯具等，共同构成住宅区最基本的景观线。因此，在进行住宅区道路设计时，我们有必要对道路的平曲线、竖曲线、宽窄和分幅、铺装材质、绿化装饰等进行综合考虑，以赋予道路美的形式。如区内干路可能较为顺直，就可由混凝土、沥青等耐压材料铺装；而宅间路则富于变化，则可由石板、装饰混凝土、卵石等自然和类自然材料铺装。

● 驳岸

　　河道驳岸起到防洪、泻洪、防护堤岸的作用。在硬质景观设计中如能巧妙地在驳岸的形式、材质上做文章，则可形成区内多视线、全天候的标志景观。如苏州"世纪花园"河道卵石与块石边竖立的一尊青铜雕"饮水母子马"，景象和谐而静谧。

● 铺地

　　广场铺地在住宅区中是人们通过和逗留的场所，是人流集中的地方。在规划设计中，通过它的地坪高差、材质、颜色、机理、图案的变化可创造出富有魅力的路面和场地景观。目前，在住宅区中铺地材料有以下几种，如：广场砖、石材、混凝土砌块、装饰混凝土、卵石、木材等。优秀的硬地铺装往往别具匠心，极富装饰美感。如某小区中的装饰混凝土广场中嵌入孩童脚印，具有强烈的方向感和趣味性。值得一提的是，现代园林中的"枯山水"手法，用石英砂、鹅卵石、块石等营造类似溪水的形象，颇具写意韵味，是一种较新的铺装手法。

● 小品

　　小品在住宅区硬质景观中具有举足轻重的作用，精心设计的小品往往成为人们视觉的焦点和小区的标识。下面将介绍常见的三种园林小品。

(1)雕塑小品

　　雕塑小品又可分为抽象雕塑和具象雕塑，使用的材料有石雕、钢雕、

铜雕、木雕、玻璃钢雕。雕塑设计要同基地环境和住宅区风格主题相协调，优秀的雕塑小品往往起到画龙点睛、活跃空间气氛的功效。比如，现在广为使用的"情景雕塑"，表现的是人们日常生活中动人的一瞬，非常耐人寻味。苏州"名都花园"活动广场中设计的三块屏风钢板，上面镂刻着百家姓，在太阳光影的作用下，于地面映射出黑白字迹，宛如一幅书法作品。又如苏州安居工程"新升新苑"入口"年年有余"抽象雕塑，表达了人们追求幸福安康生活的美好心愿，贴近"安居乐业"的主题。

(2)园艺小品

园艺小品是构成绿化景观不可或缺的组成部分。苏州古典园林中，芭蕉、太湖石、花窗、石桌椅、楹联、曲径小桥等，是古典园艺的构成元素。当今的住宅区园艺绿化中，园艺小品则更趋向多样化，一堵景墙、一座小亭、一片旱池、一处花架、一堆块石、一个花盆、一张充满现代韵味的座椅，都可成为现代园艺中绝妙的配景，其中有的是供观赏的装饰品，有的则是供休闲使用的"小区家具"。

(3)设施小品

在住宅区中有许多方便人们使用的公共设施，如灯具、指示牌、信报箱、垃圾桶、公告栏、单元牌、电话亭、自行车棚等。其中，灯具有路灯、广场灯、草坪灯、门灯、泛射灯、建筑轮廓灯、广告霓虹灯等类别之分，路灯又有主干道灯和庭院灯之分。这些灯具的造型日趋美观精致，还可和悬挂花篮以及旗帜结合成为住宅区精美的点缀品。上述小品如经过精心设计也能成为住宅区环境中的闪光点，体现出"于细微处见精神"的设计。

四、住宅区景观设计的过程及原则

为了创造出具有高品质和丰富美学内涵的住宅区景观，在进行住宅区环境景观设计时，一定要了解规划设计的过程及把握好设计的原则。

观设计师、建筑工程师、开发商要经常进行沟通和协调，使景观设计的风格能融化在住宅区整体设计之中。因此景观设计应是发展商、建筑师、景观设计师和城市居民四方互动的过程。

● 规划设计的过程

在具体的设计过程中，景观基本上是建筑设计领域的事，而又往往由园林绿化的设计师来完成绿化植物的配景，这种模式虽然能发挥专业化的优势，但若得不到沟通就会割裂建筑、景观、园艺的密切关系，带来建筑与景观设计上的不协调。设计美国纽约中央公园的"景观之父"阿姆斯德(Flederic Law Olmstead)于1957年首倡"景观建筑(Landscape Architecture)"概念，此后，景观建筑成为专业的研究对象。这些年，境外事务所参与住宅区规划设计时也带来这一概念。其最大特点就是在住宅区规划设计之初即对住宅区整体风格进行规划与构思，对住宅区的环境景观作专题研究，提出景观的概念规划，这样从一开始就把握住硬质景观的设计要点。在具体的设计过程之中，景

● 规划设计的原则

住宅景观的设计包括对基地自然状况的研究和利用，对空间关系的处理和发挥，与住宅区整体风格的融合和协调。包括道路的布置、水景的组织、路面的铺砌、照明设计、小品的设计、公共设施的处理等，这些方面既有功能意义，又涉及到视觉和心理感受。在进行景观设计时，应注意整体性、实用性、艺术性、趣味性的结合。具体体现在以下几方面：

(1)空间组织立意

景观设计必须呼应住宅区设计整体风格的主题，硬质景观要同绿化等软质景观相协调。不同住宅区的设计风格将产生不同的景观配置效果，现

代风格的住宅适宜采用现代景观造园手法，地方风格的住宅则适宜采用具有地方特色和历史语言的造园思路和手法。当然，城市设计和园林设计的一般规律诸如对景、轴线、节点、路径、视觉走廊、空间的开合等都是通用的。同时，景观设计要根据空间的开放度和私密性组织空间。

(2)体现地方特征

景观设计要充分体现地方特征和基地的自然特色。我国幅员辽阔，自然区域和文化地域的特征相去甚远，住宅区景观设计要把握这些特点，营造出富有地方特色的环境。同时住宅区景观应充分利用区内的地形地貌特点，塑造出富有创意和个性的景观空间。

(3)使用现代材料

材料的选用是住宅区景观设计的重要内容，应尽量使用当地较为常见的材料，体现当地的自然特色。在材料的使用上有几种趋势：非标制成品材料的使用；复合材料的使用；特殊材料的使用，如玻璃、荧光漆、PVC材料；注意发挥材料的特性和本色；重视色彩的表现；DIY（Do-It-Yourself）材料的使用，如可组合的儿童游戏材料等。当然，特定地段的需要和业主的需求也是应该考虑的因素。环境景观的设计还必须注意运行

维护的方便。常出现这种情况，一个好的设计在建成后因维护不方便而逐渐遭到破坏，因此，设计中要考虑维护的方便易行，才能保证高品质的环境日久弥新。

(4)点线面相结合

环境景观中的点，是整个环境设计中的精彩所在。这些点元素经过相互交织的道路、河道等线性元素贯穿起来，使得住宅区的空间变得有序。在住宅区的入口或中心等地区，线与线的交织与碰撞又形成面的概念，面是全住宅区中景观汇集的高潮。点线面结合的景观系列是住宅区景观设计的基本原则。在现代住宅区规划中，传统空间布局手法已很难形成有创意的景观空间，必须将人与景观有机融合，从而构筑全新的空间网络：亲地空间，增加居民接触地面的机会，创造适合各类人群活动的室外场地和各种形式的屋顶花园等；亲水空间，住宅区硬质景观要充分挖掘水的内涵，体现东方理水文化，营造出人们亲水、观水、听水、戏水的场所；亲绿空间，硬软景观应有机结合，充分利用车库、台地、坡地、宅前屋后，来构造充满活力和自然情调的绿色环境；亲子空间，住宅区中要充分考虑儿童活动的场地和设施，培养儿童友好、合作、冒险的精神。

五、现代楼盘园林景观规划的内容

这是房地产风水规划的核心内容，它包括园区主门及副门的确立、园区大门的设计、园区地势的规划、园区楼座的布局规划、园区景观规划以及园区建筑色彩的风水规划等。

● 小区主门及副门的确立

一个房地产园区不管多大，一般情况下要有一个主门，而且还要有几个副门，从风水角度和消防角度都有这个要求。从建筑风水学的角度来说，在适当的位置开副门，也会起到一种增加园区吉祥的作用。园区主门的确立要考虑以下四个方面：一是周边的道路情况，二是地块的形状，三是地块地势的情况，四是预选主门对面的建筑情况。

● 主门所面对的道路宽窄要适中

道路在风水学上当"水"来论，水为财，但财不是越多越好，也不是越宽越好，一般为二三级马路比较好。如果马路太宽，就相当于喝水时水流太急，作为一个小小的园区是收不住的，所以说不太理想。那么是不是越窄越好呢？当然也不是。如果太窄的话，不仅会给业主带来很多的不方便，从建筑风水学的角度来看，也会造成气流不畅、堵塞。此外，大门不可设在死胡同里面，如果一个园区设在死胡同里面，在建筑风水学中是不理想的。

从地块的形状来看，如果正方形、长方形就无所谓了；如果是梯形则最好选梯形的短边开主门，因为选短边，就属于"前窄后宽"的风水格局，代表富贵如山。

主门面对的内容

前面已经提到了，在地势低的地方，地势不平的园区要选择地势低的地方开主门。关于预选主门对面的状况，如果主门必须面对公墓、垃圾场、公厕等这些不吉之物的话是很不理想的，所以在设计主门的时候要尽量回避这种现象，选择其他的方向开主门。

园区大门的设计

大门的设计包括这么几个方面：门的大小、门的形状、门前的煞气的处理。门的大小要适中，这和人的比例平衡的道理一样。关于门的角度，一般情况下应该和围墙、围栏相一致，但是从玄空风水的角度来说，大门可以适当调整一下角度，注意不能调整太大，否则就失去了审美。

园区地势规划的原则

园区地势规划的一般原则是和周围的地势道路相一致，不高不低。如果这个地理位置的地势特别低，是非常不理想的，因为阴气太重。如果把园区的局部造成一些高矮错落的现象还是可以选择的。

园区楼座布局的风水规划

忌楼座相互之间有尖角冲射和楼座太闭塞。中国的百年闭关锁国，造成了和世界文明的脱节，是不是和建筑的副作用有一定的关系？

园区景观的风水规划

园区景观风水规划的内容包括假山、水景、塔楼、雕塑、长廊、碑林、运动场，等等。园区景观风水规划理想的做法是一个园区做一两个假山，这样一进园区就会有一种生机感，但要注意并不是哪个位置都可以弄假山（假山适合在山星生旺方），同时要注意不能离建筑太近，假山之石要力求平滑。现在很多楼盘都有水景，水要在玄空星盘上向星的生旺方。造水景的注意事项如下：水一定要洁净，污浊的水不是吉水。如果园区的水流动的话就会更好，因为水动起来比静水要好，但是流动的水要注意形状，不要形成反弓。

六、现代楼盘分类景观设计

现代楼盘景观设计的内容不再单纯地以山、水为主，随着人们生活需求的日益丰富，住宅区中的景观设计内容也在不断地发展与完善，如会所的兴起，喷泉、游泳池的建设等也渐渐流行起来。

● 会所

(1)什么是小区会所

会所是指在小区中为人们提供较全面的娱乐休闲活动的场所。随着城市建设的发展和人们生活水平的提高，小区的结构发生了很大的变化，小区建设由分散的、功能单一的传统方式向集中化、综合化和现代化方向发展。

在一定程度和意义上，会所是将室内的客厅"扩大""延展"为小区的公共空间。依照惯例，高层住宅和公寓的会所往往被安排在一、二层或者地下室；而在楼群林立的小区里，会所一般是一座独立建筑，是置业者除家以外最近的"另一个空间"。会所内部大致设置功能如下：

聚会场所，如咖啡厅、多功能厅、烧烤厅；健身场所，如健身房、游泳池、韵律室、壁球厅、台球厅、乒乓室、篮球场、网球场、小型高尔夫练习场、桑拿和蒸汽浴室；娱乐场所，如阅览室、音乐厅、放映室、儿童娱乐室；综合配套，如迷你超市、小型医疗诊所和临时托儿所。

会所是以所在小区业主为主要服务对象的综合性康体娱乐服务设施。主要是丰富小区居民业余文化生活，为居民日常生活提供便利，创造和谐、舒适的小区环境，承载小区文化建设的任务。

(2)会所兴起的意义

会所建筑兴起不久，一般作为社区的活动中心。会所代表的生活是现代人工作和家庭的延伸，是群体自我的抉择、融入和展示，是一部分人寻觅精神家园的新场所。但会所的实质并不是精神家园，它与此无关，与一切无关，它简明、自由、轻率、炫耀、放任，而我们有时竟能在喧闹中嗅到禅意。

会所作为房地产行业的附属产业，其功能已不单单以俱乐部的形式出现，其服务性更甚经营性。会所的存在是房地产的一种物业管理延续，是住宅群体向区域化、城市社区化的一种过渡的文化产物。

会所的面积、样式、服务方向都是以房地产为依据的，因此其功能设计是按房地产项目的使用者为群体目标的，它具有特殊的针对性。同时是房地产项目的一种文化补充。

(3)会所设计需注意的问题

在住宅小区中，都建有或大或小的会所。有些会所大部分是该项目在开盘前就已建好，被开发商用来售楼或展示形象的场所。开发商会在会所的建设上不惜时间和精力，同时也会投入一定量的资金，以吸引居民对该项目的注意力和购买力。

会所作为一个小区的缩影，更能体现一个项目的精髓，所以也不可避免地成为设计中的一部分。那么怎样做好会所的设计呢？

首先要搞清楚什么是会所，英文叫"clubhouse"。最初关于会所的概念是来自于中国香港，会所就是社区成员集会和娱乐消遣的场所，是给老百姓提供实惠的地方。但现在很多楼盘会所却不是这样。开发商为了追求效益而给会所赋予了"房子好不好卖"的使命，所以功能超前，定位不准，留于外表，过分追求奢华，最后导致的是要么诺大的场所门可罗雀，要么由开发商转为他用，更甚者由社会力量租去做一些灯红酒绿的场所，给业主的正常生活秩序带来影响。

怎样确定一个会所的功能呢？首先，在小区的规划建设前期，就分期把会所的功能一步步确定下来，参照周边小区的会所的有无和规模大小来确定自己的规模大小及功能。其次，在以往项目销售的过程中，由开发商提供问卷，向目标客户询问未来会所的规模、项目、消费档次等信息，所有这些信息多方比较后就能给会所的建设作出正确的指导方向。再者，会所不只是吸引眼球，还要做到实用、美观，真正体现建筑应该有的实用、坚固、美观的要素。会所正如建筑行业里的小品一样，小而精，小而好用；像文化方面的小品一样要适合观众的口味，否则就是再高雅，也没有观众欣赏。

● 凉亭

明《园冶》中说："亭者，停也。所以停憩游行也。"说明凉亭是供人歇息休憩和观景的园林建筑。它的特点是周围开敞，在造型上相对小而集中，常与山、水、绿化结合起来组景，作为园林中"点景"的一种手段。

亭的体量虽不大，但形式多样，其造型取决于它的平面形状、平面组合和屋顶形式。亭具有丰富变化的屋顶形象和轻巧、空灵的屋身以及随意布置的特点，很适合"观景"和"点景"建筑的需要。单体亭的形式有四方亭、圆亭、多角亭等形体，在亭与亭、廊、墙、房屋的结合上，又创造出了重檐、三重檐、攒尖顶、歇山顶及组合亭等。

亭多布置于主要的观景点和风景点上，或作为主体建筑陪衬。在规模

较小的私家园林中，亭常常成为组景的主体和园林艺术构图的中心。在一些风景游览胜地，则成为增加自然山水美感的重要点缀。设计中经常运用"对景"、"框景"、"借景"等手法，创造风景画面。

如果在小区中添上这样的造景，那么可以自豪地成为美丽家园的特景。

(1)亭位置的选择

亭的位置选择应考虑两个方面的因素：一是要遮阴避雨，有良好的观赏条件，即是由内向外好看，因此要设在能观赏风景的地方；二是园亭也是风景的组成部分，所以亭的设计要与周围环境相协调，自身应具有观赏作用，即由外向内也好看。

园亭要建在风景好的地方，使入内歇足休息的人有景可赏，留得住人，同时更要考虑建亭后成为一处园林美景，园亭在这里往往可以起到画龙点睛的作用。

《园冶》中有一段精彩的描述：花间隐榭，水际安亭，斯园林而得致者。惟榭只隐花间，亭胡拘水际，通泉竹里，按景山颠，或翠筠茂密之阿；苍松蟠郁之麓；或借濠濮之上，入想观鱼；倘支沧浪之中，非歌濯足。亭安有式，基立无凭。

①山地设亭

小区的中小型园林，如果周围绿化封闭较好，并有优美的借景，将亭设在山顶或山脊处，便很容易形成该园的构图中心。反之，若山顶和山脊处无景可赏，那么亭就应该设在视线较低的山腰部分，在比较高大的山上设亭，其位置应设在山腰且地势向外凸出。切忌将亭设置于山颠，避免形成降低山的高度的视觉效果。

②水边和水上设亭

水面较小，亭宜设在临水或水中，且接近水面，体形宜小。水面较大时，常在长桥上设桥亭，结合划分空间，为人们提供驻足欣赏岸边景色的处所。

③平地设亭

在平地上建亭，视点较低，亭的基座要抬高些，且设在其周围环境有

景可赏的位置。若环境较封闭，应避开风景透视线，切忌将亭设在交通干道一侧或路口处，否则就起不到休息和赏景的作用。

(2)园亭的设计构思

①园亭的平面

园亭体量小，平面严谨。自点状伞亭兴起后，亭的形状出现了三角、正方、长方、六角、八角以至海棠状、扇状，由简单而复杂，基本上都是规则几何形体，或再加以组合变形。根据这个原则，可构思其他形状，也可以和其他园林建筑如花架、长廊、水榭组合成一组建筑。一般的亭只作休息、点景之用，因此体量上不宜过大、过高。亭的直径一般为3~4米，小的有2米，大的可为5米，亭的大小应以环境来决定。

亭的平面布局，一种是终点式，设一个出口；一种为穿越式，设两个以上出口。

②园亭的立面

亭的立面因款式的不同而有很大的差异，但有一点是共同的，就是内外空间相互渗透，立面显得开畅通透。个别有四面装门窗的，如苏州拙政园的塔影亭，这说明其功能已逐渐向实用方面转化。

园亭的立面可以分成几种类型，这是决定园亭风格款式的主要因素。如中式古典、西式古典式样都有程式可依，困难的是施工十分繁复。

亭顶面分古典和现代形式。古典形式的亭顶面有攒尖（建筑物的屋面与顶部有四条垂脊，在顶部交会为一点，形成尖顶。这种建筑叫攒尖建筑）、歇山（歇山建筑是明清建筑中最基本、最常见的一种建筑形式）。歇山建筑屋面峻拔陡峭，四角轻盈翘起，玲珑精巧，气势非凡；歇山建筑屋顶四面出檐，其中，前后檐檐椽的后尾搭置在其下金檩上，两山面檐椽后尾则搭置在山面的一个既非梁又非檩的特殊构件上。这个只有歇山建筑才有的特殊构件叫"踩步金"（踩步金是清式歇山建筑常采用的一个特殊构件）等式样。

形式的亭顶面现代有平顶、斜坡、曲线等式样。在设计时要注意因园亭平面和组成均甚简洁，观赏功能又强，所以屋面变化无妨多一些。如做成折板、弧形、波浪形，或者用新型建材、瓦、板材；或者强调某一部分构件和装修，来丰富园亭外立面。现代园亭可根据环境要求做成仿自然、野趣和仿生的式样。目前用得多的是竹、松木、棕榈等植物外型或木结构，真实石材或仿石材结构，用茅草作顶也特别有表现力。

亭的柱高和面宽具有一定比例，一般是方亭柱高等于面宽的8/10，六角亭柱高等于面宽的15/10，八角亭柱高的等于面宽的16/10。

● 假山

假山，常带给人闲情逸致的感受。它浓缩了园林工艺的景致精华，采用了动态理念，有瀑布，有流水，有水车，有风水球，有花草和亭子……是一件活生生的工艺品。

(1)假山的吉祥寓意

假山，寓意为"靠山"，是中国风水学上最吉祥如意的镇宅之物。楼梯底下有"靠山"，象征天天顺意；宅外有"靠山"，代表能挡风驱邪，生活安逸；宅内有"靠山"，象征深藏宏厚，勃然待发；宅后有"靠山"，代表可以傲视人间百态。

假山能改善室内小环境。假山上有瀑布、流水和水车等，能扩大室内空气含水量，降低室内温度，吸附空气中的尘埃，调节并净化室内环境。假山所体现的吉祥如意就表现在调节室内气候上。

假山，有众化的风水理念，含中国人源远流长的意识形态，有陶冶情操的独特信念，给人憧憬未来，寄托生活的希望。

一个园区设计一两个假山是非常理想的，这样一进园区就会让人产生一种生机感。但并不是哪个位置都可以设计假山，假山只适合安装在山星生旺方。

(2)假山的功能

假山具有多方面的造景功能，如构成园林的主景或地形骨架，划分和组织园林空间，布置庭院、驳岸、护坡、挡土，设置自然式花台。还可以与园林建筑、园路、场地和园林植物组合成富于变化的景致，借以减少人工气氛，增添自然生趣，使园林建筑融汇到山水环境中。因此，假山成为表现中国自然山水园的特征之一。

假山艺术最根本的原则是"有真为假，做假成真"。大自然的山水是假山创作的艺术源泉和依据。真山虽好，却难得经常游览。假山布置在住宅附近，作为艺术作品，其比真山更为概括、更为精炼，可赋予人的思想

感情，使之有"片山有致，寸石生情"的魅力。人为的假山又必须力求不露人工的痕迹，令人真假难辨。与中国传统的山水画一脉相承的假山，贵在似真非真，虽假犹真，耐人寻味。

假山的主要理法有相地布局（即选择和结合环境条件确定山水的间架和山水形势），混假于真；宾主分明；兼顾三远（宋代画家郭熙《林泉高致》说：

"山有三远。自山下而仰山巅谓之高远；自山前而窥山后谓之深远；自近山而望远山谓之平远。"）；浓皴合山。按照水脉和山石的自然皴纹，将零碎的山石材料堆砌成为有整体感和一定类型的假山，使之远观有"势"，近看有"质"和对比有衬托，这包括大小、曲直、收放、明晦、起伏、虚实、寂喧、幽旷、浓淡、向背、险夷等。在工程结构方面，主要技术是要求有稳固耐久的基础，递层而起，石间互咬，等分平衡，达到"其状可骇，万无一失"的效果。

(3)假山的种类

假山按材料可分为土山、石山和土石相间的山（土多称土山戴石，石多称石山戴土）；按施工方式可分为筑山（版筑土山）、掇山（用山石掇合成山）、凿山（开凿自然岩石成山）和塑山（传统是用石灰浆塑成的，现代是用水泥、砖、钢丝网等塑成的假山，见岭南庭园）；按在园林中的位置和用途可分为园山、厅山、楼山、阁山、书房山、池山、室内山、壁

山和兽山。假山的组合形态分为山体和水体。山体包括峰、峦、顶、岭、谷、壑、岗、壁、岩、岫、洞、坞、麓、台、磴道和栈道；水体包括泉、瀑、潭、溪、涧、池、矶和汀石等。山水宜结合一体，才能相得益彰。下面将重点阐述按施工方式来分的掇山、塑山。

①掇山

此是用自然山石掇叠成假山的工艺过程，包括选石、采运、相石、立基、拉底、堆叠中层、结顶等工序。

施工基本程序如下：

选石。自古以来选石多着重奇峰孤赏，追求"透、漏、瘦、皱、丑"。明末造园家计成提出了"是石堪堆，遍山可采"和"近无图远"的主张。这种就地取材、创造地方特色的思想，突破了选石的局限性，为掇山取材开拓了新路。选石还可选择方正端庄、圆润浑厚、峭立挺拔、纹理奇特、形象仿生等天然石种以及利用废旧园林的古石、名石,既可减少山石资源和资金的浪费，又可避免各地掇山千篇一律的弊病。掇山常用的石品有以下几类：湖石类，体态玲珑通透，表面多弹子窝洞，形状婀娜多姿，多数为石灰岩、砂积岩类，如江苏太湖石、安徽巢湖石、广东英石、山东仲官石、北京房山石等。黄石类，体态方正刚劲，解理棱角明显，无孔洞，呈黄、褐、紫等色，如江浙的黄石、华南的黄腊石、西南的紫砂石、北方的大青石。卵石类或圆石类，体态圆浑，质地坚硬，表面风化呈环状剥落状，又称海岸或河谷石，多数为花岗岩和砂砾岩。剑石类，指利用山石单向解理而形成的直立型峰石类，如江苏武进斧劈石、广西槟榔石、浙江白果石、北京青云片石等，出自岩洞的钟乳石则各地均有。吸水石类或上水石类，体态不规划，表里粗糙多孔，质地疏松，有吸水性能，多土黄色，深浅不一，各地均产。四川砂片石也属于这一类。其他石类，有橡皮青、木化石、松皮石、宣石等。

采运。中国古代采石多用潜水凿取、土中掘取、浮面挑选和寻取古石等方法；现在多用掘取、浮面挑选、移旧和松爆等方法采石。运石多用浮舟扒杆、绞车索道、人力地龙、雪橇冰道等方法。为保护奇石外形，常用泥团、扎草、夹杠、冰球等包住奇石的保护方法。无论人抬、机吊、车船运输，都不可集装倾卸，应单件装卸，单层平摆，以免损伤。

相石。又称读石，品石。施工前需先对现场石料反复观察，以区别不同质色、形纹和体量，再按掇山部位和造型要求分类排队，对关键部位和结构用石做出标记，以免滥用。经过反复观察和考虑，构思成熟后，才能胸有成竹地做到通盘运筹，因材使用。

立基。就是奠立基础。基础深度取决于山石高度和土基状况，一般基础表面高度应在土表或常水位线以下0.3～0.5米。基础常见的形式：桩基，用于湖泥砂地；石基，多用于较好的土基；灰土基，用于干燥地区；钢筋混凝土基，多用于流动水域或不均匀土基。

拉底。又称起脚，有使假山的底层稳固和控制其平面轮廓的作用。一般在周边及主峰下安底石，中心填土以节约材料。

堆叠中层。中层是指底层以上、顶层以下的大部分山体。这一部分是掇山工程的主体。掇山的造型手法与工程措施的巧妙结合主要表现在这一部分。

古代匠师把掇山归纳为三十字诀："安连接斗挎（跨），拼悬卡剑垂，挑飘飞戗挂，钉担钩榫扎，填补缝垫杀，搭靠转换压。"

意思是："安"指安放和布局，既要玲珑巧安，又要安稳求实。安石要照顾向背，有利于下一层石头的安放。山石组合左右为"连"，上下为"接"，要求顺势咬口，纹理相通。"斗"指发券成拱，创造腾空通透之势。"挎"指顶石旁侧斜出，悬垂挂石。"跨"指左右横跨，跨石犹如腰中"佩剑"向下倾斜，而非垂直下悬。"拼"指聚零为整，欲拼石得体，必须熟知风化、解理、断裂、溶蚀、岩类、质色等不同特点，只有相应合皱，才可拼石对路，纹理自然。"挑"又称飞石，用石层前挑后压，创造飞岩飘云之势。挑石前端上置石称"飘"，也用在门头、洞顶、桥台等处。"卡"有两义，一指用小石卡住大石之间隙以求稳固；一指特选大块落石卡在峡壁石缝之中，呈千钧一发、垂石欲堕之势，兼有加固与造型之功能。"垂"主要指垂峰叠石，有侧垂、悬垂等做法。"钉"指用扒钉、铁锔连接加固拼石的做法。"扎"是叠石辅助措施，即用铅丝、钢筋或棕绳将同层多块拼石先用穿扎法或捆扎法固定，再填心灌浆而随即在上面连续堆叠两三层，待养护凝固后再解索整形做缝。"垫"、"杀"为假山底部稳定措施，山石底部缺口较大，需用块石支撑平衡者为垫；而用小块楔形硬质薄片石打入下小隙为杀，古代也有用铁片铁、钉打杀的。"搭"、"靠（接）"、"转"、"换"多见于黄石、青石施工，即按解理面发育规律进行搭接拼靠，转换掇山垒石方向，朝外延伸堆叠。"缝"指勾缝，做缝常见的有明暗两种：做明缝要随石面特征、色彩和脉络走向而定；勾缝还要用小石补贴，石粉

伪装；做暗缝是在拼石背面胶结而留出拼石接口的自然裂隙。"压"在掇山中十分讲究，有收头压顶、前悬后压、洞顶凑压等多种压法；中层还需千方百计留出狭缝穴洞，至少深0.5米以上，以便填土供植花种树。

结顶。又称"收头"。顶层是掇山效果的重点部位，收头峰势因地而异，故有北雄、中秀、南奇、西险之称。就单体形象而言，又有仿山、仿云、仿生、仿器设之别。掇山顶层有峰、峦、泉、洞等20多种，其中"峰"就有多种形式。峰石需选最完美丰满的石料，或单或双，或群或拼。立峰必须以自身重心平衡为主，支撑胶结为辅；石体要顺应山势，但立点必须求实避虚，峰石要主、次、宾、配，彼此有别，前后错落有致，忌笔架香烛、刀山剑树之势。顶层叠石尽管造型万千，但决不可顽石满盖而成童山秃岭，应土石兼并，配以花木。除上述仿山掇山外，北京、江苏、广东等地现存的仿云掇山常利用花岗条石做骨架，用黄石叠法延伸山体而构成通透框架，再用小块山石附着于条石之上，构成风回云转之势。此法虽空透多变，但终究人为造作，不可多用。

施工要点：应自后向前，由主及次，自下而上分层作业。每层高度约在0.3～0.8米间，各工作面叠石务必在胶结料未凝之前或凝结之后继续施工。万不得在凝固期间强行施工，一旦松动则胶结料失效，影响全局。一般管线水路孔洞应预埋、预留，切忌事后穿凿，松动石体。对于结构承重

有力感的山石景，特别是能塑造难以采运和堆叠的巨型奇石。这种艺术造型较能与现代建筑相协调。此外，还可以通过仿造，表现黄腊石、英石、太湖石等不同石材所具有的风格。可以在非产石地区布置山石景，可利用价格较低的材料，如砖、砂、水泥等。

施工灵活方便，不受地形、地物限制，在重量很大的巨型山石不宜进入的地方，如室内花园、屋顶花园等，仍可塑造出壳体结构的、自重较轻的巨型山石。可以预留位置栽培植物，进行绿化。

设计。塑山的设计要综合考虑山的整体布局以及同环境的关系。根据自然山石的岩脉规律和构图艺术手法，统一安排峰、岭、洞、潭、瀑、涧、麓、谷、曲水、盘道等，做出模型。模型放大的方法有翻制法和现场塑造法两种，后者造价低，较为常用。

施工。现场塑造的一般施工步骤为：

建造骨架结构。骨架结构有砖结构、钢架结构，以及两者的混合结构等。砖结构简便节省，对于山形变化较大的部位，要用钢架悬挑。山体的飞瀑、流泉和预留的绿化洞穴位置，要对骨架结构做好防水处理。

泥底塑型。用水泥、黄泥、河沙配成可塑性较强的砂浆在已砌好的骨架上塑型，反复加工，使造型、纹理、塑体和表面刻画基本上接近模型。

塑面。在塑体表面细致地刻画石的质感、色泽、纹理和表层特征。质感和色泽根据设计要求，用石粉、色粉按适当比例配白水泥或普通水粉调成砂浆，按粗糙、平滑、拉毛等塑面手法处理。纹理的塑造，一般来说，直纹为主、横纹为辅的山石，较能表现峻峭挺拔的姿势；横纹为主、直纹为辅的山石，较能表现潇洒、豪放的意象；综合纹样的山石则较能表现深厚、壮丽的风貌。为了增强山石景的自然真实感，除了纹理的刻画外，还要做好山石的自然特征，如缝、孔、洞、烂、裂、断层、位移等的细部处理。一般来说，纹理刻画宜用"意笔"手法，概括简练；自然特征的处理宜用"工笔"手法，精雕细琢。

设色。在塑面水分未干透时进行，基本色调用颜料粉和水泥加水拌匀，逐层洒染。在石缝孔洞或阴角部位略洒稍深的色调，待塑面九成干时，在凹陷处洒上少许绿、黑或白色等大小、疏密不同的斑点，以增强立体感和自然感。

受力的用石必须小心挑选，保证有足够强度。山石就位前应按叠石要求原地立好，然后栓绳打扣。无论人抬还是机吊都应有专人指挥，统一指令术语。就位应争取一次成功，避免反复。掇山始终应注意安全，用石必查虚实。栓绳打扣要牢固，工人应穿戴防护鞋帽，掇山要有躲避余地。雨季或冰期要排水、防滑。人工抬石应搭配力量，统一口令和步调，确保行进安全。掇山完毕后应重新复检设计（模型），检查各道工序，进行必要的调整补漏、冲洗石面和清理场地。有水景的地方应开阀试水，统查水路、池塘等是否漏水。有种植条件的地方应填土施底肥，种树、植草一气呵成。

②塑山

此是用雕塑艺术的手法仿造自然山石的园林工程。这种工艺是在继承发扬岭南庭园的山石景艺术和灰塑传统工艺的基础上发展起来的，同样具有用真石掇山、置石的功能，广州动物园狮山即由人工塑造而成。

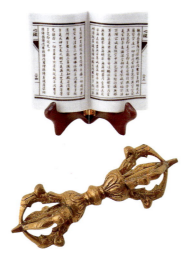

塑造的山与自然山石相比，有干枯、缺少生气的缺点，设计时要多考虑绿化与泉水的配合，以补其不足。这种山是用人工材料塑成的，毕竟难以表现石的本身质地之美，所以只宜远观不宜近赏。

特点。塑山工艺的特点是：可以塑造较理想的艺术形象——雄伟、磅礴而富

● 雕塑

一个漂亮的园林，应有三个组成部分，即建筑、雕塑和绿化。而园林雕塑则是园林的眼睛，是园林美化的点睛之笔。在提倡园林与自然共存，大力发展生态园林的今天，雕塑作为一种艺术的表现方式，与园林绿化有机地结合，能相得益彰。

(1)雕塑的选址

一是对环境整体效果进行分析。也就是说雕塑的选点布局在定形、定态、定气势上都应追求整体环境的价值，确定用地大小、形状、视点距离和空间背景，还应具有良好的透视角度，以人眼视界为范围，从中、远距离来观赏雕塑的总体轮廓和形象，求其完美的大效果。

二是以人作为对象，研究人们心理上的反应，对预定空间特征进行分析。有的空间环境会使人产生紧张、不稳定和不安全感，如长寿路上交通十分拥挤的十字路口、人行天桥分割空间的地段、人流拥挤的窄人行道等。选择优美的空间环境，立足于意境的追求，从人的视觉、知觉心理上考虑要达到所希望的空间气氛，才有意义。

三是从雕塑景观的性质来剖析周围的空间环境。雕塑要与周围环境进行对话，在材料、色彩、造型、位置、尺度、体量细部、视面等方面通过空间分割、序列、轴点、掩蔽等手法参与环境景观的表现。

(2)雕塑的分类

第一类是主题雕塑。一条道路、一座公园、一个广场、一幢建筑都有一个主题，一切元素都应围绕这个主题展开。主题雕塑也就是它所反映的思想与这个主题相吻合，成为点睛之笔。

第二类是园林象征雕塑。雕塑的空间构成与造型往往代表某种抽象的

词汇，象征时代精神和民族精神，表达人们美好的愿望，达到鞭策人们奋发进取、勇往直前和展现园林风貌的作用。

第三类是人物小品雕塑。这些雕塑以人的日常生活为题材，虽是一种纯艺术的装饰，但对美化园林也会产生充满生活情趣的效果，如以鸭子、老人、孩子造型的小品雕塑。

(3)雕塑艺术在园林中的体现

园林雕塑的表现主题是使环境空间美化，以满足人的心理美感需求。它的主要功能是使作品更富有美感、丰富多彩和赏心悦目，强调装饰的一面。所以，我们现在所看到的园林雕塑大多是以装饰为题材的抽象或半抽象作品。形式上突出它的工艺性、趣味性，使之在绿地中形成一种点缀。如果脱离了园林的功能性而一味强调其中的思想性、政治性，从装饰功能中分离出来，那它很有可能会进入到一个认识问题的误区，干扰所表现的物体，创作出与环境不和谐的作品。

①中国园林雕塑的审美特征

雕塑艺术在人类发明的历史上，几乎和文明同时诞生。原始的陶俑雕塑在世界各地均有发现，距今已有几万年的悠久历史。由于地域的隔绝，所以在漫长的历史发展中便形成了东西两种艺术风格。一种是以古埃及、中国为代表的东方艺术，它强调的是一种装饰、稳定、明确而有严格规范

又具有写实基础的美，如埃及法老造型、中国秦马俑等。另一种是以古希腊、古罗马为代表的欧洲风格，它强调的是一种个性的刻画、生动自然的体态，具有一种健康的体积美。两种风格形成两种文化，雕塑艺术也不例外。雕塑是一种环境艺术，它介于绘画和建筑之间，它的表现需要衬托和依附。

中国园林室外依附性雕刻，最早可以认为是以砖雕、木雕、石雕及假山、太湖石、黄石等为代表，而且一开始是以一种较为抽象的面貌出现的。这和西方雕塑艺术的发展形成了反转关系，表现为东方的雕塑是先抽象后具象，而西方是先具象后抽象，这种关系在园林雕塑中反应得特别明显。欧洲园林，开始就体现出严谨性，17世纪法国造园准则是：不加以调理和安排均齐，人们所能找到的最完美的东西都是有缺陷的。甚至要自然接受均衡对称的法则，可见它缺乏"随类赋彩"的灵性，直到现代，毕加索、马蒂斯从东方艺术中找到这种感觉，西方园林才日趋多样化。音乐用节奏表现规律，园林也用它特有的节奏、旋律表现出地形、奇峰异石、小桥和流水。中国园林雕塑与中国的水墨画一样，以泼墨淋漓的大写意来表现意境，它蕴含着几千年的东方文化沉积、人文习俗和山水灵气。

石头在这里不仅是一种抽象化了的雕塑，它更具有一种内涵，重要的是人赋予了它一种象征、一种精神、一种风俗、一种气节，并在园林中扮演一种艺术文化的"角色"，在庭园中，它是"镇园"之石；在中堂大厅，它是古玩佳品，体现了主人的情趣爱好；在盆景中，一块奇石就成了咫尺千里的风景。石头更是诗人、画家吟颂和表现的题材。无生命的顽石在东方的文人雅士眼中，有着极高的审美意识，他们能从石峰造型的跌宕起伏中领悟到它的美学价值。从古典园林中遗留下来的名石看，大都是高大伟岸，形质俱美的石峰，如上海豫园的"玉玲珑"，亭亭玉立，玲珑多姿，透漏兼备，秀润多彩，玲珑剔透。据说，该石有二十二孔，以一炉香置其底，孔孔出烟，以盆水灌顶，孔孔流泉。而苏州留园的"冠云峰"，高耸如云，极具嵌空瘦挺之妙，清秀附柔浑朴之美，它以高耸奇特而冠世。立于苏州第十中学内的"瑞云峰"，其形状如"云飞乍起"。杭州花圃的"绉云峰"，为英石叠置，其"色积如铁，迂回峭析之致……"古人用"透、瘦、皱、漏"来品评它们的美。"透"，是玲珑多孔穴，光线能透过，使得外形轮廓丰富多彩；"瘦"即石峰秀丽，棱骨分明；"皱"即石峰外形起伏不平，明暗变化富有节奏感；"漏"即石峰上下左右有路可通。这种"漏、透"之美，今天可以在现代英国雕塑大师亨利·摩尔的作品中看到，如《国王与皇后》人物形象极具抽象，人物眼睛用漏透的办法割成两个洞，光影从背后射过孔穴产生一种神秘感，让人不能不佩服大师的"拿来主义"。他从东方石头中的"孔穴"之美，提出了他的"孔穴"理论，并把这种理论应用到他的作品之中，实现了雕塑作品从"凸"到"凹"、到"透"这样一个革命过程。他认为："洞和实体具有同样的'形体'意义。

它可以把这一边和那一边联系起来，使雕塑立即增加了三度的空间感觉。"不难发现东方的"石文化"对这位大师的艺术产生了多么大的影响。正如毕加索、马蒂斯也曾得到东方色彩的启发一样，证明了我们前面所说的文化反转关系，也说明了"石头"作为抽象天成的雕塑作品，其自身通过材质、线条、孔穴所体现的美学价值和形体意义。

②园林雕塑的主题与环境

我们所说的石头在园林中的价值和地位，不论是抽象的"太湖石"、"黄石"，还是具象的雕塑，依附性是第一位的。在服从和服务于这个主题的前提下进行创作，是园林雕塑发展的基础。现代园林雕塑由于受现代西方艺术的影响，题材和形式以装饰的手法居多，如装饰人物、动物、无题标志等形式的作品，在限定的时空环境中有序地组合，构造出富于节奏韵律的雕塑，在与环境的组合中呈现雕塑的艺术性、文学性、主题性。成功的雕塑作品不在于自身尺度的大小，而在于作者对材料、技法、环境的综合把握，在于对雕塑设计整体视觉现象的感观。一件有感染力的园林雕塑不仅要有丰富的内涵、生动的形象、优美的形式，还要有一个健康的主题。题材不是作品的唯一形式，主题是作品的灵魂。艺术作品的主题思想，并不是抽象的概念推理，而是体现在具体的题材之中。中国的诗画艺术经常取材红梅、松柏、兰竹等，但主题并不是要去认识自然物的生长规律，而是象征人的某种品格和哲理。高尔基说："艺术的目的是夸张美好的东西，使它更加美好。"

园林雕塑服务于配合园林大环境，难点在于作品如何和环境相协调。文艺复兴时期的一批大师们完美无缺地做到了这一点，如米开朗基罗，他完备的知识决定了他能够从艺术、建筑、环境诸因素去整体把握自己的作品，使作品与环境达到最佳配合，从而留下了许多不朽的雕塑杰作，如《大卫》《摩西》等。如一些作品从本身的艺术性来说是一件成功之作，但放置在环境中后就没有了雕塑的感召力、震慑力、装饰力。杭州孤山公园旁的《秋瑾》塑像就是一例。为纪念辛亥革命的女英雄、鉴湖女侠秋瑾，20世纪80年代初，园文部门在此竖起一座纪念像，整座塑像连基座高大约

为4米左右，女侠持长剑凝视前方，从主题和立意上无疑是优秀的。但当游人不经意时就很不容易发现这里的塑像，整个尺寸过小，导致和环境脱离，后景压过了塑像，从而削弱了塑像的意义，失去使瞻仰者产生崇敬的功能。在孤山公园的后山坡上，20世纪60年代在此塑有一座《鸡毛信》的儿童英雄塑像，连本地的游人也很难寻找到它的准确位置。再如近年在湖滨公园旁新落成的大型雕塑《美人凤》，此像是根据杭州的民间传说，即一位凤尾人身的仙女含珠落洒大地的故事创作而成的。塑像坐落在解放路、湖滨路、南山路的交叉路口旁，整个塑像体积庞大，给人一种压迫之感，加上现场空间极为有限，使观众缺乏一定视觉距离。这座塑像落成后，在杭州市民中引起了许多的异议。这说明艺术家和建筑家之间各行一套，难免产生塑像在环境、形式、尺度上的误差，造成两大环境艺术之间的不和谐。在雕塑艺术的创作中，仁者爱山，智者爱水，见仁见智在所难免，除了创作中的个人因素外，作者在创作中应更多地考虑建筑环境的因素，如创作宾馆中的内庭园林雕塑与公园园林雕塑，其两者是有区别的，一种是针对特殊群体，一种是针对大众群体。把作者的构思、设想通过一定的造型功能使之形象化、表述化，将作品中不符合环境的因素除去，用最适合的形式创造和利用好这块区域内的文化环境，以满足人们的生理和心理需求，这是雕塑家、建筑师们应尽力去做的课题。某些作品在这个展览会也许是成功的，但在另一个展览会就不一定成功，雕塑只是为某一特定环境以及环境中的特定群体进行创作，就是说作品自身具有特殊性。

艺术家不应该先把雕刻作品完全雕好，然后再去考虑把它摆在什么地方，而是在构思时就要联系到一定的外在世界和它的空间形式及地理位置雕塑家、欣赏者、作品三者意念的共鸣融合，除雕塑自身给予人们美的感受之外，还依赖于雕塑自身的形式和置放的环境，雕塑作品在园林环境中的功能是点缀和点题。只有优美的环境，雕塑的形式才能令人产生美感。

长期置身于这种艺术环境中，潜移默化的感染力能唤起人们对美好理想的憧憬。雕塑家应在努力适应环境的同时强调和突出自我的个性特征，挖掘材料的美，结合具体的环境功能，集知识、艺术、趣味于一体，使之成为虚实空间与意念想象并存的实体，使雕塑在园林中随处可见，成为园中的点睛之笔，形成美的焦点。

③园林雕塑中的形神关系

形与神是中国传统美学的精髓，东方艺术历来追求形神兼备，以形写神，即要求艺术形象外观与内涵的统一。形是直观的外在表达，神是形的内在体现。在园林艺术中，雕塑作品在内容上应更多地合乎中国人的美学传统思想，在形式上应该追求，来于自然又高于自然。南北朝时期的大画家顾恺之就提出"传神写照，正在阿堵中"，认为绘画中人物传神的关键是眼睛。谢赫也在著名的理论文章《画品》中提出了"六法"，其中第一法就是气韵生动。五代山水画大家荆浩说："凡数万本，方如其真"。就是指在充分的观察后，才能把握对象的精神本质，在创作时才能有充分深刻的表现。"不求表似"实际上就是超出一般表面的形似，追求不似之似，把表现与画家的感情性格相统一，强调艺术家自身的修养。园林雕塑由于其装饰特性的关系，所以，更多地突出形式与神韵，要求其艺术的外观与内涵的统一，自然与环境的统一，使人在感受和欣赏外形的同时，领悟到大园林的神韵。大与小是一对统一体，以小见大，以大观小，园林和雕塑互为表述。形、神是直观的外在表达，神是形的本质，神通过形体以展现。造型是为了传神，只有传神才能使形象充满活力，富有个性，使形态多姿多彩。在形式上，不论是写实还是抽象，实质上都是运用形式美的法则在表达作品。这种表达通过各种特征及个性表现出来，或直立挺拔，或茁壮厚重，或秀丽清奇，或奔放粗犷等等，"外师造化，中得心源"。

发展日新月异的今天，在现代园林艺术中，雕塑有了更为广阔的表现天地，手法形式也更为多样了。由于园林工作者和艺术家的共同努力，在全国各地涌现了一批无论在规划设计上，还是在雕塑创意上都结合得较好的园林雕塑佳作。如广州越秀公园的《五羊》雕塑，老山羊高昂其头，小山羊环绕四周，构图上形成稳定的三角状，情趣盎然，很好地表达了广州城的历史传说。杭州玉泉公园的《苏醒》也是一件成功之作，作者用喻意的手法塑造了一位"春天"少女，她手执银杏侧立于观众前，形式上用装饰夸张手法，把少女塑造得极为丰满、飘动。少女的长发和枝叶在风吹之下，仿佛有一种飘动之感。塑像背景是大片的树木和绿地，左右是开阔的草坪，观众远远望去，只见一位白衣少女似在呼唤春天的到来。万物苏醒，百花盛开，把玉泉公园和植物园这个主题牢牢引入到"苏醒"这一主题上来。南京莫愁湖公园的《莫愁女》塑造在回廊池中的数片湖石之上，使整个园林顿觉生色，塑像成了园中的重要景观，也点出了莫愁湖的故事，使游人留连忘返。北京日坛公园内的《水上天鹅》雕塑，两只天鹅和水面成45度角向天空飞去，天鹅倒映水中，像天鹅欲离水时的一刻，极具动感和诗情画意。

　　现代园林雕塑不论在内容还是形式上都丰富多彩，除传统的水泥、石雕之外，还有焊接雕塑、风动雕塑、激光雕塑等。但不足之处尚多，在主题、题材、形式上都离今天的需要甚远。如优秀的室外依附性雕塑极少，因而园林建筑物也就缺少一定程度上的精雕细刻的装饰风味，在这方面古典园林是可供借鉴的。再如，室内独立性雕塑更是一片空白，这不可不说是艺术发展中的一个遗憾，相信随着时间的推移这种空白会得到补偿。人们喜欢好园林，也喜欢好雕塑，都希望能看到更多更富有现代趣味的室内外有"依附美"和"独立美"的雕塑作品来装点人的生活环境。

　　改革开放后，中国的园林雕塑艺术在继承古代的优秀传统基础上，不断地提高和发展。经济的繁荣带来了艺术繁荣，园林设计、雕塑等学科的高等教育有了长足发展，培养了一大批专业化人才，为园林艺术的发展奠定了基础，把雕塑与园林等诸多空间造型艺术提高到了一个新水平。在党的"百花齐放、百家争鸣"，"古为今用、洋为中用"的方针指引下，创作数量之多、质量之高、流派之广都是以往任何时代所无法比拟的。雕塑艺术走上了一条宽广的大道，开创了雕塑与园林、风景区等完美结合的新时期。雕塑、园林、建筑工作者正共同携手致力于在继承传统艺术精华的基础上，吸收西方艺术的合理内核，为创造出既有中国民族特色，又有世界性的当代中国雕塑艺术而进行不懈的努力。

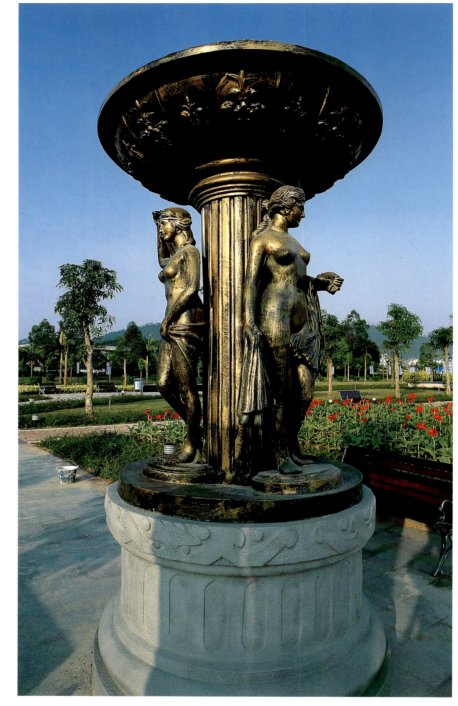

● 水景

　　"疏影横斜水清浅，暗香浮动月黄昏"以及"明月松间照，清泉石上流"等这些脍炙人口的诗句，是对古代自然水景的最好诠释。现代的水景住宅，该用怎样的设计来演绎呢？在设计中又应该注意哪些问题呢？

(1)水景营造，人性为先

　　水景住宅，首先必须有水，其次就在于"景"字上，即小区内的水必须是构成一定景观效果的。对于小区的环境优化、人居质量的提高、生态效益的改善，在一定程度上具有积极作用的，才可以称得上是水景住宅。

　　有专家指出，目前许多水景住宅在设计上往往以观赏为主，只发挥了景观功能，而忽视了人的参与性，如垂钓、游戏等实用功能并没有受到重视。其实，水景住宅应当充分尊重人们亲水的权利，给人以享受的空间。在一个小环境中缩短人与水距离的一个方法就是设置亲水平台和亲水步道，在较为安全的情况下，可以让人融入到水景中。

　　亲水平台是一个人可以最亲密地接触水的场所，可以满足人们赏水、嬉水的双重需要。亲水步道一般是紧贴水岸的走道或是由多级沿河岸的台阶组成的，有些台阶淹没于水面以下，有些则高出水面，这样就可以使人们的亲水活动不受水面高度变化的影响，沿着石阶在水边漫步的同时，只需弯下身子，就可接触到水，与水的亲近程度非常密切。

　　在设计步道时应降低踢板高度，加宽踏板宽度，这样可以提高台阶的舒适性。亲水步道尽量不要太直，应该曲折一些，并且每隔一定的间距设置一些小品景观，以丰富水景内容，增加人们的欣赏兴趣。

此外，根据居住环境内不同的居住人群，也需要设置不同的水景。设置适合儿童玩乐的水景设施，既要符合儿童喜欢嬉水的天性，适于他们的尺度，能够发挥他们的想象力，增强他们的动手能力，又要更多地考虑安全因素。同时，溪流还可以和桥、石块、雕塑、绿化以及各类休息设施结合，以创造出丰富、生动的室外空间。

而对于老年人这一特殊群体，水体设置应以观赏为主，采用自然水池，池上设桥，池中种植睡莲或荷花的传统手法，这样比较符合老年人喜清幽、恬静的性格。结合水面再设置一些水榭，内置座椅，老人便可以在里面休息、打牌、下棋。

(2)水景生态，尊重自然法则

水景资源的稀缺性，也让越来越多的开发商意识到水景住宅的生态性设计是十分重要的方面。但究竟如何真正实现水景的生态性？一些园林景观设计师们提出了一些很好的建议。

首先，降低临水居住建筑密度，或将建筑一二层架空，使滨水区空间与住宅区内部空间通透；其次，可调整临水空间的建筑、街道的布局方向，使之形成风道引入水滨的水陆风；第三，应建立完整的自然水体绿色廊道，即沿江、湖岸控制足够宽度的绿带，在此控制带内严禁任何永久性的大体量建筑修建。此外，小区内的水体开放空间廊道还应与小区外的开放空间系统组成完整的网络。线性公园绿地、林阴大道、步道及自行车道等皆可构成区内水景与住宅区外的联系信道。

对于水景住宅区内水岸的湿地、开放水面和植物群落，应当予以充分的保护，以使其构成一个连接建成区与郊野的连续畅通的带状开放空间，利用它把郊外自然空气和凉风引入小区内，改善环境质量。

在现代科技技术广泛应用的时代，只要能充分尊重自然，现代水景住宅中又何愁不能重现"枯藤、老树、昏鸦，小桥、流水、人家"的景象呢？

(3)水景设计要因地制宜

水景设计是园景设计中的重要因素，应当结合具体情况依山就势、因地制宜。对于在小区中设置大片水体的处理手法，难以简单地予以肯定或否定，应当是该大则大，当小则小。例如，在空旷开阔的小区级花园中可适当设置较开阔的水体，而在空间相对狭小的院落中设置大片水体则会使院落空间流于单调，缺乏层次，并造成活动游憩场地不足等问题。

小区水景设计时一般要注意师法自然，但也要综合运用多种理水手法。现代园林水景的很多实例是采用混合式构图形式，如驳岸、闸坝、设置落

水、跃水和喷泉等，形成理性和浪漫的交织。设计时要注意水体的形式、构图机理和尺度的处理，避免因设置中心大花园而对院落空间疏于经营，从而使住宅规划设计的均好性受到影响，应尽力避免形成"好的太好，差的太差"的情况。设计的手法千差万别，但都要进行人性化设计，处处体现对人的尊重和人文关怀，综合考虑人们休憩的各种需求。

(4)混合式水体设计

亲水是人的天性，从古至今，水历来是园林设计中不可缺少的元素。住宅小区园林从无到有，从有到精，其中水景的设计演变也发生了巨大的变化，从刚刚开始的简单粗放布局逐步发展为现在的采用混合式构图形式，综合运用多种理水手法，追求艺术美感。

现在的住宅小区中，园林水景以混合式水体形式较为常见。按水体的使用功能，可分为观赏的和开展水上活动的两类。观赏的水体可以较小，主要为构景之用，水面有波光倒影，又能成为风景的透视线，水体可设岛、堤、桥、点石、雕塑、喷泉、落水、水生植物等，岸边可做不同处理，构

成不同景色。按水流的状态，可分为静态水体和动态水体。静态水体反映出的倒影、粼粼的微波、潋滟的水光，给人明洁、清宁、开朗或幽深的感受，如景园中的"海"、"湖"、池沼及井等；动态的水体水景有湍急的溪流、喷涌的水柱、水花或瀑布等，给人们欢快清新、变幻多彩的感受。此外，还有溪涧、跌水、曲水流淌等造景手法。

(5)改善景观水质从设计入手

业内专家建议，要有效改善人工水景观的水质，不妨从最初的设计入手，对将要建成或筹建中的水景观把好关。其中，构造景观水体的生态系统是有效改善景观水水质的方法之一。简单来说，就是采用仿造天然湖泊的方式，对人工湖景观进行生态设计，将水体的自然生态属性与大环境的绿化背景融为一体。如可在水底设计具有抗污能力的环保型植物群落，模拟自然的观赏型植物群落，并且适量放养具有净化功效的水生动物，人为建立水生生态系统。最重要的是，这种人工湖只要维持其生态系统平衡，就能够有效防止水质恶化。

　　其次，提高水源质量，采用水质较好的自然水体作为水源也是能够改善水质的方法之一。通过减少水景观在结构设计上的不合理，避免出现死角，增加水体的互通性和流动性，从而防止在死角处各种污染物沉积，污染整个水体。

　　同时，在景观水的池底和堤岸应该避免采用混凝土结构，尽可能采用天然的泥层，不仅能够增加水体的环境容量，而且有助形成完整的生物链，提高水体的自净能力，还有利于地下水对景观水的补充与交换，从而进一步增加污染容量和自净能力。

(6)水景植物的配置

　　水是园林艺术中不可缺少的、最富魅力的一种园林要素。古人称水为园林中的"血液""灵魂"。古今中外的园林，对于水体的运用非常重视。在各种风格的园林中，水体均有不可替代的作用。早在3000多年前的周代，水就成为我国园林游乐的内容。在中国传统园林中，几乎是"无园不水"。有了水，园林就更添活泼的生机，也更增加波光粼粼、水影摇曳的形声之美。所以，在园林规划建设中，重视对水体的造景作用、处理好园林植物与水体的景观关系，不但可以营造引人入胜的景观，而且能够体现出真善美的风姿。

　　在园林诸要素中，以山、石与水的关系最密切。中国传统园林的基本形式就是山水园。"一池三山""山水相依"等都成为中国山水园的基本规律。大到颐和园的昆明湖，以万寿山相依；小到"一勺之园"，也必有岩石相衬托；所谓"清泉石上流"也是由于山水相依而成景的。所以，古人论风景必曰山水，李清照称："山光水色与人亲。"

　　园林水体可赏、可游、可乐。大水体有助空气流通，即使是一斗碧水映着蓝天，也可使人的视线无限延伸，在感观上扩大空间。园林中各类水体，无论其在园林中是主景、配景，无一不借助植物来丰富景观。水中、水旁园林植物的姿态、色彩所形成的倒影，均能加强水体的美感。先贤们将水的本性以拟人化的手法来评价，并归结为德、仁、义、智、勇、善、正的品德。孔子认为，水无私给予万物，"似德"；所到之处有生命成长，"似仁"；下流曲折而循其理，"似义"；浅者流行，深者不测，"似智"；赴百仞之谷不疑，"似勇"；其万折必东，"似意"。同时，水能"不清以人，鲜洁以出"，洗净污浊，与人为善；水至量必平，最"公正"。不同的水体构筑物可以产生不同的水态；以水环绕建筑物可产生"流水周于舍下"的水乡情趣；亭榭浮于水面，恍若神阁仙境；建筑小品、雕塑立于水中，便可移情寄性；水在流动中，与山石、河岸、塘堤产生摩擦，可发出各种声音，"山石有清音"是悦耳的美感；"惊涛拍岸，卷起千堆雪"则气势磅礴，水声增添了天然韵律与节奏，显示空间的乐感美。总之，水是构成园林景观、增添园林美景的重要因素。

　　纵观当今许多园林景观设计与建设，都无一不借助自然的或人工的水景，来提高园景的档次和增添实用功能。各类水体的植物配置不管是静态水景，或是动态水景，都离不开花木来创造意境。

①水边的植物配置

　　水边的植物配置应讲究艺术构图。我国园林中自古水边主张植以垂柳，造成柔条拂水，同时在水边种植落羽松、池松、水杉及具有下垂气根的小叶榕等，均能起到线条构图的作用。但水边植物配植切忌等距种植及整形式或修剪，以免失去画意。在构图上，注意应用探向水面的枝、干，尤其是似倒未倒的水边大乔木，以起到增加水面层次和富有野趣的作用。

②驳岸的植物配置

　　驳岸分土岸、石岸、混凝土岸等，其植物配置原则是既能使山和水融成一体，又对水面的空间景观起着主导作用。土岸边的植物配置，应结合地形、道路、岸线布局，有近有远，有疏有密，有断有续，曲曲弯弯，自然有趣。石岸线条生硬、枯燥，植物配置原则是露美、遮丑，使之柔软多变，一般配置岸边垂柳和迎春，让细长柔和的枝条下垂至水面，遮挡石岸，同时配以花灌木和藤本植物，如变色鸢尾、黄菖蒲、燕子花、地锦等来局部遮挡（忌全覆盖，不分美丑），增加活泼气氛。

③水面的植物配置

水面景观低于人的视线，与水边景观呼应，加上水中倒影，最宜观赏。水中植物配置用荷花，以体现"接天莲叶无穷碧，映日荷花别样红"的意境。但若岸边有亭、台、楼、阁、榭、塔等园林建筑时，或设计种有优美树姿、色彩艳丽的观花、观叶树种时，则水中植物配置切忌拥塞，应留出足够空旷的水面来展示倒影。

④堤、岛的植物配置

水体中设置堤、岛，是划分水面空间的主要手段，堤常与桥相连。而堤、岛的植物配置，不仅能增添水面空间的层次，而且丰富水面空间的色彩。岛的类型很多，大小各异。环岛以柳为主，间植侧柏、合欢、紫藤、紫薇等乔灌木，疏密有致，高低有序，既增加层次，又具有良好

的引导功能。

另外，可用一池清水来扩大空间，打破郁闭的环境，创造自然、活泼的景观，如在公园局部景点，住宅区花园、屋顶花园、展览温室内部、大型宾馆的花园等，都可建造小型水景园，配以水际植物，造就清池涵月的画图。

(7)住宅区水景设计八要点

①一条住宅区的水流，如在地面上不便沟通的地方，那么可以地下暗管沟通，这样便没有"死水断头浜"之虞。

②水体不同形状、深浅、宽狭的设计，象征着不同的地理环境：溪流、池湖、港湾、半岛、河埠……有着不同的景观，起着不同的生态作用。

③在不同的水体环境布置不同的动植物，如水中的荷莲、水边的芦苇、鱼类……即使在小环境，也体现生物的多样性。如能有意识地选择一些环

保生物，则更有利。

④以瀑布、涌泉作为动力，创造水位高差，让水体自然循环流动，以使其产生溢水、跌水、涓流、紊流等动态水景观，增加水体与大气、沙石的接触，提高含氧量。古谚"流水不腐"，是水景设计的座右铭。

⑤因为不同缓坡、不同水面的宽狭，造就了各处不同的水深，所以溪流也有急有缓。浅的地方，要控制水流使之不冲不淤；深的地方，可掘井，促使上下循环。大型水面，还要兼顾交通、娱乐、生产等种种需要。

⑥以开挖水渠及缓坡之土方，堆叠地形，分隔空间，改善种植条件，来减少土方运量，此取"一箭双雕"之功利。

⑦引导雨水沿着起伏地形渗透、流淌，使之汇而成河，这样既没有淹渍、冲刷，也减少排水工程量。方法是在出口处设溢水、单向阀门，干旱缺雨季节，以人工办法补充水源。

⑧在流域附近的绿地，采用自然水灌溉，使之形成水的生态良性循环。雨水的回收利用，是绿色生态住宅区的重要标准。

● 喷泉

在园林中，水与山、石、植物、建筑物等要素组成丰富多样、绚丽多姿的美景，以其实惠功能、形象优美、寓意深刻而成为难能可贵的园林要素，体现出真、善、美的风姿。现在就让我们来看看它其中的一种形式——喷泉。

(1)喷泉的历史

据记载，早在我国汉代的上林苑中，就有"铜龙吐水"，这就是一种人工的喷泉，可见喷泉应用于园林已有2000多年的历史了。明代地理学家徐霞客曾遍游我国山水风景。他在游历云南鸡足山时，发现一寺庙内有"喷泉"，曾作过如下描述："（息阴）轩中水由亭沼中射空而上，其高将三丈，玉痕一缕，自下上喷，随风飞洒，散作空花，前观之，甚奇。"他感到很疑惑：既然是在池中置管向上喷，则水管中的水不一定是池水，而且水能喷得如此之高，又不外泄，并保持一定的高度，必定另有水源供水，彼下此上，与之等高，才保持平衡。经过调查研究，他终于发现在这喷泉附近的三丈高一个山崖上有水源，从山崖以锡管承接，并由地下埋伏数十丈至池沼中后，始向池心竖起之故。这大概是我国利用自然水设置人工喷泉的原始做法了。

而现代城市中设置的喷泉已十分先进，且灵活多变，花样翻新，可大可小，可高可低，喷射出的水，大者如珠，小者如雾，且随着喷泉构筑物的形式、大小及水压等而产生高低不同、水态各异，形式多样的喷泉。其中又可分为以下几种：

①由下往上或向侧面单孔直喷成一独立的抛物线，如表现游鱼吐水等。

②组合喷：由多个单线喷组成一定的图形或花样的喷泉。

③面壁喷：喷泉直向墙壁喷射，而壁或为墙面或为壁雕，多是具有特色的壁面。

④花样喷：由粗细不同的单线喷头，或如珠状或如雾状构成较为复杂的各种花样。

⑤喷柱：集中相当数量的单孔喷眼于一处，齐喷如柱，可由许多水柱构成极为壮观的喷泉群。

⑥喷雾：出于一种设计构思的需要，或植物保养的需要，常常采用喷雾的水态。

室外的喷泉，常常与气象发生相得益彰的关系，天空的云彩、朝夕的变化，常常成为园林的借景或衬景。水体在阳光的照射下，常出现彩虹的景象，更增加水景之美。

⑦自然风向喷泉：这是一种利用风向转动仪，以自然风向、风力来控制喷泉的吹向与高低的喷泉。无风平静时，喷泉保持一般的直上高度；风大时，泉水喷得高而大，随风而飘，能显示出风力的大小与风向。

⑧复合喷泉：在同一处较大的综合体喷泉中，利用各种构筑物小品如墙体、池边、盆花等，可形成一个多层次、多方位、多种水态的复合喷泉，从喷泉不同的角度欣赏不同的水景：有的泉涌如柱，有的水花四溅，有的如玻璃般透澈晶莹，有的如浓雾笼罩，有的形如趵突，有的则为壮观的"花丛"，表现丰富多姿的水景，耐人寻味。

(2)喷泉的功能

喷泉对改善环境生态结构发挥着重要作用。喷泉随着现代科技的发展和人们的文化需求，已经越来越普及。喷泉是科技和艺术的结合体，具有声、光、色的变幻，动与静的交替，程控与手动的自由，它给人们的生活带来其乐无穷的享受。

(3)喷泉的模式

喷泉分室内与户外、声控与灯光、程控与手动、模拟与自然、水景与旱景、喷射与泉流等喷泉模式。设计者因地制宜，充分发挥水景喷泉的各种优势，给观众创造奇幻和愉悦的感受。

● 游泳池

游泳是人健身健美的运动项目。除了竞技外，大量的游泳场地是建在以健身健美为目的的游乐休憩场所。目前已有少量家庭住宅庭园内设有游泳池。住宅设游泳池，不仅为家庭提供了健身、休憩的场所，也是美化环境的手段，在体育俱乐部、文化游乐中心、宾馆等公共场所，游泳池也是不可缺少的服务项目。

(1)游泳池类型

①标准游泳池

作竞赛用的设有观众席，作练习用的则不设观众席。池的规格和设备应符合比赛标准。一般池的平面尺寸为21米×50米，水深1.8米。

②标准跳水池

带和不带观众席两种。但池的规格和设备要求都符合比赛标准。平面尺寸21.5米×15米，水深3.5米～5米，有跳水高台和跳板。

③其他类型

普通游泳池：平面形状尺寸不限、水深不限，一般水深1.6米左右。

花样游泳池：平面尺寸30米×20米，有12米×12米的，水深保证≥3米。其他部位≥2.5米。

水球池：平面尺寸33米×21米，水深≥1.8米。

潜水池：平面尺寸3.6米×5米，水深1.5米～5米。

制浪池：平面尺寸长≥25米，宽≥5米，水深1.5米左右。

戏水池（儿童池，水滑梯）：平面形状、尺寸不限，水深1.0米左右。

④综合池

综合池就是为了达到一池多用的目的，把池的面积增大，池的深浅有变化，设深水区和浅水区，满足不同游泳者的要求。在规格上用大于或等于标准池规格的池面和水深，达到比赛和练习的要求。把水面和深浅加以分隔(用浮标或水中拦网，供不同年龄、不同游泳技术水平，不同游泳项目要求的水池)。

(2)游泳池基地选择

①游泳池（馆）宜建于环境优美、位置适中的公园以及住宅区中心绿地内，四周有植被，无严重的空气污染，防风、防尘的地方。

②天然游泳场，宜建在有良好自然水质的泉水、温泉的地方以及水质良好的江、河、湖、海等适宜游泳的地方，以减少人工供水的经济负担。有的工矿企业有大量冷却水，也可作为游泳池的水源。

③应选在交通方便，位置适中，有足够用地，供、排水方便的地方。

④基地应选在无噪声干扰的地方。

(3)标准游泳池设计要求

国际比赛标准规格：

①池长一般为50米，允许误差±0.03米。在池端可安装触电板调时器（触电板规格：2.4米×0.9米×0.01米，在两端池壁水面上30厘米处安放，浸入水中60厘米，板表面色彩鲜明并划有与池壁标志线相同的标志线），池总长为50米，短池长度为25米，短池总长25米，允许误差±0.02米。

②池宽21米，奥运会世界锦标赛要求25米。

③水深要求≥1.8米。两端池壁自水面上30厘米至水下80厘米处。可在距水面不超过1.2米深以内池壁上设休息平台，台面宽10～15厘米。

④比赛泳道每道2.5米宽，边道另加0.5米，两泳道间有分道线，分道线用浮标线分挂在池壁两端，池壁内设挂线勾，池底和池端壁应设泳道中心线，为深色标志线。

⑤出发台应居中设在每泳道中心线上，台面50厘米×50厘米。台面临水面前缘应高出水面50～70厘米。台面倾向水面不应超过10度，并保证运动员出发时能在前方和两侧抓住台面，出发台上应设不突出池壁外的仰泳握手器，高出水面30～60厘米，并有水平和垂直两种。出发台四周应有标明泳道数的号码，号码从出发方向由右至左排列。

⑥游泳池需在两侧壁安装溢水槽，以保持池水的要求深度和排走表面浮游污物。游泳池的攀梯应嵌入池内，数量一般4～6个，其位置应不影响裁判工作。

⑦水池池壁必需垂直平整，池底防滑，池面层平整、光洁易于清洗。一般池壁贴白色玛赛克，池底贴白色釉面砖，泳道标志线为黑色釉面砖。

⑧游泳池的池岸宽一般出发台端池岸宽≥5米，其余池岸≥3米。正式比赛池，出发台池岸宽≥10米，其他岸宽≥5米。

(4)游泳池附属房屋的设计要求

下面阐述各附属用房的使用要求，以及相应的定额和数量：

◎过厅为游泳者进出游泳池购票等候的地点，冬季要求避风、夏季要求遮阳。

◎检票处设在门厅进入更衣室的入口处，如设有自动检票的游泳池，应在门厅内设有硬币交换处。

◎卫生设备：根据《游泳场所卫生标准》的规定，游泳池淋浴室每40人设一莲蓬头。女厕所每40人设一个便池，男厕所每60人设一个大便池和2个小便池。其污水排入下水道。淋浴室通往游泳池走道中间应设强制通过式淋浴走廊及浸脚消毒池。淋浴走廊的长度为2～3米，浸脚消毒池的池长不少于2米，宽度与走道相同，深度20厘米。由于目前我国性病已有流行，因此，一些对外开放的游泳池宜设浸腰消毒池。浸腰消毒池的有效长度不宜小于1米，有效深度宜采用0.6～0.9米。

◎更衣室泳场，馆内的更衣室，在面积及衣柜数量的安排上，主要应满足平时广大群众使用的需要。在比赛馆内应满足运动员分队使用的要求。更衣室存衣管理有两种方式：一种为存衣集中管理，我国游泳场、馆多采

用此种形式；另一种为自我管理。更衣，存衣的平面布置有以下几种方式：统舱式和大统舱式。统舱式即大统间的更衣室，室内一侧布置更衣凳，另一侧布置自己管理的存衣柜或由服务台集中管理的存衣处。大统舱式更衣间的平面仍应按更衣、淋浴的路线合理地布置平面。但由于这种大统间的更衣室均为男、女分设，不便灵活调配使用。

◎办公用房内部办公用房不少于9平方米。超过两人时，每增加1人，办公面积增加1.5～2平方米。

◎现场指导间应能看到所有水面及平台。其面积不小于9～15平方米，并应设场地广播。

◎急救站应与游泳池及出入口有方便的联系，以便抢救伤员。面积不少于9平方米。

◎器材库要靠近室内外游泳池，以便存放运动器材和清洁用具。一般不宜小于20～30平方米。

◎机房一般设在地下室，要考虑设备维修和进出方便，门口要有足够宽度，地面有高差处应设坡道。机房应与游泳管理、现场指导有直接联系。

◎儿童游戏和家长停留室。一般与室内幼儿水池相邻，面积约20～30平方米。

◎在大型游泳场(馆)内应设有按摩室和蒸汽浴室。

◎比赛馆应增加检录处和赛会指挥系统用房。检录处应设在准备池与比赛池之间，并以隔断分开，以避免噪声干扰。在检录厅内应能通过玻璃观察到比赛池。工作人员可借以了解情况进行检录，运动员也可进行比赛前的准备活动。赛会指挥系统用房包括裁判室、秘书室和新闻报导室。各房间之间方便联系，应有广播电台转播和电视实况转播用房。赛会指挥系统用房的位置宜靠近比赛场。

● 小贴士　　　　　　　　TIPS

阳宅的水环境

阳宅四周的水分为六种，第一是朝水，如九曲水、洋朝水。第二是环水，如腰带水、弯弓水。第三是横水，如一字水。第四是斜流水。第五是反飞水。第六是直去水。

阳宅周围的水影响人的吉凶。

秀水绕前横过，主清闲乐和。

秀水朝门，主发横财。

水近割门，主人不安。

水直冲门，主人离散。

此外，对水沟、池塘、水井都有禁忌。

水沟是居宅内的水阴沟，宜暗藏不宜显露。掘沟导水宜顺地势，按子位屈曲而出，则气不流散。若直泻前去，则财不聚。开门放水，财散不住。对门放水，亦不聚财。水于两旁，富而悠长。凡丙午向，沟水宜从前天井右边辛方回流，中天井从庚方回流，后天井从乾方回流。如几宅并排居住，宜在门外横凿一沟。

池塘是居宅取水排水之处。凡塘成四方形，兴旺祯祥。塘似覆釜，富贵无量。屋大池小，男孤女夭。屋小池大，财帛流散。门前塘大，人寿不长。屋后塘大，少年伤亡。此外，前塘直长、后塘窄小、前后夹塘、大塘并小塘、上塘过小塘、屋内有池塘、塘中起水亭、塘中有小山、塘水似黄泥，都属凶格。

水井是用水来源。开需要水之方。吉方开井，生聪明之子。天干位上吉，地支位上不宜。

宅前有半圆形池塘，圆方朝前，可能会发横财。

宅前池塘的尖角对家门，容易生病。

多建房屋而填塞沟井，难保长久。填塞沟井可能会破坏生态，但是，该填就得填。不能因为一沟一井而影响建设。

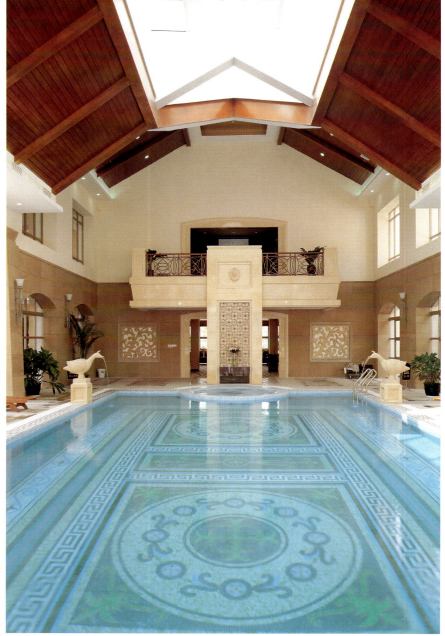

● 房地产项目水系设计的十三大风水要素

古代的都城其地理位置大多与江、河、湖、海有密切联系。从古至今，除重视对风的防范外，水也是城市规划、建筑设计上所要考虑的重要内容。盖"所以立天地者，水也。夫水者天地之本也，吐元气、发日月、经星辰，皆由水而兴"。"天下之多者水焉，浮天载地，高下无不至，万物无不润。""坎为水，润万物者莫润乎水"，这是《易·说卦》之说，以八卦论水。历来国内学者对水评价很高，在国外亦然如此。如古希腊米利都学派创始人泰利斯，在哲学上他首先摆脱传统的神创论观点，提出并探讨了世界的本源问题。他认为水是万物的本源，万物皆从水而产生，最后又复归于水。

中国的风水学通过体察自然界江河竞流、山川俯仰的变化，格物致知，从而精心选择适合人类生存发展的环境，形成了独特的哲学思想体系。在阳宅的风水活动中，水作为物质实体，是判断风水好坏极为重要的参照物。《黄帝宅经》指出"宅以泉水为血脉"，而"观水"则属于风水勘测学中四大步骤之一。《渊鉴类函》里说："天下之多者水焉，浮天载地，高下无不至，万物无不润。" 水的力量是极为强大的，滋养生命，寓刚于柔，既有观赏价值，也有环保价值，甚至可以调控温度，比如号称"春城"的昆明，其城市的气温是靠五百里滇池来调节的，自从文革中滇池被部分围海造田后，昆明的平均气温已较前上升了3~4℃。

由于水在传统风水中有运财、凝神静气的作用，所以自古有"智者乐水"的说法，它的重要性在住宅消费者心目中占据着根深蒂固的位置。综观世界各地的著名高档居住社区，像美国的长岛、悉尼的玫瑰湾、日本的东京湾、香港的浅水湾等，无不是依水而建，沿海岸、河岸或湖岸呈带状分布。人们对回归自然的渴望和对水的依恋成为营建高档住宅区的重要参考。

现代房地产项目与水更是密不可分，有了水系作为卖点，对市场将产生巨大的吸引力，其价格便有了强劲的支撑。在大陆，由于南北的自然地理条件不同，水系在房地产项目中的运用也产生了许多差异。比如深圳、珠海的许多项目纷纷以亚热带滨海作文章，广州则以珠江为卖点，靠北的如郑州等就有项目倚黄河而顾盼自雄，而像北京这样无海可望的内陆城市，天然河流更显得弥足珍贵。北京的四大水系，温榆河、永定河、潮白河、京密引水渠中，惟一四季长流的天然河温榆河横贯京北，与市中心的距离恰到好处，便捷的交通、良好的基础设施和自然风光使其成为北京最早的别墅开发地带之一，周边产生了许多高档商品房，使得当地的地价迅速上涨。

笔者曾经参加一个位于北京与河北交界、潮白河畔的某别墅区的开盘活动，一位业主对笔者说，他主要是看中了这片别墅区环形河道内外布局高明的亲水环境，认为这里风水较好，体现了"智者乐水"的意识，有助

于事业的发展和家庭的进步。我认为这正代表了亲水住宅购买者的典型消费思想。

当然，居住群体的水系规划设计大家都做，但各有不同，如何避免所在项目与其它项目出现同质化，并且能够出类拔萃，为市场接受，达到风生水起的效果，我认为要考虑以下十三大风水格局要素。

(1)水为天地万物之本

风水上又认为品水味可以探知地脉的美恶，即所谓"尝水"。其做法：平阳平冈地区尝其溪涧水。水的味以香为贵，若带酸苦则不吉，为凶险之地，不能营穴。此外，对水的颜色和温度也有讲究，即喜清忌浊，冬季宜温，夏季宜凉。

(2)水龙的形状

水龙有"先天之水"和"后天之水"之分，亦即天然水系和人工水系，但均须看形状是否秀丽，水势是否蜿转、昂扬。最近我们公司服务的一个南京别墅项目，其内部一条水龙就呈昂首状，极为生动，吸引了许多客户。

(3)内外阳水要平衡

比如安徽黟县宏村"牛形村落"科学的水系设计就极为独特，其月沼（奥斯卡获奖影片《卧虎藏龙》取景处）即为内阳水。为了保持内外阳水平衡，居者又将村南百亩良田掘成南湖，极大地优化了其风水环境。另外，如北京紫禁城的内外金水桥与筒子河的规划设计，广州白天鹅宾馆的"故乡水"与珠江的内外格局等均有内外阳水平衡的效果。

(4)水势的方位与朝向有讲究

一方面不能令水势克南面之火，另外必须对水因势利导。

(5)水的形状设计

水的形状设计大有文章，寓意要深远，比如宏村的内阳水，因它像半个月亮，所以村人又称它为"月沼"。该池塘被掘成半月形，而不掘成满月形，是因为花开则落，月盈则亏，其设计目的就是追求"花未开，月未圆"，不断进取的境界。这在中国客家建筑的水系及释家的经典建筑如普陀禅林等均可得到旁证。

(6)水的深度

水的深度要控制，"水能载舟，亦能覆舟"，不能让水泛滥成灾。据笔者研究，特别是内部水系（泳池除外），深度最好在80厘米以下，而且还要考虑到防污、防虫的效果。

(7)水系与项目本身的尺度、体量比例须恰当

通过巧妙的风水布置，既为项目带来灵气，也带来活力，又节约成本。

而不是图一时之快，建成巨大水系，而后面维护费用跟不上，弄巧成拙。某中介公司代理的一个现楼，据说接手了一个月，才卖了一套，都说没有人气，主要的问题是该项目中庭的喷水叠泉体量巨大，比例失调，但已经干涸了许久了，水不动则财不旺，来看房的客户观感很不好。后来见了发展商，原来他有难言之隐，这水流量太大，心疼每天流出去白花花的银子，不得不从考虑成本出发而断流。

(8)把握水与山的关系

世人对山水连称，如国画中专绘山与水之画称"山水画"。

山有来脉，水有来源，犹人身之有经络，树木之有根本也。水以地载，山以水分，考山犹当考水，知水之所由，后能知山之发脉也。故堪舆家之言风水云："乘风则散，界水则止。"山岂为风水之止散?盖山之为气，风则散，水则止耳。从风水学的角度看，水势是否能够与外界的山势互相呼应，达成一种负阴抱阳的效果，譬如众所周知的十三陵水库，就是从这方面考虑的。

(9)面水背山

"面水背山"是我国自古以来城市、宫室选址的主要条件，因为面水背山之处的土地最为肥沃，有利于农业耕作，使人们安居乐业。众山环抱，是一块负阴抱阳、依山傍水的风水宝地，故离水近而便用，居高又无洪涝之虞；曲处，后有高崖遮蔽可御风寒而迎纳阳光，具有较好的小气候，所以是最适宜于宅居的地方。《管子·乘马》："凡立国都，非于大山之下，必于广川之上。"早在新石器时代和殷商时期，先民们选择聚落基址和建都卜宅时，都取依山傍水之势，为此，风水上认为河曲选址应以水流三面环绕缠护为吉。所谓河道中间"虽有屈曲决不结穴，直至环转回顾之处，方是龙脉止聚"之地，乃选址于此。这种形势的基址特称之"金城环抱"。金者乃五行之"金"，取象其圆。五行中的金、木、水、火、土，过去相家每用圆、直、曲、锐、方之形来评价山峰的优劣。"地高则沟之，下则堤之，命之曰金城。"至于宅前用人工开辟的河道也往往用此形。

(10)水口的设计

山水的出口处谓之"水口"，堪舆上对水口的说法则指穴山前面的水流出口处。其势宜迂回收束，有重山关拦；若旷阔直去，则生气外泄，不利穴气的融结。位于水口处两岸或水中的山称之"水口山"，也称"水口砂"，砂者山也。水即财富，为了留住财气，除选中良好的水口位置外，还必须要有所设计，即建造一些桥、台、楼、塔等物。在平原地区的水口，则常在去水中央立洲或土墩、土堆，并在其上建阁或寺庙。

在城市建设上遇到水口处，每有建寺、造塔者，前者称"水口寺"、

"水口庵"；后者有"文峰塔"。

水口具体位置依山势而定，即依山脉走向而定。一般说来，其最佳方位是在项目的巽（东南）、丙（正南）或甲（正东）三方，其中多取东南之"巽位"（巽位为江湖之咽喉，水口之关锁）。

出水口的流向，总的要求是与外部水的流向互逆，外水到左则沟口向右。《相宅经纂》卷三"放水定法"："水为气之母，逆则聚而不散，水又属财，曲则流而不去也。"山前水聚成湖沼，形家谓主生气厚蓄，为吉贵之象，故徐善继《人子须知·水法》云："穴前水最宜深聚，盖水本动，妙在静中，聚则静矣，此其所以为贵。"风水谓其势宜重叠关拦，使气脉

内蓄，以利穴山融结。

(11)四水汇明堂

建筑上"明堂"之制起自祭祀。现代房地产项目把项目前面空间称做明堂，此处明堂之意为"乡阳受光日明，三面阙前日堂"，受到传统堪舆的影响，在设计住宅时就采用《老子》第四十二章中的"万物负阴而抱阳，冲气以为和"的哲学观点，用明堂紧紧拢抱着"气"。"凡宅左有流水谓之青龙，右有长道谓之白虎，前有淤池谓之朱雀，后有丘陵谓之玄武，为最好地。"这样就形成了"负阴抱阳"的围合之势。聚之有气，藏之有能。此宅本身就符合所谓"四水汇明堂，可以聚财"之说。

(12)水与气的关系

水在风水学术语中也称"外气"，相对之土中的生气则称"内气"。道书《淮南子·天文训》上说："积阳之热气生火，火气之精者为日；积阴之寒气为水，水气之精者为月。"脉气靠水运送而行，因水拦截而止，寻龙点穴，要根据水流的有无、大小、方向、形态等作出判断和印证。水势以深聚、缓和为吉，以激湍冲割为凶。可知水之一物对人们生前、死后关系都很大，故徐善继《人子须知·水法》说："水深处民多富，水浅处民多贫，水聚处民多稠，水散处民多离。"它与"龙""穴""砂"并为相地术中的四大内容。

地下水的通路，风水学谓之"水道龙脉"，简称"水脉"。蒋平阶《水龙经》五云："水脉者，阳气也，冈阜水道皆龙脉，要迢迢而来，博龙换骨，如博花接木，所谓支干也。"

"龙脉"是自然山脉、水脉的神秘化和形象化。在乡村中建住宅时，首先要看"龙脉"，实际上这种看"龙脉"就是观察住宅背后的山脉，以及踏勘生活、生产所必需的水源情况，也就是常说的分析山川地势。

(13)水与土的关系

世人对"水土"也与山水一样常连称之。水土对人的身体健康很有影响。早在春秋初期，管子曾说："水者，地之血气如筋脉之通流者也；水者，万物之准也、万物之本原也。"除风水称谓的由来以及此学基础理论上的"气说""藏风得水说"和有关气、风、水的建筑实例已如上述外，房地产项目实例也很多。

房地产项目的开发中如果能够结合本身的特点，运用风水学原理，对水系进行精心的规划布置，则可形成发展商与业主双赢的局面。发展商运水为财，而住宅水系潺潺流淌，改造了生存环境，增加了自然的美感，更可令曲水流觞，看花间绕水，为生活凭添无限的诗意。

● 绿化

在住宅区绿化中，为了更好地创造出舒适、卫生、宁静、优美的生活环境，首先要了解绿地的组成及布局，其次要注意植物的配置和树种的选择。

(1)住宅区绿地的组成及布局

住宅区公共绿地是指住宅区内居民休息、观赏、锻炼身体和社会交往的公共绿地，是住宅区建设中不可缺少的。

①住宅区公园

住宅区级公园是为整个住宅区居民服务的。公园面积较大，设施比较丰富，常与居民区中心结合布置，以方便居民使用。有一定的地形地貌、小型水体、有功能分区、划分景区，除了花草树木外，有一定比例的建筑、活动场地、园林小品、活动设施。住宅区公园布置紧凑，各功能分区或景区间的节奏变化比较快。住宅区公园与公园相比，游人成分单一，主要是本住宅区的居民，游园时间比较集中，多在一早一晚，特别是夏季的晚上是游园高峰。因此，加强照明设施，灯具造型，夜香植物的布置，成为住宅区公园的特色。

②居民小区中心游园

多数布置在小区中心，也可在小区一侧沿街布置以形成绿化隔离带，主要供居住小区内居民就近使用。设置一定的文化体育设施、游憩场地和老人、青少年活动场地。小游园的面积大小要适宜，面积太小，不便于设置老人、青少年活动场地；面积太大，如不分设小块公共绿地，则会减少公共绿地的数目，分布不均，增加居民到游园的距离，给居民带来不方便。因此应采用集中与分散相结合。

小游园的布置形式一般有以下几种。

规则式：即几何图式，园路、广场、水体等依循一定的几何图案进行布置，有明显的主轴线，对称布置或不对称布置，给人以整齐、明快的感觉。

自由式：布局灵活，能充分利用自然地形、山丘、坡地、池塘等，迂回曲折的道路穿插其间，给人以自由活泼，富于自然气息之感。自由式布局能充分运用我国传统造园艺术手法于住宅区绿地中，获得良好的效果。

混合式：规则式及自由式相结合的布置，既有自由式的灵活布局，又有规则式的整齐，与周围建筑、广场协调一致。

园路是小游园的骨架，既是联通各休息活动场地及景点的脉络，又是分隔空间和居民休息散步的地方。园路承地形变化而起伏，承景观布局之需要而弯曲、转折，在折弯处布置树丛、小品、山石，增加沿路的趣味。设置座椅处要局部加宽。园路宽度以不小于两人并排行走的宽度为宜，一般主路宽3米左右，次路宽1.5～2米。为了行走舒适和有利排水，横坡一般为1.5%～2%，纵坡最小为3%，超过8%时要以台阶式布置。

建筑小品。宜小不宜大，宜精不宜粗，宜轻巧不宜笨拙。

③居住生活单元组团绿地

是直接靠近住宅的公共绿地。以住宅组团内居民为服务对象，特别要设置老年人和儿童休息、活动的场所，往往结合住宅组团布置。

开敞式：居民可以进入绿地内休息活动，不以绿篱或栏杆与周围分隔。

半封闭式：以绿篱或栏杆与周围有分隔，但留有若干出入口。

封闭式：绿地为绿篱、栏杆所隔离，居民不能随意进入。

组团绿地从布局形式上来分，有规则式、自然式和混合式。

组团绿地的布置要注意以下几点：出入口位置、道路、广场的布置要与绿地周围的道路系统及人流方向结合起来考虑；绿地内要有足够的铺装地面，以方便居民休息活动，也有利于绿地的清洁卫生；如果有多个组团绿地，这些组团绿地从布局、内容，及至植物布置上要各有特色。

● 专用绿地

专用绿地是指居民区内各类公共建筑和公用设施的环境绿地，如小学、幼儿园等用地的绿化。其绿化布置要满足公共建筑和公用设施的功能要求，并考虑与周围环境的关系。

● 道路绿地

道路绿化如同绿化的网络，将住宅区各类绿化联系起来，是居民工作、日常生活的必经之地，对住宅区的绿化面积有着极大的影响。它有利于住宅区的通风，改善小气候，减少交通噪音的影响，保护路面，以及美化街景。要以少量的用地增加住宅区的绿化覆盖面积。道路绿化布置的方式，要结合道路横断面、所处位置、地上地下管线状况等进行综合考虑。

居民区干道是联系各小区及住宅区内外的主要道路，干道路面宽阔，选用体态雄伟，树冠宽阔的乔木，使干道绿树成荫，在人行道和居住建筑之间可多行列植或从植乔灌木，以起防止尘埃和隔音的作用，以馒头柳、桧柏和紫薇为主，以海棠、玫瑰、月季为辅。

● 宅旁和庭院绿地

居住建筑四周的绿化用地是最接近居民的绿地，以满足居民日常的休息、观赏、家庭活动的杂务等需要。 宅旁绿化应注意以下几点：

①绿化布局，树种选择要体现多样化，以丰富绿化面貌。

②住宅周围树种的选择上要注意耐阴树种的配植。

③栽植时要留够距离，不要影响住宅的通风和采光。

④树木的高度、行数、大小要与庭院的面积、建筑间距、层数相适应。

⑤室内外的绿化环境要通过植物的安排连成一体。

⑥宅间绿化布置的形式有树林型、绿篱型、围栏型、花园型、独院型。

● 儿童游戏场绿地

场地平面设计要与周围建筑群空间相协调，使创造出的空间富于艺术效果，其形状可呈规则式，亦可呈不规则。在场地内除了栽种乔木以遮荫外，栽种灌木、绿篱、草皮、花卉等。用各种材料铺砌的道路、场地，设置沙坑、涉水池，砌筑游戏墙，以及设置根据不同年龄的特点使用的游戏器械，如秋千、浪木、转椅、滑梯、攀登架、压板、组合器械等，供不同年龄的儿童游玩，以增进儿童健康。

(2)住宅区绿化规划布置的基本要求

要根据住宅区的规划结构形式，合理组织，统一规划。采取集中与分散，重点与一般，点、线、面相结合，以住宅区公园为中心，以道路绿化为网络，以住宅间绿化为基础，协同市政、商业服务、文化、环卫等建设综合治理，使住宅区绿化自成系统，并与绿化系统相协调，成为有机的组成部分。

充分利用自然地形和现状条件，尽量利用劣地、坡地、洼地及水面作为绿化用地，以节约用地。对原有树木，特别是古树名木应加以保护和利用，并组织到绿地内，以节约建设资金，早日形成绿化面貌。

住宅区绿化应以植物造园为主进行布局。植物材料的选择和配置要结合住宅区绿化种、养、管依靠居民的特点，力求投资节省，能有收益，管理粗放，以充分发挥绿地的卫生防护功能。为了居民的休息和点景等需要适当布置园林建筑、小品也是必要的，其风格及手法应朴素、简洁、统一、大方为好。

住宅区绿化中既要有统一的格调，又要在布局形式、树种的选择等方面做到多样而各具特色，可将我国传统造园手法运用于住宅区绿化中，以提高住宅区绿化艺术水平。

(3)住宅区绿化规划布置的基本原则

①绿地覆盖面积标准

新区住宅建设的绿地率不低于30%，旧区不低于25%，绿地指标组团不低于0.5平方米/人，小区不少于1平方米/人。

②功能与形式统一

园林绿地设计是一种多维立体空间艺术的设计，是以自然美为特征的空间环境设计，同时又是把植物、建筑、小品等综合在一起的造型艺术。绿化要有统一的形式，在统一的形式中再求得各个部分的变化。要充分利用对比与调和、韵律节奏、主从搭配等设计手法以及平面绿化与立体绿化相结合等多种绿化手段的运用来达到最佳的生态和美化作用。在合理运用植物、园林小品、园路和铺装等前提下，特别要强调园林景观与生活、文化的紧密联接，在空间组织上达到一步一景、景随步移的效果。住宅园林景观环境必须同时兼备观赏性和实用性，在绿地系统中形成开放性格局，布置文化娱乐设施，使休闲、运动、交流等人性化的空间与设施融合在园林景观中，营造有利于发展人际关系的公共空间。

③设计需经济实用

住宅区绿化是以满足居民生活、为生活在喧闹都市的人们营造接近自然、生态良好的温馨家园为宗旨，本着经济适用的原则，因地制宜，巧于因借，充分利用原有地形地貌，尽量减少土方工程。适地植树，选择耐贫瘠、抗性强、管理粗放的乡土树种为主，可适当选取用一些适应性强、观赏价值高的外地植物，改善住宅小区的植物种植结构。结合种植速生树种，保证种植成活率和环境及早成景。用最少的投入、最简单的维护、达到设计与当地风土人情及文化氛围相融合的境界。

④绿地规划应以人为本

小区绿地最贴近居民生活，规划设计不仅要考虑植物配置与建筑构图的均衡，以及对建筑的遮挡与衬托，更要考虑居民生活对通风、光线、日照的要求，花木搭配应简洁明快，树种选择应按三季有花、四季常青来设计，并区分不同的地域，因地制宜。人们进入绿地是为了休闲、运动和交流，因此，园林绿化所创造的环境氛围要充满生活气息，做到景为人用，富有人情味。人们能在树阴下乘凉、聊天、散步；天真活泼的孩子们能在泥土和石缝中寻找小动物；老人们买菜回来能有个歇脚的地方。因此在住宅入口，直到分户入口，都要进行绿化，使人们尽量多接触绿色，多看到园林景观，可以随时随地地享受到新鲜空气、阳光雨露、鸟语花香以及和谐的人际关系。另外以人为本并非一味迎合目前人们的趣味，更重要的是通过环境影响人、造就人、提高人的层次和品味。

⑤强调以绿为主的生态效益

主要由树木、花草的种植来实现。因此，以绿为主是住宅小区绿化的着眼点。目前有些设计过分强调标志性建筑，占用过多的园林小品，使原本不多的绿化面积更加可怜。事实上，乔木下面有灌木，灌木下面有花草的复层种植结构，是强调以绿为主的具体体现，是增加绿量的基本保证。良好的植物景观往往作为园林小品，甚至铺装、坐凳的独特背景，通过色彩、质感等方面的对比突出园林小品以及铺装、坐凳所处的特定空间，起到点景的作用。"以绿为主"的另一层含义是住宅小区的园林绿化不仅要平面化，而且要提倡"林荫型"的立体化模式。利用墙壁种植攀缘植物，可以弱化建筑形体生硬的几何线条，使这部分空间增加美化、彩化效果，从而提高住宅小区的生态效益。

⑥弘扬历史文化，创建地方特色景观

崇尚历史、崇尚文化是近年来住宅区景观设计的发展趋势。为了创造出具有高品位和丰富美学内涵的居住小区景观，在进行设计时，硬软景观要注意美学风格和文化内涵的统一。开发商和设计师不应机械地割裂住宅区建筑和环境景观，应在文化背景下进行居住小区的规划，通过建筑与环境艺术来表现历史文化的延续性。我国幅员辽阔，自然区域和文化地域的特征相差较大，居住小区景观设计要把握这些特点，营造出富有地方特色

的环境景观。

⑦强调创新

住宅小区园林绿化设计与其他设计一样，要不断创新，切忌在不同的环境中做出相同的设计来。住宅小区的园林绿化设计不同于公园的设计，它应以自然为主线，开拓人与自然充分亲近的生活领域，使身居闹市的人们能获得重返自然的美好享受。

(4)居住建筑布置对绿地布局的影响

居住建筑布置方式与绿地使用效果有密切关系。同样的用地范围，建筑密度，由于建筑布置方式的不同而有差异，行列式布置，宅旁绿地多而分散；混合式布置，公共绿地要比前者多。

建筑物宽度不同，即使在同样用地面积上，建筑密度亦要相同，绿地的布局和利用也有差异。建筑宽度越大，绿地相对越集中。当增加建筑长度时，也可使绿地集中，形成较宽阔的绿地。

(5)住宅区绿化树种的选择

住宅小区绿化树种选择总的原则如下：

首先，应充分考虑植物的生物学特性，做到"适地适树"，即根据气候、土壤、水分等自然条件来选择能够健壮生长的树种，通常的做法是选用乡土树种和地方品种。

其次，能最大限度地发挥其使用功能，满足人们生活、休息的需要。

再者，绿化树种种植设计应考虑到园林艺术构图的要求。根据住宅小区的各种小环境，如阴面、阳面、山墙、屋顶、阳台等，选择植物应做到：

无污染、无刺激气味、无伤害性。住宅小区所选的植物本身不能产生污染，忌用有毒、有刺尖、有异味、易引起过敏的植物，而应选无飞毛、飞絮、少花粉，物候期一致的树种。

抗污染。住宅小区的污染主要来自锅炉煤烟、生活污水、污物、污气以及周边社区、街道内扬起的粉尘，故应选有较强抗污染特性的植物，如女贞、金边水蜡、迎春、刺柏、大叶黄杨、海桐、广玉兰、臭椿、苏铁、龙柏、洒金柏等。

少常绿、多落叶，以阔叶为主。住宅小区是人们生活、游憩的场所，但由于楼房的相互遮挡，采光必然不足，特别在冬季，光照减弱且时间短，故要多选落叶树，如黄花槐、香椿、香樟、悬铃木等。

(6)住宅区绿化植物的配置

住宅小区的绿地形式多样，故在植物配置上应灵活多变，切忌单调而呆板，主要配置形式有以下几种：

①点、线、面相结合

这里的点是指住宅小区的公共绿地，平面配置形式以规则式为主的混合式为好，植物配置宜突出"草铺地，乔遮荫，花藤、灌木巧点缀"的公园式绿化特点，植物多用丛植、孤植、坪植、坛植和棚架结合等。线是指

住宅小区的道路、围墙绿化，可栽植树冠宽阔，枝叶繁茂，遮荫效果好的小乔木、小灌木或藤木，如臭椿、樱花、石楠、法国冬青、爬墙虎、炮仗花、三角梅、雪松等。面是指宅旁绿地，是住宅小区绿化的基本单元。

②充分利用建筑面积，搞好空间（立体）绿化

绿色植物可以吸收70%的直射光，将20%的直射光反射回大气中，因而好的立体绿化可以提高空气湿度，减弱光污染 。住宅小区由于建筑密度大，一方面地面绿地相对少，限制了绿量的扩大。但另一方面，多建筑又创造了更多的再生空间(即建筑表面积)，为立体绿化开辟了广阔的前景。攀援植物除绿化作用外，其优美的叶型、繁茂的花簇、艳丽的色彩，迷人的芳香及累累的果实等都具有独特的观赏价值。利用住宅区外高、中、低结合的结构特点，低层建筑可实行屋顶绿化、山墙、围墙可用垂直绿化，不仅增添了绿意，显得富有生机，有些藤本植物与墙面在色彩上还会形成一定的反差对比，景观极具美感。小路和活动场所可用棚架绿化，阳台可以摆放花木等，以提高生态效益和景观质量。

③模拟自然，疏密有致

住宅小区的绿化规划及种植设计应做到疏密有致，创造鸟语花香之意境。"搜尽奇峰打草稿"，多接近自然，遵循自然规律，多动脑筋，创造和谐、优雅的居民生活、休息场所。在植物栽植上，除需要行列式栽植外，一般都避免等距、等高的栽植，可采用孤植、对植、丛植等，适当运用对景、框景等手法，植物种类不宜繁多，但也要避免单调和雷同，创造出优美的景观，打破建筑群体的单调和呆板。

(7)植物的风水规划

植物与人类互依互补，并具有一定的灵性。湖南有一句谚语"竹子开花，活人搬家"。竹子开花的那一年，少不了有水灾或是火灾的说法。民间曾把君子兰炒得很热。民间认为，家庭不和睦者，栽的君子兰很少开花，但在和睦喜气的家里喜开花。田间的胡萝卜见到兔子会惊颤发怵。植物有语言，有情绪，也有喜怒哀乐。西双版纳植物园中的风流草，听到歌声即会跳舞，也就是说植物之间、植物与人之间也存在"场"。植物是有"气场"的。

植物有阴阳。喜阳的植物，植于阴湿处不会开花、结果，有的会死亡。梅花、玫瑰、牡丹、杜鹃、菊花等属阳性植物。文竹、万年青、巴西铁、龟背竹喜阴属阴性植物。开花结果的植物，喜欢异性同栽，不喜欢同性片植或孤栽。银杏树必须雌雄同栽。苹果树孤栽不结果，果农是知道这些属性的。植物孤阳不生，孤阴不长，在农村生活的人更要知道这些常识。

植物合五行。植物存在"场"。在"场"的作用下，物体之间互相转移变化。民间有"铜器不存金，存金不纯"的说法。也就是说用植物布场，改善人居环境，颐养人之身体，更是风水绿化的妙处所在。因此，

古人把不同植物属性的植物用"金、木、水、火、土"进行归纳，具有一定的科学道理。松柏、蒲桃、莲花、梅花、茶花、紫藤、桃、李、水草属水；火石榴、木棉、枫、红桑、红铁、紫荆、玫瑰、蔷薇、莲花属火；柠檬桉、九里香、白兰、白睡莲、山玉兰、白玉兰、菊、梅、梨、橙、石榴、龙眼、荔枝属金；绿牡丹、绿月季等属木；凌霄、金桂、金桔、黄素馨、黄钟花、瓜类、草类属土。植物与人有相生相克的关系，属土的植物可调节人体的脾胃；属木的植物可调节肝部；属金的植物可调节肺部；属火的植物可调节心脏和神经；属水的植物可调节肾脏。植物间的相生相克是植物学家研究的范畴，绿化工作人员也应该掌握其属性。本文不加赘述。但植物与人之间的相生相克，是小区绿化规划必须注意的。

(8)不同植物的风水含义

在风水学的应用中，植物常被用作趋吉化煞，因此不同的植物被赋予了不同的含义。

①被视为吉祥的植物

橘："橘"与"吉"谐音，盆栽柑橘便成为人们春节时家庭的摆设。

吉祥草：小巧，终年青翠，泥中、水中均易生长，象征着"吉祥如意"，也叫瑞草。

椿树：易长而长寿，有的地方盛行摸椿风俗。除夕晚上，小孩都要摸椿树，而且还要绕着转几圈，祈求快快长高；有的地方在正月初一早上，小孩抱着椿树念"椿树椿树你为王，你长粗我长长"。

槐树：被认为代表"禄"，古代朝廷种三槐九棘，公卿大夫坐于其下，

面对三槐者为三公，后来世人便于庭院植槐。

灵芝：自古视为祥兆，吉祥图常见鹿口或鹤嘴衔灵芝，用作祝寿礼品。

梅花：其五片花瓣被认为是五个吉祥神，于是有了"梅开五福"图。

②被视为有镇妖祛邪作用的植物

桃树：传为五行之精，能制百鬼，故而过年以桃符悬门上。

柳树：同桃树的作用一样，以柳条插于门户以驱邪。

草蒲、艾叶：端午节草蒲、艾叶用草蒲、艾叶挂在门旁，或用艾做成"艾虎"带在身上，能起到驱毒辟邪的作用。

银杏树：因在夜间开花，人不得见，传为有阴灵，故而术家的符印要用银杏木刻制。

柏树：刚直不阿，被尊为"百木之长"，传能驱妖孽，坟墓旁多种植柏树。

茱萸："常在异乡为异客，每逢佳节倍思亲。遥知兄弟登高处，遍插茱萸少一人。"王维在这首诗中为什么要"遍插茱萸"呢？原来风水学中认为茱萸是一种吉祥物，在重阳节登高时佩戴可避灾祸。

无患子：尤为受到尊崇。这种落叶乔木，五六月间开白花，结实如楷杷稍大，生青熟黄，内有一核，坚硬如株，俗名"鬼见愁"，佛教称为"菩提子"，用以串联作念珠，有它"无患"。

葫芦：八仙之一的张果老为什么用"宝葫芦"装酒？原来在风水术中，葫芦被认为是能驱邪的植物，古人常种植在房前屋后。现代物理测试证明"宝葫芦"形状的器皿能屏蔽各种波和辐射的干扰。张果老用"宝葫芦"装酒，除了能驱邪外，还因为"宝葫芦"能保存酒的味道不变。

③被视为凶兆的植物

桉树：这种可长到二十多层楼房高的树中"巨人"，中青年人是不敢栽种的，据说树大人必亡；要植此树只得请老人，反正等到树大时，植树者寿数也差不多了。

风水树：在南方，有的村子附近保留着一小块青葱林木，多是樟、松、柏、楠等长青树。作为观光者，可千万别去碰它们。因为这就是风水树，也叫"水口树"。别看只是一小块青葱林木，它可关系着全村的风水命脉，当地人也都不敢去动那里的一草一木，害怕破坏本村的风水。

风水学对于园林中的树种选择甚为讲究，如《相宅经纂》主张宅周植树，"东种桃柳（益马）、西种栀榆、南种梅枣（益牛）、北种柰杏"；还有"青松郁郁竹漪漪，色光容容好住基"之说，提倡种松、竹。上述貌似迷信、荒诞的说法，却颇符合科学，它根据不同树种的生长习性规定栽种方向，有利于环境的改善，又满足了改善宅旁小气候观赏的要求。

噪音是妨碍人体健康的大敌。风水说以为"不宜居大城门口及狱门、百川口去处"，因为那里人员杂沓，使人烦躁，甚至会引起失眠等症状。所以中国园林建造讲究选清幽之所，造清幽之景。

● 儿童乐园

在小区里开一个多功能儿童乐园，不仅能使房地产开发商达到其商业目地，同样也能为小区景观加色。

(1)儿童乐园规划设计原则

儿童乐园规划设计要基于儿童的特点和需求，并依据人与自然不可分的原理，把时间、空间、场地相融合，突破功能和表面形式的层面，利用林中高低起伏的空间理念与儿童成长的时间理念融合交织，进行空间、场地、景观各个层面的设计，突出"自然乐园"这一主题。

①以儿童为本的原则

儿童的活动尺度、身心特征与成人有所不同，因此其活动空间及游戏设施的布置应以服务儿童为宗旨，充分尊重儿童的个性，遵循儿童的自主性，开发儿童在活动中的创造性，司时处理好活动的挑战性与安全性、私密空间与公共空间、动态空间与静态空间之间的关系，创造良好的儿童活动场所。

②因地制宜的原则

儿童乐园作为小区景观的有机组成部分，在充分利用小区现状的基础上进行场地设计，对现有的植被资源进行合理布局，做到因地制宜，就地取材。

③人与自然结合的原则

充分发掘人与自然的关系，让儿童在与父母、他人交流的同时与自然

对话，感受空气、土地、沙石、木屑、植物等等，融于自然，让孩童在对外界的感觉、感应和领悟中自我体验，在生命与自然的感知中自我成长。

(2)儿童乐园规划设计理念

　　空间上，强调自然和交流。自然是"山水、林木、沙石、土地"等等的浓缩，这些内容组织在一个整体环境之中，共同构筑一个"空间"——一个属于孩童的世界。内部环境凝聚力与周围环境关系（特别是景区路线、交通、景观等）有分有合。结合山体、地形围合空间，营造动静分区，其间以地形和种植作为隔离带，不同年龄、不同功能的分区相互连接，形成一个复合空间带，创造一个儿童可以交流协作的环境。

　　时间上，强调儿童成长的时间轴。时间理念正是源于儿童成长的阶段性，不同年龄段的儿童在活动中有着不同的思维与行动，其游戏的内容和方式也就有所差异。以"成长的不同阶段性"来划分空间，从幼稚到成熟，不同的活动空间服务于不同年龄层次的儿童，突出"以儿童为本"的原则。

　　在儿童游戏场的设计中引入生态概念，在游戏中培育儿童的环保观念，使环保的观念从小就根植于儿童的心中。

　　人与自然相互依存，为了使在大都市长大的孩子们依然有一颗与自然同呼吸的心灵，有一双善于观察自然的眼睛，儿童乐园的规划设计从孩童角度出发，在小区中创造一个属于儿童的自然空间，一个亲切的活动场所，一个实现儿童梦想的自然乐园。

● 小游园

　　住宅区内的小游园，包括小区绿地、青少年活动用地、老人和居民游憩绿地。在风水规划中，应注意如下原则：

(1)选址要适当

　　小游园位置力求适中，居民使用都方便。小游园如果布置在小区中心，其服务半径以不超过三百米为宜。如果沿街布置，应尽量利用街角、街边，特别是道路弯转处的两侧或反弓的外侧，可兼顾化解因道路反弓带来的风水煞气，充分利用不宜建筑的地段和原有绿地、水面、冲沟、回填地、坟场、废庙址等不宜建筑的地段。同时，兼顾与城市总体绿化体系相联系，形成一个绿化体系。小游园如果偏向一边、一角，则宜适当分开设置，以利于民。

(2)布置要合理

住宅区小游园应按主要服务对象布置。儿童活动区与成人活动区应当分开布置，避免干扰。中间可用植物分隔。在不佳景观（形煞）方向（如烟囱、远处可见的墓碑、医院存尸房、对面大楼、屋脊角射等处）应植密林或置假山石加以屏障（障景）。在优美景观方向（远处山林、水面、亭阁等处）应适当留出视廊或置园林小品加以框景（借景）。在游园内以林木、花卉、草坪、水面为主，但应有充足的活动场地，便于游憩、晨练。游园内的游路应成环，往返自由，避免断头路、往返路。游园内应有小广场，便于集聚晨练和居民交往。这种园内广场，应布置在林木中间，不宜开敞向着居民住宅门窗。

(3)设施要美观

游园内的花坛、水池、形状多变，但避免转角尖射，在转角处应以弯曲、圆转为宜。花墙、花架设施均应精工细作，同时，兼有屏蔽、间隔作用。混凝土等现代材料亦可仿竹、仿木细作，增益园林秀美。亭、廊、桥、榭等园林四宝不宜新旧混合致使各不谐调。儿童器械稚桃，老人座椅逍遥，各顺其道。造景贵在自然，配置力求齐全。假山假石在于避煞；曲路幽径意为趋吉。山石透露，勿类虎骷髅；路径迂回，必似太极曲线。斯是游园，静可作禅，动能练功，咫尺天地，不失为养生这所。

(4)植物配置要得当

植物配置，应以当地适生植物为主，确保成活率和养护合理性。①选择旺生的乡土树种、草坪、花卉。少病虫害，不需施药施肥的植物。②树冠大的乔木。如北方的槐、榆、椿、杨；南方的梓、樟、悬铃木等。③常绿树和花灌木。如桃、李、枫、银杏、丁香等。④攀缘植物。如北方的地锦、爬册虎；南方的十姊妹、常春藤、络石等。忌用多飞絮、有毒刺、有刺激性和不良气场的植物。如柿树、小叶杨（雌株）、凌霄、构骨、夹竹桃、漆树、榕树等。榕树树冠大，利遮阳，但气根多，气场劣，民谚有云"榕树不容人"，在风水上列为不宜近宅的树种，但在适当远离住宅区还是可用的。

植物配置要避免单调，应多品种、有高低变化，有四时风貌。宜孤植、对植、从植，除行道树、绿篱外，一般避免有规则种植。

花卉配置应首选当地适生而又著名的"市花"品种。各地市花，都是经过多年培植、观察、研究评选的。有一定的美学和生物学的价值，有代表性，利于城市特色的形成。

● 网球场

(1)网球场的选址条件

网球场的选址，应考虑以下几个基本条件：

①向阳、避风。

②排水良好，地下水位不高。

③不得离公路过近，不得有移动之物等。如有上述情况，最好用避光网状物挡住为宜。

④在场地周围能种植草坪和植物。

⑤便于群众使用。

⑥室外场地长轴基本为南北向，偏向宜小于20°。

根据面积大小规划出最合理的建设方案，主要考虑因素有场地土质厚度、地下水位置、球场的方向、水泥或沥青基础的选择，多片球场相连时空地间隔大小等。

(2)网球场常识

一片好的网球场地能给您提供长久的运动乐趣，但前提条件是设计合

理，符合实际情况，材料和施工有保证。如果您已决定要修建网球场，则应了解一下常识：

国际网联和国家体委颁布的《网球竞赛规则》中规定，一片标准网球场地的占地面积不小于36.58米（南北长）×18.29米（东西宽），这一尺寸也是一片标准网球场地四周挡网或室内建筑内墙面的净尺寸。在这个面积内，有效双打场地的标准尺寸是23.77米（长）×10.97米（宽），在端线后应留有不小于6.40米的余地，在边线外应留有不小于3.66米的余地。在球场安装网柱，两柱中心测量，柱间距是12.80米，网柱顶端距地面是1.07米，球网中心上距地面是0.914米。

如果是两片或两片以上相连而建的并行网球场地，相邻场地边线之间的距离不小于3.66米。如果是室内网球场，端线6.40米以外的上空净高不小于6.40米，室内屋顶在网球上空的净高不低于11.50米。

室外网球场的四周围挡高度一般为4米，视球场周围环境与建筑物高度，也可适量增减。

● 铺装

(1)住宅区铺装设计的发展

住宅区是为居民提供生活居住空间和各类服务设施，以满足居民日常物质生活和精神生活的需要。80年代我国改革开放政策的实施为住宅及住宅区的建设发展带来了契机，使之进入全面发展的新时期。在此之前，住宅区的环境处理比较简单，除了基本的道路系统，余下的空地只做简单的绿化而已。到了90年代，环境设计逐步得到重视，住宅区开始有了活动的小广场、草坪绿地、喷泉水景。这种变化反映了住宅区设计从满足人们的基本居住需求过渡到关注居住环境这一层面。这一时期住宅区的建设特点有以下三点：

第一，住宅区规划打破以往住宅布局模式，不再是单一的行列式布局，而是向多样化发展，呈现了高低错落、结构清晰、层次丰富的景观效果。

第二，住宅区结构组织向多元化发展，不拘泥于组团分级的模式，更注重人的活动规律和空间环境的塑造，空间布局更趋于人性化。

第三，住宅区的整体设计风格更为丰富多彩，吸取了大量国外住宅设计的精华，无论是建筑造型还是园林景观，均展现了不同的风格魅力。

在住宅区建设发展的大环境下，住宅区外环境的重要组成部分——硬质铺装，也受到了设计师的关注。在住宅区中，生活品质的提升有赖于环境质量的提高，铺装则是环境景观中不可忽视的重要环节。

铺装是住宅区建筑风格的室外延伸，它不仅要满足人们使用的功能需求，还要在景观效果上满足人们的精神需求。近几年，住宅区的铺装较以前也发生了很大的变化：首先，住宅区铺装的功能有所增加，它不再是简单地体现于住宅区的道路交通上，而且还是居民们活动的载体，满足人们运动、交往、休憩需求；其次，铺装形式也不再是单一的方砖铺地，无论是色彩还是材质都丰富了许多，增强了住宅区的景观效果。

(2)住宅区铺装设计的功能

①交通功能

住宅区铺装首先作为一种铺装形式而存在，其首要也是最基本的功能就是它的交通功能，主要表现在以下几个方面：

根据交通对象的要求和气象条件特征，提供坚实、耐磨、抗滑的路面，保证车辆和行人安全、舒适地通行。这是住宅区铺装的最基本的功能。

通过路面铺砌图案给人以方向感。方向性是道路功能特性中很重要的部分。路面通过铺装的铺砌图案和颜色的变化，容易给人方向感和方位感。

划分不同性质的交通区间。住宅区道路铺装注重的是人们内心的需求，对人们的心理影响则是采用暗示的方式。人们对于不同色彩，不同质感的铺装材料，心理所受的暗示是不同的。住宅区铺装正是利用这一点，采用

不同的材质对不同的交通区间进行划分，加强空间的识别性，同时约束人们的行为，使人们自觉地遵守各自领域的规则，引导人们各行其道。

②承载功能

人们在住宅区中进行的各种活动也少不了铺装做载体，现在不少住宅区都建有小广场，或者专门的活动场地，为居民提供活动、交往、休息的空间，满足居民户外活动的需求。住宅区的铺装用地多与公共绿地结合，组成不同的功能分区。

幽静休憩区：作为观赏、休息、陈列用地，为了营造宜人、舒适的氛围，往往绿化用地占较大比例，同时配有散步小径、亭、廊及适当的休息场地。铺装的选材不宜过于艳丽花哨，尺度不宜过大，注重营造自然、幽静的气氛。卵石、汀步、冰裂纹等形式比较适合做园路的铺装。

活动娱乐区：这个区域是住宅区中人群较为集中、活动形式较为丰富的场地，它为居民提供了住宅区内主要的活动空间。可以利用植物及高差对场地加以分割，以避免区域内各项活动相互干扰。大面积的活动场地宜采用坚实、平坦、防滑的铺装，不宜使用表面过于凹凸不平的材料，如乒乓球台下面的铺装如果不够平坦，球落地后四处乱蹦，捡球就比较困难。

儿童活动区：根据不同年龄段儿童的活动方式，对场地进行分割，可以有效地减少干扰和不必要的伤害。道路布置要简洁明确、易识别。可以使用一些质地较软的材质作为活动场地的铺装，增加安全性。

③景观功能

住宅区的铺装除了具有使用功能以外，还可以满足人们深层次的需求，为人们创造优雅舒适的景观环境。

住宅区铺装应与周围建筑风格协调统一，维系整体关系。住宅区的建筑风格和户外环境是整个住宅区形象最直接的外在表现。人们习惯于通过对其外在形象的评价，来感知和认识住宅区的格调和品质。但是和谐的户外环境不是靠简单地植树种花就可以做到的，而是要通过对整个住宅区进行系统全面地规划设计才能实现。住宅区的铺装是户外环境的主要组成部分，它与建筑、园林风格是否一致，也直接影响到住宅区的整体景观效果。

建筑如具有欧式风格，铺装就得相应地采用小块的"立方体"，以成功地营造出巴黎街巷的韵味。住宅入口前的铺装形式与门口柱基的形式应保持一致，上下呼应。

景观铺装能提升环境品质。对于一条普通的街道来说，采用人们司空见惯的混凝土或者柏油铺装，也可以满足交通需求，但不会给人们留下太深的印象，也不会对整体环境有多大的改善。但如果采用精心设计的景观铺装，使其与周围环境融合，形成良好的铺装景观，无疑可以提高场地的使用频率，同时也提升了住宅区的环境品质。

④其他功能

有些住宅区中的儿童活动场地使用质地较软的铺装，可以起到保护的作用；一些活动场地中特别铺设的供人踩踏的卵石具有保健功能；停车场所用的嵌草铺装还可以提高绿化率。

住宅区各方面的品质提高，也对铺装设计提出了新的要求。现在很多住宅区在规划的时候，设计者都会提出一个主题，这个主题贯穿整个住宅区，无论是建筑还是景观都会以这个主题为中心。而主题的创造绝不是一个建筑、雕塑或者一块石峰等艺术形象单独存在就可以奏效的，而要有一个能使人深受感染的环境共同渲染这一氛围，因此铺装也不能被忽视。铺装处理得好，无疑可以加强主题意识。比如可以提炼设计主题中的某些元素，运用到铺装中，由此体现住宅区的特点。

(3)园林铺装设计的要求

园林在园路面层设计上形成了特有的风格，有下述要求：

①寓意性

中国园林强调"寓情于景"，在面层设计时，有意识地根据不同主题的环境，采用不同的纹样、材料来加强意境。比如，北京故宫的雕砖卵石嵌花甬路，是用精雕的砖、细磨的瓦和经过严格挑选的各色卵石拼成的。路面上铺有以寓言故事、民间剪纸、文房四宝、吉祥用语、花鸟虫鱼等为题材的图案，以及《古城会》、《战长沙》、《三顾茅庐》、《凤仪亭》等戏剧场面的图案。

②装饰性

园路既是园景的一部分，应根据景的需要作出设计，路面或朴素、粗犷；或舒展、自然、典雅、端庄；或明快、活泼、生动。园路用不同的纹样、质感、尺度、色彩，根据不同的风格和时代要求来装饰园林。如杭州三潭印月的一段路面，以棕色卵石为底色，以橘黄、黑两色卵石镶边，中间用彩色卵石组成花纹，显得色调古朴，光线柔和。又如成都人民公园的一条林间小路，在一片苍翠口采用红砖拼花铺路，丰富了林间的色彩。

在中国传统铺地的纹样设计中，还用各种"宝相"纹样铺地。如用荷花象征"出污泥而不染"的高洁品德。中国新园林的建设，继承了古代铺地设计中讲究韵律美的传统，并以简洁、明朗、大方的格调，增添了现代园林的时代感。如用光面混凝土砖与深色水刷石或细密条纹砖相间铺地，用圆形水刷石与卵石拼砌铺地，用白水泥勾缝的各种冰裂纹铺地等。此外，还用各种条纹、沟漕的混凝土砖铺地，在阳光的照射下，能产生很好的光影效果，不仅具有很好的装饰性，还减少了路面的反光强度，提高了路面的抗滑性能。彩色路面的应用，已逐渐为人们所重视，它能把"情绪"赋予风景。一般认为暖色调表现热烈、兴奋的情绪，冷色调较为幽雅、沉稳。因此在铺地设计中有意识地利用色彩变化，可以丰富和加强空间的气氛。

北京紫竹院公园入口用黑、灰两色混凝土砖与彩色卵石拼花铺地,与周围的门厅、围墙、修竹等配合,显得朴素、雅致。

(4)园林铺装设计的表现要素

园林铺装,是指在园林环境中运用自然或人工的铺地材料,按照一定的方式铺设于地面形成的地表形式。铺装作为构园的一个要素,其表现形式受到总体设计的影响,根据环境的不同,铺装表现出的风格各异,从而造就了变化丰富、形式多样的铺装。园林铺装表现的形式多样,但万变不离其宗,主要通过变换形状、色彩、质感和尺度四个要素的组合产生变化。

①色彩

园林铺装一般作为空间的背景,除特殊的情况外,很少成为主景,所以其色彩常以中性色为基调,以少量偏暖或偏冷的色彩做装饰性花纹,做到稳定而不沉闷,鲜明而不俗气。如果色彩过于鲜艳,可能喧宾夺主而埋没主景,甚至造成园林景观杂乱无序。

铺地的色彩应与园林空间气氛协调,如儿童游戏场可用色彩鲜艳的铺装,而休息场地则宜使用色彩素雅的铺装。灰暗的色调适宜于肃穆的场所,但很容易造成沉闷的气氛,用时要特别小心。

根据法国色彩学家朗科罗关于色彩地理学的分析,地域和色彩是具有一定联系的,不同的地理环境造就了不同的色彩表现,在铺装上选取具有地域特性的色彩可表现出有地方特色的景观,如澳门的城市铺地延续了其中地中海风情的传统特色,市政厅广场地面采用黑白对比的色彩铺装,给人心灵以强烈的震撼。

②形状

铺装的形状是通过平面构成要素中的点、线和形得到表现。点可以吸引人的视线,成为视觉焦点。在单纯的铺地上,分散布置跳跃的点形图案,能够丰富视觉效果,给空间带来活力。线的运用比点效果更强,直线带来安定感,曲线具有流动感,折线和波浪线则具有起伏的动感。形本身就是一个图案,不同的形产生不同的心理感应。方形(包括长方形和正方形)整齐、规矩,具安定感,方格状的铺装产生静止感,暗示着一个静态停留空间的存在;三角形零碎、尖锐,具活泼感,如果将三角形进行有规律的组合,也可形成具有统一动势的有很强的指向作用的图案;圆形完美、柔润,是几何形中最优美的图形,水边散铺圆块,会让人联想到水面波纹、水中荷叶;园林中还常用一种仿自然纹理的不规则形,如乱石纹、冰裂纹等,使人联想到荒野、乡间,具自然、朴素感。

在园林铺装的应用中,一般通过点、线、形的组合达到实际需要的效果。有规律排列的点、线和图形可产生强烈的节奏感和韵律感,给人一种有条理的感觉。形状、大小相同的四边形反复出现的图案显示出有条理的韵律感,同心圆和放射线组成的古典图案,产生韵律感的同时,具有极大的向心性。如果点、线、形的组合不遵循一定的规律而采用自由的形式,那么所形成的铺装就变化万千了。不同的铺装图案形成不同的空间感,或精致、或粗犷、或安宁、或热烈、或自然、或人工,对所处的环境产生强

烈影响。园林铺装中有许多图案已成为约定俗成的符号，能予人以种种联想，如波浪与海的联想，精致纹理与古典的联想，或者用类似河流的地坪铺装，使人联想到水体。

③质感

质感是由于感触到素材的结构而有的材质感。自然面的石板表现出原始的粗犷质感，而光面的地砖透射出的是华丽的精致质感。利用不同质感的材料组合，其产生的对比效果会使铺装显得生动活泼，尤其是自然材料与人工材料的搭配，往往能使城市中的人造景观体现出自然的氛围。

不同的材料有不同的质感,同一材料也可以加工成不同的质感。利用质感不同的同种材料铺地，很容易在变化中求得统一，达到和谐一致的铺装效果。

住宅区铺装作为室内外联系的桥梁，应该与房屋的外观造型和材料质地相匹配。因此铺装材料的选择很重要，它是直接影响铺装质感的要素。

真正做到风格上的匹配并不那么简单，选择适合的材料是最行之有效的一种方法。在所有的铺装材料中，石材是最自然的一种。无论是具有自

然纹理的石灰岩、层次分明的砾岩、还是质地鲜亮的花岗岩，即使未经打磨，由它们铺出的地面也具有很好的景观效果。砾石通常是连接各个景观、构筑物的最佳媒介，能够创造出极其自然的效果。由它铺成的小路不仅干爽、稳固、坚实，而且与周围的植物也能结合得恰到好处。砾石与颜色深浅不一的铺路石搭配，还会形成颜色和质地上的对比，增加景观的趣味性，减弱空间的空旷感，有时对提高铺装的透水性也有一定作用。石材的选择范围很广，色彩丰富，但是天然石材的造价偏高。人造石材如果制造工艺过关，基本看不出人工痕迹，它同样具有不规则的形状和天然石材所具有的瑕疵，造价却比天然石材低，因此也是不错的选择。

木材作为室外铺装材料，适用范围不如石材或其他材料那么广泛。木材容易腐烂、枯朽，因此需要经过特殊的防腐处理。但是木材又有其他材料无法替代的优势，它可以随意地涂色、油漆，或者干脆保持原来的面目。如果需要配合自然、典雅的园景，木材当然是首选的材料。木质铺装最大的优点就是给人以柔和、亲切的感觉，所以常用木块或栈板代替砖、石铺装，尤其是在休息区内，放置桌椅的地方，与坚硬冰冷的石质材料相比，

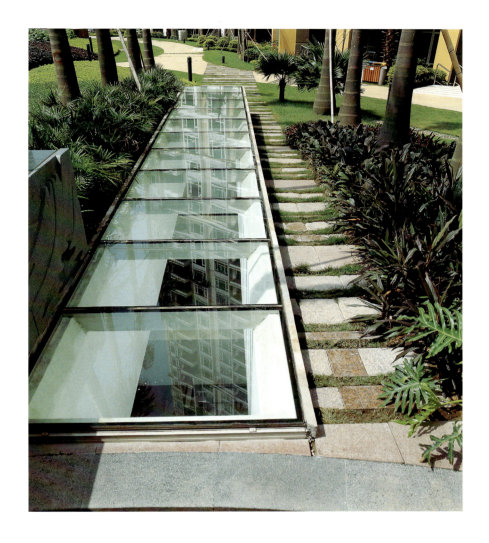

它的优势会更加明显。

混凝土也许缺少天然石材的情调，也不如栈木铺装流行，但它却造价低廉，铺设简单，而且具有很强的可塑性，能根据需要制成各种形状。混凝土具有广泛的实用性、超强的耐久性和简易的铺设性。它不仅可以现场浇筑整块的混凝土板或混凝土仿石铺砖，而且现在还出现了许多不同颜色、不同质地的预制混凝土砌块和铺砖。不过混凝土最大的缺点就是一旦铺设就很难移动。

作为一种户外铺装材料，砖具有很多优点。砖铺地面不但色彩繁多，而且形状规格也各不相同，因此形式风格也多种多样。砖的颜色比天然石材的还要多，拼接形式也富于变化，不再拘泥于以往的直线式和"人"字形，可以变换出很多图案，效果自然也与众不同。砖还可以作为其他铺装材料的镶边和收尾，以形成视觉上的过渡。

④尺度

铺装图案的尺寸与场地大小有密切的关系。大面积铺装应使用大尺度的图案，这有助于表现统一的整体大效果，如果图案太小，铺装会显得琐碎。

铺装材料的尺寸也影响到其使用。通常大尺寸的花岗岩、抛光砖等板材适宜大空间，而中、小尺寸的地砖和小尺寸的玻璃马赛克，更适用于一

些中、小型空间。但就形式意义而言，尺寸的大与小在美感上并没有多大的区别，并非愈大愈好，有时小尺寸材料铺装形成的肌理效果或拼缝图案往往能产生更多的形式趣味，或者利用小尺寸的铺装材料组合成大图案，也可与大空间取得比例上的协调。

(5)铺装的技巧

铺装是园林景观的一个重要部分，铺装要出彩，需掌握四个技巧。

一要巧设计。园林铺装是路面铺装的扩大，包括广场、庭院等场地的铺装。前面讲了中国园林强调"寓情于景"，这一点在铺装设计上也不例外。

二要巧选材。中国自古对园路铺装就很讲究，《园冶》中"花环窄路偏宜石，堂回空庭须用砖"说的就是铺装材料选择要根据不同的环境而定。园林铺装中有许多经典的铺装案例可供借鉴，如用光面混凝土砖与深色水刷石或细密条纹砖相间铺地，用圆形水刷石与卵石拼砌铺地，用白水泥勾缝的各种冰裂纹铺地等。此外，还用各种条纹、沟漕的混凝土砖铺地，在阳光的照射下，能产生很好的光影效果，不仅具有很好的装饰性，还减少了路面的反光强度，提高了路面的抗滑性能。

三要重色彩。彩色路面的应用，能把"情绪"赋予风景。在铺地设计中有意识地利用色彩变化，可以丰富和加强空间的气氛。

四要重视生态环保材料的应用。大面积的地面铺装，会带来地表温度的升高，造成土壤排水、通风不良，对花草树木的生长也不利。设计师除采用嵌草铺地外，还要注意多应用透水、透气的环保铺地材料。

● 围墙

(1)围墙内外要重视

很多都市的房子没有围墙，不过一般的市郊住宅就有围墙了。一般人较忽略围墙的风水，事实上是不对的。

风水上说，住宅呈正四方形，围墙呈现稍圆最佳。这是取"天圆地方"之意，不过一般围墙也是呈正方形或长方形较多，这在风水上也无妨。

但围墙不可呈"前宽后尖"形，也不可呈"前窄后宽"形，对风水不利。

屋子的地基要高过或齐平围墙地基，不可比围墙地基低。

围墙高度略超过常人身高即可，不可过高。尤其不可在住宅围墙上加装有刺的铁丝网。

不可在围墙上开窗。其实围墙本来就是为安全防护才做的，再去开窗则失去防护意义，反而不利。

围墙要完整平齐，不可破损，整座围墙要一般高，不可一边高一边低。

有围墙就会有空地，也常会种一些花草树木。有围墙的院子可种榆树，于风水有利。不可在围墙或屋壁上种植爬藤类植物，因为有爬藤易生虫害。

(2)围墙与住宅间距离不宜太近

建地狭小的住宅，与四周围墙的距离太近，就会有压迫感，会形成采光不佳、通风不良等问题。建地狭小，围墙无法与住宅保持适当距离，就要考虑其他方法加以补救。

①必要时在墙壁上动脑筋，以保持通风良好与适当采光。

②二楼住宅即使墙增高，也无法保持隐密性。因此，最好是建筑住宅前先商量一下，把西、北侧的窗户改为百叶窗设计，既可采光、通风，还可兼顾家里的隐私。

● 园林小品

园林小品泛指体量小巧的风景园林建筑及园林雕塑等，如花架、园椅、园凳、景墙、景窗、雕塑等。它们功能简明、体量小巧、造型新颖、立意有章，广泛分布于公园、住宅区游园、街心花园、街头绿地等与人们生活密切相关的地带。它们一方面作为被观赏的对象，另一方面又是人们观赏景物的所在。因此，设计时，除了考虑其自身的造型外，还应处理好它们与周围环境的关系，特别是与植物的配置问题。只有这样，才能更好地发挥它们在园林中的"点睛"作用，充分体现其艺术价值；否则，即使其本身的艺术性再高，也毫无意义，美好的意境也难以形成。

(1)园林植物的作用

俗话说"无花木则无生气"。园林小品是静止的，无生命的，其造型线条也大多比较生硬、平直。而花木却有风则动，无风则静，处于动静之间，而且是有生命、蓬蓬勃勃不断生长的，造型线条柔软、活泼，其色彩也可以随季节变化而变化。植物与小品的配置，主要是利用植物美丽的色彩和多变的线条，遮挡或缓和园林小品的生硬线条，并丰富园林小品的色彩；利用植物的四季变化与生长发育，使园林小品所处的环境在春、夏、秋、冬产生季相变化，赋予小品以时间和空间的季相感。如果配置得体，就可使园林小品与园林植物，相得益彰，充分体现人工美与自然美的巧妙结合，增强园林小品的艺术效果，提高其使用价值，并使景点变得更加优美，产生理想的景观效果。

(2)常见园林小品及其植物配置

①花架及其植物配置

在园林中，花架主要是为了支持藤本植物生长而设置的构筑物，是建筑与植物相结合的组景造景素材。一方面，它具有亭、廊、门、篱等的休息、赏景及组织和划分空间等建筑功能；另一方面，它在为可供观赏的攀援植物生长创造生态条件的同时，还可以通过展示植物枝、叶、花、果的形态、色彩美来点缀环境，并形成通透的建筑空间。炎炎烈日，置身其下，犹如来到了清凉世界，十分凉爽惬意。所以，花架是较理想的立体绿化形式，如植物配置得当，定能成为人们消夏蔽阴的好场所。否则，就会出现有架无花或花架的大小和植物生长能力不适应，致使植物不能布满全架或花架体量不能满足植物生长需要等问题，从而削弱花架的观赏效果和实用价值。

目前，适于花架的藤本植物有上百种，常用的有紫藤、木香、凌霄、蔷薇、金银花等开花结果植物。由于它们的生长习性(如生长速度，枝条长短，叶和花的色彩、形状)和攀援方式不同，因此，进行植物配置时，要结合花架的形状、大小，立地的光照条件、土壤酸碱度以及花架在园林中的功能作用等因素来综合考虑。

如果花架高大、坚固，可栽种木质的紫藤、凌霄、南蛇藤等。如北京陶然亭公园中心岛处的花架，配置了花色清雅的紫藤。每年春季，这里藤葛交错、紫花坠地、清香袭人，既遮阴又赏花；到了冬季则藤蔓苍劲，宛如盘龙从柱间盘旋而上，亦能吸引无数游人。如花架体量稍小，且处于光照不足的阴凉处，则宜选耐阴喜湿的藤本植物。如河北安国中学绿地中的环形花架，即选择了叶子浓密、经冬不凋，花、茎、叶均可入药的金银花，并由花架中央形体高大的雪松为其遮阴蔽日，形成良好的私密空间。

另外，还可根据植物不同的生长特点，将几种藤本植物混植，既能延长观花期，又能遮挡建筑的某些缺憾并减少酷暑的炙烤和冬日的寒风，使之常年都能起到装饰美化环境的作用。如北京中科院植物园中月季园对面的花架，就是将紫藤、多花紫藤、木香混植。由于紫藤先花后叶，多花紫藤先叶后花(且花期比紫藤稍晚)，而木香花期比前两种又晚些，这样集三者于一架，效果甚佳。

值得一提的是，休息、观赏与生产相结合，更是花架植物配置的一大优势。如北京中科院植物园水生植物区小湖边的花架，既采用了美国凌霄、南蛇藤、金银花、三叶木通，同时还配置了花时美丽、果时诱人的葡萄、猕猴桃等。不仅色、香、味俱全，而且春、夏、秋花开不断。背景采用高大的槐树、冠大阴浓的白蜡，周围还配置有麦李、紫薇等花灌木，真称得上是花架植物配置的综合体。

②园椅、园凳及其植物配置

园椅、园凳是各种园林或绿地中必备的设施，供游人就坐休息、促膝谈心和观赏风景，同时还具有组织风景和点缀风景的作用。其植物配置要求夏能遮阴，冬不蔽日。常见的有以下几种形式。

大树围凳(椅)、独柱花架围凳(椅)。古树横斜，下部围置浅盆状圆形或正多边形坐凳(椅)，使树凳结合，既可遮阴纳凉，又可保护大树不受撞击、根部土壤不遭践踏。如上海淮海公园门前的公共绿地上，即在悬铃木的周围布置了一圈座椅，真正做到了大树底下可乘凉，成为闹市区中的一处景观。在体形小巧的独柱花架周围，也可围以圆形或多边形园凳(椅)，但架上植物应用枝干轻细无刺的藤本植物，由于花架、植物、座凳(椅)三者巧妙结合，体态美观，故也可作景点设置。

冠大荫浓的落叶树下设置条形座椅。这种形式，常在座椅附近配置榆叶梅、连翘、丁香等花灌木，花开时节，景色美丽，香气袭人，为游人创造一种幽静的休息和赏景环境。

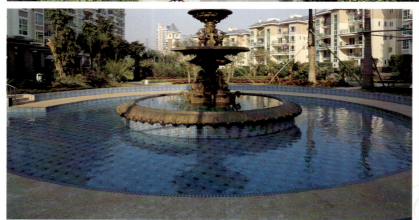

园椅(凳)与花坛结合。近年来应用较普遍。如有的是以花坛为核心，周边围椅(方形、圆形均可)包围花坛，作为独立一景；有的是长条座椅与花坛相间，使其形成一体，游人在树阴、花畔就坐休息，花香扑鼻，令人心旷神怡。

另外，在丛林中设置一组蘑菇状或仿树桩的休息园凳，能把周围环境衬托得自然、富有情趣，这也是园椅、园凳与植物结合的常用手法。

③园墙、漏窗及其植物配置

园墙的功能主要是分隔空间、丰富景致层次及控制引导游览路线等，是空间构图的一个重要手段。园墙与植物搭配，是用攀援植物或其他植物装饰墙面的一种立体绿化形式。通过植物在墙面上垂挂和攀援，既可遮挡生硬单调的墙面，又可展示植物的枝、叶、花、果，使自然气氛倍增。常用的悬垂和攀援植物有黄馨、迎春、金丝桃、紫藤、木香、美国凌霄、爬山虎、金银花等。另外，在墙前植树，使树木的光影上墙，以墙为纸，以植物的姿态和色彩作画，也是墙面绿化的一种形式。最典型的是我国江南园林中白粉墙前的植物配置：每当和风轻拂，树木枝叶随着阳光隐现，投射在粉墙上，斑驳的影照使人心旷神怡，可谓"粉墙弄花影"，更添几分诗情画意。常用的植物有色彩鲜艳的红枫、山茶、杜鹃、南天竹或色彩柔和的木香花等。有时为取植物的姿态美，也常选用一丛芭蕉、数竿修竹。

由于园墙在园林中的位置和作用不同，植物配置时还应充分考虑植物的生长特性。如常见的木香、紫藤、藤本月季、凌霄等喜阳植物，不适宜配置在光照时间短的北向或蔽阴墙面，只能在南向或东南向墙面配置；但薜荔、常春藤、扶芳藤等喜阴或耐阴的植物，则宜在背阴处的墙面生长。有时为了避免色彩单调或落叶的缺憾，还可将几种攀援植物和花灌木相配伍，使其在形态和色彩上互相弥补和衬托，丰富墙面的景观和色彩。

墙上开设漏窗，不仅可以装饰墙面，增加景深层次，而且还可起框景作用。透过漏窗，窗外景物隐约可见，若在窗后再进行适当的植物配置，形成一幅幅生动的小品图画，则更能取得理想的视觉效果。如北京紫竹院公园西南门入口围墙上的绿竹琉璃漏窗，窗前配置艳丽的花草，窗后现出碧绿的竹丛，点出了紫竹院的主题。此外，由于窗框的尺度是不变的，植物却在不断生长、增大体量，因此，进行植物配置时，于窗前或窗后近处宜选择生长缓慢、体形不大的植物，如芭蕉、棕竹、南天竹、孝顺竹、苏铁类、佛肚竹等。近旁还可配些尺度不变的剑石、湖石，增添其稳定感，这样有动有静，构成相对持久的画面；窗后远处则宜选体形高大、树姿动人、色彩美丽的植物。

● 园林建筑

现代社会为了摆脱环境污染，开始走可持续性发展的道路，园林化、风水化的风潮已经日益受到重视。城市建设方面提出建设园林化城市，乡村也提出建设园林化乡村，还有园林化学校、园林化政府，到处都搞园林化。房地产公司提出造园林化的楼盘、园林化的小区，特别是现在中高档的收入家庭在买房的时候首先关注的就是环境，换句话说，买房首先就是买环境。环境上有两个方面，基本上天造一部分人造一部分，即一方面依托于大自然，另一方面是在大自然的基础上进行园林设计和规划。园林有外环境和内环境，环境好坏直接关系到楼盘的价值。现在可以说还是刚刚开始，在未来的多少年中，人类对环境的关注，只会提高不会降低，现在在欧美发达国家的楼盘，比如加拿大很多地方在远郊区的房子、山上的房子反而贵一些。

考察中国各地的情况，有几个问题值得重视和探讨：

(1)阴阳和谐、刚柔相济

人类最高的哲学是能够用一句话概括宇宙的，《易经》中讲的一阴一阳之道就是这样的哲学，阴阳哲学是东方哲学的精华。一位大师说过：一经一纬意义无穷，只待高人去妙用。阴阳含义只要真正搞通，就能达到中医或风水的最高境界。问题是这里面的道理很深。自然景观与人造景观、暴露与含蓄、山与水、林木与花草、动与静等等都是阴阳和谐的方方面面的反映，有收有放，比如大饭店里中档或者大一点的客房一般一进门有一个玄关，这就是收，然后是一个大的客厅，这就是放。正如《桃花源记》里记载的那样，走着走着没有路了，突然发现一个小口，转过去豁然开朗，这就是有收有放，如果没有这样的收就不会有放的美好感觉。

山水、林木、花草皆宜，现在很多地方，特别是城市规划的中心广场，

很多地方都可以看到草坪、花卉修剪的几何图形，好不好？好。但是美中不足的是，大部分缺少大树。现在已经有一些地方注意到了，大树是非常重要的，大树与花草也是一阴一阳的关系。古人云：树木能兴图风云，以通透天地之间，阴阳隔阂一路之争，由此可见大树的作用是非常大的。但是，现在许多建筑（包括小区建筑，农村的新区建筑）都往往忽略大树的作用。有些农村盖了一排排的新房，但是却都光秃秃的，这是很大的缺点。在审批或者指导规划新区建设的时候一定要强调这一点，改变大树的覆盖率。由于人为的破坏和自然环境的变化，过去外国人从中国古代唐诗读到的好多优美景观，到实地一游却发现完全不是诗意中的那样。

(2)自然景观和人文景观相结合

但是有不少的园区人文景观很少，仅仅是自然景观而已。自然景观是人文景观的依托，人文景观又是自然景观的灵魂，有了灵魂才有境界，有境界才有高歌。现在有一些大的楼盘注意到了这点，但是里面的人文景观大部分却是西方的，什么哥伦比亚大道、中意大道、维多利亚港、加利福尼亚、巴厘岛，我们不是反对西洋文化，西洋文化有很多精髓的地方，但为什么没有一点中国文化？难道中国就没有一点好东西吗?崇洋媚外是不对的，我们是应该吸收其精华部分，但我们更应该倡导传统的中华文化，将以孔孟为主的中华文化发扬光大。为什么自然景观里面要有人文因素呢？"春风似有声，润物细无声"，这就是道，这就是术，形而下之为之术，形而上之为之道。建筑设计和园林设计的第一步就是规划，在规划的时候建筑设计和人文设计同时进行。

现在的城市中心，人口密集，一般的氧气和负离子都比较少，地气也比较少，大部分的地方是寸土寸金，一般的地下都有停车场，但是有一个问题，这个挖洞，那个也挖洞，这样特别不好。从风水上来说，在小区中间地段一定要留一块湿土，不要全部挖洞，天气、地气必须相通。比如东莞莲花集团，它有十多个楼盘，这个楼盘靠的是一个山，风水上讲的是，首先选址山地，必须尊敬大自然，尊敬大地、山河之气，这是最关键的。再一点是顺之者昌、逆之者亡。南边是山，北边是平地，坐南向北，这个楼盘很大，约98万平方米，是一个高档建筑，中间是会所，后面是溪水亭

台。它的环境特别好，前面有水有马路，在西南是最高峰，在西北部建了一个大厦，建筑的制高点和大自然的制高点相互呼应。这个楼盘周围有一些写字楼，还有大商务区，这样就避免了建筑全部裸露在外。古语说美人都是"犹抱琵琶半遮面"，我们的新型建筑也好，建筑设计也好，一定不要全部裸露在外，通过树林遮映可能会更好一些。

(3)充分利用当地的生物资源

比如海南，阳光灿烂的旅游胜地三亚，在海边，因为海里面贝壳很多，阳光海岸的楼盘利用贝壳装起来一些水池或者是墙壁，非常漂亮。三亚的美丽景观，媒体也频频报道，去年世界小姐都在这里比赛，都住在这里，今年第一批开放。

● 小区道路

(1)住宅区道路系统的风水规划

城市住宅区的周边道路定位，一般均由城市总体规划阶段完成，即大多数住宅区规划对本住宅区的周边道路没有多大的选择余地。住宅区规划一般只能在被限定的条件内进行。但是，在住宅区内进行的道路系统规划，则有风水规划的创作余地。

①要通畅，不错不堵

在住宅区内划分各个居住小区或独立街坊的道路系统之间，要求互相顺通，避免互相错位或出现尽端式的"断头路"，从而形成堵截或丁字交叉点。

②要优选道路走向，避"四正"

住宅区道路走向关系着居住小区和居住街坊的道路系统和建筑布局。其走向应予优选。要合于采光和通风要求。道路系统应争取南北、东西走

向，同时还应避免正子午、正卯酉走向。避免过正，力求微偏。以合于风水学理法的要求。

③道路力求平直，避免无意义的弯曲

除山区、水网等特殊地形地貌限制外，在平洋地段，应力求道路的平直，这样不仅有利于工程管线设施和工程经济，而且有利于风水环境需要。道路弯曲产生的反弓和路冲，是风水形法忌讳的。受反弓和路冲波及区的地段使用价值被损低。道路反弓和路冲的波及区大小，其决定因素有以下方面：拐点的弯曲度大小；道路冲煞线段的长度；道路坡向和坡度；道路流动量（车流、人流）大小。结合现场踏勘和规划资料是可以预知的。

当现状已经产生或受制约必须产生上述情形时，应在冲煞波及区内布置必要的绿化防护带加以化解。住宅不应直接布置在有冲煞波及区地段内。

④道路交叉力求正交

相交叉的住宅区道路，应力求正交，避免斜交。斜交，不仅不利于工程管线设置，妨碍交通车辆的良好通行（锐角转变，半径缩小，交通

视距不足），而且会造成风水上的剪刀煞地段。损害这种地段的环境质量和土地利用价值。这种地段不宜布置建筑。基于统计学，风水民谚有"路剪房，见伤亡"的谚语，这种地段，在噪声污染、大气污染上也是不利的。只适宜绿化和园林小品，标志性设施等非居住性设施。

⑤道路交叉口的防护三角形

城市住宅区道路，其交叉口一般规划有交通"视距三角形"反映在道路红线上，加以限定。但实际上，"视距三角形"在城市交通红、绿灯的保障中已失去意义。另外，许多建筑向着交叉口设门，门前广告、车辆障碍"视距"物体甚多，"视距三角形"失去原意。"视距三角形"应明确为"防护三角形"。

在道路红线保障的"防护三角形"内，不应布置建筑物，不能停车，不应布置任何障碍物。应布置防护绿化带，街头小绿地，美化街景，防音防尘，达到风水环境的改善，面对"剪刀口"作绿地防护，是必要的。

⑥道路的红线与红面角

道路红线，是道路及其设施的法定线，任何建筑均不可逾越，世界各

国已实施多年。但是，建设实践证明，弊端很大，法律界线不严密。红线无法限定"占天不占地"的建筑形式。虽然，一幢建筑基底不越红线，但是，在上部逐渐悬挑向街心，在道路空间上施加遮压，也无法认定为是否越红线。在城市地皮紧张的情况下，建设开发商寸土必争，追求出房率和面积增效，随着经济建设的发展，上述情况势所难免，只能在建筑管理上随机批准或拒批，毫无法律法规的明确依据。

中国风水学中的"天堑煞"，是指在两座高物之间隙缝中，风疾气不聚，鸟不作巢，人不可居。城市街道如果很窄，而两侧建筑加高，也会形成天堑煞。经现代测定，单面高层建筑接受风吹后，其反射的反激风扩大风速五倍，而人们在双幢高层夹缝的街道上被反激风飘起摔伤而诉讼建筑师的案例，说明中国风水学理论的价值。如果街道两侧建筑在一条红线上争相加高，挤压空间，在风水学上无疑是有害的。只从采光的太阳因素上也是不利的。而风水学的生气、煞气的考量尚不止太阳一个因素，它含有太阳、月亮、星宿、时间、地貌等时空因素。街道空间，如果没有良好的法律、法规制约，是危险的。

红线是必要的，如果不足应实施红面角制，即把道路红线引向空中，形成一个红面。而这个红面不一定垂直于地面，应是有角度地斜向道路。角度大小，随街道的需要在规划中确定。街道两侧的建筑物越高，其退后距离越大。形成不同的建筑线，避免了对街道的一字排压，从而改善街道空间。

(2)住宅小区道路照明设计

①供配电及控制

大型住宅小区内的路灯盏数多，单靠一个配电点送电往往因送电半径大，引起末端压降损失过大，如果单靠增加电缆线径来解决问题，经济代价太大，因此采用多点送电的方式，既能解决压降损失的问题，又能简化管线网络，有利于今后管线维护，各配电点以控制电缆相联接后并入路灯控制网，有条件的可以配备"无线三遥"设备。小区主干道照明、支路照明、绿化景点照明可采用独立电缆供电，这样就可以根据不同的需要，对主干道上和部分路灯及绿化景点内的路灯实行半夜灯控制，既节约电能，又满足不同时段小区环境的功能需求。

②灯型的选择

灯型的选择是照明设计中的关键步骤。笔者建议选择以庭院灯作为小区道路照明设施，一是因为庭院灯高度适中，小区道路不适合行驶升降车辆，维修人员携带短梯就能进行维修；二是庭院灯外观好并且形式多样，在保证道路明亮的同时，白天也能为小区营造优雅的气氛，庭院灯灯具的选择要与小区的建筑风格和环境气氛相协调，力求使"光与影"的组合配置富有旋律，而且灯具要有良好的安全性和防范性，在树冠较大的乔木旁要尽量避免选择带挑臂的庭院灯，而且灯具外形应简洁流畅，不宜有过多的装饰物，不然在夏天很容易产生令讨厌的蜘蛛网；为防止小虫进入灯具，灯具的防护等级不应低于IP33。另外在小区中，如果绿化带是大面积的草坪及矮小花卉，那么，多彩全方位扩散型灯具（无反光器）会使人感到不舒服。

③灯位的布置

灯位的布置要与小区的道路规划相一致，如果小区道路是以规模的"田"字型分布，那么路灯布置也要齐整；如果小区道路是园林式的弯曲小径，路灯亦可随之进行错落有致布置。但是应注意几个问题：一是尽量使路灯保持在路的一侧，以减少过路管线和接线井；二是道路交叉的地方和道路产生较大变处应放置路灯，以发挥灯光对道路的诱导性；三是要特别注意庭院灯对附近二楼阳台及窗户造成的影响，在没有遮挡的情况下，灯位离阳台及窗户过近的话，显然是不合适的，草坪灯的作用是对树木或角落部分做突出性点缀照明，布灯的位置应选择在白天视觉效果不是很突

兀的地方。

④配件标准化

随着新建住宅小区的增多，庭院灯灯具、灯柱的种类也大量增多，给维护及材料管理部门带来很大的压力。作为城市路灯的主管单位，在设计时除了要考虑使小区路灯形式多样、外观美丽外，路灯设施各部件标准化的问题也应得到重视。这时的标准化主要体现在三个部位：即灯柱法兰与基础法兰的连接，灯柱与灯架或灯臂的连接以及灯架或挑臂与灯具的连接，标准化后的好处是显而易见的：由于各部件相互可替换，可提高路灯各部件的再利用率；施工工艺的简化与固化，促使了生产效率的提高；而且减轻仓管部门的工作强度。

随着科学的进步、社会的发展，各种相关的科学技术在路灯上广泛地运用，尤其是相关的先进的光源产品、节能产品影响着我们原来的一些观念。如何完善和提高住宅小区的道路设计，为城市居民创造一个更加舒适的生活环境，这正是我们要不断去研究的课题。

七、现代楼盘园林景观设计八大忌

近年来，随着中国经济的持续快速增长和城市化进程的不断加快，各小区纷纷建公园，铺绿地，修广场，园林事业呈现出欣欣向荣的景象。但是，我国目前的城市园林在设计上还存在着很多误区。这里收集多方信息，集百家之言，概括为"八大忌"，以期与园林设计工作者共勉。

● 忌追求高档豪华

忌追求高档豪华，远离自然，违背自然。如在城市公园的水体设计中，原本只要顺其自然，在弯曲的湖岸上种植湿生植物，在湖中种上荷花、莲花等水生植物，便会形成美丽的亲切的自然景观，然而有些设计师却把湖岸用大理石修砌，并围上汉白玉护栏，湖底用混凝土加固并修深水池以养水生植物，这样虽然看起来高档豪华且整齐划一，但却使整个湖的自然韵味尽失，成了一个彻底的人造湖，违背了园林设计的初衷。

● 忌盲目模仿，照搬照抄

忌盲目模仿，照搬照抄，缺乏个性。每一件园林作品都要有其特有的风格及地方特色，要深刻体现该地区深厚的文化底蕴和历史内涵。近代，西方园林风格对我国园林产生了深远的影响，以致使欧美式园林在中国大地遍地开花而失去了自己的风格和个性。因此，我们的园林设计师在设计各种园林风格时不但要求其形，还要求其神，要在中国园林风格的基础上，吸收欧美园林设计上的精华，并结合当地独有文化，开发出具有创造性的作品。

● 忌缺乏人文关怀

忌缺乏人文关怀，不顾人的需要。城市园林建设的目的是美化人的生活，陶冶人的情操，因此设计上很重要的一点就是要以人为本。

目前，很多城市都建有宏大的广场，然而偌大一个广场，其地面不是用硬地铺装，就是以草坪为主，只有少量的乔木配置于道路两旁，即使有许多休息设施也只得置于露天之下。在炎炎夏日和多雨季节，既没有大树庇荫，也没有遮雨设施，再美的风景也没人久留于此。

● 忌只注重视觉上的形式美

忌只注重视觉上的宏伟、气派、高贵及富丽堂皇的形式美，而不顾工程的投资及日后的管理成本。我国目前的总体经济发展水平不算高，在园林建设上要量力而行，不可盲目同西方发达国家攀比。近几年兴起的草坪热，各大中城市都曾有过，终因其管理维护成本太高而纷纷流产，造成了人力、物力上的极大浪费，这个教训也是深刻的。

● 忌忽视与当地环境的和谐统一

天然的地形是大自然对我们的恩赐，因此在进行园林设计时要充分考虑与当地环境的和谐统一。因山势，就水形，景自境出。如杭州孤山的西冷印社，是中国典型的台地园，从山麓到山腰，山顶，布置了不少建筑，道路和绿地，但并不是把自然削成一层层的人工平台，而是附属在自然的山形地势上，格外地亲切，妥帖。

● 忌对园林植物随意配置

园林植物都是生命的个体，因此设计者要充分考虑当地的土壤情况和生态环境，并能想象到若干年以后的植物生长所形成的效果以及由此对周边环境带来的影响。

● 忌忽视园林植物配置的多样性

忌只注重一种植物，忽视园林植物配置的多样性。生物多样性是生态环境的基础，同时也构成了自然景观。城市景观要有生气就必须建立在生物多样性的生态基础上，如果只种植一种植物不利于病虫害的防治。

● 忌只注明园林植物的种类

忌只注明园林植物的种类，不明确具体品种和规格。园林植物品种间的差别有时是巨大的。不明确具体品种和规格，往往使设计者的意图得不到充分表达，有时甚至得到相反的效果。如许多园林设计作品中，笼统地规定苗木为桂花，月季等，但是桂花又可分为金桂，银桂，丹桂，四季桂等。月季也可分为香水月季，微型月季等多种，因此很容易造成施工者以次充好，使用价格比较低的品种，达不到应有的设计效果。

The Geomantic Omen of
Chinese Real Estate

第十章
楼盘命名篇
The Naming Rules
of Buildings

一、楼盘命名的重要性

楼名如人名。我国姓名学研究源远流长，认为人的姓名决定了人一生的命运。因此，起名讲究阴阳相济、五行互补。现代社会虽然不再从易经八卦、奇门遁甲、紫微神数中寻找根据，但名性相合、平仄上口、文化凝聚、微言大意、期望盛载、形象展示的性质并未变。愉悦的名称带给人以魔幻般的吸引力。

计划经济时期没有房地产产品概念，住房由国家分配，所建楼盘也基本上没有名称，有的只是"××厂（所）家属院"、"××厂（所）福利区"，每幢楼相互之间以"×号楼"区别。房地产进入市场初期，楼盘逐渐有了自己的名称，如"纬街商住楼"、"库钞街综合楼"、"太白小区"、"西塔小区"、"青龙小区"、"朝阳新村"……这些名称基本上是以街道、区位、建筑标志来命名，不是来自于市场化，而带有浓厚的计划经济色彩。随着市场经济的发展，房地产市场竞争日趋激烈，各种营销手段层出不穷，知识产权、市场形象的重要性日益凸现。楼盘名称作为房地产的商标、业绩的标识，日益被开发商、政府、置业者所重视，每个楼盘或住宅区随即都有了经过政府部门或专门机构正式批准备案认可的公开名称。可以说，

楼盘命名已成为房地产营销不可或缺的利器，其作用也是其他营销手法所无法取代的。

市场核心定位的反映

随着策划机构的介入，房地产开发日趋规范，在楼盘的市场定位完成以后，楼盘命名就是市场核心定位的反映。楼盘名称或文化底蕴深厚，或意味深长，或灌输新居住理念，或反映地域特征，或展示品牌形象，或诉说亲情温馨，总之与楼盘定位紧密相关。

市场的第一驱动力

楼盘名称是面向市场的第一诉求。一个极具亲和力、给人以审美愉悦的楼盘名称，可让客户产生第一印象，并会强化置业者的第一印象，虽然未必起决定性的作用，但富有内涵的案名，至少可吸引目标客户对楼盘本

身的关注，从而引发现场看房的欲望。成功的案名使全程策划与营销战略事倍功半。

● 给置业者的心理暗示

案名的第一印象，贯穿于房地产营销的始终，甚至在整个看房、选房、签约的过程中，都发挥着潜移默化的作用，它的功能性、标识性、亲和力都会给顾客以强烈的心理暗示与鼓动。

● 给置业者的承诺

楼盘名称实际上是开发商为自己楼盘向置业者的公开承诺，开发商既要使楼盘属性、功能与楼盘名称相一致，而且要保证名符其实——案名引发置业者美丽的憧憬与楼盘的现实存在相一致。

● 楼盘市场品牌的昭示

好的楼盘名称有横空出世与非同反响之感，当它获得职业者的喜爱和认同时，就可以起到促进销售的效果，甚至可以成为品牌，这对于大型住宅区分期开发楼盘的后期销售至关重要，意义重大。

二、楼盘命名的十六大原则

楼盘名称反映出来的信息和人脑之间有一个最为重要的接触点，命名只要取得合适的名称，而且符合项目的市场定位，原则是可行的，然而，在当今品牌营销时代，房地产市场竞争十分激烈，各种营销造势手法花样频出，各种概念炒作层出不穷，发展商为项目取一个好的楼盘名，不仅可以促进楼盘的销售，更能有利项目二期开发塑造项目的品牌。因此，取一个有文化内涵，有审差价值的，符合项目市场定位的名称是非常重要的。

房地产命名就像给人起名字，虽然可由策划人员依据本案的地理位置、周边环境、竞争楼盘特色、总体规划、风格品位、历史脉络、风土人情等自由创意发挥，但要起一个寓意贴切、涵盖深邃、新鲜贴切的好名字却很难，但根据经验，大概有如下几点原则：

● 富有创意

楼盘命名要打破惯例，富有创意，不落俗套。尽量避免以"××花园""××公寓""××广场""××大厦""××小区""××中心"等形式或地名、街区名命名楼盘，既俗套，又容易雷同，而且不易起出富有特色的名称。

● 富有时代气息

楼盘命名应富有时代气息，除非楼盘定位情况特殊，尽量少用不为大众所熟知的字眼，如"××邸""××峰""××第""××台""××堡""××坊"等。这些后缀，古老而悠久，盛载着厚重的历史与文化，但缺乏时代气息，带给人的心理暗示是灰暗、封闭和缺少阳光的感觉，大型住宅区尤不适宜采用。

● 富有文化气息

近来楼盘命名以"村""庭""居""庄""阁""轩"等为后缀似有

上升趋势，这些后缀，文化品位较高，虽然同样古老，却没有腐朽气，有的神秘飘逸感，如"××村"给人以群体归属感，"××庭"给人以高尚独立感，"××居"给人悠闲潇洒的空灵感，"××庄"给人回归自然颐养天年感，"××庐"给人格调文化的品位感。需注意的是，"村""庭""庄"适宜大型住宅区，而"居""阁""轩"适宜于组团命名或独立、小型楼盘。

个性突出

楼盘名称标识性强，个性突出，要体现楼盘的差异性及与众不同，并与市场形象定位相吻合。命名时，可以强调楼盘的地理，如"虹口典范"；强调人文，如"汉唐龙脉"；强调环境，如"云间水庄"；强调品牌，如"紫薇花园""万科星园"；强调楼盘的定位，如"唐御康城"（功能定位）"北美经典"（风格定位）"钻石王朝"（目标市场定位——高收入阶层）"万家灯火"（目标市场定位——普通收入阶层）等。

富有感染力

楼盘命名还应具有较强的人情味和感染力，在字面、寓意方面都应具有温馨感和亲和力，在此基础上案名又具有地域特色，则楼盘就更加富于吸引力。地域特色包括两个方面，一是本地文化，一是异域文化。本地文化有较强的亲和力和人情味，但往往腐朽、落后和缺乏新意，不能满足人们对外界文化的天然追求心理。异域文化新颖、时尚、感染力强，但又易于画虎类犬，脱离地域特点，案名容易名不符实，以"阅（悦）海豪庭"为例，案名很港台化，最适宜于广东沿海，次适宜于江浙沿海，山东也还勉强（"阅海"尚可，"豪庭"勉强），辽宁就值得探讨，用于西北则贻笑大方，且不说无海可阅（悦），经济收入也"豪"不起来，给人以"土财主"的感觉。

与楼盘属性相符

楼盘名称要起到筛分客户的作用，因此命名要与楼盘属性相符，如以贵族帝王式、欧美名胜式命名的楼盘，则多为高收入阶层的公寓或别墅；以福禄寿传统式、温馨亲切式、风花雪月式命名的楼盘，则多为廉价的平民化住宅或经济适用房；山水风光式面对的是收入中上等阶层要求提升居住质量的高尚住宅；庭台楼阁古典式则面对的是文化层次较高的职业者，以"阁""轩"多为单幢多层、小高层建筑；

"大厦""中心""广场"多为商务或商住单幢或双体高层、超高层建筑；"公寓"多为商住单幢多层、高层建筑；"苑""园"多为普通住宅；"庐""第""邸"多为高级住宅。

有文化含量

楼盘命名除考虑项目的大小（如园、苑、轩、村、厦显然规模不同）、定位、品位格调（如"新村""新花园""小区""广场""中心"等品位格调显然不足），暗喻物业的风格和档次外，最好有一定的文化含量，而蕴含中外历史文化积淀的楼盘名称是为上乘。如"卧龙山庄""汉唐龙脉""开元盛世""雅典娜""高山流水""上林苑""寒舍"等。

进行综合审视

楼盘名称还要从义、音、形上进行综合审视，要好记、好念、好听、好看。义，要寓意美好、令人遐想、避免歧义；音，要平仄适当、避免拗口、利于传播（如"唐园新苑"、"缘源园"等就犯了音上的忌讳）；形，要印、草皆宜，大小清晰，搭配美观。

● 名实相符

楼盘名称不仅要与楼盘属性相符，而且要名实相符。如普通住宅却命名"××国际"、经济适用房却命名"××豪苑"，使目标用户望而生畏，而高收入阶层容易认为是"挂羊头卖狗肉"，使开发商丧失信誉；如别墅本是成功人士社会经济地位的象征，楼盘命名要高贵显赫，让居住者感到荣耀和骄傲，若命名"福来花园""××人家""××新世纪"，就不能满足成功者被周边尊重、被社会承认的心理需要；如铺块草坪起名"绿洲"，挖坑灌水起名"湖光"，开渠堆丘命名"山水"等等，这种名实不符的楼盘不仅在置业者心中造成极大的期望落差，在市场上也就同时丧失了置信度与号召力。

随着市场竞争与房地产开发的规范化，楼盘名称已从一般的标识符号演变成楼盘整体营销的一个组成部分。它的绚丽多姿，昭显着房地产市场的繁荣与旺盛，昭显中国文化的博大精深。

● 让人产生深刻印象

好的楼盘名字，就像影视、体育明星的名字，让千万人铭记于胸；好的楼盘名字，又如美丽少女的脸庞，叫人过目难忘。在日常生活中，有一见钟情，再见倾心的说法。同样，楼盘名称于广大置业者的第一印象，虽说不是起决定性的作用，但有文化内涵，有审美价值的好名字，它的卓越的确能够在置业者心中产生一定的吸引力。而这种吸引力又时时贯彻于房地产项目营销的整个过程之中，至少可吸引目标客户群体注意自身开发的主要产品，进而导致购房决定的第二个行为——客户在众多楼盘信息中，找出自身的楼盘详尽资料，进而到售楼中心现场咨询或者参观样板房。据长期从事房地产销售的一线员工及销售策划人员反映，一个给人以审美愉悦的名称，的确会强化客户的第一印象，而且在整个看房、选房，甚至最后签约过程中，都会起到一种潜移默化的导向作用。

纵观当今市场上的一些知名楼盘，它们的楼盘名称确实有不俗之处，给人留下了深刻的印象，例如：

红树西岸、香蜜湖1号、金地·香蜜山、翠堤湾·龙玺、万科青春家园、万科四季花城、万科城市花园、香榭里花园、安柏·丽晶、云深处、阳光棕榈园、碧海云天、青春驿站、缤纷时代、奥林匹克花园、椰风海岸、山水缘、缇香名苑、仙桐御景、臻美园、心语稚园、风和日丽、书香门第、全色假日名苑、水榭花都、雅颂居、绿景·蓝湾半岛等。

● 与客户定位相符

楼盘命名是房地产营销的重要环节。怎样为楼盘取一个好名，促进项目的销售呢？

首先，楼盘命名一定要与该项目定位，目标客户群体定位以及楼盘属性相符合，否则会为项目的销售带来不必要的麻烦。如果发展高开发的楼盘是针对普通的工薪阶层的，就不适应取"金域豪庭"这样的名称。这样的名称是告诉大家这是有钱人或大户人家的公寓或别墅。如果发展高开发的楼盘是针对成功人士或都市新贵一族的，就不应取"××新村"之类的楼盘名称，否则就无法有效区隔客源。让工薪阶层去购买别墅，让成功人士和都市新贵族去挑普遍的、平民化的住宅，肯定是达不到较为理想的市场效果的。

其次，楼盘命名一定要符合项目属性，只有这样才能在营销推广的过程中针对目标客户群体进行有的放矢的广告诉求，让各个阶层的置业者各取所需，按照自己的意愿和经济实力进行合理的选择。也只有这样，发展商才不至于把有限的广告资源浪费掉，才能成功地拉拢和预定目标客户。

● 字数要适中

好的楼盘命名，不仅富有文化内涵，更应言简意赅，让受众接触到楼盘名字后，对未来生活产生美好的联想。因此，楼盘名称一定要精短、通俗易懂，容易传播和记忆。商标界内的泰斗克斯帕尔·德·维尔克曼曾对产品中命名用文字商标长度作了一个统计分析，结果发现词语长度偏好集中在5~8个字母构成的词，一般7个字母构成的较好。也就是说，中文品牌以2~4字为好。楼盘的命名也不例外，一般2~6个字为妙。否则不易记忆，达不到较为理想的传播效果。

日本《经济新闻》对品牌传播做了一项调查，结果显示品牌名称的字数对品牌认知有一定的影响力，品牌名在4~6个字的，平均认知度较高，而品牌名在6个字以上的，则平均认知度偏低，由此可以看出，品牌名称字数越少越容易记忆和传播。好的楼盘名称也是品牌名，如闻名全国地产界的"碧桂园"就是著名的成功案例。

许多成功楼盘的专家普遍认为，楼盘命名一般以6个字内最为适应。反之极容易让置业者记不清楚，也为楼盘的推广带来一定的阻力。楼盘名称太长，在售楼人员销售楼盘时，无疑会带来一些沟通上的不便。简短的楼盘命名，已成为一种楼盘命名的流行趋势，为许多有智慧的房地产发展商所追捧。

纵观当今楼市上的知名楼盘，它们的命名一般多数以2～6个字为准。

二个字的楼盘名称：

趣园、骏园、王府。

三个字的楼盘名称：

山水园、云深处、锦上花、金海岸、百花园、观海台、恒盛居、润华苑、鸿浩阁、融景园、蟠龙居、裕宏园、碧桐湾、碧桂园、海天园、水云间、泓瀚苑、紫薇苑、雅然居、理想居、名商园、臻美园、雅颂居、漾福居等。

四个字的楼盘名称：

青春驿站、青春家园、心怡花园、缤纷时代、碧海云天、漾日湾畔、西海明珠、椰风海岸、海印长城、长城盛世、风和日丽、缇香名苑、加州地带、骏皇名居、翠海花园、国泰豪园等。

五个字的楼盘名称：

蓝宝石花园、香榭里花园、香蜜湖豪庭、碧海红树园、阳光棕榈园、山水情家园等。

六个字的楼盘名称：

万科金色家园、帝港海湾豪园、裕康时尚名居、金色假日名苑、鹏盛年华公寓、新天国际名苑、南海玫瑰花园、城市印象家园、阳光带海滨城、深圳湾畔花园、东帝海景花园、东海丽景花园等。

在品牌营销时代，许多精明的发展商在开发楼盘项目初始阶段，即考虑到把企业品牌与楼盘品牌结合起来，以树立企业品牌形象，深圳万科地产是精于此道的高手。其在全国各大城市开发的楼盘名称往往与万科的企业名称有机地结合在一起，真正取得了相得益彰的市场效果。

以下是企业品牌与名称相结合来推广的楼盘：

万科集团：万科·东海岸、万科·金域蓝湾、万科·金色家园、万科·城市家园、万科·温馨家园等。

沙河股份：沙河·世纪村·如意府、沙河·世经村·王府等。

华侨城地产：华侨城·波托菲诺、华侨城·锦绣花园·翡翠郡等。

新天国际：新天国际名苑等。

香港中旅：中旅·国际公馆、绿景·蓝湾半岛等。

裕康地产：裕康时尚名居等。

天健地产：天健世纪家园等。

潜龙地产：潜龙花园等。

富通地产：富通·蟠龙居等。

卓越置业：卓越·城市中心花园等。

中信地产：中信星光名城等。

金泽地产：金泽花园等。

东埔实业：东埔海景花园等。

● 突出项目的优势点

　　楼盘命名是随着时代的发展而不断变化的，在过去计划经济年代，房地产名称多半是以地名标示的，如位于深圳红岭路的红岭大厦；或以功能标示的，如为银行、证券等金融机构提供服务的证券大厦，又如招商银行位于深圳深南路的招商银行大厦、发展银行位于深南大道深圳书城一侧的深圳发展银行大厦、中国平安保险公司位于八卦二路的中国平安保险大厦等。这样的命名只是告诉人们一般的信息，本身并不含有多大的促销成分。随着我国房地产行业的迅猛发展，房地产开发理念的日新月异。过去那种只要不是太离谱，领导同意，大家认可的楼盘命名手法已经明显落伍了。如今，房地产市场群雄逐鹿，竞争十分激烈，发展商为了项目能够销售成功，不惜在概念炒作上动足脑筋。然而，激烈的市场竞争也促使置业者越来越成熟，投资的眼光越来越理性。概念炒作可以在短期内迅速启动市场，但置业者最终看好的还是楼盘的综合质素。也就是说，项目要取得商业上的成功，必定具有其他同类比竞争性楼盘所没有的且又为广大置业者所接受的产品优势点，而这些产品优势点的突出和强化，楼盘名称本身无疑是一个最好的载体。许多房地产发展商深谙此道，在仔细研究项目，分析市场的基础上，巧妙地把楼盘命名与项目的最大优势点联系在一起，实践证明的确是有较为理想的销售效果。

● 要起到拾遗补阙的作用

　　楼盘命名除了要兼顾对项目的优势点的渲染、传播外，最重要的是，楼盘命名作为房地产营销的重要环节和房地产广告的一个组成部分，更应起到拾遗补阙的作用。譬如，我们可以通过命名来增添楼盘的文化内涵，给目标客户群体以一种未来生活的昭示，努力为购房者营造一种美丽的憧憬。众所周知，项目的优劣，有些地方可以通过后期的园林景观设计，后续的物业管理加以修正，而有一些楼盘先天性存在的缺点是无法改变的。楼盘名称作为项目的重要组成部分，却能起到弥补楼盘缺陷的作用，特别是产品的优势点并不是十分明显的时候，尽善尽美的楼盘命名的确能起到画龙点睛、锦上添花的效果。

● 好记、好念、好听

　　好记、好念、好听，是楼盘命名的最基本原则。无论怎样好的楼盘，都必须用最好的形式来表现，楼盘命名不仅要琅琅上口，让它传播得更广更远，而且要让人引以为豪，使人生价值通过自己购置的房产，通过购置房产的名称，充分地彰显出来。

大多数房地产发展商都试图通过楼盘命名这个有效途经来吸引潜在的目标客户,试图通过尽善尽美的好名字来进一步刺激购房者的购买欲望。这就要求楼盘名称要好记、好念、好听,只有这样才能高效地发挥楼盘名称的识别功能和传播功能。反之,复杂繁琐,难读难记,没有较强的语感,广告受众和主要的目标客户群体的名字就让人很难记住它,信息传递就会出现断层。发展商、广告代理商在对项目进行推广,为楼盘命名时,楼盘名称一定要精益求精,优中选优。确保楼盘名称发音容易,琅琅上口,读起来语感好,要尽量避免那些发音难或音韵不好的楼盘名称,使广告受众及目标客户群体很快识别和掌握。

目前,楼市上涌现出许多好记、好听、好念的好名字,如:万科青青家园、香荔花园、香榭里花园、风华盛世、翠海花园、香荔绿洲、港丽豪园、碧海红树园、水榭花都、观海台、海岸明珠、荔林春晓、碧海云天、名商园等。

● 要倡导全新的生活方式

好的楼盘名称不仅富有深厚的文化底蕴,更具有一定的审美价值和对未来生活的引导作用。如深圳卓越地产开发的蔚蓝海岸,其倡导的是一种滨海生活方式,给人一种浓浓的海洋文化。其广告一经推出,许多广告受众从蔚蓝海岸这个悦耳的楼盘命名中感受到滨海生活的惬意和浪漫。

又如"中旅·国际公馆"这个楼盘名称,让人一看就知道是豪宅,是属于成功人士和金领一族的理想府邸,其在广告中声称是"离尘不离城"的健康豪宅。中旅·国际公馆分二期开发,一期位于莲花西路以南,泽田路以北,由农轩路与农园路围合而成,东面是荔枝园,西面是80万平方米的绿化带,为中旅·国际公馆营造出"离尘不离城"的居住环境。中旅·国际公馆的园林设计以东南亚滨水风情为理念,一进小区,就可以看见一湾浅水绕着联排别墅延伸向小区深处,水中散落着几枝荷花,几片睡莲,黄色的睡莲似醒非醒,红色的小鱼儿在花间游来游去,散发出一派悠闲的生活气息。小区里有150种植物,各式绿色植物随处可见,而门前的加那里海藻更是价值15万元一株,高达40%的绿化率令住宅如珍珠般点缀在万绿丛中。

中旅·国际公馆一期有TOWN HOUSE多层和小高层等各类住宅,以四个组团的布局形成分布在小区里,建筑的高低相同,让小区显得错落有致。这种小组团围合成的设计让住宅之间的秘密性更有保障,各组团均拥有相对独立又可与外界自由沟通的可变空间,而周边的绿色景观层层过渡,又让户户都可欣赏较好的景致。在住宅设计方面,户型方正合理,空间宽阔轩扬,而且室内设有承重墙,业主可以随意间隔,最大限度地满足个性化需求。

中旅?国际公馆综合质素较高,单从楼盘命名上去理解,只要购房者发挥自己的想象,就能够想象出一种成功人士和金领一族的尊贵、优裕、从容的生活。

The Geomantic Omen of
Chinese Real Estate

第十一章

别墅与居家外观风水篇

The Geomantic Omen
the Outlooking of Villa & Residence

一、别墅外观风水

在中国几千年的建筑史上，始终贯穿着一种精神，即"天地人合一"。《黄帝宅经》开篇即云："夫宅者，乃是阴阳之枢纽，人伦之轨模。故宅者，人之本。"可以说住宅是调节阴阳平衡的关键，关系到居住者的生活、事业与幸福。

人与住宅是相辅相成、相互影响的统一体。从现代生态学分析，人与住宅构成了一个最基本的生态系统，是人类生存发展最基本的单元，对人的生长发展、健康问题及事业发展影响巨大。

别墅的选择不同于一般的家居住房，它同周围环境的联系更为紧密，受到天地山水的影响更大，因此在选择时需要用心考察所选别墅的周边环境以及形式各异的别墅对于居家风水的影响。

大体来说，风水好的旺宅主要具备三个要素：阳光、绿地、水，这也正是现代化人居环境的基本要求。

● 水榭香境，原生态人居物语

　　住宅大门前方稍远处有喷水池、游泳池或自然水池，形状方或正圆，称为"明堂聚水"。此处山清水秀，自然环境清新自然，适合人们居住。

　　居住环境的优劣直接影响居住者工作学习的心情，如果出门即可见清水游鱼，郁郁树林，心情自然舒畅，工作和事业也会得心应手。

● 绿意小筑，徘徊于自然边缘

　　住宅的后方有山，可称为靠山。山不必很高，如朝房子的方向看，能看见屋后的山形，都可称为靠山。如果山的顶部平坦如平台会有助于居住者的事业发展；如山位于住宅的西南或东北方位，而房子是位于东北、西南向，这是代表稳定的"不动坐向"，更能加强山的气场。

● 金星临阁，圆融居所

住家的西方、西北方向有山，山形呈圆形弧度不大，称为"金星山"。山势以能眺望见为准，山愈近，愈能感受到原始自然的气息，而其空气净化的影响力也愈强。圆弧形代表团圆和谐之意，在中国的传统观念中，这样的自然景象可以为人们的学业、事业、生活上带来良好运势。

● 野趣横生，品味悠然

　　住宅的西北方有大树，属于大吉相。西北方表示天、父、创始万物的涵义，大树在此隐喻自然之始。

　　从自然气候条件分析，我国大部分地区是内陆性气候，夏天阳光强烈，冬季季风强，住宅西北侧有大树，既能防止强风和北方的沙尘吹袭，也能起到天然隔热屏障的作用。

● 木色木香，田园清梦

　　树木的种植能使人们的生活变得更为舒适。人们不仅可以借助树木来减少道路上车流人声的嘈杂混乱，营造宁静安逸的生活环境，而且由植物构成的"生物场"更对人类的精神、情绪、身体健康、长寿等有十分重要的影响。

　　宅外种植松树可散发臭氧把结核病菌杀死；柏树能释放对人体有益的挥发油。柏树和松树都有守护的作用，代表健康、长寿、魄力，最适宜摆放在门口的位置。

● 悠长假期，菊之飘香

　　于宅外种植菊花，对家人的身体健康有益。菊花中含有环酮龙脑等挥发性芳香物质，有清热、祛风、平肝、明目等功效。常闻菊花香对头痛、头晕、感冒、视力模糊等症有明显的改善作用。

● 玉带揽腰，路曲有情

　　住屋前面有道路并呈弧形，作围绕状态，称为"玉带揽腰"。"以水喻路，水曲有情"，此种说法可追溯到古代。古时候的宫城建筑往往会修建护城，以起到防御护卫的作用。而对于家庭住宅来说，当以道路来势平缓为佳。

● 风情线条，气韵游走

住宅前面的道路呈弧形，构成"之"字弯曲形式，气流沿着流畅的通道游走，会令主人的事业一帆风顺，家人平安幸福。

● 质朴低栏，私密空间

　　独立的住宅最好是有低矮的圆弧形围墙、栏栅围绕屋宅，这样不但可以清晰地区分私人区域与周边环境，还可以达到绝佳的装饰效果。

● 开阔超然，畅想无限

　　住宅前面有一块平坦的空地，这块空地称为"明堂"，明堂开阔则视线通畅，无阻碍，潜移默化间会令居住者的胸襟开阔，视野远大，学业、事业会更有成就。

● 绿野仙装，心之乐园

屋子的前方又被称为"前朱雀"，是住宅风水的主要决定因素之一。如果面对公园或绿野，则空气清新、环境宜人，家中气场流动更为顺利通畅。

置身于这样环境优美，地势平坦宽广的地方，无论是携伴游玩还是休闲小憩都会令人心情舒畅。

● 明堂净水，与自然共融

　　以住宅开最多窗的一面为向，面对公园、水池或停车场、湖泊、海等，都是窗前见水，称为"明堂水"，这样的家宅其空气成分及自然波的振动都对身体健康有利。

● 方正大度，人性居所

　　最理想的宅地形状为长方形。为了获得最有利的阳光照射效果以南北长的宅地为最佳。因为考察宅地的形状时，首先必须考虑如何把阳光纳入到家居生活中。人们依靠太阳的红外线取暖，紫外线杀菌，光线的能量更使土壤与植物的气息发散到空气中，为人的健康带来有益的影响。

● 呼吸自然，触摸浪漫

　　把车库设在住宅附近时，可在车库周围多种树木，以吸收汽车排出的废气。其中以种植榆树最佳，榆树生长速度快，枝叶繁茂，种于宅后有利于防风御寒，更重要的是，榆树具有极强的吸附毒气、烟尘的功效，能够净化空气，保护环境。

● 阳光心情，舒适地带

　　根据阳宅秘法，住宅南面如果留有空地，就会带来好运。从古至今，人们都认为在建筑物南面留有空地会为家人带来好运。而对整个建筑物来说则有四大益处：①可以享受到充分的阳光。毋庸置疑，大自然的阳光会为家庭带来温暖、明亮的舒适感受，同时，光线还具有杀菌消毒与安定心神的功效。②保持空气流通。南面有空地更能有效维持室内空气的新鲜度，令居室通风良好，冬暖夏凉。③使住宅更为静谧。门窗大多设在南面，南面空地让住宅与外界保持一段距离，更有效地保证住宅的私密性。④住宅隔间容易。接受大量的阳光，室内隔间就比较容易，方便整个住宅的房间配置。

● 闲庭信步，家的港湾

　　住宅前方的邻宅适宜低，后方邻宅适宜高。前面房子低，气运顺畅，后面的房子高，等于背有靠山。后面高大的房子可被视为前方住宅的依靠之物，予人心理上的安全感和信任感。

● 宜人布局，闲雅生活

住家纵深长、横阔短比较适合家人的居住。合理的格局会使居住在房子里的人行动随心所欲，有利于身心健康和事业兴旺。

● 天圆地方，纯美家情

　　住宅呈圆形，没有过于尖锐的棱角，是所谓的"天圆地方"，有诗云：中央高大号圜丘，修宅安家在上头。人口赀财多富贵，二千食禄任公侯。圜（元）丘，古代祭天的圆形高坛，土高者为丘，圜者象天圆。因此圆形住宅隐喻合家团圆之意，符合中国人的传统家庭观念。

二、居家外观风水宜忌

被称为"天书"的《周易》，由学问与术数两大部分组成，内容涉及到哲学、政治、历史、军事、医学与民俗等多个方面。在学术领域，《周易》把其核心内容"阴阳五行"的理论贯穿始终，其他一切思想可以说都是围绕它而构建的。而风水把山形水势归纳成环境的"气场"，由金、木、水、火、土五种属性构成，并分为阴和阳两大类，它认为宇宙间所有关于人的一切事物都可能成为影响我们自身发展的一种环境，而且所有的事物都可以分成五个行列，并隐藏着五种性质，所有无形的五种性质都是寄存在一切有形的事物中，并主宰着这一切有形之物，就像人的思想和灵魂主宰着人的肉体一样。

如何处理好物质与人类的和谐关系，是《周易》地理风水学的重点，其核心思想就是"天人合一"，与现代建筑学提倡人与自然环境和谐的理念是一致的。

《周易》认为：阴阳调和，五气流通为上乘之格局。阴阳调和，讲究的是光线的调节要适度，不能太强也不能太弱；五气（即五行之气）流通，要求的是各方之气能顺畅流通。这样的环境才是上上之选，自然是人所向往的居住环境。实际上，它们强调的都是门和窗的光线采纳和气流设计的问题。

窗和门都是吸纳自然光线和空气进入的必经之通道，是私人空间与外界沟通的门户。门和窗的搭配要合理，如果不够协调，就容易引起父母与子女的争端冲突，造成家庭关系不和睦。

可见，风水讲究气场的调和，现实生活讲究人际关系的融洽，如果人与人之间能够相处和睦，有情有义，那么我们的工作和生活也就会轻松愉快，甚至能收获到意想不到的惊喜。

● 环境之地形风水之宜

安身立命的前提是安居乐业，否则便会生活无依、居无定所。可见居住环境的地形风水是多么重要。现在就介绍一些切实可行的选择适宜的环境地形的方法，全方位阐释居家环境的地形风水，让你轻松改善居家环境的地形风水，创造更加美好的家居生活。

屋宅正向·富贵吉祥

现在许多住宅的小区因设计和地理环境的需要，往往有一部分的楼是正向的，而另一部分楼可能会偏离正方向15~20°。在这种情况下，最好是选择正向的楼。那么，何谓正向楼呢？这就是正南正北、正东正西、正西北东南、正东北西南。看上去是四个方向，实际上是八个方向：坐南朝北、坐北朝南、坐东朝西、坐西朝东、坐西北朝东南、坐东南朝西北、坐东北朝西南、坐西南朝东北。《沈氏玄空学》认为用正向推吉是最有力度的，用罗盘磁针偏向（以方向字中心为准不能超过左或右的4°5'）3°以内，比如坐西向东的酉卯向，以酉字中间算起偏左偏右在3°以内为大吉。实际上正位的磁力，气场是最有力的，风水学尤其重视正龙正向，讲究龙真穴正。宅居讲究方正的向，方正的形，这样才是吉宅。若风水宝地是主贵的话，格局坐正的屋宅，出贵人，权力、地位、财富一定比坐偏的那些方位好。

 屋地方正·富贵双全

说到风水，大家都知道方正的地形和屋形很吉利，形状不规则的房屋气流不畅，不利于"藏风聚气"，会产生许多不良风水。南北长、东西短、长而方正的住宅，一般从风水角度来说是非常吉利的，不但发富，而且催贵。

 南方空地·富贵双全

南方有空地的住宅是非常理想的居住环境。无论是一块单纯的空地，还是已经开辟成的庭院、公园等场所，对居住者都有很好的风水效果。如果南方面对的是一个公园，还可得到更多的休闲和娱乐的空间。风水认为，南方留空地的住宅，家庭和睦，富贵双全。

空地

 空缺得位·居之获吉

在风水学里，每个方向为45°，方位每个15°，如东北有丑、艮、寅三位置，丑15°，艮15°，寅15°。东北的丑方称为牛，寅方称为虎，这两个方位一般是不理想的，在建造房屋时，如果将丑、寅位空缺的话，住之将会大吉大利。如果居住在东北丑或寅空缺的宅地，此家人一定富贵长久，居住得时间越长就越富贵。

 方圆平整·风水美地

方圆平整的屋场被称为风水宝地。但是易友们在谈论风水时，常常对"方圆平整"的看法不能统一。有一次，一位易学爱好者举出一个方形屋宅，其外局之水交相环抱，他让大家判断此屋场是吉是凶。有三合、玄空、金锁、玉关等各朋友分别判断出不同的吉凶，有说吉，也有言凶，更多说吉凶参半，争论不休。其实，风水的基本常识是研究相形，阳宅风水是一门宅相学。相宅犹如相人，大凡外形方圆的面相为吉相，这样的方圆格局住宅即使不是特别理想，但亦是一处不错的选择，所以判断此宅财运亨通，名利双收，有贵人出。

宜 西高东低·平安吉祥

住宅的地势如果西高东低，则非常吉祥。书云：西高东低地无妨，正好修工兴宅庄，后代资财石崇比，二千食禄任公侯。解释为：住宅地势若西高东低，正好适合兴建住宅，后代会富贵，会出高官能人。居住在这种环境的人，为官者仕途的前程和富贵的程度并不一定非常显赫，但会平安吉祥，衣食无忧。

宜 明堂宽阔·前途无量

风水学认为，住宅前面的一片空地是为"明堂"，没有空地则将人行道视为明堂。通常，住宅前面的人行道宜宽阔平整，住宅与马路间应保持一段适当的缓冲距离。若宅前的巷道胡同过于狭窄，会让人产生压迫感。事实上，眼前越开阔、整洁，人们的视线就会越远，屋前也象征未来和前程，明堂宽阔预示人的心胸宽广、志向远大，会有非常人的抱负。

● 小贴士 　　　　　　　　TIPS

传统风水学理论与现代科学相通

传统风水学对所勘察的风水区位的地貌、水流、水质特别重视，有时甚至要尝土和水的气味，从中判断这个区位的风水是否有利于人的体力、智力、思维和事业。如果水味甘甜即为吉地，而水味苦涩则是不吉之地。其实，风水中许多道理与现代地质学也是相通的。如风水学中的"龙脉"，就是现代地质地理学关于山脉、水流与岩层走向的学问。而风水中"保护龙脉"的思想，也与现代地质学说中的水土保持、环境保护等观念是一致的。

宜 坐向当旺·富贵强盛

坐向是指住宅的前方和后方，住宅风水主要看坐向是否当运，立向为旺气则吉，衰气则凶。住宅风水中的坐向不是以房子的大门为向，而是以一栋楼的入口为主。坐向的当旺，主要是看坐向卦爻当旺、挨星当旺，以及坐向是否得到山水而生旺。如坐北向南的房子后面有金星山，则为之坐方当旺。金生水，前面得木形山，为木火相生，则为向方生旺。一所真正坐与向都当旺的住宅，家人的命局都会比较好，运气顺畅，富贵吉祥，整个家族会越来越 兴旺。

宜 宅居朝南·大吉大利

何光廷在《地学指正》中指出："平阳原不畏风，然有阴阳之别，向东向南所受者温风、暖风，谓之阳风；向西向北所受者凉风、寒风，谓之阴风，宜有近案遮拦，否则风吹骨寒，主家道败衰、人丁稀少。"也就是说，住宅朝南，可避免西北风吹袭。我国位于地球北半球，欧亚大陆东部，大部分陆地位于北回归线（北纬23°26'）以北，阳光充足。阳光对人的好处很多：一是冬季朝南的房屋比朝北房屋温度高1℃～2℃；二是可以促进人体维生素D的合成，儿童常晒太阳可预防佝偻病；三是阳光中的紫外线具有杀菌作用；四是可以增强人体免疫功能。从风水角度来分析，居住在朝南的房屋会大吉大利。

● 环境之地形风水之忌

无论是农村的民房、郊区的私宅，还是城市中的商务大厦、别墅等，有个好的地形风水是非常重要的。一般人们比较重视前后左右的山水风景、交通状况以及人气风水等，但却很容易忽略本身的地形风水。如果住宅的地形风水不好，对家运很不利，不宜居住。所以说，地形风水是十分讲究的。

后高侧低·不利婚姻

从风水角度来看，住宅左右两侧较低而屋后很高的屋地，俗称"寡妇地"，对居住者婚姻不利，居之不吉。两侧较低的屋宅，容易受风雨袭击，而屋后较高的话，不利于房屋的通风，这种格局住起来当然不吉利，家运受阻，家人的身体健康也会受到影响。另一解释，寻龙点穴，找屋场位一般不在半山腰的下坡处，这种后面高两边低的屋场正是上下坡的地方，所以不是好风水的屋场。气散、不聚，会影响家庭团结以及婚姻的稳定等。

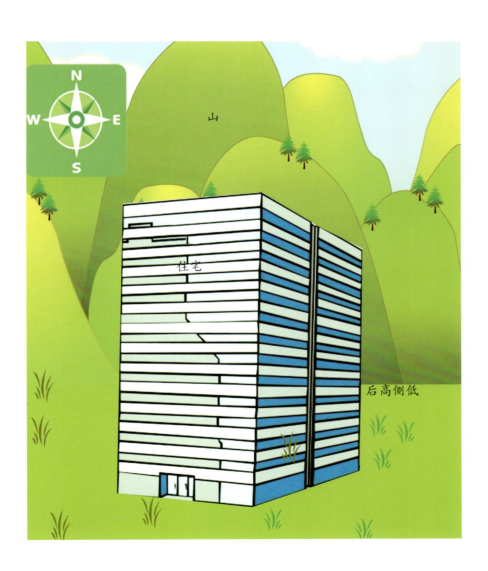

忌 右短左长·不利家运

无论是农村的民房、郊区的私宅，还是城市中的商务大厦、别墅，好的风水都是非常重要的。一般人们比较重视前后左右的山水风景、交通状况以及人气风水等，但却很容易忽略本身的地形：右短左长。如果住宅的地形为"右短左长"的话，对家运很不利，不可居住，否则，不但财运不好，事业受阻，甚至人丁都会越来越稀少。

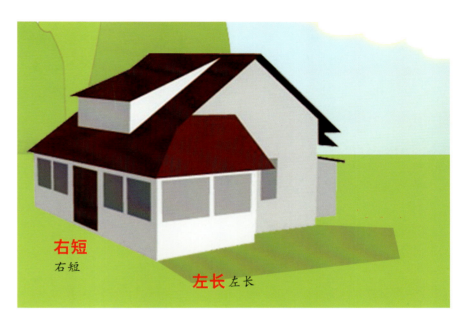

忌 左短右长·丁衰财旺

从风水来说，居住在左短右长的屋地会发富，财源广进，但会出现人丁稀少，家人身体虚弱的情况。居住在这种屋地的人，条件允许的话，最好是搬走，以保家人身体健康和人丁兴旺。

● 小贴士

南北方气候对人的影响

中国南方与北方的气候可以说大相径庭，其各自的气候特点对人体和饮食起居的影响是显而易见的。如北方寒气重，患哮喘等呼吸道疾病的人就较多，但若到了四季如春的海南岛生活，绝大多数都可以不治而愈。而南方湿气重，患风湿病的人较多，到了空气干燥的新疆等地生活，也可自然痊愈。再如北方的房屋要防寒保暖，墙壁砌得很厚，有的是双层玻璃双层墙。古人就干脆挖窑洞避寒，具有冬暖夏凉之效；而南方的房屋要求防热防潮，门窗开得多，有的还有天井，以利通风凉爽，有些山里人干脆用竹木搭起悬于地面的吊脚楼，既可通风防湿，又可防御野兽虫蛇的侵袭。

忌 东侧乱山·孤寡贫穷

吉利的风水地忌有怪山、乱石等杂乱的山形破坏气场。如果屋地东侧有形状突兀的山，那么，这里是不理想的居住环境，居住在这种环境下，不利婚恋，也易破坏家庭的和睦，财运亦不佳。

忌 三角屋宅·禁忌多多

三角形是煞气很重的风水符号，在九星中代表三碧，会令人是非多、破财、事事不顺。在现实风水中，三角形是有很多禁忌的，包括面相也是如此，一个脸形三角的面相亦称为不吉，尖角朝上则少年不吉。在三角形的地形处建造房子，要当心煞气冲进住宅，对宅中人不利，特别是经商人士，会出现辛劳而无获的局面。另外，三角形的住宅，形状似斧头，在尖端处风水更差。如果无法避免带有三角形的屋宅，最好是将尖端处的房间作储藏室使用，切勿设计成卧室。

忌 太阳暴晒·精神不佳

许多人认为，多阳光的屋宅是很理想的。但是住宅朝东，太阳东升西落，斜面的阳光于上、下午分别从门及窗照射住宅。夏天，居住在内部的人几乎整天在十分酷热的气氛下生活，容易心烦气躁，导致健康受损或精神不佳，工作、生活的状态不好，运气阻滞。解决办法：选择冷色窗帘，把住宅光线布局合理，自然转凶为吉。

忌 坐向衰弱·住家失运

通常住宅后面为坐，前面为向。如坐西朝东的住宅，西属金，后面有半圆形山丘为坐旺，因为半圆属金，金金相助为旺。若有尖形山峰或建筑则为衰，因为尖形属火，火克金，坐方失利衰弱。朝向也同理，东属木，若前面有长星或高高山峰为木旺，则向为"旺"；若前面有半圆山丘是为金克木，则向为"衰"。风水学认为，坐向衰弱，家运不佳，难有发展。出现"坐向衰弱"的情况，补救办法有两种：一是可以在坐向外墙装修颜色进行补救，比如坐向为金可用白色装修外墙，如果属木用绿色，水用黑色，火用红色，土用黄色 装修外墙。二是可以在相应位置将门窗设计成合理五行的形状，如西方属金，开圆门圆窗；东方属木，开长窗等。

忌 虎口灾多·难在其中

在选宅时首先要看看房屋的前后左右是否有街巷直冲的情况出现。若房的大门正对直冲而来的马路，马路愈长凶险愈大，车愈多则危险就愈多，因此有人称之为"虎口屋"，表示难以在其中安居。另外，对面大楼开有八角大窗或似虎嘴状的窗子，在风水学上叫做"白虎开口"，居住者容易受到伤害，还会破财，是很不吉的屋宅，可用一对貔貅或麒麟对着虎口，或者用凸镜把煞气反射出去，以降低冲煞。

● 环境之外形风水之宜

五形中的金、木、水、火、土在外形风水中有着十分重要的作用。有个好的居住外形风水，会使从商者财源广进，从政者身居要职，从文者扬名四海，务农者五谷丰登。不同形势的外形风水还会影响到后人的长相、气质以及命运等。

 ### 宜 屋宇方正·稳定安全

吴才鼎在《阳宅丛书》指出："凡阳宅须地基方正，间架整齐，东盈西缩，定损财丁。"屋相如人相，也要方方正正，忌尖角过多，奇形怪状。通常，方正的房子会给人一种稳定安全的感觉，而奇形怪状的房子则缺乏安全感，尖角会给人们的心理增加压力及负担。方正的房子，容易聚气，有利居住者的财运和官运，居住者在人际交往中可以左右逢源。

宜 四神俱全·飞黄腾达

有诗曰：朱龙玄虎四神全，男子扬名女子贤，官禄不求还自至，儿孙之辈乐翩翩。屋宅左边有流水的叫青龙，右边有长道的叫白虎，前面有池塘的叫朱雀，后面有丘陵的叫玄武。如果这四种条件齐备，就是最好的建宅地点，可使居住者功成名就、飞黄腾达，能让自己事业蒸蒸日上，前途无量，子女聪明好学，以后也会功名显赫。

 ### 宜 五行匹配·大吉大利

生物链显示自然界的生物是互相依存，也是互相制约的。这些现象在《周易》中称为"相生相克"，即五行的相生相克原理。五行平衡、五行调和、五行相生等，这不仅是《周易》的哲学原理，也是生存的法则，运气的原则。从风水角度来讲，外墙颜色五行与主人的年命五行相生，或其比和为吉（如生肖为猴者属金，选用黄色，则为土生金，选用白色，则为金金比和），颜色与颜色之间相生或比和均为吉，颜色与方位之间相生或比和也为吉。住宅外墙的颜色五行搭配得宜，就会大吉大利。

宜 图案简洁·平安祥和

看手相时，一看到掌上手纹，密密麻麻的掌相视为麻烦较多，这类掌相的人往往心思细腻，内心压抑，常独自承担着很多心事，内心有孤独感，家庭生活和个人经历很坎坷，很具戏剧化。居住环境也如此。从宅相来讲，屋宅外观的图案简洁、大方、稳重，居住者的家庭会平安祥和，反之则不吉，图案的复杂程度与吉凶成正比。

两支文笔·品学兼优

现今社会对人的文化素养要求越来越高，大人都希望自己的孩子能品学兼优。如果屋宅附近有文笔位，则有助读书之人品学兼优，成绩名列前茅。传统的文笔是指高直的山，但在城市里，高楼大厦也属于文笔之列。住宅的附近有文笔，居住者会更聪明，接受能力更强。如果文笔在住宅的东南方则更好，因为东南为巽，为四绿文昌，四绿属于柔木，文笔也属于柔木。

色泽光亮·风水吉宅

人的面相和气色有好坏之分，楼宇也一样，如果是新楼房，颜色一定要选择较为暖和的颜色，大红大绿或太过阴暗的颜色都不适宜。在深圳有不少这样的例子，在中心区有两座楼宇，一个外观是大红的颜色，而隔壁新建的楼宇颜色则是暗色，裙楼用大理石，外表非常暗。风水好的楼宇，外墙有光泽透出，反之则缺乏光泽。总之，从风水角度来讲，一个好风水的住宅色泽是光亮的，像人一样，运气好的时候满脸红光，运气不好的时候灰头土脸。

楼高平衡·平安吉祥

风水格局要求平衡、对称，与建筑设计中所讲的平衡、对称原理一样。建筑与风水，一个强调"美"，而另一个强调"吉"。其实，现实生活中讲的很多现象也是如此，高楼住宅更是如此。太高住宅会四面受风，居住者往往会锋芒毕露，孤立无援，有名无利，不吉。太矮小的屋宅令人备受压抑，不受重视。所以楼层的高度要适宜、平衡，居住者才会吉祥平安。

● 环境之外形风水之忌

如果住宅的外形风水环境吉，则住在宅内的人将吉上加吉，旺上加旺，适宜居住；若住宅的外形风水环境凶，则住在宅内的人将凶上加凶。外形风水中要考虑的因素有很多，其禁忌决定了住宅能否适合居住。

 ### 屋形尖顶·财气不聚

经常会有人提到，是不是带尖形的房屋就是风水的"火煞"？当今都市高楼林立，艺术装饰五花八门，屋顶装修的尖顶算不算火煞？一般风水学认为：风水是一门讲形局、气势的学问，只要造型具备了尖角这样的格局，就属于"火煞"。如果屋宅楼顶呈尖形，不管是装修的艺术品带尖，还是电视天线，只要在屋宅中心尖上去，均属于"火煞"。尖形屋顶，往左右两边倾斜的屋宅名为"寒肩屋"，财气不聚，越尖负面影响就越大。

● 小贴士　　　　　　　　　　TIPS

屋高墙低·家庭平安

现在许多住宅有围墙，在建围墙时，要注意房屋的高度一定要高过围墙，至少要与围墙平齐，才符合风水之道，居住者才会平安吉祥。房屋千万不能比围墙低，否则不吉，居住者易有官非或牢狱之灾。

 ### 凶形建筑·灾祸不断

风水学特别讲究气场的调和，最忌有桥和路以及一切呈剪刀、刀或枪等凶器形状的建筑物，更不宜有这些形状的"煞气"冲撞住宅。这样的格局的屋宅容易发生灾祸，对家人不利。如果遇到这种情况，可在对应位置挂上凹镜或凸镜加以化解。凹镜或凸镜有折射作用，通过镜子的折射可以起到化煞的作用。

 ### 外形单薄·不利人财

房屋的外形不宜窄长、单薄，否则有摇摇欲坠的感觉。风水学认为，单薄则意味着"元气"不足，对财运和健康均不利，两边墙没有窗户则更不利。

 ### 围墙贴屋·百事不顺

如果围墙紧贴着房屋，或者围墙和房屋共用一面墙，这种格局很不宜，会导致居住者日渐穷困，事业也会随之走下坡路。一般房屋和围墙之间至少要隔1m以上的距离。同时，住宅的围墙只要略高于人的身高就可以了，不宜筑得太高，特别是不宜加装铁丝网、尖锐的碎玻璃等，否则就给人一种住在监狱里的感觉。

宅居窄巷·不利发展

通常窄巷是指通道只有1~1.5m的宽度，进出很不方便。这种密集的居住环境令人的身心颇受压抑，长期居住，各方面都难有发展，特别是对事业的发展会受到较大的阻碍。

● 小贴士　　　　　　　　　　TIPS

烟囱的风水影响

如果住宅窗外有烟囱，撇开风水不谈，单从环境卫生的角度来说，烟囱喷出的煤烟火屑就足以损害健康了。故烟囱在风水学上亦有影响，主难产及小人口舌，遇到飞星三碧星加临，主盗贼和官非。

忌 三支烟囱·火烧文笔

烟囱，也称为"冲天煞"，如果三支烟囱并列一起，就称为"香煞"。大厦对着烟囱，对居住者身体健康不利，进而影响家运。烟囱像文笔，实际上是"败笔"（不好的文笔），因为烟囱为燃烧物品时候用作用排出废气之用的，也称为"火烧文笔"。面对三支烟囱并列这种格局的人家，孩子读书成绩退步，或平时聪明，但在考试时候总是失利，成绩不理想。化解办法：在火烧文笔的方位放一盆水或养一缸金鱼，鱼的数量以六条为最佳选择，以水来克火，火烧文笔之力就会减弱，孩子的学习成绩也会进步。

忌 前宽后窄·灾祸多多

前宽后窄的屋地，形状像棺材，也叫棺材地，俗称"斧头形"。这样的屋地十分不吉利，不利财运、家运，居住其中，会不断发生灾祸，宜尽快改善或搬迁。

忌 形如"7"字·运气受阻

"7"字形的楼宇指的是一面楼翼长，而另一面的楼翼短，拐个直角弯，不宜。同样的道理，户型是"7"形的也不宜；"凹"字形是指同一住宅的前后或左右高起，而中间凹下去。这两种格局均不利于居者健康，也不利于家运。"7"字形和"凹"字形都属残缺的形状，不吉，会使运气受阻，百事不顺。

忌 外墙剥落·退财之相

屋宅外墙剥落、崩裂，甚至钢筋外露，是很不吉利的，称为退财之相，不利于事业的发展。外墙的损毁程度与负面影响力成正比，若损毁的部位属该宅吉方的话，则破坏力更强。

白墙蓝瓦·居家不利

　　现在有些房屋为了追求美观，设计成白墙蓝瓦，从风水的角度来分析是不吉利的。白墙蓝瓦的色调大多用于灵堂、阴宅、纪念堂等阴性较重的建筑物，不适合一般的住宅，否则会加重房屋的阴气，令居住者事业不顺，运气下降。最理想的颜色为红瓦白墙。

 鹤立鸡群·地绝人孤

　　现在许多人喜欢在最高的地方，例如：山顶或半山腰，或者在平地上有别于其他所有楼宅的高度争取最高楼层，形成一种"鹤立鸡群"的格局。但是这种格局很不吉利，高处不胜寒，地气不稳，大部分会烟消云散，将住宅建在高处，或者楼层高于其他屋宅，会四面风吹，失去龙砂的护卫，气随之飘散，犯了"风煞"。

 泰山压顶·运气难伸

　　风水十分讲究形势，讲究气场，居所气场是否顺从主人，是否威严、富贵是非常重要的。若四周高楼林立，唯独自家所居之楼房低矮，势必遭受压制，运势难伸。

 反光冲射·情绪低落

　　现代建筑中玻璃幕墙的运用越来越广泛，虽然很美观，但却产生了"光污染"。如果采用的是反光玻璃，影响就更为严重。玻璃位于住宅的东方或西方，则影响更坏。长期受到反光冲射的人，会使人心烦气躁，情绪低落。不过如果出现这种情况，可以在对面对着玻璃的地方挂一个太极图案或八卦图。

 色彩杂乱·不利事业

　　五行中的金、木、水、火、土，在风水中有着十分重要的作用，《周易》把色彩分别用五行概括，白色属金、绿色属木、黑色属水、红色属火、黄色属土。五色可调配出丰富多彩的颜色，不管采用哪种配色，从美术角度来讲，一幅好的作品，色彩要协调，要与所画之物尽量保持一致。建筑物也是一样，如果色彩杂乱，就会带来一定的负面影响，对宅运十分不利。风水学认为，这种的住宅，家庭失和，事业失败。

● 住宅周边环境风水之宜

人所居住的地方，应以大地、山河为主。大地、山河的"脉势"最大，与人的祸福关系最为密切。从风水学看，住宅前后有山，或者左水右山的居住环境，是非常有利于保健、养生的吉宅。"四水归堂"在风水学上是十分吉利的说法，能得到"四水归堂"的格局就是上好的风水住宅。

宜 山水得位·自然富贵

古书有云："宅东流水势无穷，道在宅西南北通，因何富贵双全至，右自白虎左青龙。"

住宅东面有流水，西面有路，叫做青龙、白虎，各就其位，自然大吉，居住者会富贵双全，好运连连。

笔者曾看过一处故居，住宅东有流水，西有大路，符合自然环境的富贵风水格局。他们居住在此宅，人才辈出，富贵双全。

宜 正北金山·名利双收

屋后的正北方在五行中属水，如果住宅的正北方有一座五行属金的山，会令家人名利双收，因为金水相生，水又生财。然而，什么形状的山称为"金山"呢？圆形属金，长形属木，所以偏圆形状的山称为"金山"。

宜 前后高山·人丁兴旺

诗云：宅前屋后有高砂，此地居之不为差，广有田财人口喜，家传富贵乐无涯。住宅前后都有高山（这里所指的高山是指离住房的距离较远的，能看见的高山，并不是指住房被两山相夹），会令居住者财源滚滚，人丁兴旺，金玉满堂。在丘陵地带，许多住宅的前后有很高的岭和小丘等，是主家宅人丁兴旺的屋宅。正如风水中所讲到的"山管人丁水管财"。

宜 东北有冈·居之得吉

书云：艮方宅后有高冈，南下居之第一强，非但子孙紫衣贵，年年岁岁满仓粮。《周易》卦象里，艮为山，表示高山之相，住宅有高冈会旺其地气，因此大吉。住宅建在东北方位有高起的山脉，风水非常好，大利少男，有益子孙，大富大贵。

2003年，笔者曾在云南勘测风水，在周先生家里，观其外局时发现，东北有高大山脉绵绵而来，住家正靠东北。所以断曰：此家必出少男发迹，富贵双全。周先生反馈说："陈老师，真准，我家两个儿子，小儿子近年来财运非常好，掌管有7家公司，获利甚丰。"

宜 山若盘龙·财运亨通

高而圆的山为楼台山，尖而秀的山为鼓角山。一栋屋宅位于四方有山环绕的平地之上，称为"盘龙地"，实际上，住宅在被众山环绕的环境中会有安全感。另外，有一些住宅会三方环山，而另一方有平地，这块平地称为明堂。这种格局是盘龙之地，地气蓄聚，居住在这种环境会财运亨通，事业发达。

树临门窗·煞气难侵

如果住宅没设有围墙，而大门、窗户与邻家的大门或窗户相对，或者受屋角的冲射，都可以在其间种树来遮挡，这样就可以抵御煞气，保家人平安、吉祥。

宜 植物驱邪·家宅平安

自古以来，中国的民俗一直认为植物能避邪，深知植物与人之间存在生物场，现在科学家证实物质具有语言、情绪、灵性，其实有人可以与植物交流、沟通，借植物抒发情怀。植物还可以保护家宅平安，给家宅带来健康、和睦、吉祥、如意。"独在异乡为异客，每逢佳节倍思亲。遥知兄弟登高处，遍插茱萸少一人。"此诗足以说明诗人王维不仅表达了他对亲人的思念，也说明他对茱萸的钟爱之情。从风水角度来说，认为在重阳节登高时佩戴茱萸可避灾祸；过年的时候，用桃树和柳树枝插在门的旁边可以用来驱邪；端午节时，把菖蒲、艾叶挂在门旁，或用艾做成"艾虎"带在身上，也能起到驱毒辟邪的作用；无患子很受人欢迎，这种落叶乔木，五六月间开白花，生青熟黄，内有一核，坚硬如珠，俗名"鬼见愁"，佛教称为菩提子，用以串联作念珠，有它"无患"。

宜 竹林围宅·平安富贵

竹子自古被视为吉祥、平安的植物，在风水中竹子还有障空补缺，挡煞化煞之功用。夏天，竹子清爽宜人；冬天，竹林可抵御寒风。竹林还可以消除部分噪音。住宅周围如果有竹林，可以让家人平安富贵。但要注意，竹子一定要成林，否则也不吉利。

宜 西北丘地·官运亨通

住宅后方有山一般作靠山论，表示有贵人扶植，若西北（干主西北）有丘陵，属于增强方位（干为金，丘陵属土，土生金也），家庭会富贵双全。尤其多出从政人士，从事管理方面的工作一般都能高升到比较不错的职位，地位、名誉、财运均不错。

笔者一位姓杨的大伯看风水，发现他屋宅背后有小山，所谓丘陵地带。笔者说："大伯住进此宅后，家人升职发财。"大伯一愣，"哦，是啊，我们刚进新居，儿子就升官，在公司上班的女儿也升职，财运比以前好多了。"

宜 槐树榆树·富贵避邪

住宅、庭院四周宜种些什么树？风水学有专门论述："东种桃柳（益马），西种榆树，南种梅枣（益牛），北种奈杏。""中门有槐，富贵三世；宅后有榆，百鬼不近。"在庭院或院子里栽上槐树，可使居住者世代富贵吉祥，栽上榆树则可起到挡灾避邪的功效。

宜 西南有水·发富催贵

古有"坤山坤向坤水流，富贵永无休"的说法。从风水角度分析，西南为坤，属土。如果这个方位有水，就会有财运，水越大，财运越好。"坤山坤向"的意思就是，在上元二运坤卦得旺山旺向的时候建房子，如果坤方有水，就属于富贵无忧的理想宅居。

宜 玉带环腰·丁财贵寿

住宅位于天桥圆弧内侧的环绕处或者被水环绕，这些房屋被称作"玉带环腰"之局。从风水角度来讲，对居住者的前途很有利，但是这样的玉带不能高于屋顶，像有些高架桥或是轻运轨道的大转弯地带，车道以上的住户在地势上会比车道以下的有优势。位于"玉带环腰"的房屋，由于形状与"反弓煞"相反，刚好可以完全消除所有"反弓煞"暗含的危险。玉带环腰的住宅能添丁、招财、催贵、增寿。

宜 左右水长·如意吉祥

诗云：家居左右水流长，久后儿孙福禄强，禾麦钱财常富贵，后来居上是书香。

住宅的左右两边都有流水环绕，居住在此环境里会吉祥如意，大富大贵。风水有个法则：顺水要砂弯，逆水要横拦。左右水流经过比较长的路途源源而来，是十分理想的住宅风水。其水越长，发迹越长久；水流越大，家族就越旺盛。

 宜 兑丘坎林·福禄双全

住宅的西（兑）边有山丘，北（坎）边有树林，是非常吉利的住宅。风水学认为，这种格局的住宅是吉宅，会令居住者福禄双全。

 宜 左水右砂·延年益寿

自古以来，养生就是人们的头等大事。如今，美容、保健等行业越来越流行，不少女性为了美容、美体不惜高投入，但仍然还有很多人无法达到预期效果。其实，人的美丑与其所处的环境也有很大关系，风水的好坏也会影响着人的健康、体型、相貌等。从风水学看，住宅前后有山，或者左水右山的居住环境，会是非常有利于健康、养生和美容的吉宅。

 宜 四水归堂·富贵安康

"四水归堂"在风水学上是十分吉利的说法，能得到"四水归堂"的格局就是上好的风水住宅。在阳宅讲，明堂是指屋宇前方，宜宽敞。古人云：明堂如掌心，家富斗量金。明堂如掌心，必须周围砂水环绕相朝，为富贵地。除了可安享富贵，这种住宅里的家人能够长久平安、健康。

左水右路·北山而吉

左边是流水，右边是大路，北面依着青山的屋宅很吉利。从风水角度来说，居住在这里的人能大富大贵，且为人正派，名利双收。

2000年，笔者看过一家屋宅，住宅的门前左边有流水，右边是大路，北面有青山，正好符合"左水右路北山"的风水格局。这家人住进此宅后，名利双收，家庭和睦、幸福，较过去运气顺畅多了。

 门前"Z""S"路·生生不息

通常而言，住宅门前如有"Z"形或"S"形的路横向而来，这种格局会令财运亨通，事业蒸蒸日上，生生不息。对着外弓形的路较为吉利，但对着内弯路则不宜。

宜 水绕明堂·健康富贵

玄武水缠，富贵连绵。玄武是住宅的后方，如果屋宅后方有水流到前面的明堂，则属于富贵双全的格局。居住在这种住宅格局里的家庭财运和健康运都非常不错。

宜 山环水抱·富贵吉祥

山体是大地的骨架，也是人们生活资源的天然宝库。水域是万物生机之源泉，没有水，人就不能生存。《墨子·辞过》云：古之民，未知为官室时。就陵阜而居，穴而处。考古发现的原始村落几乎都在河边，这与当时人们的狩猎、捕捞、采摘生活相适应。依山的形式有两类：一类是"土包围"，即三面群山环绕，奥中有旷，南面敞开，房屋隐于万树丛中；另一种形式是"屋包山"，即成片的房屋覆盖着山坡，从山脚一直到山腰。风水学里称之为"山环水抱，富贵吉祥"。

笔者曾看过一家风水，从外局看，这个住宅前有河流包围，后有大山依靠，团团围住，正是风水所说的"山环水抱，富贵吉祥"，山水有情，居住者会有财有官。确实，这户人家主人身居要职，全家富贵。

 水融气聚·财源滚滚

古书云：水走则生气散，水融则内气聚。居住在三面环水的环境，称为"水融气聚"，谓之"金城环抱"，是财源滚滚之局，非常吉利。而且，江河支流有外气环绕，人的气血气场为内气，当居住在天、地、人三个气场结合之处时，会令事业蒸蒸日上，财运亨通，健康运也不错。

 花月池塘·大吉大利

住宅旁边的池塘若成花形或半月形状，则为大吉，宅主富贵，人丁兴旺，官运亨通。

 曲水抱城·荣华富贵

诗云：龙神弯抱过门前，富贵足天园。流水在门前围绕住宅曲折地流过，形成弯抱住宅的格局，称为"曲水抱城"。曲水抱城的环境是十分吉利的，会令居住者荣华富贵，万事顺利。

宜 近变压器·吉位则吉

变压器房（箱）的磁场会对附近的住家产生很大的影响，吉则大吉，凶则大凶。如果变压器在合适的方位，则为"钱柜"，如果在凶的方位，则成"药箱"。因此，一定要重视住宅附近的变压器的方位。

从飞星论，在六白方（西北）和一白（正北）以及八白（东北方）为吉位，在三元九运中向星当旺方为吉位，例如当今八运的八白、九紫及一白方为吉位。

从周易论，合坐家夫妇位的位置为吉位，如坎宅（坐北向南）的前方正南位置为吉位。

总之，吉位变电压器在吉位可以有发财之妙，变电压器是电流强大的动象之物质，电磁十分强烈，冲起吉位非常吉，会财运亨通。

宜 金方金山·官商皆利

呈半圆形的山称为"金山"，如果住宅周围有金形山是非常吉利的，会令居住者事事顺利，官运亨通，财源滚滚。身为公务员若居住其中容易升职，经商者会生意兴隆。总之，无论从事哪种行业，都会很顺利。如果"金山"在西方或西北方的话，则更佳，因为西和西北都属金，更能增加金的能量。

宜 远处尖塔·主旺文昌

距离住宅十里以外的尖塔为文昌塔，特别是位于东南（东南为巽，巽为四绿文星），是为文昌塔，有利文昌星的发动，对家中读书人士非常有利，有助其学习进步。

宜 左边池塘·人口平安

住宅的门前左边有池塘，住宅内的人会财源广进，家人平安、健康、家庭和睦。

2001年，笔者在广东中山勘测风水，邓先生家门前左边有个池塘，我说："你家风水好，不自觉中获得了财库，住进来后一直财运亨通。"邓先生说："此宅住进来后，财运一直不错。"

宜 青龙斑马·居家吉相

都市的住宅要注意附近有没有斑马线，因为斑马线通常会产生风水上的影响。从形势来看，斑马线如果在屋宅的左边，为青龙位，则是吉相，会给居住者带来好运。

宜 宅近商场·运佳财旺

住宅附近有购物广场或商业中心会给家庭带来运气，同时，商业中心的商业气氛越浓厚，财气越旺，越能令家庭财运兴旺。其实，从日常生活的角度来分析，住宅附近有商业中心，购物方便，人气也很旺盛。

● 住宅周边环境风水之忌

在选择居住环境时，首先要了解房子周边的环境。传统风水学认为"山管人丁水管财"，"有山无水休寻地"等，都是讲住宅周边环境的风水。良好的住宅周边环境能给家庭带来幸福和财富，保家人平安、健康，事业兴旺，学习更上一层楼等。如果住宅周边环境的总体形势不好，即使住宅的内部格局符合法度，也不是吉宅的范畴。

 ## 大山挡路·居家不吉

古有《愚公移山》，一切事物都是向前发展的，风水也不例外。如果住宅前面被大山挡住，产生"无路可去"的感觉，那么，这种环境不宜居住。住宅门口直接面对着大山，距离越近，负面影响就越大，因为这样会导致气流不通畅。从实际生活来分析，会使家人不能直路前进，需要绕道而行，对财运、健康运都不好。

 ## 前后山夹·孤寡兼贫

房屋的前后都是山，而房屋夹在山的中间，形成两山相夹的格局，是很不吉利的居住场所，这种房屋会导致家庭贫困，更谈不上事业的发展。

 ## 斜路东北·先富后贫

在八卦中东北为艮，西为兑，道路从东北通向西方称为"斜路东北""通兑"。事实上，风水学认为，屋宅有斜路从住宅的东北方通向西方，是十分不吉利的，会导致居住者先富贵，后贫穷。在这种格局的房子居住，最好是住一段时间就搬迁。

 ## 左右山丘·运气不佳

屋宅的左右两边都有一些小丘陵，而艮方（东北）后面却是平坦大道，这种格局非常不吉，在巽位（东南）开门还可以弥补，但在兑边（西方）开门或兑有大道则是大凶。风水上认为，这样的住宅人口不安，运气衰败，多是非，容易破财、招灾。

 ## 四面丘地·破财多凶

屋宅在丘陵地带，前后是南北方位，特别正南方或正北方有小丘的，不是很理想的居住环境。居住这种环境的住宅，家运不畅，也不利家人身体健康，财运亦受阻。一般屋宅前后有小丘，坐南朝北或坐北朝南的房屋，一般麻烦事比较多，财运不好，健康状况也不理想。

四周林木·运气不佳

　　风水里，最关键的内容就是阴和阳，阴阳通则万物生生不息，阴阳不通则万物不生。在一个四周都是林木的地方建造房屋是不吉利的，构成了"阴气重"的格局，这样的地是阴宅地，会让居住者事业受阻，财运不畅，也不利家人的健康。

 风大气散·百事不顺

　　风水学最重视"藏风聚气"，但倘若风势过大，宅内散气，则为不吉之所。最理想的居住环境，应是柔和的风徐徐吹来，送来阵阵凉爽，这才符合风水之道。否则风大气散会散财、失物、六亲无情，运气不佳，百事不顺。从科学的角度来分析，"风大气散"也不利家人健康。

忌 树上蜂蚁·小人难避

　　如果住宅周围的树上有蜂窝或蚂蚁窝，是很不吉利的。首先，蜜蜂在住宅的周围，容易蛰伤人，而蚂蚁则对人们残留的食物很感兴趣，麻烦很多。从风水角度来分析，蜜蜂和蚂蚁代表小人，住宅周围有蜂窝或蚁窝，对居住者的事业不利，容易出现小人是非。

 乾林坤水·子孙贫贱

　　在住宅的西北（乾）方有树林，西南（坤）方有河流、池塘等，称之为凶宅，对居住者很不吉利，会影响后人的财运，子孙贫贱，难以出头。

 丫形水流·首当其冲

　　如果住宅被"丫"字形水流包围，住宅就会像一个小岛一样，这样的住宅风水是很不吉利的。从风水的角度分析，这种形式就像"剪刀煞"一样，泛滥失控的水流会对住家有首当其冲的伤害，居住在这种环境下很没安全感，而且这种格局的住宅会令家庭失和，也不利财运。

忌 朱雀开口·麻烦不断

　　在住宅的围墙上开窗户，风水上称为"朱雀开口"，会造成不良影响，惹是生非，令居住者麻烦不断，烦恼缠身，不吉。

● 小贴士　　　　　　　　　　TIPS

不同人有不同"命格"

　　人体是由多种化学成分构成的最高级的有机生命体，人体本身也不断地产生各种信息与能量。这些信息、能量必须与自然界的信息、能量协调同步，才能达成和谐共振的效应，人类才能更好地生存和发展。传统风水学认为，每个人的生命个体具有各自不同的"命格"，用人体信息学的话来阐释就是：每个人体，具有各自不同的生命信息、能量及其不同的组合机构。

桑树成林·运气不佳

　　住宅周围有桑树成林，是十分不吉利的，因为"桑"与"丧"同音，丧是很不吉的一个字眼，容易引起人的反感。再者，成林的树木阴气较重，影响住宅风水。

　　曾有一家人屋宅周围种满桑树，结果这家人非常不幸，灾祸接踵而至。后来，经风水专家指导，将周围的桑树连根砍掉，运气也才逐渐好转。

 水蓄天门·温饱不全

　　周易方位西北为干，属天门，巽为地户。若有水池在西北，即是金寒水冷，西北方金生水，居住在天门会挨饿遭冻，温饱不全，出门不顺利，很不吉利。

 水射午方·先富后贫

　　住宅如果是坐北朝南的方位，前方或左边有水冲射而流入正南午方则不吉，会导致家庭先富后贫，钱财慢慢减少，家族会逐步走向衰败。

 一泻千里·心力憔悴

　　从物理学的角度来分析，水的快速流动必然带动周围空气的运动，而水是周而复始、永不停息的。住宅门前有河流直奔而去，构成"一泻千里"的格局，从风水来讲，是一种叹气格局，预示着家庭生活会很劳苦，常常会因为生活劳碌而使人心力憔悴。

 两边白虎·事事不顺

　　住宅的东西方位都有道路相夹，称为"两边白虎"，风水上是属不吉利的住宅，会使居住者事事不顺，钱财流失。

　　2002年，笔者看过一家住宅，住宅的外面两边都是大道，并且很长，是主要的交通要道，形成"两边白虎"的格局。因此断曰："杨先生住进此宅后，财运不佳，百事不顺。"反馈："确实如此，家运大不如前。"化解方法：在屋宅内部中心放置罗盘或太极图，同时在两边窗口各挂一面凹镜，化解凶气。经过调整，三个月后，屋主的运气果然顺畅多了。

 小桥冲屋·不利家财

　　住宅的附近有小桥，正好冲射到屋宅，不吉。这种住宅会给家庭带来不好的运气，特别是不利财运，还会影响居住者的健康。

斜水飞走·人财不利

　　风水十分重视宅气的蓄和聚，山环水抱，气象万千的屋宅富贵双全。如果有斜水冲来，则不吉利，容易出现一些灾祸；如果有斜水流出，则会使人脾气不好，性格暴躁，甚至不忠不孝，同时也有损财运。一般来说，住宅的门前若在1000米之内有河水斜向流过，而且水流很急，会令居住者破财，甚至背井离乡，后人不孝等，宜尽快改善居住环境。

 艮方孤坟·聋哑痴呆

　　古书云：艮地孤坟一墓安，莫教百步内中间，痴聋久后并暗哑，有病纵令治不好。住宅附近特别是住宅的东北（艮）方位如果有坟墓的话，居住者或其后人易出现聋、哑、痴呆等残疾症状。

 前水后坟·居家不利

　　屋宅前有流水，后面有坟墓，属于败家之屋宅，家庭不和睦，也不利财运。遇到这种环境的住宅，最好是搬迁。

　　2004年，笔者在湖南长沙看风水时，李先生说近年财运尽散，家门不幸，特邀我前往勘宅。我一看他家门前面正对流水，后对坟墓，正好应验了"前水后坟"之局。难怪居家如此失败，于是我就建议李先生赶快搬家，以扭转家运。搬后不久，他的家运就得到好转。

 屋后路冲·遭人暗算

　　俗话说：明枪易挡，暗箭难防。由于都市规划的缘故，造成了有些楼宇背后遭到路冲，这种路冲较正面的路冲危害更大，居住在这样的环境中，会遇到很多麻烦，人际关系不好处理，对子孙后代也不利。

 攀藤植物·藤蛇缠身

　　在周易八卦预测学里，其中一个方面就是从青龙、朱雀、勾陈、藤蛇、白虎、玄武此六兽之象去配合预测事情的发展趋势的。这个阵势本身就是一个风水阵，风水把屋宅四周用左青龙、右白虎、前朱雀、后玄武、中间勾陈来表示。藤蛇是不配入内的，因为都认为藤蛇是不吉的象征，想想突然被毒蛇缠身的景象，不禁会毛骨悚然。虽然会化险为夷，但不免要经过一场心惊肉跳的惊吓。因此，八卦预测，若遇神临藤蛇必有麻烦事，为心神不定之象。八卦预测把藤蛇归纳为虚惊怪异之事，结果尽在于智能以及局势的变化。风水中把藤蛇看成是一种极度麻烦的事情，屋宅外墙攀满树根枝藤的话叫藤蛇缠身，不利事业的发展，也不利于家人的身体健康，其浓密程度与负面影响成正比。在现代生活中，有些艺术爱好者喜欢在家种植许多植物，还配上色灯，从艺术角度看，是很浪漫、温馨的，但却犯了风水之大忌。

 坟林一片·天灾人祸

　　风水学里说，坟地附近不宜建房子。实际上，坟场围绕着宅居，阴气很重，不仅败运不佳，还会给家庭带来很多麻烦。从健康角度来看，也会影响家人精神状态，使人过早衰老，夜长梦多，睡眠质量不好。

　　曾有人在坟林旁边建房，新房刚建，女儿高考失利，妻子也得了精神分裂症。后来经笔者指点，另择吉地，重建新房，妻子的病也经过治疗好起来了，女儿也复读考上了重点大学，家庭又幸福如初了。

忌 寺庙丘坟·人居不利

不管是住宅的哪个方位，只要是在百步之内有山丘、坟墓、寺庙，则为不吉利的住宅，阴气会过重，居住者夜里多梦。寺庙是阴气凝聚之处，住得太近也不适宜，并且单是噪音就已经让人受不了。在选择楼宇的时候最好是远离警署、军营、医院及寺庙，因为这些都是煞气太重的地方，倘若住在它的对面，便会首当其冲。

忌 屋近尖顶·有害健康

住宅的前面不能正对尖形物体，因为尖顶类型的建筑物会带来煞气，产生咄咄逼人的感觉。尖形属于三角形类，是不聚气的形格。尖形物体，在雨天容易遭雷击，给附近人们的生命带来威胁，还可能放射出长振波或污染辐射线或粒子流，导致人头痛、眩晕、内分泌失调等症状。

忌 衙前庙后·不祥之地

政府衙门，特别是警署及军营的前面，及寺庙的后面均不宜居住。衙门煞气较重，常招惹麻烦事，意外灾伤事故多；寺庙是阴气凝聚之处，住在附近也不适宜，屋前屋后对着庙宇是风水的大忌。居住在这种环境下的家庭不和睦，人丁孤单，当然，内部工作人员及家人居住则无妨。

忌 半边路冲·不利健康

随着城市建设的发展，常常有道路要进行拓宽，有些建筑物可能会造成半边路冲的情形。被路直冲的这半边较为不利，居住者最好不要背后靠玻璃窗坐卧，否则不利健康。屋前、屋后有半边路冲来都是不吉利的，从风水角度来分析，半边路冲不利健康，居住者的运气也会下降。

忌 天桥飞架·左吉右凶

马路纵横交错，还有天桥连贯于两栋楼房之间的居住环境，对于居住者的日常生活很方便。但如果居住在高架路或天桥边，经常饱受噪音及长期的震动，易造成精神衰弱。许多人认为居住在天桥旁边很不吉利，其实从形势风水讲，要看天桥是在楼房的前方还是左右方，左方为青龙方，为吉宅；右方为白虎方，则为不吉；在中心穿射，则为凶。

● 小贴士 TIPS

立交桥和交叉路的影响

立交桥上高速通行的车辆产生的噪音和旋涡气流，不仅对住户身心的健康及财运、官运都不利，而且对建筑物的风水财气也会产生极大的冲断作用。交叉的大道旁产生的影响力和立交桥处差不多，而且还会尘土飞扬，居住在这种环境中，日常起居都无法安宁。

The Geomantic Omen of
Chinese Real Estate

第十二章
楼盘风水养鱼篇

The Geomantic Omen
about Fishing

一、楼盘风水鱼池的位置

水是构成现代庭院与现代楼盘风水元素中最重要的环节之一。无论是滋养生命、提升活力，还是招引财气、启迪智慧，水的作用都是不可替代的。水的力量极为强大，滋养生命，寓刚于柔，既有观赏价值，也有环保价值，甚至可以调控温度。

《黄帝宅经》指出，"宅以泉水为血脉"。庭院风水与楼盘风水自然是以水来画龙点睛，因为基于风水的理论，吉地不可无水，美好的庭院与楼盘的身价要水来衬托和表现。庭院和楼盘里的水体有多种形式，如池塘、游泳池、喷泉、灌溉设施等，都具有壮旺宅气的作用。在风水布局中，一碗清水都可为家居环境带来鲜明的装饰效果。

如果居家环境和条件允许，为了在自家庭院中营造出良好的风水格局，很多人选择在自家的庭院中挖出一方浅池来放养风水鱼。然而，庭院中的风水鱼池不是随便哪里都能设置的，需要进行细致的考察才可，如果位置没有选好，就很容易招灾引祸，那还不如不建风水鱼池。

楼盘内的水在布局时，一定要注意应让水系以柔和的曲线朝楼盘正面流来，而不是往外流，这样可避免财水外泄。别墅外如有流水经过，必须是宛如一条腰带，构成所谓的"玉带环腰"的格局；观察流水、水池等的"进水"方与"出水"方都很关键，水路应从吉方流向凶方。

一般来说，在庭院设置风水鱼池的位置，可参考以下吉方来选择。

● 西方位

西方设置鱼池时，无阳光反射就是吉相。此方位本来就是"泽"、止水的位置，不是坏相。

● 西北方位

西北为"兑"，鱼池也是"兑"，在易学上，就是"兑为泽"的卦。在《象传》上有"兑比民先，民就忘记劳苦，民以兑犯难时，民就忘记死，兑具有极大的影响力"的记载。意思是有喜悦的心情，人就会忘记劳苦，才能克服困难，甚至连死都不足惜。这个方位符合喜悦之说。

但是鱼池要经常保养，否则，吉意会减少。石头也要放置得美观，才能产生稳定的情绪和活力。

● 东方位

鱼池的设置为吉相，倘若再配上小河的话则更佳。

● 南方位

鱼池的设置为吉相，倘若再配上小河的话则更佳。

● 东南方位

和东方一样，设置鱼池就是吉相。如果想增设小河，流速则要慢一点。

● 小贴士 　　　　　　　　TIPS

东北、北方、西南方均不宜设置鱼池

东北、北方位不宜设置鱼池，否则会给居住者带来不利的影响，西南方位也是不利方，不要设置鱼池。无论是前院还是后院，院子中央都绝对不要开鱼池，切忌和中间的门形成一条线，也不可放置巨石、水缸等物。因为在五行当中，中央为土，中央修养鱼池，土水相克会形成不吉气场。后院的青龙如果要做鱼池，一定要符合旺运，才能起到家运亨通、人丁兴旺、感情和顺的效果。

二、楼盘的风水鱼品种

鱼池中游弋的鱼类，由于其外形、颜色与状态的不同，会对家居产生不同的风水动力。一般来说，庭院的鱼池基本上养的都是金鱼和锦鲤，又以饲养色彩斑斓的锦鲤居多。

金鱼不仅可以在鱼缸里饲养，也可以在鱼池中群养。如果环境许可，在庭院的恰当位置砌个水池养金鱼，也可以有另一种不同的享受，因为从鱼池上方俯视金鱼和从侧面欣赏金鱼完全是两回事，绝大多数品种都适合从上往下欣赏。

中国人已经有近2500年的养鲤历史，自古就有鲤鱼跃龙门、鲤鱼传尺素等传说，因此金鱼和锦鲤都极具有富贵意义。锦鲤在大的空间中可以长到80～90厘米甚至更大，外形养眼，生命力强，容易饲养，对调和阴阳有促进作用。以下就为你介绍一些常见的适合庭院与楼盘的风水鱼。

● 兰畴

● 形态特征 原产于日本，最大体长20厘米，无背鳍，呈鸡蛋形。头部肥大，头肉后至背部轮廓圆滑，但至尾柄处急剧下垂。俯视兰畴，其背部尾柄很宽阔，尾部也不是太长。

● 饲养要点 比较难饲养，切忌在傍晚大量投食，投饵时只能让它吃八分饱，投喂适量活饵，以10～15分钟吃完为准。水温18℃以上时每天投饵2次，低于17℃每天投喂1次。水温高于33℃或低于5℃时少投或不投。

● 风水寓意 意同蓝筹，众人追捧。

● 琉金

(● 形态特征) 原产于中国，最大体长20厘米。文种金鱼类，头后部明显向上弓曲，头尖；腹部肥大，身体略呈三角形。红白色的琉金最受欢迎，在中国还被视为是"国粹"金鱼。

(● 饲养要点) 此鱼饲养要遵循"宁少勿多"的原则，因为它对水质的要求比较高，水的混浊可能会导致鱼生病甚至死亡。适宜水温20～28℃。此外，还要注意喂食的营养，可喂干鱼虫，人工合成颗粒饲料也可以。

(● 风水寓意) 留住黄金，富贵繁荣。

● 蝶尾

(● 形态特征) 原产于中国，最大体长20厘米。尾鳍比较丰满，长长的尾鳍在水里就像蝴蝶展开了的翅膀，身体匀称，形态非常优美，有红色、黑色和红黑配色的。

(● 饲养要点) 防缺氧，防中暑、中毒，所用的水要求溶氧4毫克/升以上，水温要相对恒定，若温差超过4℃，极易引起金鱼死亡。对水质的要求较高，水质要求清洁无毒，pH值在7～8左右为宜。

(● 风水寓意) 美好生活，鸿图大展。

● 土佐金

(● 形态特征) 原产于日本，最大体长15厘米。它的尾是反转尾，有全红的，红白相间的，五花的。

(● 饲养要点) 比较难饲养，对天气和水质都有一定的要求，可适当增加一点投食量，防缺氧，防中暑中毒，水温要相对恒定，若温差超过4℃，极易引起金鱼死亡。对水质的要求较高，所用的水要求溶氧4毫克/升以上，水质要求清洁无毒，pH值7～8。

(● 风水寓意) 金土相生，提升贵气。

● 水泡眼

(● 形态特征) 原产于中国，最大体长18厘米。眼睛下长着两个"水泡"，当它游动时，由背向下观赏，两个似灯笼的水泡左右颤动，姿态非常动人，也非常有趣。这两个水泡里有很多体液，随着鱼的增长而变大。

(● 饲养要点) 易饲养，要注意保护好它的两个水泡，否则一旦受伤就会破裂。水温18℃以上时每天投饵2次，低于17℃每天投喂1次，水温高于33℃或低于5℃时少投或不投。

(● 风水寓意) 笑看人生，风云尽览。

● 荷兰狮子头

（● 形态特征） 原产于中国，最大体长25厘米。头部非常丰满，有一个很大的肉瘤，有红色的，红白相间的，全黑的。狮子头中有的头顶中间隐现王字纹路，有如虎头；有的因其肉瘤纹路如忠厚长者的额头皱纹，故又名"寿星头"。

（● 饲养要点） 比较易饲养，适合养金鱼的初学者，水温18℃以上时，每天投饵2次，低于17℃每天投喂1次，水温高于33℃或低于5℃时少投或不投。

（● 风水寓意） 吉庆有余，喜悦盈门。

● 彗星

（● 形态特征） 原产于日本，最大体长30厘米，是和金与琉金的杂交种，体形与和金差不多，尾鳍比较修长，叉口深，长达鱼体的两倍，像彗星一样，因此被叫做彗星。腹鳍及胸鳍长且尖，游动速度快，但不耐久。体色全红、全白，也有的红白相间。

（● 饲养要点） 属于杂食性鱼类，可喂食动物性饲料，也可喂食植物性饲料。此鱼抵抗力强，生存能力强，适合养金鱼的初学者。

（● 风水寓意） 闪耀光芒，令人艳羡。

● 秋锦

（● 形态特征） 原产于中国，最大体长20厘米，由兰畴和荷兰狮子头杂交而成，有红色、白色、红白相间、黄色。

（● 饲养要点） 饲养有一定难度，注意水的质量，天气、水质正常时可适当增加一点投食量，未经处理的蒸馏水及雨水不宜养鱼，所用的水要求溶氧4毫克/升以上，水温要相对恒定。若温差超过4℃，极易引起金鱼死亡。水质要求清洁无毒，pH值7～8。

（● 风水寓意） 灵动天地，风生水起。

● 茶金

（● 形态特征） 原产于中国，风靡于日本，最大体长25厘米。茶金有着凝重的茶色体色，根据系统的不同又有明亮体色和暗黑体色，有两种品种，一种头上长有肉瘤，另外一种没有长肉瘤。日本的茶金分为长肉瘤的荷兰种和不长肉瘤的琉金种，但这两种色调都较明亮，比较受欢迎。

（● 饲养要点） 非常容易饲养，但对水质要求比较高，因此应注意保持良好的水质。

（● 风水寓意） 沉稳高雅，意趣不凡。

● 花房

（●形态特征）原产于中国，最大体长18厘米。此鱼的鼻部普遍很大很发达，像房子，故起名"花房"。

（●饲养要点）这种鱼非常容易饲养，但在喂食时应注意，投饵时只能让它吃八分饱，投喂适量活饵以10～15分钟吃完为准，避免饲料一次投量过多，积存池(缸)，败坏水质。水质的优劣会直接影响鱼体的优劣，应时常保持水质清洁，供其自由呼吸生长。

（●风水寓意）花开富贵，不同凡响。

● 珍珠鳞

（●形态特征）原产于中国，最大体长18厘米。鼓起来的鱼鳞一片片凸起，呈半球状，其身体上的鳞片粒粒如珠，似全身镶嵌着珍珠一般，由于金鱼鳞片中含有反光物质，使得金鱼的鱼鳞在灯光下闪闪生辉，奇特炫目。

（●饲养要点）稍难饲养，天气、水质正常时可适当增加一点投食量，所用的水要求溶氧4毫克/升以上，水温要相对恒定，若温差超过4℃，极易引起金鱼死亡。

（●风水寓意）如珠如宝，富贵何求。

● 和金

（●形态特征）原产于中国，最大体长30厘米。有红色的，红白相间的，体型跟绯鲋差不多，鲋尾为三叶尾。

（●饲养要点）非常容易养，属于杂食性鱼类，天然饲料和人工饲料均可喂食。为避免水质受污染，每次投喂数量不宜过多，以免败坏水质，影响金鱼的生长。但是随着金鱼的长大，投食量也应该逐渐适当增加，金鱼不懂得饥饱，因此不能盲目投食。

（●风水寓意）同金璀璨，财源广进。

● 东锦

（●形态特征）原产于中国，最大体长20厘米，有着荷兰狮子头的体形以及五花出目金的橙黄体色，美丽的眼睛让人印象尤其深刻。

（●饲养要点）比较容易饲养，注意水的质量，若是自来水，在曝气过程中最好每吨水中加2克大苏打（硫代硫酸钠），用以中和自来水中的氯离子。对天气、水质都有比较高的要求，天气、水质正常时可适当增加一点投食量。

（●风水寓意）东方瑰宝，绚丽迷人。

● 江户锦

（●形态特征） 原产于中国，最大体长20厘米。有着兰畴的体型，而体色传承了东锦的三色透明鳞，让人觉得美不胜收。

（●饲养要点） 和兰畴的体色不同，比较容易饲养，切忌在傍晚大量投食，投饵时只能让它吃八分饱，投喂活饵以10～15分钟吃完为准，水温18℃以上时每天投饵2次，低于17℃每天投喂1次，水温高于33℃或低于5℃时少投或不投。

（●风水寓意） 朱门富贵，不可方物。

● 龙睛

（●形态特征） 原产于中国，体短，眼球发达，凸出于眼眶外；有背鳍、臀鳍和尾鳍，均呈双叶。体色多为红、红黑和红白杂斑等，品种曾达50个以上，其中以墨龙睛和虎头龙睛最珍贵。

（●饲养要点） 选择大小适宜的水族箱，将水族箱放置在近窗户通风又有阳光的地方为宜。饲料以活鱼虫最为理想，水质也不容易坏，干鱼虫、人工合成颗粒饲料都可以。

（●风水寓意） 龙睛凤顶，富贵人家。

● 出目金

（●形态特征） 原产于中国，最大体长20厘米。全身呈黑色的居多，此外还有五花的、红色的、红白相间的。眼睛特别突出，尤其吸引人们的视线。

（●饲养要点） 很容易饲养，但对水质要求较高，应注意水的质量，勤于换水。适合养金鱼的初学者，容器内可以种植一些鲜活水草，但应及时去除枯枝败叶，疏稀过于密集的水草等，同时应保证有足够的光照。

（●风水寓意） 独具意表，引人注目。

● 狮头

（●形态特征） 原产中国，学名红狮头、紫狮头、蓝狮头等。狮头是指头上有肉瘤的金鱼，肉瘤其实是一种病态的变异，根据体色和肉瘤的形状，又可分为鹅头、虎头和狮头三种。不过现在大多数人分不清三者，见有肉瘤的都叫狮头。

（●饲养要点） 水质要求高，喂饲含丰富蛋白质的饲料。红白狮头的美在于鲜红与皎白互相搭配，如果在饲养过程中偶尔让它接受日照，在体色上会有更突出的表现。

（●风水寓意） 金银在顶，长葆吉祥。

● 茶鲤

● 形态特征 原产于日本，鱼体呈茶色，品格高雅，颇有妙趣，在绚烂鲜艳的红白锦鲤、大正三色锦鲤和昭和三色锦鲤鱼群中，它具有喧宾夺主的魅力。鱼体整个呈茶色，德国型的茶鲤生长尤为迅速，因此常有巨大的茶鲤出现。

● 饲养要点 茶鲤的喂食也有一定讲究，每天投喂次数只需1～2次，每次投喂量宜在1～2小时内吃完，不可多投多喂。

● 风水寓意 品高气雅，与众不同。

● 乌鲤

● 形态特征 原产于日本，系变种鲤鱼，鱼体乌黑发亮，大方而庄重，具有很高的观赏价值。

● 饲养要点 投食时间：春季、夏季宜早，一般在早晨6～7点时左右，太阳开始晒及鱼池(缸)时投食。每天投喂次数只需1～2次，每次投喂量宜在1～2小时内吃完。在天气、水质正常时，对生命力强的鱼群可适当增加一点投食量，但也不可过多，适度为好。

● 风水寓意 端庄大方，气宇轩昂。

● 大正三色

● 形态特征 原产于日本。鱼体的底色为纯白，上布红色和黑色斑纹，头部只有红斑而无黑斑，胸鳍上有黑色条纹。根据鱼体上红、黑色斑的分布可分为"口红三色锦鲤""富士三色锦鲤""赤三色锦鲤""德国三色锦鲤"。

● 饲养要点 保持水体的清洁，用绿水饲养，效果更好。杂食性，可喂予各种饲料，6～9月食欲十分旺盛，每日早晚各投喂一次，秋季每日喂一次，7℃以下水温时停止喂食。

● 风水寓意 护宅养性，壮旺家门。

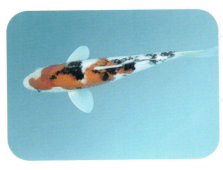 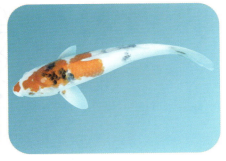

● 昭和三色

● 形态特征 原产于日本。鱼体的底色为黑色，有红白锦鲤纹，胸鳍基部有黑斑。和红白锦鲤、大正三色锦鲤并称为"御三家"，是锦鲤的代表品种。根据体色可分为"淡黑昭和锦鲤""绯昭和锦鲤""近代昭和锦鲤""德国昭和锦鲤"等。

● 饲养要点 杂食性，可喂予天然饲料和人工饲料，6～9月食欲十分旺盛，每日早晚各投喂一次，秋季每日喂一次，7℃以下水温时停止喂食。

● 风水寓意 皇家御用，高门所仰。

● 五色

● 形态特征　原产于日本。五色是由浅黄和大正三色交配改良而成，在浅黄蓝色的纲目上有非常美丽的红白模样，十分醒目。

● 饲养要点　适应水温的范围较广，2~38℃之间都可生存，但它最适宜水温23~28℃，适宜在弱碱性水中生活，植物碎片、红虫、蚯蚓、面包虫、蚕蛹、米饭、面包、水果均可作为食物。不过，现在养殖者多采用人工饵料搭配蔬菜、蚕蛹、面包虫、虾、蚯蚓的方法投喂。

● 风水寓意　五行俱全，带旺家运。

● 蓝衣

● 形态特征　原产于日本，是红白锦鲤与浅黄锦鲤杂交的后代。在红色斑纹上略带蓝色，好象在红色外面再套了一层蓝色的外衣，而红斑上的鳞片后缘又有半月形的蓝色网状花纹，是锦鲤中受欢迎的品种之一。

● 饲养要点　2~38℃之间都可生存。但它最适合水温23~28℃，适宜在弱碱性水中生活，植物碎片、红虫、蚯蚓、面包虫、蚕蛹、米饭、面包、水果均可作为食物。

● 风水寓意　水中瑰宝，受人尊崇。

● 红白

● 形态特征　原产于日本，最大体长30厘米，被认为是日本锦鲤的正统。鱼体的底色为白色，上衬红色斑纹，根据红色斑纹的数量、生长的形状和部位又分为"二段红白锦鲤""三段红白锦鲤"等。

● 饲养要点　杂食性，天然饲料和人工饲料均可喂食，须放养在较大的池塘中，且密度不宜过大，否则会抑制其生长。适宜温度为18~24℃，夏季应采取遮阴等措施，冬季要保证适当的日光照射。

● 风水寓意　和美家庭，锦上添花。

● 孔雀

● 形态特征　原产于日本，体态修长，有着极为美丽的花尾巴，但寿命平均大概只有一年左右。一些改良品种能活到一年以上的已经非常稀少。孔雀鱼的一生，是美丽而短暂的一生。

● 饲养要点　注意水的质量，若是自来水，在曝气过程中最好每吨水中加2克大苏打（硫代硫酸钠），以中和自来水中的氯离子，耐温的范围约在20~32℃之间，最合适的温度应该在25~26℃左右。

● 风水寓意　鱼中昙花，惊艳一瞬。

三、楼盘风水养鱼案例

每个人都希望家宅平安，财源广进。在庭院与楼盘中饲养合乎自己五行的风水鱼不失为一种妙法，这样不仅可以使庭院与楼盘充满平静的气息，同时又带有吉利兴旺的意味。

风水学自然是离不了"水"，故此传统的风水学，对于"来水"与"去水"位均很重视，认为这对宅院的吉凶盛衰会有很大的影响。鱼池因是盛"水"的容器，故它往往与宅运有相当密切的关系。所谓"鱼水共生"也就是这个道理。

《易经》中指出："润万物者莫润乎水"，庭院与楼盘中的鱼池，离不了水，所以鱼池在风水学里是"水"的同义词，除了具备观赏价值之外，在风水方面亦有其接气化煞、添财添禄之功效。鱼与水共生，使庭院与楼盘更有生机，并对风水产生积极的作用。

但是，养风水鱼首先应该尊崇风水学的原理，否则胡乱饲养，不仅不会给家庭带来好处，反而还会起到反作用。风水学中讲究："东丹顶西黄金"。不论是在我国的八卦玄学中，还是在西方的塔罗奥义里，东方都代表成功和发展，丹顶（锦鲤）由于全身红（鸿）运集于一点，

因而最宜摆放在东方位以补充能量。而西方总是代表金钱和社会地位，又由于西方是落日之方，缺乏"金"质，故在西方位摆放金鱼是最旺运招财的做法。下文将结合几个具体的案例来讲解在庭院与楼盘饲养风水鱼的秘诀。

● 健康长寿

● **人气指数**　★★★★★

● **鱼只组合**　茶金、秋锦、茶鲤、荷兰狮子头

● **风水大师精讲**　锦鲤和金鱼都是人们比较喜欢饲养的鱼类，这两类鱼有一个共同的特点就是容易饲养，且生命力极强。也正是因为这一共同点，风水学中将这两类鱼视为健康长寿的鱼种。其中茶金以及茶鲤，鱼体颜色都为茶色，在中国茶色被视为是保佑健康的颜色，加之金鱼本身的健康寓意，因此，这组鱼在护主健康方面有加倍的功效。

庭院之中饲养这类鱼不仅可以使庭院平添乐趣，更可以使庭院中的每一个人尽享健康之鱼带来的健康之气。

● 留住黄金

● **人气指数** ★★★★

● **鱼只组合** 琉金、和金、土佐金、出目金

● **风水大师精讲** 金鱼常被称为风水鱼，可弥补家居风水上的缺陷，并令住宅充满活力，生机勃勃。

　　金鱼在中国更是被视为是"国粹之鱼"，具"国色天香、富贵有余"之意。风水学中认为金鱼是吉祥如意的象征，更是和平友好的使者。这么多的"头衔"汇聚一身，金鱼成为了人们宠爱有加的鱼种。长久以来，人们就习惯在自己的庭院中饲养金鱼，不仅可以起到使庭院增辉增色的效果，更能借助它来保家护家。"留住黄金"这一组中全部都是金鱼类鱼种，其中"琉金"鱼更是因其名称的谐音"留金"倍受人们的青睐。

● 荣华富贵

● **人气指数** ★★★★★★

● **鱼只组合** 白别光、孔雀、蓝衣、五色

● **风水大师精讲** 锦鲤自古就被中国人视为吉祥之物，旧时通常被饲养于庭院、庙社的池塘中，寓意吉祥富泰。我国南方部分地区的家庭和企业至今仍然沿袭着春节期间购买锦鲤摆放的习俗。

所谓"直生煞，曲生情"。锦鲤背高体阔，身形俊秀，柔中带刚；性格雄健沉稳，具有临危不乱、泰然自若的君子风度，自古就被看作是龙的化身。锦鲤长寿，平均年龄达七十岁，其中最长寿者有超过两百年的记录。因为寿命长，又有"祝鱼"的吉称。更为奇特的是，锦鲤还有识人的灵性，当主人巡视池边的时候，它们常会跟在身后，将头部露出水面，就像在水中行走一般，颇为神奇。锦鲤于水中不仅仪态万方，还能荡垢净水，真正是集天地灵气于一身，载水之华贵为一体的风水至宝。

● 大展宏图

● **人气指数** ★★★★★★

● **鱼只组合** 蝶尾、龙睛、珍珠鳞、五花蓝寿

● **风水大师精讲** 这组鱼的特点是：原产地全部是在中国。中国人自古就有养鱼的嗜好，发展至今更是对养鱼的学问越来越有研究。当风水鱼风靡全球的时候，中国对于风水鱼的饲养与研究也是越来越老到。

在庭院中饲养风水鱼是很多人喜爱的一种方式，这样不仅可以使庭院熠熠生辉，更可借助鱼的灵气添财添禄、化煞驱邪。通常情况下，打开大门的对角线方向为明财位，因此在庭院中鱼池的位置也是相当重要的。一开门就能看到，视觉上相当抢眼，对财运也可发挥提升作用。

● 多福多寿

● **人气指数** ★★★★★

● **鱼只组合** 大正三色、 昭和三色、红白、白写、乌鲤

● **风水大师精讲** 其实在众多的锦鲤品种中，三色锦鲤是最为常见的。身体上有白、红、黑三色美丽饰纹，游动起来，十分赏心悦目。红白锦鲤因其白底红纹而得名。它泳姿矫健，繁殖力强且是锦鲤之中最为长寿的品种，因此又得名"福寿鱼"。

早在春秋时期，浙东一带新媳妇下花轿时，就有"鲤鱼撒子"祈求多子多福、寿禄齐全的习俗。而这种鲤就是我们今日常见的红白锦鲤。如今新人婚后，依然要在婚房中放置一对红白锦鲤的饰物，取"子孙满堂""人丁兴旺"之意。而给老人祝寿，红白锦鲤也是极佳的礼品之一。

● 年年有余

● **人气指数**　★★★★

● **鱼只组合**　乌鲤、白别光、孔雀、五色

● **风水大师精讲**　在中国，一到过年的时候，很多人家都会在窗户上张贴儿童抱着鲤鱼的年画，取"鱼"与"余"的谐音，表"年年有余"之意。这表达了人们追求幸福富裕生活的良好愿望。无论城乡，把这愿望形之于图画的习惯，至今未颓。过新年的时候，家家挂一张这样的年画，既表达欢庆之情，又图来年吉利之意。

　　由此可见，鲤鱼一直以来就被人们视为吉利之物。养一缸以鲤鱼为主的鱼组，不仅令人赏心悦目，更可以为庭院增辉。"年年有余"不仅赋予鱼吉祥的气息，更赋予养鱼之人希望来年更加丰足的愿望。一举双得，何乐不为？

● 金玉满堂

● **人气指数** ★★★★★

● **鱼只组合** 兰畴、彗星、花房、水泡眼、五花蓝寿

● **风水大师精讲** 《老子》第九章讲："金玉满堂，莫之能守。"所谓金玉满堂，意思就是说财富极多，也可形容学识丰富。金鱼历来被人们认为是镇宅的风水鱼，更被冠之以"金玉满堂"之意。其中"花房"，因其鼻部普遍很大很发达，像房子，因此得名，也因此被当作是保家护家的风水鱼。还有"彗星"，由于它是硫金与和金的杂交品种，故而也被人们认为是"留住黄金"的金钱鱼种之一。这组"金玉满堂"中，有镇宅的风水鱼，又有旺财的风水鱼，真可谓是"黄金搭配"。

● 大富大贵

● **人气指数** ★★★★★

● **鱼只组合** 秋锦、 东锦、江户锦、出目金、珍珠鳞

● **风水大师精讲** 这是一组由锦鲤和金鱼组成的风水鱼，锦鲤和金鱼对饲养的环境要求均不高，是比较容易的鱼只，但是在庭院中设鱼池饲养这组风水鱼时，一定要注意选择好鱼池的位置。

鱼池建立的地点需远离窗户等阳光可直接照射到的地方，应以阴暗处为原则，这样不仅符合风水养鱼的原则，更可使鱼不致被暴晒而亡，鱼池中出现死鱼就更是一件不吉利的事情了。由于鱼池是建于室外的，因此讲究也比较多，但最主要的还是要适宜鱼的生长，只有鱼生龙活虎了，才可以借助它的灵气护宅平安。

● 尊荣齐享

● **人气指数** ★★★★★★

● **鱼只组合** 龙睛、蝶尾、红白、蓝衣

● **风水大师精讲** 这组"尊荣齐享"全部由金鱼组成，金鱼一向被认为可招来富贵金钱运，因此在庭院中饲养可起到积极的风水作用，但是饲养时要注意鱼池的位置。

　　如果家中的庭院很大的话，鱼池最不宜建立的位置就是屋后。因为从风水角度来看，以水来做背后的靠山是不妥当的，因为水性无常，倚之作为靠山，便难求稳定。因此把鱼池建在房屋的背后，一家大小都住在房屋里面，便会无山可靠，影响宅运的安定。可以选择把鱼池建在房屋的旁边，这样对住宅风水并无妨碍。

● 庭院生辉

● **人气指数**　★★★★★

● **鱼只组合**　土佐金、荷兰狮子头、白写、茶金

● **风水大师精讲**　这组"庭院生辉"的风水鱼都是非常漂亮活泼的金鱼，但是在设置风水鱼池时一定要注意方位对风水鱼功效的影响。

　　很多人家的庭院是这样格局的：正方是住房，两侧是厨房或是其他储藏室等。如果是这种格局的话，鱼池的位置就又要有所顾忌了，最要关注的一点就是：鱼池不可正对厨房或是同厨房成一直线。这是因为鱼池和厨房的五行有冲克，鱼池属"水"，而厨房属"火"，水火相冲，受损害的是厨房，而靠这厨房煮食的一家人也因而会受到牵连。因此，如果鱼池建的位置与厨房相冲，受害的往往是家人的身体健康。所以，鱼池不可正对厨房或同厨房成一直线，否则其风水功效将大打折扣。

The Geomantic Omen of
Chinese Real Estate

第十三章
楼盘风水吉祥物篇

The Geomantic Omen
about Mascots

一、驱邪化煞吉祥物

吉祥物在风水中的功效很多，而"驱邪化煞"是其最重要的功效之一。"煞"是指遇上不良的形状或者阴邪的能量场，会影响到人们的运势，或者会给身体健康带来伤害。一些吉祥物化煞能力极强，但如果摆放不当，则反会伤及自身，需谨慎使用。

● 天机四神兽

四方之神指的是青龙、白虎、朱雀、玄武，源于古代二十八星宿的传说。天机四神兽是我们传统中最为悠久和灵验的四大守护之神，能够镇宅、护家、安定运气，且对主人运气的反复、失眠、神经衰弱有奇特的效果，对婚姻、事业及财运都有一定的促进作用，亦可化解房子形状的怪异。安放时要注意，一般可在住宅的正东放青龙，正西放白虎，正南放朱雀，正北放玄武。

宜：房屋缺少地气宜置"天机四神兽"

一般位于高层的楼房都无法接地气。如果要解决高层楼房不接地气的风水问题，可以在居室内放置天机四神兽。四神兽也可以起到化解房屋缺角的作用。

忌：天机四神兽忌独个摆放

四神兽最忌单个摆放，一般是四个一套，须同时摆放在四个方位；如果只摆白虎则会带来血光之灾，只摆朱雀会带来口舌是非，只有四个全部摆放才能够相互平衡制约，起到化煞、吉祥的作用。

● 小贴士　　　　　　　　　　　TIPS

四神兽之来历

青龙：东方青龙星宿是二十八星宿中的东方之七星。东方七宿分为角、亢、氐、房、心、尾、箕，古人把它们想象成为龙的形状；因其位于东方，按阴阳五行给五方配色之说，东方为青色，故名"青龙"。

白虎：西方白虎星宿是二十八星宿中的西方之七星。西方七宿分为奎、娄、胃、昴、毕、觜、参，古人把它们想象成为虎的形状，因西方在五行中属金，配色为白色，故名"白虎"。

朱雀：南方朱雀星宿是二十八星宿中的南方之七星。南方七宿分为井、鬼、柳、星、张、翼、轸，古人把它们想象成为鸟的形状，因其位于南方，南方在五行中属火，配色为红色，红又称为朱，故名"朱雀"。

玄武：北方玄武星宿是二十八星宿中的北方之七星。北方七宿分为斗、牛、女、虚、危、室、壁，其形如龟，又像蛇，因其位于北方，北方在五行中属水，配色为黑色，故称玄武，亦称"真武"，俗称"真武大帝"。

● 台式八卦镜

台式八卦镜的直径约32厘米，由纯桃木所制，是化解房屋缺角的吉祥物之一。八卦镜专为房子缺角设计，可解决房屋缺东北角、西北角、吉祥位缺角等系列风水问题。

宜：房屋缺角宜放置台式镜

房屋若遇到"缺角"，而呈现出凹入的部分，运势则越差。安放台式镜可解决房屋缺东北角、西北角、吉祥位置缺角等风水问题，另外台式镜还可以化解外部环境的各种风水煞。

忌：台式镜摆放忌过高

台式镜的禁忌主要是在摆放高度上不可超过主人身高，太高则起不到预期的作用。另外镜子的摆放也不可悬空，下面必须有承托物做支撑，将其放置于桌面或阳台均可。

● 镜球

镜球具有反射、扩散气场之功效。在房间的角落或阴暗的地方可以悬吊镜球，能反射、弹开那些不吉之气，提高气的流动性。另外，将镜球悬吊在良气流通的地方，可以将良气循环散送到整个房间。

宜：化解煞气宜悬吊镜球

在房间的角落或阴暗的地方宜悬吊镜球，可以反射、弹开那些不吉之气，并使之扩散开去，提高气的流动性。

忌：镜球忌置于桌面

有的人会在镜球下面给加上一个底座，将其放置在桌面上，以示尊重。其实最好还是将镜球悬吊起来，这样才能够起到作用。

● 兽头

兽头直径约26厘米，纯桃木材料制作，为卫浴间专用的吉祥物系列法器。兽头头顶有两角，怒目圆睁，形象十分威猛，有驱邪、化煞、除污之功效。

宜：卫浴间宜置兽头化煞

兽头是专为卫浴间设计的吉祥物。卫浴间占据吉方位会带来煞气，不利家运，可用兽头化解。将兽头正对卫浴间的门安放，还可化解卫浴间正对大门、卧室门的风水问题。

● 小贴士　　　　TIPS

兽头的运用

在中国古建筑的岔脊上，一般都要装饰一些兽头，这些兽头的排列有着严格的规定，按照建筑等级的高低而有数量上的不同，这在中国的宫殿建筑史上是独一无二的。兽头的运用显示了其至高无上的重要地位，在其他古建筑上最多使用九个兽头，只有"宝殿"（太和殿）才能十样齐全，中和殿、保和殿都是九个兽头，天安门上也是九个小兽，依次排列为鸱吻（龙的九子之一）、狮子、天马、海马、狻猊、狎鱼、獬豸（神羊）、斗牛、行什，其他殿上的小兽按级别递减。

● 镇宅桃木剑

镇宅桃木剑最大的长度约98厘米，由纯桃木人工加工而成，做工精致，经过正规的开光处理。本吉祥物采用传统的雕琢工艺，经手工精心雕刻、打磨而成，外型设计上独具匠心，融入传统文化与现代艺术相结合的吉祥图案，配以赏心悦目的色泽，更显其品质高雅、卓而不凡。桃木剑具有收藏价值，也被人们视为馈赠亲友、居家收藏之工艺珍品。

宜：辟邪化煞宜用桃木剑

桃木剑可解决大门正对门、路、墙角等风水问题，另可化解窗户正对烟囱、水塔、大厦、加油站、寺庙等不良建筑物的冲煞。家宅、店铺遇有邪祟之事、发生过血光的房间、离丧葬场所较近或家中有病人长期不愈、又诊断不明，适合在大门两边挂桃木剑辟邪，她可将其挂在正对大门的客厅墙壁上，或者挂在正对窗户的墙壁上。

忌：桃木剑忌挂在金属物品的下方

桃木剑属于纯木制品，在五行生克中，金克木，故不可与金属类物品齐放，更不可放置于金属类物品的正上方或正下方。另外，桃木剑不可放置于婴幼儿卧室，也不可摆放在床头。

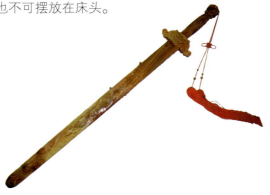

● 水晶七星阵

在北京紫禁城里，皇帝玉座上方的天花板上有太极的设计，这个太极是由七个水晶所构成的，被称为七星阵。传说如果是昏庸无能的皇帝来管理国家政治，水晶座上的水晶就会从天花板上坠落摔坏；反之，如果是有能力的皇帝坐这个水晶座的话，七星阵就会从头上放射出强烈的能量，给皇帝增添能力。另外，在住宅的中心为了调节事物间的平衡，活化其间的气，可使用水晶，因水晶可以吸收邪气，令人心想事成。水晶七星阵是激活住宅和工作场所建筑物的"中心能量"，是增强运势的传统的风水手法。因为水晶七星阵效果绝佳，数千年来一直传承延续下来。究其原因，是因为在水晶七星阵中包含了铜制、太极、八卦、七星阵、水晶、如意等各种良性能量。

宜：改运宜用水晶七星阵

水晶的主要作用是调节气场能量，改运化煞；如果能结合传统文化中的七星阵使用，改运的能量更强。一般建议公司负责人，经理和主任等有职权的人士使用。

忌：八字忌水者忌用水晶七星阵

纯天然的水晶七星阵能量巨大，但八字命理中忌水者不宜使用。水晶在五行中属水，如果八字忌水者使用，会给自身带来不利的运势，建议在周易专家的指导下使用。

● 小贴士　　　　　　TIPS

桃木辟邪的传说

古代的中国人相信桃木具有神奇的力量，因而在过年的时候，常用桃木削成人形（桃人）、砍桃木为板（桃板）、刻桃木为印（桃印）、用桃枝系成扫帚（桃帚）等，将这些桃木器物悬挂在门旁，用以趋吉避凶，叫做挂"桃符"。相传在东海东少山上住着神荼、郁垒二位神仙，他们各手持桃枝，专司捉妖拿邪；捉住妖邪后，再用手中的桃枝抽打，重则将其击毙，轻则令其现出原形，永世不得超生。久而久之，妖魔鬼怪非常惧怕神荼、郁垒二位神仙，更惧怕他们手中的桃木杖，把桃木杖看做惩罚妖邪的刑具，一见桃木即远远躲避，这就是桃木辟邪的由来。

● 泰山石敢当

"石敢当"，亦名"泰山石敢当""石将军""石神"等，四川人称之为"吞口"，是我国民间常见的一种建筑风俗。通常是在家宅的大门或外墙边，或街道巷口、桥道要冲、城门渡口等处立一块石碑，也有嵌进建筑物的，碑上刻有"石敢当"三个字。旧时人们认为其作用有三：一是辟邪，二是镇鬼，三是祛除不祥之气。在山东一带，还传说这块石碑有"能暮夜至人家医病"的神通，所以又称其为"石大夫"。

宜：房屋缺角宜置泰山石敢当

如果房间出现缺角的现象，使用以朱砂书写的"泰山石敢当"，镇宅、化煞之功效会更佳。安放时要注意，泰山石要用干净的清水清洗，让它自然晾干，并将其摆放在正对着缺角的地方，摆放的时间以早上9点以后为好。

忌：泰山石敢当摆放忌不接地气

在进行室内布局时，有的人喜欢将泰山石放在一张大供桌上以示尊敬，但是石头下面若被架空，则不能接地气，这是必须避免的。一般来说"泰山石敢当"几个字要朝外，同时不宜正对着卧室和厨房门，以免带来不良的冲煞。

● 八卦凸镜

八卦凸镜是专用来挡煞避煞的风水工具，可反射煞气。镜子的周围由二十四山向、先天八卦、河洛九星、二十四节气组成。如果在窗外发现对面有化煞工具对着本宅，则可摆放此法器，其作用为将对方的法器反射回去，使自己不至于受到不良煞气的影响。此镜应摆放在室外，可化解所有室外不良形状的物体所产生的不良气息。不能放在室内，也不可照人及放在门前，否则会给家人造成伤害。

宜：八卦凸镜宜置室外

八卦凸镜宜摆放在室外，正对形煞悬挂，可化解直冲煞、枪煞、角煞、尖角煞、火形煞、穿心煞、开口煞、廉贞煞等，也可化解直冲大门的上行楼梯。如果将八卦凸镜挂放在室内，反而会将煞气反射到自己家里，会对家人造成伤害。

忌：八卦凸镜忌置门前

大门是家人经常出入的地方，常受到气场的直冲。八卦凸镜是反射煞气的工具，如果经常照着家人，则会将煞气反射给家人，给家人造成伤害。

● 小贴士 　　　　　　　TIPS

石敢当的来历

"石敢当"之名大约始于西汉，西汉史游《急就章》有"师猛虎，石敢当，所不侵，龙未央"的辞句。根据宋代王象之《舆地碑目记》载：石敢当，镇百鬼，压灾殃，官利福，百姓康。泰山石经历数十亿年，山石形状如仙如画，吸收了日月之精华，其气场能量非同一般，曾有许多高人在此修炼静养。到了清代康熙时，石敢当加上"泰山"二字，被称为"泰山石敢当"。旧时，"泰山石敢当"又被尊为"镇宅之宝"，多立于巷里及居宅大门口旁，以镇压不祥之气和形煞的冲射。

● 小贴士 　　　　　　　TIPS

镜子的演变历程

据传说，女娲补天用到一种黑曜石，经打磨后成为石镜，这便是镜子的祖先。从石镜到第二代的金属镜，前后历时三千多年。1956年12月，日本本洲中部冈山市的一个古墓里发现了13面中国古代铜镜，估计有一千八百多年的历史。这些古镜呈圆形，有花纹，都是用青铜制成的。由此可以推测，隋唐时期我国就已经有了金属镜子。据史书载，唐太宗夸奖魏征，意思是说铜镜可以正衣冠，而魏征可以正言行，这句话可以证明当时金属镜子的存在。

● 八卦凹镜

八卦牌本身就能化解大门犯太岁、火形煞、天斩煞、穿心煞等冲煞，在八卦牌的中央镶上凸镜或凹镜或平面镜。可使得八卦镜兼有八卦牌和不同类风水镜的双重功能；并可加强不同类风水镜原有的作用，化煞效果更佳。凸镜的作用是"分散"，而凹镜的作用是"聚集"。当大门出现地气逸走或吉物远离住宅时，可利用凹镜收聚之。凹镜可收纳、改变不良形状的气场，如大路（大路直冲为枪煞）、小路（小路直冲为箭煞）等。如大门正对着级级向下的楼梯，风水学上称之为卷帘水，会引致屋内的地气向外泄逸，致使宅运不稳、财运渐差，此时可在门前挂一个凹镜，将逸走的地气收聚回来。大门犯了"反弓水"导致泄地气、退财运，也可挂凹镜来化解。

宜：化煞宜使用八卦凹镜

八卦凹镜是专用化煞、避煞的风水用具。镜子的周围是由二十四山向、先天八卦、河洛九星、二十四节气组成，正对形煞悬挂，可收纳、改变直冲煞、枪煞、角煞、尖角煞、廉贞煞等，也可化解直冲大门的下行楼梯。如自己家门口的楼梯向下，为泄气的局势、主钱财难聚，则可在门口挂凹镜把财气收回来。

忌：八卦凹镜忌对污秽之地悬挂

八卦凹镜在使用上要注意不可以对着污秽之地，这些凹凸八卦镜都有聚气或散气的作用，尤其是凹镜的作用主要是聚气，所以要聚吸一些吉祥之气。

● 水晶吊坠

水晶吊坠的上部是多切面水晶球，可以根据水晶缓和光的作用，使从梁上照下来的具有攻击性的煞气变得柔和，并在广阔的范围里扩散。本来水晶吊坠应该是在梁的两端各挂一个，从而在整个空间里制造出八卦的阵势，但如果受到条件限制，在梁的中央挂一个水晶吊坠也可以起到一定的化解作用。

宜：化解压梁宜用水晶吊坠

现在的公寓及住宅多见"梁"，挡梁的角落容易给空间带来许多风水上的问题，特别是在睡床、饭桌、以及煤气炉上方的梁对健康有很大的负面影响。最好的解决办法是将其从下方移开，如果实在无法移开的话，就要使用水晶吊坠来化解。

● 铜制狮子牌

狮子牌同狮子摆饰物一样，具有化煞挡灾、镇宅、吉祥、抵御攻击的功效，当因某种原因无法摆放狮子时，可以用狮子牌来代替。与虎不同，狮子不会给他人带来坏的影响，可以轻松地在家里和办公场所使用。在室内之刑害、绝命位置，可放置此铜狮子以减轻破坏力。如宅内有属水之人，放此铜狮则更佳，因金生水，可旺财。

宜：墙角或屋角化煞宜用狮子牌

墙角（面对着墙角）和屋角（面对着对面的房屋边角）之处无法摆放狮子，如果此处有煞气，可挂狮子牌来化解。另外，狮子牌对化解电梯的不吉利气场很有效，只需将狮子牌悬挂在门口就可化解。

● 狮头吊坠

狮头吊坠又称为"开运吉祥辟邪狮子头"，俗称"狮头吊坠"，可以防止邪气进入，保持良好的风水环境。无论是在工作场所还是家庭，凡是有气存在的地方均可吊挂小型的狮头吊坠。但要注意，狮头吊坠每年要更换一次。

宜：狮头吊坠宜挂在正门

在住宅、店铺和办公室等处用风水手法将周围的环境进行调整后，在正门挂上狮头吊坠，可有效地防止邪气进入。如果将狮头吊坠挂在东北方和西南方，可保持良好的风水环境。

忌：狮头吊坠忌挂正东、东南方

开运吉祥辟邪狮子头比较忌讳正东方和东南方，要避免挂在这两个方位，以免带来不良冲煞。

● 铜锣

当某场地经常出现异常声响时，一般可使用铜锣来净化气场。铜锣的响声可以传递至很远的地方，锣声所到之处，周围的气场都可以得到净化，古代的为官者鸣锣开道即为此意。

宜：净化气场宜用铜锣

有些住宅长年没有人居住，可能会有些不吉的气场，尤其是一些经常有异常声响的场地，宜使用铜锣来净化气场，驱散邪气。

忌：铜锣忌常挂家中

在人气比较旺的地方居住，经常听到铜锣声会使得家庭成员多病，造成家庭人丁稀少。楼下经常听到锣声则会形成声煞，所以铜锣不宜经常挂于家中，可将其收藏在隐秘之处。

● 心经

心经即刻制了佛教经文的陶板，可以将其摆放在佛坛上，代替你向佛祖念颂心经。此物需用专门的台架放置以便竖立摆放，尽量将其放置在房屋的吉方，或清净的场所。

宜：镇宅宜用心经

心经有净化心灵、安神定气的作用。将其摆放在董事长等高级管理者的办公桌上，可以安定其精神状态。

忌：心经忌置卧室

心经这类佛教圣物比较忌讳的是放在卧室，因为佛像、佛经等佛用品一般都不可以放于卧室，否则易遭亵渎。

● 钟馗

钟馗为捉鬼第一大将，民间常以钟馗的画像作为辟邪、驱妖的神物。摆放钟馗象征避开小人、向往安康、驱赶邪气。

宜：驱邪宜用钟馗

历代钟馗的画像大多面目狰狞、可怖，一手持利剑，一手抓按妖怪。钟馗可放在门后，以祛除众鬼，引福临门。

忌：钟馗忌摆放在卧室

钟馗属于驱邪之神物，在用法上讲究比较多。我们在使用上要注意不可将其摆放在卧室，也不可正对卧室门挂放，最好在专业人士的指导下安放。

● 平安瓶

　　平安瓶直径约为28厘米，纯桃木所制，是厨房和次卧专用的吉祥物。如果出现事业动荡不安，是非较多，遇事受阻的情况，可用平安瓶化解。平安瓶若使用得当，还有招财、利婚姻、开运之功效。

宜：厨房和次卧室凶位宜放平安瓶

　　平安瓶专为厨房和次卧室设计，可解决厨房位于凶位、大门正对厨房以及厕所正对厨房所引起的健康问题。另外，如果次卧（主要是老人房或儿童房）位于凶位或者风水不佳，也可用平安瓶加以化解。一般可将其正对厨房或者次卧室门安放。

● 八卦平光镜

　　八卦平光镜有反射作用，可以用来遮挡由户外不良之建筑形状所产生的煞气，如尖角煞等。在门前、床前悬挂平光镜，可将火形煞、穿心煞等反射回去。

宜：八卦平光镜宜置屋外

　　八卦平光镜适宜放在屋外，忌放在室内正对人照射，否则会给人带来伤害。此物只能对外，任何形煞皆可化解。

忌：八卦平光镜忌挂得太多

　　八卦平光镜不宜挂得太多，一个方位只能挂一个，整个居室不能超过三个，否则会给家运带来不利的影响。

● 阴阳八卦吊坠

　　阴阳八卦吊坠饰物有退散、化解邪气和煞气的效力。八卦吊坠饰物可以使令自己感觉厌恶的事物远离。象征阴阳的太极有将凶转换为吉，催生新事物的作用，可以使自己持有的能力进一步激发，使现状趋向好转。

宜：驱邪化煞宜挂阴阳八卦吊坠

　　阴阳八卦吊坠可以在室内、车内等地方进行装饰，有驱散邪气、化解煞气之功效，尤其在气场容易减少或低落的地方效果更为显著。

忌：阴阳八卦吊坠忌挂婴儿房

　　带有阴阳八卦的饰物一般不可放于三岁以内的婴儿卧室，或者婴儿推车内。由于婴儿太小，其所受到的负面影响也比较大。

● 小贴士　　　　　　　　　TIPS

八卦镜的来历

　　故老相传，在距今约七千年前的上古时代，伏羲氏观物取象，始作八卦。镜子则自古以来就是震慑邪气的吉祥之物。传说"帝会王母于王屋，铸镜十二，随月用之，此镜之始也。"古镜由铜铸成，在战国时期就开始盛行，至唐代，无论是形状，还是背纹花样都有了很大的进步。在古代，铜镜还拥有驱险、辟邪的神奇作用，明代大医学家李时珍在《本草纲目》中就指出："镜乃金水之精，内明外暗，古镜如古剑若神明，故能辟邪魅忤"，在其中详细阐述了八卦青铜镜的吉祥、防病、调节时空环境的神奇作用。

● 风水葫芦

风水葫芦象征化煞转运、吉祥。风水里经常在葫芦的下面铺垫上铜制的古钱或八卦，使其变成"八卦化煞转运葫芦"，可以除去所有自己厌恶的东西。它可以阻止财气化散，其"止泄耗财气"的用法是非常有名的。在使用时，可在葫芦中放入水晶和七宝等物，然后将葫芦放在自己所处的环境空间中。

宜：化煞转运宜用风水葫芦

风水葫芦是用五行属金的铜制成的，铜有化煞转运的作用，加之葫芦有收煞的作用，可使其化煞效果倍增。女性如果在葫芦中放入红水晶和水晶玉等十宝，并在房间焚香的话，就可以获得女性温柔的一面。据说红水晶可以带来异性缘和良缘，而水晶玉可以促使目的达成，因而有此效果。再有，在铜葫芦中放入与目的相配合的色彩的花，也是一种开运的方法。

忌：铜葫芦忌置凶位

葫芦是风水上的一个法宝，在使用上根据其质地的不同，具体用法也不一样。葫芦有木制品、铜制品、水晶制品等等，从而得出的用法各异。一般的木葫芦适合放在东南、正东、正北、正南各方向，但是这几个方位又要根据其吉凶位安放，一般来说，选择在你的左边安放是不会错的。

● 龙

龙是中国古代传说中镇守东、南、西、北四个方位的神兽（青龙、朱雀、白虎、玄武）之一，有辟邪、镇宅之功效。在中国，龙

的地位极高，被奉为神物，至高无上，也是皇帝的象征。龙是东方的代表，五行中是属木的，因青色是属木的，故此有左青龙、右白虎的说法。青龙来源于二十八星宿中的东方七宿角、亢、氐、房、心、尾、箕，古人把它们想象成为龙的形象，因其位于东方，按阴阳五行给五方配色之说，东方色青，故名"青龙"。人可以轻松从龙身上获得能量，青龙、金龙、红龙等虽名为龙，但如果收藏不对即名为蛇，甚至比蛇更凶狠，会伤到人，一定要注意。

宜：青龙宜置于左边或东方

风水有言："左青龙、右白虎、前朱雀、后玄武。"青龙是东方之神，所以，在安放时，宜设在左方或东方。如将青龙摆放在办公桌的左边，可以令人轻松从龙的身上获得能量，增强工作运。将青龙摆放在客厅的左边，可保家庭平安。

宜：摆放龙饰物数量宜为1、2、9

龙饰物摆设的数量并无什么限制，一般以摆放一条，两条或九条为宜。若是九条龙，则应有一条龙在中央作为主角，否则就成群龙无首的混乱局面，象征家宅不宁，那便大为不妙，故此可免则免。倘若要用有龙的图画来装饰，最理想的是用金色的镜框来镶，若是挂在北方则更有锦上添花之妙。

忌：龙忌对卧室摆放

龙是吉祥的动物，摆放在家中可以驱邪化煞，但因其甚为威猛，故此不宜对着卧室摆放。特别是那些张牙舞爪或有红色眼睛的龙，绝对不适宜对着儿童房或是睡床，因为这样不但会令小孩在心理上受惊，而且在风水上也不吉，对生肖属狗的小孩最为不利。

忌：龙饰物摆放忌缺水

龙遇水则生，倘若将其摆放在干旱的地方，则会有"龙游浅水遭虾戏"之虑。故此若不是将其放在屋内有水之处，便要将其向着屋外的河流或大海。所以若家中有龙形的装饰品，宜摆放在有水之处，比如鱼缸的左右两旁，这样甚为适宜，可收生旺效果。

● 虎

在中国，白虎是战神、杀伐之神。虎具有辟邪、祛灾、祈福及惩恶扬善、发财致富、喜结良缘等多种神力。虎是四灵之一，象征二十八星宿中的西方七宿奎、娄、胃、昴、毕、觜、参。所以虎是西方的代表，因为西方在五行中属金，代表颜色是白色，所以管它叫白虎。

宜：镇宅辟邪宜置虎饰物

虎为百兽之王，是勇气和胆魄的象征。虎是阳兽，代表着阳刚之气，白虎也象征着秋季和西方，它可以镇崇辟邪，保佑安宁。虎是喜好孤独的动物，习惯独自行动的生活方式，因此虎是会危害人际关系的物品。但是另一方面，在家族群体里，虎又是重情重义的动物。在家庭中的大门、客厅等公共场所放置此物，具有改善父母与子女以及夫妻的关系之功效。

忌：卧室忌置虎饰物

虎具有安定家庭成员关系的作用，还可以平衡龙的能量。但是虎主刑杀，在卧室及个人房间里应避免摆放虎这样的猛兽，否则会带来不良的煞气。

● 小贴士　　　　TIPS

老虎额头上"王"字的来历

相传在远古的时候，属相中有狮子而没有老虎。由于狮子太凶残，名声不好，主管封属相的玉皇大帝想把狮子除名，但是又必须补进一只镇管山林的动物。玉帝听说老虎勇猛无比，便下旨传老虎上天。老虎上天之后，地上的飞禽走兽无人镇管，开始胡作非为起来，给人间造成了灾难。玉帝见此情形，便派老虎下凡，以镇管百兽。老虎要求每胜一次，便给他记一功。玉帝只求人间安宁，当然满口答应老虎的要求。

来到凡间，老虎连胜当时最厉害的三种动物——狮子、熊、马，其他动物闻风而逃。回到天上，玉帝给老虎记下三次功劳，便在它的前额刻下了三条横线。后来，老虎又来到凡间，咬死了东海龟怪。玉帝一高兴，又给老虎记一大功，在额头的三横之中又添了一竖。于是一个醒目的"王"字出现在老虎前额。从此，老虎便为百兽之王，总管百兽。时至今天，虎额上还可见到威风的"王"字。

● 朱雀

凤凰在中国，是一种代表幸福的灵物，它的原形有很多种，如锦鸡、孔雀、鹰鹫、鹄、玄鸟（燕子）等，又有说是佛教的大鹏金翅鸟所变。凤凰神话中的凤凰有鸡的脑袋、燕子的下巴、蛇的颈、鱼的尾。凤有五个品种，是以颜色来分的：红是凤、青是鸾鸟、白是天鹅、另有黄和紫的凤凰，可称为朱雀或玄鸟。朱雀是四灵之一，它出自星宿，是南方七宿的总称：井、鬼、柳、星、张、翼、轸。朱为赤色，南方属火，所以它有从火里重生的特性，和西方的不死鸟一样，故又叫"火凤凰"。

宜：朱雀宜置于正南方

若家中口舌是非较多，则可以在正南方安放朱雀来化解，但是必须注意，摆放朱雀的高度不可高过主人的身高。

忌：朱雀忌单独摆放

由于朱雀为四神兽之一，经过开光后，最好是四神兽成套使用，除了正南方，其他方位都不宜单独摆放。

● 小贴士　　　　TIPS

朱雀的来历

朱雀为四神之一，是一种灵兽。朱雀代表二十八宿中的南方七宿，是井、鬼、柳、星、张、翼、轸的总称。朱雀为一种红色的鸟，羽毛为五彩颜色，外形有点像锦鸡。朱雀天性高洁，对食物非常挑剔，就连栖息的树也要加以选择。有很多人认为朱雀就是凤凰，但其实两者并不是一样的。凤凰只是百鸟之王，而朱雀则是代表南方的灵兽，比凤凰更胜一筹。

● 玄武

玄武是由龟和蛇组合而成的一种灵物。玄武的本意是玄冥，武和冥古音是相通的。武，是黑色的意思；冥，就是阴的意思。玄冥起初是对龟卜的形容，龟背是黑色的，龟卜就是请龟到冥间去诣问案带回来，然后以卜兆的形式显示给世人。因此，最早的玄武就是指占卜。以后，玄冥的含义不断地扩大。龟生活在江河湖海（包括海龟），因而玄冥就成了水神；乌龟长寿，玄冥又成了长生不老的象征；最初的冥间在北方，殷商的甲骨占卜即"其卜必北向"，所以玄冥又成了北方神。

宜：玄武宜摆放在后方或北方

风水有言："左青龙、右白虎、前朱雀、后玄武。"玄武又称北方之神，所以在安放玄武时，宜设在后方或北方。将其摆放在董事长的桌子后面，可以防御攻击，使人安心工作，事业有成。

● 龙龟

龙龟是瑞兽的一种，象征吉祥，可挡灾化煞。龙龟的用法比较复杂，要恰当地放置在三煞位或水气重的地方才有效。风水学中有"要快发，斗三煞"之说，其原理即在于此。龙龟在位时能化解口舌之争、加强人缘。

宜：龙龟宜放在使用者的左边

风水上左方为"青龙"，右方为"白虎"，其中以青龙为瑞兽，白虎为凶兽，所以龙龟最适宜摆放在左方以招吉贵。而且，青龙向来都是护持着主位的守护神兽，所以在自己的左方放上龙龟，便等于有贵人来守护着自己。

忌：龙龟头忌朝卧房

龙龟有招贵人之功效，应头向外摆放，切勿向着卧房放置。生肖为狗、兔、龙者与龟不合，不宜在家养龟或者放置龟类摆件。

● 铜双狮

如果说老虎是百兽之王，那么狮子可谓是万兽之尊了。狮子有镇宅化煞的作用，可抵挡任何煞气。狮子除有挡煞的一面，它还能给人带来名誉、地位和权力，很多富商和达官贵人都喜欢把狮子摆放在屋内。

宜：铜双狮宜用朱砂点睛开光

铜双狮象征着权利和地位，可以镇宅、挡煞，给人带来地位和权力。摆放铜双狮一定要注意摆放的方位和朝向，最重要的是在摆放前要用朱砂水点睛开光，这样才会有灵气，然后才会起到作用，如不点睛，就发挥不了作用。

忌：铜双狮狮头忌朝内

铜双狮在摆放时最好将狮头的头朝外，头朝内则不吉利，会带给屋内的人不良影响。

● 镇宅双狮

狮子在中国的传统里是镇宅瑞兽，集百兽之神威于一身，可镇宅保平安，又可纳祥。一般可将其摆放在住宅的大门口。

宜：镇宅宜摆双狮

虎为百兽之王，而狮子却被喻为万兽之王，勇不可当，威震四方。故此自古以来，中国人都习惯在大门的两旁摆放石狮，用来震宅辟邪，只要把狮子放在门口，一切的邪魔妖怪都不敢入屋肆虐。狮子又可以带给人名誉，地位，将其摆放在屋内，也作瑞兽看。

忌：镇宅双狮忌单独使用

室内摆放狮子一定要成对，一雌一雄这样配搭成双才好。请注意一定要分清雌雄，并且左右不可倒置。倘若其中有一只破裂，便应立刻更换一对全新的狮子；如果只更换一只狮子，将剩余的一只留在原处，便会失去驱邪化煞的功效。

● 铜龟

在日本象征长寿的龟受到人们的亲近，同样在中国也受到欢迎。龟甲形似凸面镜，又像描绘出的弧线，被认为具有可以弹击、打散房屋中滋生的不吉之气的能量。铜龟还可以化解天斩煞、路冲煞、劈面煞，在这些形煞迎面的地方，摆放铜龟效果极佳，其中化煞效果最好的就是天斩煞。

宜：天斩煞宜用铜龟化解

龟甲形似凸面镜，有扩散煞气的作用。天斩煞是指从本身的居所向外望，可见到前方有两座大厦靠得很近，致使两座大厦中间形成一道中空的缝隙，风从中穿过，形成的一股煞气。可以在阳台或窗户上摆放一对铜制的龟化解天斩煞，但在放置的时候要注意使两只龟的头部相对。

● 天然葫芦

葫芦是人们喜闻乐见的一种吉祥物，它形态优美，线条柔和而灵动，且有增进身体健康、增强夫妻感情的作用。葫芦的"蔓"与"万"谐音，每个成熟的葫芦里都有很多葫芦籽，令人们联想到"子孙万代，繁茂吉祥"。葫芦谐音"护禄""福禄"，人们认为它可以祈求幸福，增添财富。用红绳串绑五个葫芦，称为"五福临门"。在书房、客厅、卧室均可摆放葫芦，象征祛病、强身、多子多福。

● 巴西水晶簇

巴西水晶簇最大直径约23厘米，为天然白晶簇，又称晶王，经开光道教文化特殊处理，是珍贵的风水极品，适合常使用电脑者摆放。

宜：防辐射宜使用巴西水晶簇

巴西水晶簇是所有水晶能量的综合体，可向四面八方放射，有辟邪、挡煞的功效。巴西水晶簇可随时补充能量，可自动化解负面能量，将其摆放在计算机周围，可以减少辐射。

忌：巴西水晶簇忌置房间凶位

巴西水晶簇在摆放上也比较讲究。一般是将其摆在财位和吉位。在其他方位上摆放，也可以起到化煞、补缺角等功效，但是一般要在专业人士的指导下摆放。切忌摆在房间凶位，以免带来诸多风水问题。

● 东海水晶簇

东海水晶簇最大直径约18厘米，由天然白晶簇所制，经开光道教文化特殊处理。

宜：防辐射宜使用东海水晶簇

东海水晶簇是所有水晶能量的综合体，向四面八方放射，可辟邪挡煞，也可随时补充能量，具有自动化解负能量的功效。将其摆放在计算机上或周围，可以减轻其辐射量，比巴西水晶簇的能量稍小一些，是常用电脑者最好的风水物品。

忌：东海水晶簇忌置房间凶位

东海水晶簇在摆放上也比较讲究。一般是将其摆在财位或吉位，在其他方位上摆放也可以起到化煞补缺角等功效，但是一般要在专业人士的指导下摆放，切忌摆在房间凶位。

二、平安纳福吉祥物

所谓"天有不测风云，人有旦夕祸福"，由于命势的不同，有的人会因流年不利而灾祸连连。这时候可通过佩戴观音、佛、生肖、福神等吉祥物来保平安，使自己遇难呈祥、逢凶化吉，同时也为自己增添福气。要注意的是，吉祥物必须是经过正规开光的才具功效。

招福吊坠饰品

在中国文化各种各样的提升运气的手法中首当其冲的就是吊坠。在观叶植物、招财进宝树以及中国开运竹上吊招福吊坠都可以招来好运。树枝的形状可以依自己的喜好来设计，单单只是看着招福吊坠就可以感觉到幸运在不断地涌进来。

宜：招福吊坠数量宜有"3"

吊坠的数量是有讲究的，"3"这个数字在风水中表示"咸卦"，"咸"指阴阳相互感应并相互吸收的意思，表示万事均可顺利进行。在插有铁线的漂亮的树枝上吊31个银柳吊坠，再插入四神花瓶，就叫做"招福树31吊坠"。

如意观音

观音就是观世音菩萨，是人们普遍崇拜的佛。观音从印度传入中国时为男身，后被中国人改造为女身。按照佛教的观点：佛无所谓男身还是女身，由男变女，正体现了佛无处不在的真谛。佛教认为观世音菩萨大慈大悲，以各种化身救苦救难，有求必应。一般可将其用于催财、转运及保平安，适合家庭或从事复杂人事机构的人士使用。

宜：保平安宜摆放如意观音

观音为菩萨中最具灵感力的菩萨，大慈大悲、救苦救难，保世人平安、万事顺心。如意观音适于摆放在客厅，可以避开一切不如意的事物。

开光护身符金卡

开光护身符的最大高度约8厘米，与信用卡的大小差不多，镀金双面，经佛家高僧的开光处理。此符可随身佩戴，经正确开光后，佛祖会随身守护以保平安健康。使用时可将其放置于钱包、手提包内，与银行卡同放。

宜：护身符宜开光使用

开光，又称开光明、开眼、开明、开眼供养。也就是说新佛像、佛画完成后要置于佛殿、佛室，举行替佛开眼的仪式。在佛教中，只有经过开光后，佛像才不再是原来的木雕石塑，而具有宗教意义上的神圣性以及法力。随身佩戴的护身符，一定要正确开光后，才能保平安、护健康。

● 西方三圣佛

西方三圣佛为佛教中的南无阿弥陀佛、南无观世音菩萨和南无大势至菩萨。南无阿弥陀佛位居三圣的中间，主要迎接有功德之人去西天极乐世界；南无观世音菩萨救苦救难；南无大势至菩萨主管教化众人积德行善，惩奸除恶。

宜：健康聪明宜置西方三圣佛

西方三圣佛都有无量的法力，贡奉者能得智慧、避劫难，一般可以将其摆放在书房和客厅。读书的儿童或者是坐办公室的上班族使用都有不错的效果。

● 八卦眼球玛瑙

玛瑙据说是距今约2000～2500年的远古时代从天而降的"神仙故石"，是从我国西藏传至世界各地的。眼球玛瑙不但具有最强的防御力，还具有保护主人的作用。从古代开始它就作为防御邪气和邪恶的神石被人们所使用。而八卦眼球玛瑙的形状像睁大了的眼球一样，象征"神、真理、睿智"，可以看通事物的本质现象。八卦眼球玛瑙里面的"太极八卦"可以保护环境并使其安定。作为风水手法之一，将眼球玛瑙吊在自己最在意的地方，可以防御邪气入侵。有时，人们还使用它抚摩身体以吸走身体里的不吉之物。

宜：八卦眼球玛瑙宜置车内

八卦眼球玛瑙可以像护身符一样佩戴，或者挂在车内，可以辟邪、保平安，起到防止发生交通事故的功效。

● 紫金葫芦

紫金葫芦的最大直径约为8厘米，经桃木人工加工制成，由熏黑技术处理，正规开光加持。紫金葫芦能招财、纳福、辟邪，可保出入平安，一帆风顺，是司机朋友们的必备物品。一般可将其挂于汽车内，以辟邪保平安。

宜：汽车内宜挂紫金葫芦

现代交通日益发达，拥有车的朋友也越来越多，交通安全逐渐成为大家所关注的焦点。紫金葫芦有辟邪保平安之功效，司机朋友们一般将其挂在车内，可增强安全行车之系数。

忌：紫金葫芦忌与金属类摆件同时使用

紫金葫芦在使用时要注意，不可与其他金属类的车挂饰同时使用。五行属性中金克木，而紫金葫芦是木制品，如果与金属类挂件同时使

用，会受其克制，其先天功能和开光后的各种作用均不能得到正常发挥。

● 心中有福

"心中有福"的造型是两个蝙蝠中间有一个可以转的轮，代表双福临门。

宜：保平安宜戴"心中有福"

小孩子随身佩戴最灵，可避免病、灾，保平安，佩戴之人能身体健康，平安多福。

忌："心中有福"忌放污秽之地

"心中有福"为吉祥之物，不可常放于厕所等污秽之地，有些经过开光的还不可以携带洗澡，以免亵渎神物。

● 白玉佛

白玉佛最大直径约为4厘米，由白脂玉制成，经开光道教文化特殊处理。佛也就是弥勒佛，即未来之佛，能带给人们福气、祥和之气，以祈盼美好的明天。白玉佛还能够祛病消灾，保平安吉祥，让好运常伴于你。

宜：白玉佛宜女性佩戴

男戴观音女戴佛，是取其阴阳调和、两性平衡之意。女子随身佩戴白玉佛，可随身护佑；小孩佩戴，可令其健康成长。

忌：白玉佛忌置污秽之地

佛为清洁之物，不可常放于厕所等污秽之地。有些经过开光的佛像不可以携带洗澡或沐浴，以免亵渎神物，影响其吉祥效果。

● 滴水观音

观音像的种类有很多种，其中滴水观音可洒福气于人间。观音左手有宝球，右手持宝瓶，喻为"有求必应"，可将福洒向人间，是大众供奉最多的菩萨像。

宜：滴水观音宜置公共空间

滴水观音象征避灾解难，有求必应，平安吉祥、如意，可以摆放在客厅、办公室、大堂内等公共空间。

忌：观音忌置于污秽之地

观音为佛教道教圣洁的神物，应注意清洁，不可放于厕所及厨房等污秽之地，以免亵渎神物而发挥不了应有的功效。

● 风水花瓶

装饰有风水四神图案的花瓶，只需用来装饰房间，就可以起到招徕幸福的作用，不失为一种行之有效而又简单易行的风水手法。

宜：保平安宜用风水花瓶

花瓶的放置方面，如果是在商业场所，应将其放在顾客目所能及的地方；如果是在家里，应将其放在家族成员聚集的休息场所。

忌：风水花瓶忌置房间凶位

风水花瓶有四神图案，在摆放时要求比较多，应该按照要求正确安放，切不可将其安放于房间的凶位，以免引起不良的风水问题。

● 白玉观音

玉文化中的观音是经过几千年来劳动人民的提炼，以佛教中的观音大士与道教中的王母娘娘形象相融合，形成现在我们所见到的女身形态。白玉观音最大直径约为4厘米，由白玉雕琢而成，经开光道教文化特殊处理。男子随身佩戴，可随身护佑，父母为儿子请的白玉观音令其健康成长。白玉观音还能除病消灾，使你平安吉祥，好运常伴。

宜：白玉观音宜男性佩戴

古时候经商、赶考的都是男子，常年出门在外，最要紧的就是平安。观音可保平安，同时人们也希望在其保护之下，生活顺利、事业顺心、身体健康、万事如意。

● 红玉佛与观音

红玉佛与观音的最大直径约为4厘米，天然红玉精致制品，经开光道教文化特殊处理。男戴观音女戴佛，红玉佛与观音结合灵气更强，一般可为自己请或者为朋友请。

宜：常出差人士宜戴红玉佛与观音

出门在外求的就是平安，经常出差的朋友适宜佩戴红玉佛与观音，可挡灾、保平安。身体健康状况较差的朋友也可佩戴红玉佛与观音，有祛病、挡灾、保平安之功效。

忌：红玉佛与观音忌置污秽之地

观音与佛皆为圣洁之物，不可常放于厕所等污秽之地，有些经过开光的还不可以携带洗澡或沐浴，以免亵渎神物。

● 花瓶

花瓶的"瓶"与平安的"平"同音，象征平安。取其花瓶的"瓶"字与平安的"平"字同音，家中或公司均适合摆放。在家中摆放花瓶可保家人平安，聚集富贵。

宜：花瓶宜置房屋吉位

花瓶可以摆放在房屋的吉位上，或者摆放在客厅的东北角，西北角均可，主要寓意为吉祥平安。

忌：花瓶忌放桃花位

在家中摆放花瓶代表家人平安，在公司摆放花瓶则代表员工健康。但切记不可将花瓶摆放在桃花位上，否则花瓶会变成招惹桃花的物品。

● 铜铃

铜铃为圆形，形状圆润、坚固。铜铃是最常用的吉祥用品，一般适合挂在门、窗和汽车内。将铜铃挂在门的把手上，可防止家人意外碰撞、摔伤，或被硬器刺伤，特别针对有小孩的家庭。

宜：保平安宜挂铜铃

铜铃挂在汽车驾驶室内，象征趋吉避凶，容易避开意外事故的发生。一般将其挂在室内或者汽车驾驶室，可化解意外之伤和手术等血光之灾。

忌：铜铃忌置门口或卧室

在风水学上有些位置是不适合放铜铃的，虽然铜铃的吉祥作用很大，但是在正规的使用上还是要注意。一般来说，铜铃置于门口或卧室，会带来不良的气场。

● 玉佩

玉为佩饰的一种，在我国古代，佩饰主要是指悬挂在腰带上的饰品。玉佩既有一定的装饰效果，又有辟邪、保平安的作用。

宜：护身辟邪宜戴玉佩

佩戴一款与自己生肖吉祥物相匹配的玉佩，可起到护身、辟邪的作用。一般来说鼠牛相配，虎猪相配，兔狗相配，龙鸡相配，蛇猴相配，马羊相配，如果能结合自己的贵人生肖相配则最佳，但因各人的出生年份不同，其贵人生肖也不相同。

忌：佩戴玉佩忌与自己属相相冲

在选择、佩戴玉佩饰物时要注意，不可以随意佩戴生肖。生肖要按照六合来分，根据上面所述的生肖相配，不可乱配。

三、吉祥长寿吉祥物

吉祥物有的发音吉祥，有的形状吉祥，有的所代表的意义吉祥，然而在实际生活中，这些吉祥物都能起到吉祥的作用。同时也可起到改变运气运程、改变气场环境的作用。吉祥之意则多用羊来表示，因古时"羊"字与"祥"字通，"吉祥"多写成"吉羊"，所以羊本身也成为吉祥物，取其"三阳开泰"之意。

● 揭玉之龙

龙，是中华民族最为古老的图腾，华夏子孙皆是"龙子龙孙"，自称为"龙的传人"。古人把龙分为四类：天龙代表天的更新力量，神龙能够兴云布雨，地龙掌管地上的泉水和水源，护藏龙看守着天下的宝藏。龙是我国古代传说中的神异动物，龙文化在中国文化中占据着极其重要的地位。属龙之人把龙视为自己生命中最重要的吉祥物，拿着玉的龙会给人带来好运。

宜：开运吉祥宜摆放揭玉之龙

揭玉之龙象征着好运长伴、开运吉祥。如果想开运、改运、吉祥，可在办公室、居家空间摆放揭玉之龙。

忌：肖狗、兔者忌摆放揭玉之龙

根据不同生肖的属性冲克，生肖为狗和兔的人，不适合摆放龙类制品，否则会带来不良的运势。

● 龙凤呈祥

"龙凤呈祥"象征高贵、华丽、祥瑞、喜庆。在中国传统的吉祥图案中，《龙凤呈祥》是很好看的一种。在画面上，龙、凤各居一半，龙是升龙，张口旋身，回首望凤；凤是翔凤，展翅翘尾，举目眺龙，周围瑞云朵朵，一派祥和之气。龙有喜水、好飞、通天、善变、灵异、征瑞、兆祸、示威等神性。凤有喜火、向阳、秉德、兆瑞、崇高、尚洁、示美、喻情等神性。神性的互补和对应，使龙和凤走到了一起：一个是众兽之君，一个是百鸟之王；一个变化飞腾而灵异，一个高雅美善而祥瑞；两者之间的美好的互助合作关系建立起来，便"龙飞凤舞""龙凤呈祥"了。

宜：增强祥瑞宜置"龙凤呈祥"

龙凤呈祥象征高贵、华丽、祥瑞、喜庆。龙和凤都是传说、想象中的动物，不仅形象生动、优美，而且被赋予了许多神奇的色彩。龙能降雨，寓意丰收，又象征皇权；凤凰风姿绰约形象高贵，是人们心目中吉祥幸福的化身。

忌："龙凤呈祥"忌置右方

龙凤呈祥在摆放上要注意，不要放在右边。客厅、卧室、书桌的右边都不适宜放置，右白虎左青龙，左边是最理想的放置方位。

● 小贴士　　　　　　TIPS

"龙凤呈祥"的来历

传说虞舜即禹位后，广开视听，唐尧求贤辅政，教民稼穑，推广教育，倡导礼仪，改善风化；又命夔为乐官，谱曲制乐。三年后，天下大治，夔也谱成了《九招》之曲呈献。虞舜大喜，会集百官，亲自演奏。弹至《九招》元时，只见金龙彩凤腾云驾雾而来，翻飞彩翼，回环逶迤。曾辅佐为的老臣苍舒兴奋地说："这是龙凤呈祥呀！龙至则风调雨顺，五谷丰登；凤来则国家安宁，万民有福。自盘古开天辟地以来，龙飞凤舞，少有见闻。但是万象明德，龙凤双呈，还是一头回哩！"从此以后，"龙凤呈祥"便成了祝颂国泰民安的同义语。

● 麒麟

麒麟是四灵兽之一，集龙头、鹿角、狮眼、虎背、熊腰、蛇鳞、马蹄、猪尾于一身，公为麒，母为麟。麒麟是吉祥物之首，能够消灾解难、趋吉避凶、镇宅避煞、催财升官；与龙神、凤神、龟神一起并称为四灵兽。将

麒麟摆放在居家或办公场所，有招福、辟邪、利生男丁之功效。

宜：玄关宜摆放麒麟

古人多喜欢摆放麒麟在门口镇守，作为家宅的守护神。现代住宅将这些灵兽摆在门口有诸多不便，退而求其次，将其摆放在玄关也有同样的效应。麒麟具有很强的"镇宅"作用，可以安定周围的气，被广泛应用以消解收入不稳、家庭不和、生意不佳、人际关系不好、夫妻关系不和等问题；也可以平息、镇定日常生活中的琐碎问题。如果将麒麟摆放在屋外，往往会受到诸多限制，但如果将其摆在玄关面向大门之处，则同样可以起到护宅的作用。

● 如意吉祥

如意是我国传统的吉祥物，有木质、玉质等不同材质，可以用做居家摆设、礼品或者收藏之用，取其"吉祥如意"和"祈福纳祥"的意思。如意吉祥为凤凰立于如意玉上，凤凰代表吉祥和太平。

宜：居家空间宜置"如意吉祥"

人们常常送如意给老人，表示祝他"事事如意"。有些图画上画一个大吉、一支如意，合并为"吉祥如意"，主无论做甚么事都能够如愿以偿。如意是一支曲形而头部特别大的物件，如意的意义是"如愿以偿"及"事事如意"，所以赠送如意准没错。而福禄寿三星的"禄"星便是手执如意了，而如意多是用玉来制造的，至于其它质地有金、银、铜、瓷等制品。"如意吉祥"吉祥物一般摆放在居家空间，祝福人们如愿以偿。

● 玉佛

弥勒佛在佛教中被称为未来世佛，有着最慈悲的胸怀，最无边的法力，能帮助世人渡过苦难。弥勒佛以大肚、大笑为典型特征，有"大肚能容天下难容之事，笑天下可笑之人"之说，代表了人们向往宽容、和善、幸福的愿望。

宜：增添吉祥宜置玉佛

玉佛是和阗玉摆件、把件、挂件常用的传统题材，一般将其摆放在大堂或客厅等公共区域，象征吉祥、觉者、知者、觉悟真理。

忌：玉佛忌置污秽之地

玉佛为清洁之物，不可常放于厕所等污秽之地。特别是有些开过光的玉佛，不可以携带洗澡或沐浴，否则会亵渎圣物，招徕不好的运势。

● 虎眼石手链

虎眼石情侣手链最大直径约1厘米，为天然虎眼石，经开光道教文化特殊处理，可增强生命力，给人带来信心。戴上虎眼石手链，可以使人做事能贯彻始终，做人能坚守原则。

宜：强健身体宜戴虎眼石手链

虎眼石手链可坚定信念，积聚财富；还能激发勇气，带来信心，使人勇敢，改善胆小懦弱的个性。虎眼石手链也可加强生命力，适合体弱多病或大病初愈的人使用。

忌：学生忌戴虎眼石手链

虎眼石手链可促进异性缘，是催桃花的手链。此手链不适合孩子学生使用，容易导致分心，精神不集中，学习成绩下降等不利因素。

● 玉兔

兔为瑞兽，寿命很长，民间有谚云："蛇盘兔，必定富"。玉兔是由白玉手工雕刻制成，象征美丽、温顺、祥瑞。兔子温柔乖巧，玉兔更是美丽聪颖。

宜：肖兔、猪、羊者宜使用玉兔

属相为兔的朋友，玉兔就是自己的吉物。如有玉兔在旁，则可事事顺意、遇难呈祥。一般可在办公桌的青龙位（左上角）上摆放玉兔，或在身上佩戴玉兔吊坠。

忌：肖龙、鸡、鼠者忌使用玉兔

根据属相的相生相冲，属龙、鸡、鼠者与兔相冲，所以属相为龙、鸡、鼠者不可使用玉兔。

● 持龙珠的龙

龙是我国古代传说中的神异动物，龙文化在中国文化中占据着极其重要的地位。持龙珠的龙象征着力量、祥瑞。龙有喜水、好飞、通天、善变、灵异、征瑞、兆福祸、示威等神性，是中华民族最为古老的图腾，华夏子孙皆以"龙的传人"为荣。古人把龙分为四类：天龙代表天的更新力量，神龙能够兴云布雨，地龙掌管地上的泉水和水源，护藏龙看守着天下的宝物。在中国人的观念中，龙是一种性情良好、温和仁慈的神物，它具有很好的德性。龙代表方位的四种动力之一，为东方，象征太阳升起的地方。龙是十二生肖中最被人看重的一种，属龙之人把龙视为自己生命中的吉祥物，认为自己有龙气，事业要比别人取得更大的成功。

● 吉祥象

象的体大力壮，性情温和，知恩必报，与人一样有羞耻感，曾被称为兽中德者；凡表示吉利祥瑞，都可用大象的形象来代替。大象禀性驯良，放在宅中表示吉祥如意。

宜："明堂聚水"宜摆吉祥象

大象以善于吸水而驰名。水为财，凡居家门窗见海、水池、河流等水者，均称之为"明堂聚水"；若摆放一铜大象在家中，则大财小财均为已所纳。

忌：金属材质的象忌置正南方

在象的质地方面，金属类材料制成的象不宜安放在正南方。木类象则比较常见，可以将其设置在正北、正东、东南方，并且象属水，水木相生，有利财运。

● 龟形饰品

龟是四灵中唯一存在于现实的动物，也是所有动物中寿命最长的寿星。人们不仅把龟当作健康长寿的象征，也认为它具有预知未来的灵性。古代的府第、庙宇、宫殿等建筑物前常设有石龟，作为祈求长寿的象征。龟甲形似凸面镜，又似描绘出的弧线，被认为具有弹击、趋散房屋中不吉之气的能量。

宜：化解倾斜天花板宜用龟形饰品

风水中认为倾斜的天花板会打乱空间环境，不宜建造。如果在这样的天花板下生活，不仅空气不流通，而且容易产生争论和口舌，使人无法生活舒适愉快。如要修整从顶棚或天花板上滋生的不吉之气，可以使用龟形饰品，现今非常流行的有高台斜面（复式）的房屋也必须使用它。摆放龟形饰品可在天花板下，或直接在地板上放置几只即可。

● 中国结

中国结象征喜庆、吉祥。传说中国结是由一个和尚在闲暇之余用一根绳编出一个整结，然后串上名贵的佛饰品，再安上编出"王"字的穗，流传至今。当时这位和尚为了体现他一心一意向佛，所以用一根线编出绳结，穗上为了体现他至高无上的信仰故编出"王"字。后来这种串上名贵的饰品，再安上编出"王"字的穗的绳结，逐渐流入社会。

● 羊

羊象征健康、和平和祥瑞，有祛病减灾及增加偏财之功效。过去，有人将羊头悬在门上，据说能避灾祸，除盗贼；羊还是子女孝顺长辈的标志，因为羊羔吃奶时是跪在母亲跟前的。古时"羊"字与"祥"字通，"吉祥"多写成"吉羊"，因此羊本身也成为吉祥物。古时又有"羊"通"阳"的说法。人们曾从文字上解释羊与阳的关系，认为羊字形阳气在上，举头若高望之状，故通阳；有的还从羊的习性上来解释羊与阳的相通之处，羊能啮草，鸡啄五谷，故悬此二物可助阳气。此外，家中有长期病患者或旧病难除者，可将此物摆放在床头，左右各一只，对健康必有帮助。

● 牛

老子李耳，乘青牛西游。民间认为牛是一种神物，在神话传说中有关神牛的故事很多。道家谓仙人常骑青牛，老子西游时，就乘着青牛。在中国南方，很多人把牛当作图腾崇拜者。牛象征勤劳、隐忍。

宜：事业发展初期宜置牛饰品

牛象征着春天，因为它在开春后就下地犁田，寄托着丰收的希望。在事业发展初期，可以用牛饰品来促使自己努力工作，为未来的事业打下坚实的基础。在具有竞争性行业的办公室，也可挂牛头来增强竞争力。

忌：肖马、羊、狗者忌置牛饰品

从十二生肖的属性生克来看，肖马、羊、狗者与牛相冲，所以这三个生肖不适合摆放牛饰品。

● 寿比南山笔筒

寿比南山笔筒最大直径约为20厘米，天然绿檀香木景致雕件，经开光道教文化特殊处理。寿比南山笔筒是一款专为老人家设计的天然雕刻品，象征延年益寿、寿比南山，是有益老人的吉祥物品。

宜：寿比南山笔筒宜年长者使用

"福"与"寿"是对老年人最好的祝愿。年长的朋友们，使用寿比南山笔筒，可经常得到儿女们对自己的祝福，也有给年长者增寿添福之功效。

忌：寿比南山笔筒忌置金属桌面

寿比南山笔筒为绿檀香木景致摆件，从五行上来说是属于木。根据五行生克，金克木，所以该笔筒一般不建议摆放在金属桌面或金属器具内，将其放置于普通的木制书桌上最好。

● 三羊开泰

三羊开泰象征大吉大利。"三阳"依照字面来分析，可解释为三个太阳，朝阳启明，其台光荧；正阳中天，其台宣朗；夕阳辉照，其台腾射，均含勃勃生机之意。"泰"是卦名，乾上坤下，天地交而万物通也。开泰以"求财"来卜，就是大开财路。

宜：三羊开泰宜放公司门口

三羊开泰适合放于公司，主要作用是聚财求财。最佳的安放位置是将其正对公司门口和办公桌，将羊头朝外即可。

● 龟

中国人一直相信龟隐藏着天地间的秘密。龟是一种水生动物，其腹背皆有坚甲，与龙、凤、麒麟并称为"四灵"。龟甲形似凸面镜，又像似描绘出的弧线，被认为具有可以弹击、打散房中滋生的不吉之气的能量。龟和鳖都被视为长寿的吉祥物，是人们所崇拜的图腾。龟更是长寿的象征，人们多用"龟龄"喻人之长寿，或与"鹤寿"结合称为"龟龄鹤寿"，祝人长寿。

宜：化解"火性"外煞宜用石龟

龟可以化解多种外煞，如果住宅面对的是火性的外煞，如大烟囱、加油站、红色楼宇等，可摆放属性为水的石龟来化解。

● 寿桃

寿桃象征延年益寿、保健长寿、年年有今日，常被作为贺寿佳礼。传说天上王母娘娘的桃园里种的仙桃，三千年开一次花，三千年结一次果，吃一枚就可延年益寿。因此，人们称此桃为寿桃。

宜：寿桃宜置年长者的居室

寿桃一般可摆放在有年长者的居家空间，有添寿、增福之功效，寿桃也是人们常用的贺寿礼物。

忌：寿桃忌放在儿童房

儿童天真无邪，将寿桃放在儿童房，没有任何意义，年轻人也可以使用；不但会让孩子对成长产生恐惧感，且可能让孩子的心理年龄与实际年龄不符。

● 大吉大利翡翠

翡翠以其细腻无比的玉质为世人所赞誉，以其青翠欲滴之娇美为世人所倾倒，更因其产量稀少、佳品难得而身价倍增。大吉大利翡翠最大直径约为5厘米，天然缅甸翡翠，经开光道教文化特殊处理。大吉大利翡翠是老人专用饰品，一般可随身佩戴，保佑儿孙吉祥、喜庆、大吉大利，自己也会健康长寿。

宜：求健康、吉利宜佩戴翡翠

现代科学证明，翡翠中含有特定的微量元素，经常佩戴有益于人体健康。翡翠亦是吉利的饰物，特别是老年人求身体健康，求儿孙吉祥都宜佩戴翡翠。

● 寿星笔筒

寿星又称南极仙翁，经常以一个慈祥老翁的形象出现。在各种吉祥图案中，南极仙翁身材不高、弯背弓腰，一手拄着龙头拐杖，一手托着仙桃，慈眉悦目，笑逐颜开，白须飘逸，长过腰际，最突出的是他有一个凸长的大脑门儿。寿星为天上的神仙，不属佛、菩萨类。寿星笔筒象征延年益寿、智慧，一般可摆放在办公室、书房。

宜：寿星笔筒宜年长男士使用

寿星代表着生命，人们向他献祭，祈求他赐予健康、长寿。寿星笔筒可以增加智慧，让人思维敏捷，产生良好的工作和学习效果。年长的男士用此笔筒效果更佳，一般可摆放在办公室、书房的书桌或办公桌上。

● 松鹤笔筒

松鹤笔筒象征长寿、文雅、博学。鹤给人的感觉是仙风道骨，被称为"一品鸟"，地位仅次于凤凰。鹤在中国的文化中占有很重要的地位，它跟仙道和人的精神品格有着密切的关系。据说，鹤寿无量，与龟一样被视为长寿之王，后世常以"鹤寿""鹤龄""鹤算"作为常用的祝寿之词。将此笔筒摆放在书桌或办公桌上，可以令人文思泉涌，淡泊名利。

宜：松鹤笔筒宜置书房

松鹤笔筒一般可摆放在办公室或书房内，供年长的文人、作家以及艺术创作者使用，有助于增强创作灵感。

● 紫檀松竹笔筒

"松"象征着长寿，"竹"则是高洁的象征，松竹结合，寓意光明磊落。将此笔筒摆在书桌或办公桌上，有平安、长寿之吉意。

宜：政府工作人员宜置紫檀松竹笔筒

紫檀松竹笔筒象征着正直、清廉、高洁，适宜在政府机关单位工作的人员使用，一般宜摆放在办公室、书房。

忌：紫檀松竹笔筒忌置右边

一般可将紫檀松竹笔筒摆放在左边，因左边属于喜庆吉祥的位置。右边属于虎位，是比较凶的，建议不要放在右边，以免引起不良的冲煞。

● 绿檀弥勒笔筒

绿檀弥勒笔筒为精致笔筒，经过道教开光。弥勒佛为和合笑佛，会给人带来宽心、常乐、自得的好心情。

宜：保持好心情宜置绿檀弥勒笔筒

绿檀弥勒笔筒象征开心、常乐，将其摆在书桌或办公桌上，可以给人在学习和工作之余带来好的心情。

忌：基督教信徒忌使用绿檀弥勒笔筒

绿檀弥勒笔筒一般摆放在左边，因左边属于喜庆吉祥位置。基督教信徒应尽量避免摆放与佛、菩萨有关的工艺品。

四、招财开运吉祥物

现代社会是一个商业社会，人们每天都要与金钱打交道。无论是经商人士，还是普通的上班族，甚至家庭主妇，都希望能够求得好的财运。以下介绍了一些常见招财、开运、改运的风水吉祥物，希望能给您带来好的财运，招徕好的运气。

● 大肚佛

大肚佛大腹便便，长耳、笑眼，姿态动人，笑意醉人。大肚能容天下难容之事，佛脸尽笑天下可笑之人，象征安乐自在。

宜：大肚佛宜摆放在公共空间

大肚佛可摆放在大堂或客厅等公共空间，促进住宅紫气东来、财源广进；可保全家富贵、平安；使人心情愉快，忘掉忧愁之事。

忌：大肚佛摆放忌太低

大肚佛在摆放的高度上，要超过人的头顶，不可摆放得太低，一般以高过主人的身高为宜。

● 开光招财杯

开光招财杯最大高度约6厘米，为精致铜器，经佛家高僧开光处理。

宜：神像前宜置开光招财杯

开光招财杯是佛家常用聚财法器之一，宜放财神、如来、观音神像前。放神像之前，建议餐馆、商店、商铺使用，以5只为好。

忌：居家空间忌置开光招财杯

开光招财杯适合商业空间使用，招财效果甚佳；但如果居家空间使用，效果则并不理想，反而会带来不好的运势，建议家里不要摆放。

● 招财进宝石

招财进宝石直径约15厘米，为天然泰山石所制，经开光道教文化特殊处理。

宜：招财进宝石放置前宜清洗

天然的泰山石，辅以红色朱砂书写的"招财进宝"，在摆放前先用清水清洗，最好是放置在公司门口或负责人的办公桌上，使之地位稳如泰山、招财进宝。

忌：私密空间忌摆招财进宝石

卧室、儿童房、书房不适合摆放招财进宝石，因为招财吉祥物一般摆放在商业空间或者居家公共空间，私密空间不宜摆放，否则会带来不好的运势。

● 水晶球

早在一亿年前大自然就孕育了水晶。水晶又属二氧化硅类，石英水晶体含有对人体有益的化学元素：矽、铁、钛等。水晶在西方国家早已让人们感受到它的神秘力量。在西方古罗马时代就流行运用水晶的神秘力量为人们改善风水和财气等等，水晶物体所发出的七色光可以开发每个人的"七能中心"，水晶球可以改变人的运程。由于水晶的表面光滑，加之其物理性质本身都具有转动旋转的功能，配合适当的摆放地点可以起到改变运程的功效。

宜：改运宜用水晶球

水晶是改运的工具，在人的运气比较差的时候，使用水晶球能起到调节运程的作用。

● 富贵牡丹笔筒

富贵牡丹笔筒最大直径约18厘米，精致摆件，助运笔筒，经开光道教文化特殊处理。牡丹表示大富大贵，兼有早生贵子的含义，同时体现出一种雍容华贵的高雅品位。

宜：富贵牡丹笔筒宜女士使用

富贵牡丹笔筒一般可安放在办公桌或书桌上。因为牡丹透露着雍容华贵的高雅品位，适合高贵的女士使用。

忌：男士忌用富贵牡丹笔筒

富贵牡丹笔筒不太适合男同志使用，如果男同志在书桌、办公桌上摆放容易引起桃花劫。

● 山海镇平面镜

镶在镜框中的山海镇平面镜，集齐了所有开运的要素，如招财进宝、福禄寿、镇宅、招贵人等。它有调整风水、平衡财运、营造人气，调和神佛、幸福人生、驱散邪气、镇家宅、平衡阴阳的功能。将它装饰在大厅的起居室、店铺、办公室等地还可以提升运气。

宜：提运宜用山海镇平面镜

山海镇平面镜有集结吉气，提升运气的功效。在商业场所挂此吉祥物，可增加店铺的营业额。将它装饰在大厅、起居室、办公室等地可以提升运气，增强人际关系。

● 五帝钱

五帝钱指的是清朝五代盛世皇帝（顺治、康熙、雍正、乾隆、嘉庆）时期所铸造的铜币，此时期的铜币在五行中属金性，具有招财开运、辟邪、保平安等作用。在国势强盛时期所铸之钱，再加上几百年的使用，灵气特别旺，带在身边可消灾解难，加强财运。而五帝钱又是化解五黄煞和二黑病星的最佳法器之一，将六个五帝钱与风铃一齐挂于家宅五黄位或二黑病星位，可保家宅平安。将五帝钱放于家庭保险柜或抽屉内具有招聚财气之功效；随身佩戴能增强五行金运，流年不利可改运，增强健康旺气，利于恢复健康。

● 绿檀辟邪

辟邪相传为龙的儿子。龙生九子，其中麒麟、青龙、辟邪为最有出息的三个儿子，所到之处，百恶消散，被后人敬为四大吉兽之首。相传辟邪喜食金银财宝，只吃不拉，故有招财、聚财、辟邪、恶小人是非的功效。绿檀辟邪则象征吉祥、辟邪、如意、财源滚滚。

宜：招揽客户宜置绿檀辟邪

绿檀辟邪一般可摆放在店铺的门旁，以招揽更多的客户。摆在收银台上，可增加营业额。辟邪也适合摆放于客厅，可保家宅平安，财源滚滚。

忌：绿檀辟邪忌摆放在卧室

绿檀辟邪招财能力很强，但是最好不要摆放在卧室或儿童房内。因为辟邪是向外招财的，对内则会造成财气散失，也会产生一定的煞气。

● 玉竹笔筒

玉竹笔筒的最大直径约为18厘米，属精致摆件，是一款有助运气的笔筒，经开光道教文化特殊处理。

宜：艺体生宜使用玉竹笔筒

玉竹笔筒专门针对艺术类、体育类专业的学生及相关人员设计，意义为多方面发展，增加知识有助于学习。可将其安放于办公桌、书桌、床柜，推荐艺体类学生或相关人员使用。

忌：玉竹笔筒忌置金属桌面

玉竹笔筒不适合放于金属桌面上或金属器具内。因金克木，而竹筒也属木，将笔筒置于金属桌面上起不到什么作用。

● 久久有余笔筒

久久有余笔筒的最大直径约18厘米，精致摆件，助运笔筒，经开光道教文化特殊处理。该笔筒由九只红色的金鱼组成，意义为久久有鱼，代表着家运昌盛，事业兴旺。一般安放在办公桌、书桌上，所有人士均适用。

宜：招财吉祥宜置久久有余笔筒

久久有余笔筒主要是放于办公桌上，能够给人带来财运，令事业发展顺利。"久久有余"还够使家运昌盛，事业兴旺。

忌：学生忌用久久有余笔筒

久久有余笔筒不适合放置在小孩或学生的学习桌上，因为那样，容易使其精力分散，注意力不集中不利于他们学习和完成作业。

● 八白玉

白玉象征吉祥、正气。八白玉是由八块白玉组成，所谓"八白共发"，有助于增添财运、事业运和人际关系运。当家道衰退或公司运气不济时将八白玉装饰在大门或入口处，有利于运气上升。当人际关系不好或身体状况差时，须经常将其佩戴在身上。八白玉为非常吉祥之相，八白齐发，洁净无瑕，可随身携带，又可放置在家中作摆设。

宜：居家改运宜用八白玉

如果家居不洁，将一串八白玉挂在大门后，可消除污秽；因八白玉有正气浩然之意，所以能够转化衰气。将八白玉佩戴在身上，夜归人士自会百事吉祥，也可作为婴儿定惊之物。许多人当运时大富大贵，失运时一落千丈。失运时的化解方法之一即在旺气位安放八白玉，但旺气位每年有变，所以要留意改变八白玉的位置。

● 佛手笔筒

佛手笔筒最大直径约18厘米，为精致摆件，助运笔筒，经开光道教文化特殊处理。佛手原本是一种形状奇怪的果实，其形如拳如掌，犹如张开的手指，所以俗称"佛手"。初时人们将这种果实摆放在家中作为装饰，它能发出一种香味，持久不散。吉祥图案中喜画"一盆水仙加一只佛手"，象征"学仙学佛"，现今很多的玉器都雕成这个形状，随身佩戴，借此代表"佛陀"保护。

宜：佛教信仰者宜用佛手笔筒

佛手笔筒能够给人带来良好的人际关系。一般可将其安放在办公桌、书桌上，适合佛教徒、佛教信仰人士使用。

● 水胆玛瑙

水胆玛瑙最大直径约5厘米，为天然水胆玛瑙，经开光道教文化特殊处理。水胆玛瑙是随身改运、助运的宝石。玛瑙内含有一定的水分，非常珍贵，对于改善运程、调节运气、保平安、促进婚姻都有很好作用，也是一款非常罕见和漂亮的随身饰品。

宜：改运宜用水胆玛瑙

水胆玛瑙对于改善运程、调节运气、保平安以及促进婚姻都有很好作用。一般可随身携带或放置在公文包、手提包内，女士使用效果极佳。

忌：水胆玛瑙忌暴露于外

水胆玛瑙是非常难得的珍贵吉祥物，它喜阴不喜阳，尽量不要将其暴露在外面，应该放在包里、盒子里收藏起来。

● 天然白水晶球

水晶是一种有灵性的矿物，它能给人们带来好运，镇宅辟邪，提升灵性，去除病气，也能帮助人们解除厄运。天然白水晶球的最大直径约9厘米，为天然白水晶制成，经开光道教文化特殊处理。天然白水晶球就产量来说，堪称"水晶之王"。天然的水晶能量稳定，可镇宅化煞，净化身体负能量，促进健康，是趋吉改运的最佳晶石，适合运气不佳、运程反复者使用。

忌：白色水晶球忌置右边

白色水晶球在摆放上要放在吉祥的位置，也就是摆放在房屋的吉方位上；或者就放在左边，因左边为青龙方，主喜庆。不宜将其放置于右边白虎方，容易带来不好的煞气。

● 蓝色水晶球

蓝色水晶球最大直径约10厘米，为合成水晶，含有相当分量的水晶成分，经开光道教文化特殊处理。

宜：开运、助运宜用蓝色水晶球

蓝色水晶球为"助运之晶"，能助生活、事业更上一层楼，使生意红火，家庭幸福。蓝色水晶珠内蕴含着巨大能量，尤其是事业、家庭及有一定经济基础和实力的人士应用最佳。蓝色水晶球一般可安放在居家公共空间内或者办公桌上。

忌：蓝色水晶球忌置西方

蓝色水晶球在安放上要注意方位问题，最好不要将其摆放在家庭的西边或西北方，若安放于东方、东南方将会非常有利。

● 六道木天然念珠

　　六道木天然念珠的珠子最大直径约25毫米，由五台山天然六道木所制，经佛家高僧开光处理。

宜：保平安宜戴天然念珠

　　六道木念珠只有五台山才出产，每颗念珠上都有天然形成的六道印，颜色赭红，色泽深沉，花纹别致，为佛教圣地特产，可保平安、纳福气。

忌：天然念珠忌用右手拿

　　念珠的禁忌主要反映在使用和摆放上，在使用时不可用右手拿，平时在不用的时候也要恭敬一些，以免亵渎神物。使用时也不宜戴在右手，只能戴在左手上。

● 福袋

　　福袋的最大高度约4厘米，大小为信用卡的一半，经佛家高僧开光处理。福袋内装有经文、宝石、檀香粒、古钱、粗盐等，象征智慧、驱邪、招财、结缘等。

宜：保健康、平安宜使用福袋

　　福袋可随身携带，也可放置于车内。将其挂在床头，可保健康、平安。如果小孩使用，可令小孩健康成长。

忌：肖鼠者忌使用福袋

　　福袋的使用禁忌主要表现在生肖上，因福袋与鼠相克，所以属鼠者不宜使用。

● 小金万珠招财佛

　　小金万珠站立招财佛最大直径约9厘米，由金万珠陶瓷精心烤制而成，经佛家高僧开光处理，有招财等功效。

宜：上班族或生意人宜置招财佛

　　上班族或公务员将其放置在办公桌上，做生意的人将其摆放在收银台上，可招财进宝，平安健康、升职加薪，事事如意。但不可正对厨房、厕所摆放。

忌：武财神附近忌置招财佛

　　招财佛象征平安如意，招财进宝。切不可与关公、赵公明等主生杀的财神放置在一起，否则会引起不良的风水效果。

● 天竺菩提念珠

　　天竺菩提念珠最大直径约34毫米，是来自印度的天然天竺菩提子，经佛家高僧开光处理。佩戴时间越长，就越有灵气，长期佩戴可转运、辟邪、保平安。

宜：保平安宜戴天竺菩提

　　天竺菩提为佛教圣地印度特产，由手工串连加工而成。使用时不宜藏于右手而仅用于左手，具体结合各种手印使用。

忌：天竺菩提忌用右手拿

　　念珠的禁忌主要反应在使用和摆放上，在使用时不可用右手拿，因为右手要做各种结手印，平时不用的时候也要恭敬一些，以免亵渎神物。

● 八卦盘

八卦盘直径约为33厘米，工艺古朴，为木胎，中间为太极图。外八卦可贴锡片，用镶嵌与彩绘相结合的方法进行装饰，历经数十道工序打磨而成。具有防潮、防腐、耐高温、不变形的特点。八卦盘象征平安、招财。

宜：调节气场宜用八卦盘

八卦盘具有调节气场的作用，可使家庭和睦，小孩上进，主人平安，财运亨通。

忌：八卦盘忌置于卧室

八卦盘是风水的基本用品之一，虽然作用很大，但还是要在专业人士的指导下安放。一般来说，八卦盘宜置于公共区域或屋外，不宜悬挂于卧室或正对着人，否则会产生不好的气场。

● 石榴

石榴原名安石榴，象征多子多福。据历史记载，约在公元2世纪，石榴产在当时隶属于中国王朝的西域之地安国和石国(今乌兹别克的布哈拉和塔什干)。汉代张骞出使西域时,才将其引入内地。

宜：添丁添福宜使用石榴

古人认为儿孙满堂为福，而石榴则有"榴开百子"的含义。从求子的角度来说，使用石榴吉祥物是理想的选择。

忌：石榴忌近金属物品

石榴五行属木，金克木，所以石榴在摆放时注意不要安放在金属类桌面或器具内，放于木制桌面上最佳。

● 开运竹

开运竹又叫富贵竹，象征开运、平安。主材为百合科、龙血树属的富贵竹，可取富贵竹的茎秆为主材。将开运竹剪切成不等长的茎段，然后将这些茎段按内长外短、逐层递减的方式排列，捆扎成三五七层宝塔状而成开运竹。它造型玲珑，既富有竹韵，又充满生机，并寓有富贵吉祥的含义。

宜：开运宜置开运竹

上班族右文昌的位置用净水养一盆开运竹，有助于步步高升，对参加高考或升学考试者也有很好的催运作用。养的植物要绿叶繁茂，生命力旺盛，才会有利，否则会造成负面影响。

● 五福圆盘

五福圆盘是由五只蝙蝠相连而成，通常被称为"五福临门"。它意味着人生的五种福（好德、长寿、富贵、康宁、善终）也指所有的福都聚集到自己的门口，象征招财纳福。

宜：化煞求福宜置五福圆盘

五福是中国人所追求的幸福境界。蝙蝠不仅具有求福的作用，而且还有其他值得期待的效果，它有强大的化煞能力。例如，当天花板上有横梁突出时，为了化解房梁上的压迫感，可以在房梁上吊一两个蝙蝠吊坠，注意，此时便可不用五福圆盘。

● 福禄寿三星

俗话说："人间福禄寿，天上三吉星。"三星的形象和蔼慈祥，所以使人觉得可亲可近，民间百姓都亲切地称他们为"三星老儿"，赋予他们非凡的神性和独特的人格魅力。"福星"手抱小儿，象征有子万事足的福气；"禄星"身穿华贵朝服，手抱玉如意，象征加官进爵，增财添禄；"寿星"手捧寿桃，面露幸福祥和的笑容，象征安康长寿。

宜：添福添寿宜置福禄寿三星

福禄寿三星是数千年来黎民百姓心目中最喜爱的神仙，也唯有受到福禄寿三星地照耀，人间才能有喜悦祥瑞的气息。象征意义：多福避难、吉星高照、福大财多、寿命长。用途：一般将其放置在客厅，可增添福气、财运、寿元。

● 聚财小双龙

小双龙直径约为35厘米，纯桃木所制，为公司聚财专用的吉祥物系列法器。为公司、店铺聚财专门设计。

宜：公司招财宜置小双龙

小双龙可解决公司付出多劳动多，而收入少不稳定，步步难行等问题。适宜将其安放在总负责人的办公室，正对总负责人的坐位。

忌：小双龙忌置其他部门

一般来说小双龙要放于总负责人的办公室，或公司大门口正对大门，放于其他部门均无招财、改运的效果。

● 公司聚财大双龙

大双龙直径约为38厘米，重8千克，由纯桃木所制，是目前最精致的吉祥物系列法器。专为写字楼、办公楼、行政职务部门、资产在1000万元以内的中小型公司专业设计。

宜：公司聚财宜置大双龙

大双龙主要用于集团公司和行政职务等场合来藏风聚气，会聚人气。人气就是财气，可致事业腾达、财源滚滚、业务节节高升。适宜将其安放在公司单位的大厅内，以正对大门为好，可聚集金钱，增强财运。

忌：大双龙忌置公司任意部门

大双龙一般放于总负责人的办公室内，或用于公司大门口正对大门，放于其他部门均不合适。

● 神龙戏水

神龙戏水直径约110~130厘米，重35千克，由纯桃木所制，是目前最大的吉祥物系列法器。神龙戏水适用于集团公司、工厂、厂矿、商场、星级宾馆、酒店、娱乐场等大型建筑物或企业单位。

宜：改善气场宜用神龙戏水

改善气场的目的是化解戾气，会聚人气，确保平安，生意兴隆。神龙戏水为特制专供，应在专业人士的指导下安放。神龙戏水是在所有的能量气场中影响力最大的，制作开光需要一个多月，能令公司、商业场所等时来运转、路路畅通。

文财神——财帛星君

财帛星君直径约32厘米，属于原始纯铜，挖掘出来后不经过深加工，保留原始地气和磁场的能量。财帛星君经过正规开光，由道家符咒文化处理过，具有较强的能量和作用。

宜：招财宜置财帛星君

财帛星君是中国最常见的财神之一，大江南北各地均可供奉，因为是天上之神，必须开光才有效。可将其对着主卧室大门安放，切勿正对大门。文财神的摆放宜面向屋内，这样才可以"引财入屋"，增添家庭的财运。

忌：文财神忌对卫浴间或鱼缸

文财神不宜正对厕所或鱼缸，否则引财入屋后，又会见财化水。不可将鱼缸放于门口，放于客厅正对卧室的位置最佳，也不可与武财神一起摆放。

财神——五爷

五爷直径约33厘米，是中国唯一的土财神，为五台山镇山之财神。本吉祥物经特质加工，并在五台山开光处理。

宜：餐饮行业宜置五爷

五爷是鲜为人知的是中国土地总财神，是专管餐厅、饭店、宾馆、土、木、花、果等行业的财神。

忌：五爷忌正对门安放

五爷不适合正对门安放，一般放于客厅供奉比较合适，摆放的高度要高于一般人的身高，五爷宜与专配香炉一起供奉。

北武财神——赵公明

赵公明高约32厘米，原始纯铜所制，挖掘出来不经过深加工，保留原始地气和磁场能量。经过正规开光，以及道家符咒文化处理过，具有最强的能量和作用。

宜：招财宜置赵公明

赵公明是中国长江以北地方常供奉的财神，是所封正神之一，必须经过开光才有灵气。一般宜对着大门安放，请勿正对主卧室大门。

忌：赵公明忌与文财神一起摆放

赵公明适宜放于门口，不适合放于客厅，也不可正对卧室，更不可与文财神和观音佛像一起摆放。

南武财神——关公

关公直径约32厘米，原始纯铜所制，挖掘出来不经过深加工，保留原始地气和磁场能量。经过正规开光，以及道家符咒文化的处理，具有最强的能量和作用。

宜：招财宜置关公

关公属于长江以南的南方多供奉的财神，也是港台必须供奉的财神，南方供奉特灵，开光有效。适宜对着大门安放，请勿正对主卧室大门，南北武财神勿同时安放。

忌：关公忌正对卧室

关公宜放于门口，不适合放于客厅，不可正对卧室摆放，不可与文财神以及观音佛像一起摆放。